# PROBEN DEUTSCHER PROSA

*Ein Literaturlesebuch*

*mit Hör- und Sprechübungen*

*Edited by Robert Kauf*

*and Daniel C. McCluney, Jr.*

University of Illinois at Chicago Circle

NEW YORK

# PROBEN DEUTSCHER PROSA

W · W · NORTON & COMPANY · INC.

# CONTENTS

# Contents

\*  Taped exercises are provided for selections marked with asterisks.

# PREFACE

THIS COLLECTION of stories and essays is intended for use in intermediate German classes. The teacher of classes at this level is faced with a problem: he must concentrate on training the student to read expository and fictional German, without, however, slighting audio-lingual skills. This book seeks to develop the student's reading ability, while, at the same time, endeavoring to maintain and increase his aural comprehension and speaking ability. This is accomplished by extremely close coordination between text and taped material in half of the selections.

Together with a review grammar, this book should in most cases fill the need for an intermediate course in German.

## THE TEXT

The text includes representative short fiction and essays from the middle of the eighteenth century to the present. It is divided into three parts:

Part I contains reading texts which, with one exception, were written in the twentieth century. Following the introductory essay by Stefan Zweig, the material is arranged in roughly chronological order, beginning with Arthur Schnitzler's New Year's Eve reflections on the year 1889 and ending with an essay that describes the encounter of a contemporary German author with contemporary America.

Part II includes three pieces which, although written in the nineteenth century, are still quite modern in style. Since Germans consider Grimm's fairy tales part of their cultural heritage, one of them has been included in this section. The fourth piece in this group is a twentieth-century retelling of that tale.

Part III groups one modern piece of expository prose, which outlines the state of German culture around 1770, with three selections of eighteenth- and nineteenth-century imaginative writing. This part has been included to acquaint the student with a type of German that he will encounter when he continues his German studies beyond the intermediate level.

One of the stories in this group, *Merkwürdige Gespenstergeschichte,* is set in *Fraktur*-type to familiarize the student with the kind of printing which was used in most German books, journals, and newspapers published before 1945.

For those instructors who prefer to take up the readings in order of difficulty, the following suggested gradation may be helpful (within each group the arrangement is alphabetical by author):

*easy to moderate*—Böll, Eich, Grimm, Huber, Lampe

*moderate*—Hebel, Heine, Keller, Koeppen, Lessing, Meyrink, Torberg, Urzidil, Zweig

*moderate to difficult*—Huch, Kleist, Musil, Roth, Schnitzler, Seghers.

## THE TAPES AND THE LABORATORY MANUAL

Taped exercises for use in the language laboratory or the classroom and a separate manual for these exercises are provided for half of the reading texts. The laboratory exercises are of two types: one trains the student in aural comprehension, the other in speaking. Both are also intended to support the development of the student's reading ability. The tapes are divided into thirty-seven segments of from twenty to twenty-five minutes each. The listening (aural) exercises and, in most cases, also the speaking (controlled-answer) exercises almost completely reconstruct the selection, approximating the words, idioms, and sentence structures of the text. In working through these exercises, the student is thus essentially doing a double review of the text, first through listening, thereby doubling his reading efficiency by adding auditory memory, and next through speaking, thereby quadrupling his efficiency by adding motor memory, the most efficient memory of all.[1]

The tapes run to a total of about twenty hours. About half of these are devoted to three different types of listening exercises. The answer sheets require the student to concentrate on his listening, and allow the instructor to check his progress in the laboratory without actually having to be present.

The controlled-answer or speaking exercises help the student make the difficult transition to free conversation from the carefully controlled and regimented pattern drills found in most elementary books. With the aid of the teacher's manual, these exercises may also be done in class. Detailed instructions for the use of the taped assignments will be found in the laboratory manual.

The instructor may of course, at his discretion, omit some of the taped material although maximum exposure of the student to the laboratory exercises is desirable.

Since language laboratory time is often at a premium, half of the texts are without laboratory exercises. The student should welcome these as a change of pace and may—especially in the latter part of the book—derive a sense of linguistic power from being able to handle a challenging text without the aid provided by the laboratory reviews.

Mrs. Erika Toon assisted in the preparation of the exercises. Mrs. Edith Murphy and Mrs. Inge Dyrud typed the manuscript. Professor Jack M. Stein of Harvard University, the advisory editor in German to W. W. Norton and Company, and the staff of W. W. Norton and Company provided editorial assistance. The voices on the tapes are those of Gertrude E. Grisham, Erika Toon, Bruno F. O. Hildebrandt, and Manfred K. Wolfram. To all of these and to the staff of the Office of Instructional Resources at the University of Illinois at Chicago Circle, where the tapes were made, we are most grateful for patient and competent help. Our special thanks go to Mrs. Robert Kauf for her encouragement, forbearance, advice, and unstinting overall assistance with preparing the manuscript for this book.

R. K.

D. C. McC., Jr.

---

[1] See William G. Moulton, *A Linguistic Guide to Language Learning* (New York: The Modern Language Association of America, 1966), p. 15.

# ACKNOWLEDGMENTS

The editors are grateful to the following presses and individuals for their kind permission to reprint the selections in this volume.

**Die schwarzen Schafe** from *1947 bis 1951* by Heinrich Böll. Friedrich Middelhauve Verlag, Köln, 4. Auflage 1965. Reprinted by permission.

**Züge im Nebel** by Günter Eich. Reprinted by kind permission of the author.

**Die neue Wohnung** from *Hebenstreit* by Heinz Huber. Erzählungen. Sammlung „Die Löwengrube," Diogenes Verlag, Zürich. Reprinted by permission.

**Die deutschen Menschen** from *Deutsche Geschichte* by Ricarda Huch. Atlantis Verlag, Freiburg im Breisgau. Reprinted by permission.

**Amerikafahrt** from the book *Amerikafahrt* by Wolfgang Koeppen. Henry Goverts Verlag GmbH, Stuttgart. Reprinted by permission.

**Nach hundert Jahren** by Friedo Lampe. Rowohlt Verlag GmbH, Reinbek bei Hamburg. Reprinted by permission.

**G. M.** by Gustav Meyrink. Albert Langen George Müller Verlag GmbH, München. Reprinted by permission.

**Geschwindigkeit ist eine Hexerei** by Robert Musil. Rowohlt Verlag GmbH, Reinbek bei Hamburg. Reprinted by permission.

**Die Perle** from *Abenteuer in Banz und andere Erzählungen* by Eugen Roth. Carl Hanser Verlag, München, 1952. Reprinted by permission.

**Sylvesterbetrachtungen** by Arthur Schnitzler. From *Internationale klinische Rundschau* 3/No. 1, January 2, 1889, reprinted in *Almanach 78: Das achtundsiebzigste Jahr,* 1964, S. Fischer Verlag, Frankfurt a/Main. Reprinted by permission.

**Das Obdach** by Anna Seghers. Reprinted by kind permission of the author.

**Hier bin ich, mein Vater** from *Hier bin ich, mein Vater* by Friedrich Torberg. Roman. Reprinted by kind permission of the author.

**Ein alter Brief** from *Das Elefantenblatt* by Johannes Urzidil. Erzählungen. Albert Langen Georg Müller Verlag GmbH, München. Reprinted by permission.

**Die Welt von Gestern** from *Die Welt von gestern* by Stefan Zweig. Copyright 1944 by Bermann-Fischer Verlag AB, Stockholm. Reprinted by permission.

**I**

STEFAN ZWEIG *wurde 1881 als Sohn eines Industriellen in Wien geboren. Nach der Annexion Österreichs durch das Deutsche Reich Hitlers im Jahre 1938 emigrierte er erst nach England, dann in die U.S.A. und nach Brasilien. Er starb (Selbstmord) in der Emigration in Petropolis bei Rio de Janeiro 1942.*

*Er war Meister der psychologischen Novelle und des biographischen und kulturgeschichtlichen Essays. Zu seinen bekannteren Werken zählen:* Romain Rolland (*Biographie, 1921*), Sternstunden der Menschheit (*Essays, 1927*), Verwirrung der Gefühle (*Novellen, 1927*), Marie Antoinette (*Biographie, 1932*), Schachnovelle (*1942*), Die Welt von gestern: Erinnerungen eines Europäers (*geschrieben 1942, erschienen 1944*).

*Das autobiographische Erinnerungsbuch* Die Welt von Gestern *wurde in der Emigration verfaßt. Es folgen hier Auszüge aus zwei Kapiteln. „Die Welt der Sicherheit,“ das erste Kapitel des Buches, schildert Europa in den letzten Jahren des neunzehnten Jahrhunderts. „Glanz über Europa,“ ein späteres Kapitel, berichtet von dem Europa um 1910. Zurückblickend auf die Welt seiner Jugend aus einem Zeitalter der Unsicherheit und der Neubarbarei verklärt sich für Zweig diese Ära, die mit dem Ausbruch des ersten Weltkriegs im Jahre 1914 ihr Ende fand, zu einer Zeit der Sicherheit, des Fortschritts, und des Optimismus.*

# AUS DIE WELT VON GESTERN
# von Stefan Zweig

*Still und eng und ruhig auferzogen*
*Wirft man uns auf einmal in die Welt,*
*Uns umspülen hunderttausend Wogen,*
*Alles reizt uns, mancherlei gefällt,*
*Mancherlei verdrießt uns und von Stund'*
*zu Stunden*
*Schwankt das leichtunruhige Gefühl;*
*Wir empfinden, und was wir empfunden*
*Spült hinweg das bunte Weltgewühl.*

GOETHE

## DIE WELT DER SICHERHEIT

WENN ich versuche, für die Zeit vor dem ersten Weltkriege, in der
ich aufgewachsen bin, eine handliche Formel zu finden, so hoffe ich am
prägnantesten zu sein, wenn ich sage: es war das goldene Zeitalter der
Sicherheit. Alles in unserer fast tausendjährigen österreichischen Monarchie schien auf Dauer gegründet[1] und der Staat selbst der oberste Garant   5
dieser Beständigkeit. Die Rechte, die er seinen Bürgern gewährte, waren
verbrieft vom Parlament, der frei gewählten Vertretung des Volkes, und
jede Pflicht genau begrenzt. Unsere Währung, die österreichische Krone,
lief in blanken Goldstücken um und verbürgte damit ihre Unwandelbarkeit. Jeder wußte, wieviel er besaß oder wieviel ihm zukam, was erlaubt   10
und was verboten war. Alles hatte seine Norm, sein bestimmtes Maß und
Gewicht. Wer ein Vermögen besaß, konnte genau errechnen, wieviel an
Zinsen es alljährlich zubrachte, der Beamte, der Offizier wiederum fand
im Kalender verläßlich das Jahr, in dem er avancieren und in dem er in
Pension gehen würde. Jede Familie hatte ihr bestimmtes Budget, sie   15

---

[1] **in unserer . . . gegründet**—*in our
Austrian monarchy, which had been in*
*existence for almost a thousand years,*
*seemed to be based on perpetuity*

3

wußte, wieviel sie zu verbrauchen hatte für Wohnen und Essen, für Sommerreise und Repräsentation,[2] außerdem war unweigerlich ein kleiner Betrag sorgsam für Unvorhergesehenes, für Krankheit und Arzt bereitgestellt. Wer ein Haus besaß, betrachtete es als sichere Heimstätte

5 für Kinder und Enkel, Hof und Geschäft vererbte sich von Geschlecht zu Geschlecht; während ein Säugling noch in der Wiege lag, legte man in der Sparbüchse oder der Sparkasse bereits einen ersten Obolus[3] für den Lebensweg zurecht, eine kleine „Reserve" für die Zukunft. Alles stand in diesem weiten Reiche fest und unverrückbar an seiner Stelle und an der

10 höchsten der greise Kaiser;[4] aber sollte er sterben, so wußte man (oder meinte man), würde ein anderer kommen und nichts sich ändern in der wohlberechneten Ordnung. Niemand glaubte an Kriege, an Revolutionen und Umstürze. Alles Radikale, alles Gewaltsame schien bereits unmöglich in einem Zeitalter der Vernunft.

15 Dieses Gefühl der Sicherheit war der anstrebenswerteste Besitz von Millionen, das gemeinsame Lebensideal. Nur mit dieser Sicherheit galt das Leben als lebenswert, und immer weitere Kreise begehrten ihren Teil an diesem kostbaren Gut. Erst waren es nur die Besitzenden, die sich dieses Vorzugs erfreuten, allmählich aber drängten die breiten Massen heran;

20 das Jahrhundert der Sicherheit wurde das goldene Zeitalter des Versicherungswesens. Man assekurierte sein Haus gegen Feuer und Einbruch, sein Feld gegen Hagel und Wetterschaden, seinen Körper gegen Unfall und Krankheit, man kaufte sich Leibrenten[5] für das Alter und legte den Mädchen eine Polizze in die Wiege für die künftige Mitgift. Schließ-

25 lich organisierten sich sogar die Arbeiter, eroberten sich einen normalisierten Lohn und Krankenkassen, Dienstboten sparten sich eine Altersversicherung und zahlten im voraus ein in die Sterbekasse für ihr eigenes Begräbnis. Nur wer sorglos in die Zukunft blicken konnte, genoß mit gutem Gefühl die Gegenwart.

30 In diesem rührenden Vertrauen, sein Leben bis auf die letzte Lücke verpalisadieren zu können gegen jeden Einbruch des Schicksals, lag trotz aller Solidität und Bescheidenheit der Lebensauffassung eine große und gefährliche Hoffart. Das neunzehnte Jahrhundert war in seinem libera-

---

2 **Repräsentation**—*fulfilling one's social obligations; making a social show*
3 **Obolus**—a small coin; often used figuratively to denote a small sum

4 **Kaiser**—*Emperor*, i.e., Francis Joseph I (1830–1916), reigned 1848–1916
5 **Leibrenten**—*annuities*

listischen Idealismus ehrlich überzeugt, auf dem geraden und unfehlbaren Weg zur „besten aller Welten"[6] zu sein. Mit Verachtung blickte man auf die früheren Epochen mit ihren Kriegen, Hungersnöten und Revolten herab als auf eine Zeit, da die Menschheit eben noch unmündig und nicht genug aufgeklärt gewesen. Jetzt aber war es doch nur eine Angelegen- 5 heit von Jahrzehnten, bis das letzte Böse und Gewalttätige endgültig überwunden sein würde, und dieser Glaube an den ununterbrochenen, unaufhaltsamen „Fortschritt" hatte für jenes Zeitalter wahrhaftig die Kraft einer Religion; man glaubte an diesen „Fortschritt" schon mehr als an die Bibel, und sein Evangelium schien unumstößlich bewiesen 10 durch die täglich neuen Wunder der Wissenschaft und der Technik. In der Tat wurde ein allgemeiner Aufstieg zu Ende dieses friedlichen Jahrhunderts immer sichtbarer, immer geschwinder, immer vielfältiger. Auf den Straßen flammten des Nachts statt der trüben Lichter elektrische Lampen, die Geschäfte trugen von den Hauptstraßen ihren verführerischen 15 neuen Glanz bis in die Vorstädte, schon konnte dank des Telephons der Mensch zum Menschen in die Ferne sprechen, schon flog er dahin im pferdelosen Wagen mit neuen Geschwindigkeiten, schon schwang er sich empor in die Lüfte im erfüllten Ikarustraum.[7] Der Komfort drang aus den vornehmen Häusern in die bürgerlichen, nicht mehr mußte das Wasser 20 vom Brunnen oder Gang geholt werden, nicht mehr mühsam am Herd das Feuer entzündet, die Hygiene verbreitete sich, der Schmutz verschwand. Die Menschen wurden schöner, kräftiger, gesünder, seit der Sport ihnen die Körper stählte, immer seltener sah man Verkrüppelte, Kropfige, Verstümmelte auf den Straßen, und all diese Wunder hatte die 25 Wissenschaft vollbracht, dieser Engel des Fortschritts. Auch im Sozialen[8] ging es voran; von Jahr zu Jahr wurden dem Individuum neue Rechte gegeben, die Justiz linder und humaner gehandhabt, und selbst das Problem der Probleme, die Armut der großen Massen, schien nicht mehr unüberwindlich. Immer weiteren Kreisen gewährte man das Wahlrecht und 30 damit die Möglichkeit, legal ihre Interessen zu verteidigen, Soziologen

---

6 **„besten aller Welten"**—*"the best of all* (possible) *worlds"* (The philosophers of the 18th-century Enlightenment believed that through ordered reason man could create a perfect world for himself.)

7 **Ikarustraum**—*dream of Icarus* (In Greek mythology, Icarus and his father

escaped from the labyrinth in Crete on wings fashioned with wax and feathers. Icarus flew too near the sun. The wax melted and he plunged to his death in the sea.)

8 **im Sozialen**—*in the affairs of human society*

und Professoren wetteiferten, die Lebenshaltung des Proletariats gesünder und sogar glücklicher zu gestalten—was Wunder darum,⁹ wenn dies Jahrhundert sich an seiner eigenen Leistung sonnte und jedes beendete Jahrzehnt nur als die Vorstufe eines besseren empfand? An barbarische
5  Rückfälle wie Kriege zwischen den Völkern Europas glaubte man so wenig mehr wie an Hexen und Gespenster; beharrlich waren unsere Väter durchdrungen von dem Vertrauen auf die unfehlbar bindende Kraft von Toleranz und Konzilianz.¹⁰ Redlich meinten sie, die Grenzen und Divergenzen zwischen den Nationen und Konfessionen¹¹ würden allmäh-
10 lich zerfließen ins gemeinsam Humane und damit Friede und Sicherheit, diese höchsten Güter, der ganzen Menschheit zugeteilt sein.

Es ist billig für uns von heute, die wir das Wort „Sicherheit" längst als ein Phantom aus unserem Vokabular gestrichen haben, den optimistischen Wahn jener idealistisch verblendeten Generation zu belächeln, der tech-
15 nische Fortschritt der Menschheit müsse unbedingterweise einen gleich rapiden moralischen Aufstieg zur Folge haben. Wir, die wir im neuen Jahrhundert gelernt haben, von keinem Ausbruch kollektiver Bestialität uns mehr überraschen zu lassen, wir, die wir von jedem kommenden Tag noch Ruchloseres erwarten als von dem vergangenen, sind bedeutend skep-
20 tischer hinsichtlich einer moralischen Erziehbarkeit der Menschen. Wir mußten Freud recht geben,¹² wenn er in unserer Kultur, unserer Zivilisation nur eine dünne Schicht sah, die jeden Augenblick von den destruktiven Kräften der Unterwelt durchstoßen werden kann, wir haben allmählich uns gewöhnen müssen, ohne Boden unter unseren Füßen zu
25 leben, ohne Recht, ohne Freiheit, ohne Sicherheit. Längst haben wir für unsere eigene Existenz der Religion unserer Väter, ihrem Glauben an einen raschen und andauernden Aufstieg der Humanität abgesagt; banal scheint uns grausam Belehrten jener voreilige Optimismus angesichts einer Katastrophe, die mit einem einzigen Stoß uns um tausend Jahre humaner
30 Bemühungen zurückgeworfen hat. Aber wenn auch nur Wahn, so war es doch ein wundervoller und edler Wahn, dem unsere Väter dienten, menschlicher und fruchtbarer als die Parolen von heute. Und Etwas in mir kann sich geheimnisvollerweise trotz aller Erkenntnis und Enttäu-

---

⁹ **was Wunder darum**—*was it strange, then*
¹⁰ **Konzilianz**—*conciliatoriness*
¹¹ **Konfessionen**—*religious denominations*
¹² **Freud recht geben**—*agree with Freud*

schung nicht ganz von ihm loslösen. Was ein Mensch in seiner Kindheit
aus der Luft der Zeit in sein Blut genommen, bleibt unausscheidbar. Und
trotz allem und allem, was jeder Tag mir in die Ohren schmettert, was
ich selbst und unzählige Schicksalsgenossen an Erniedrigung und Prü-
fungen erfahren haben, ich vermag den Glauben meiner Jugend nicht ganz   5
zu verleugnen, daß es wieder einmal aufwärts gehen wird trotz allem und
allem. Selbst aus dem Abgrund des Grauens, in dem wir heute halbblind
herumtasten mit verstörter und zerbrochener Seele, blicke ich immer wieder auf zu jenen alten Sternbildern,[13] die über meiner Kindheit glänzten,
und tröste mich mit dem ererbten Vertrauen, daß dieser Rückfall dereinst   10
nur als ein Intervall erscheinen wird in dem ewigen Rhythmus des Voran
und Voran.

## GLANZ UND SCHATTEN ÜBER EUROPA

NUN HATTE ICH zehn Jahre des neuen Jahrhunderts gelebt,[14] Indien, ein Stück von Amerika und Afrika gesehen; mit einer neuen,
wissenderen Freude begann ich auf unser Europa zu blicken. Nie habe   15
ich unsere alte Erde *mehr* geliebt als in diesen letzten Jahren vor dem
ersten Weltkrieg, nie *mehr* auf Europas Einigung gehofft, nie *mehr* an
seine Zukunft geglaubt als in dieser Zeit, da wir meinten, eine neue Morgenröte zu erblicken. Aber es war in Wahrheit schon der Feuerschein des
nahenden Weltbrands.   20
Es ist vielleicht schwer, der Generation von heute, die in Katastrophen,
Niederbrüchen und Krisen aufgewachsen ist, denen Krieg eine ständige
Möglichkeit und eine fast tägliche Erwartung gewesen, den Optimismus,
das Weltvertrauen zu schildern, die uns junge Menschen seit jener Jahr-
hundertwende beseelten. Vierzig Jahre Frieden[15] hatten den wirtschaft-   25
lichen Organismus der Länder gekräftigt, die Technik den Rhythmus
des Lebens beschwingt, die wissenschaftlichen Entdeckungen den Geist
jener Generation stolz gemacht; ein Aufschwung begann, der in allen
Ländern unseres Europa fast gleichmäßig zu fühlen war. Die Städte
wurden schöner und volkreicher von Jahr zu Jahr, das Berlin von 1905   30

13 **Sternbildern**—*constellations;* (here:)   15 **Vierzig Jahre Frieden**—Europe had
   *ideals*                                        experienced no major wars since the
14 **hatte ich . . . gelebt**—i.ç., the year       Franco-Prussian war of 1870–71
   is 1910

glich nicht mehr jenem, das ich 1901 gekannt, aus der Residenzstadt[16] war eine Weltstadt geworden und war schon wieder großartig überholt von dem Berlin von 1910. Wien, Mailand,[17] Paris, London, Amsterdam— wann immer man wiederkam, war man erstaunt und beglückt; breiter, 5 prunkvoller wurden die Straßen, machtvoller die öffentlichen Bauten, luxuriöser und geschmackvoller die Geschäfte. Man spürte es an allen Dingen, wie der Reichtum wuchs und wie er sich verbreitete; selbst wir Schriftsteller merkten es an den Auflagen, die sich in dieser einen Spanne von zehn Jahren verdreifachten, verfünffachten, verzehnfachten.[18] Über- 10 all entstanden neue Theater, Bibliotheken, Museen; Bequemlichkeiten, die, wie Badezimmer und Telephon, vordem das Privileg enger Kreise gewesen, drangen ein in die kleinbürgerlichen Kreise, und von unten stieg, seit die Arbeitszeit verkürzt war, das Proletariat empor, Anteil wenigstens an den kleinen Freuden und Behaglichkeiten des Lebens zu 15 nehmen. Überall ging es vorwärts. Wer wagte, gewann. Wer ein Haus, ein seltenes Buch, ein Bild kaufte, sah es im Werte steigen, je kühner, je großzügiger ein Unternehmen angelegt wurde, um so sicherer lohnte es sich. Eine wunderbare Unbesorgtheit war damit über die Welt gekom- men, denn was sollte diesen Aufstieg unterbrechen, was den Elan hemmen, 20 der aus seinem eigenen Schwung immer neue Kräfte zog? Nie war Europa stärker, reicher, schöner, nie glaubte es inniger an eine noch bessere Zukunft; niemand außer ein paar schon verhutzelten Greisen klagte wie vordem um die „gute alte Zeit."

Aber nicht nur die Städte, auch die Menschen selbst wurden schöner und 25 gesünder dank des Sports, der besseren Ernährung, der verkürzten Ar- beitszeit und der innigeren Bindung an die Natur. Der Winter, früher eine Zeit der Öde, von den Menschen mißmutig bei Kartenspielen in Wirtshäusern oder gelangweilt in überheizten Stuben vertan, war auf den Bergen entdeckt worden als eine Kelter gefilterter Sonne, als Nektar[19] für 30 die Lungen, als Wollust der blutdurchjagten Haut. Und die Berge, die Seen, das Meer lagen nicht mehr so fernab wie einst. Das Fahrrad, das Automobil, die elektrischen Bahnen hatten die Distanzen zerkleinert und der Welt ein neues Raumgefühl gegeben. Sonntags sausten in grellen Sport-

---

16 **Residenzstadt**—*seat of the ruling prince*
17 **Mailand**—*Milan*
18 **sich in . . . verzehnfachten**—*became three times, five times, ten times as large*

*within a span of ten years*
19 **Nektar**—*nectar* (In Greek mythology the drink of the gods, hence any deli- cious or inspiring beverage.)

jacken auf Skiern und Rodeln Tausende und Zehntausende die Schnee-
halden hinab, überall entstanden Sportpaläste und Schwimmbäder. Und
gerade im Schwimmbad konnte man die Verwandlung deutlich gewahr-
ren; während in meinen Jugendjahren ein wirklich wohlgewachsener
Mann auffiel inmitten der Dickhälse, Schmerbäuche und eingefallenen 5
Brüste, wetteiferten jetzt miteinander turnerisch gelenkige, von Sonne
gebräunte, von Sport gestraffte Gestalten in antikisch heiterem Wettkampf. Niemand außer den Allerärmsten blieb sonntags mehr zu Hause,
die ganze Jugend wanderte, kletterte und kämpfte, in allen Sportarten
geschult; wer Ferien hatte, zog nicht mehr wie in meiner Eltern Tagen in 10
die Nähe der Stadt oder bestenfalls ins Salzkammergut,[20] man war neugierig auf die Welt geworden, ob sie überall so schön sei und noch anders
schön;[21] während früher nur die Privilegierten das Ausland gesehen, rei-
sten jetzt Bankbeamte und kleine Gewerbsleute nach Italien, nach Frankreich. Es war billiger, es war bequemer geworden, das Reisen, und vor 15
allem: es war der neue Mut, die neue Kühnheit in den Menschen, die sie
auch verwegener machte im Wandern, weniger ängstlich und sparsam im
Leben, — ja man schämte sich, ängstlich zu sein. Die ganze Generation
entschloß sich, jugendlicher zu werden, jeder war im Gegensatz zu meiner
Eltern Welt stolz darauf, jung zu sein; plötzlich verschwanden zuerst bei 20
den Jüngeren die Bärte, dann ahmten ihnen die Älteren nach, um nicht
als alt zu gelten. Jungsein, frisch sein und nicht mehr Würdigtun wurde
die Parole.[22] Die Frauen warfen die Korsetts weg, die ihnen die Brüste
eingeengt, sie verzichteten auf die Sonnenschirme und Schleier, weil sie
Luft und Sonne nicht mehr scheuten, sie kürzten die Röcke, um besser 25
beim Tennis die Beine regen zu können, und zeigten keine Scham mehr,
die wohlgewachsenen sichtbar werden zu lassen. Die Mode wurde immer
natürlicher, Männer trugen Breeches, Frauen wagten sich in den Herrensattel,[23] man verhüllte, man versteckte sich nicht mehr voreinander. Die
Welt war nicht nur schöner, sie war auch freier geworden. 30

Es war die Gesundheit, das Selbstvertrauen des nach uns gekommenen
neuen Geschlechts, das sich diese Freiheit auch in der Sitte eroberte. Zum

---

[20] **Salzkammergut**—an Alpine region in
north central Austria with many beautiful lakes and popular resorts
[21] **und noch anders schön**—*and beautiful in a different manner*

[22] **die Parole**—*the watchword*
[23] **Herrensattel**—*cross saddle* (Formerly
ladies rode only side-saddle, since no lady
dared wear riding breeches.)

erstenmal sah man schon junge Mädchen ohne Gouvernante mit jungen Freunden auf Ausflügen und bei dem Sport in offener und selbstsicherer Kameradschaft; sie waren nicht mehr ängstlich und prüde, sie wußten, was sie wollten und was sie nicht wollten. Der Angstkontrolle der Eltern entkommen,[24] als Sekretärinnen, Beamtinnen ihr Leben selber verdienend, nahmen sie sich das Recht, ihr Leben selber zu formen. Die Prostitution, diese einzig erlaubte Liebesinstitution der alten Welt, nahm zusehends ab, dank dieser neuen und gesünderen Freiheit, jede Form von Prüderie wurde zur Altmodischkeit. In den Schwimmbädern wurde immer häufiger die hölzerne Planke, die bisher unerbittlich das Herrenbad vom Damenbad getrennt, niedergerissen, Frauen und Männer schämten sich nicht mehr, zu zeigen, wie sie gewachsen waren; in diesen zehn Jahren war mehr Freiheit, Ungezwungenheit, Unbefangenheit zurückgewonnen worden als vordem in hundert Jahren.

Denn ein anderer Rhythmus war in der Welt. Ein Jahr, was geschah jetzt alles in einem Jahr! Eine Erfindung, eine Entdeckung jagte die andere, und jede wiederum wurde im Fluge allgemeines Gut, zum erstenmal fühlten die Nationen gemeinsamer, wenn es das Gemeinsame galt. Ich war am Tage, da der Zeppelin sich zur ersten Reise aufschwang,[25] auf dem Wege nach Belgien zufällig in Straßburg,[26] wo er unter dem dröhnenden Jubel der Menge das Münster umkreiste, als wollte er, der Schwebende, vor dem tausendjährigen Werke sich neigen. Abends in Belgien bei Verhaeren[27] kam die Nachricht, daß das Luftschiff in Echterdingen[28] zerschellt sei. Verhaeren hatte Tränen in den Augen und war furchtbar erregt. Nicht war er etwa als Belgier gleichgültig gegen die deutsche Katastrophe, sondern als Europäer, als Mann unserer Zeit, empfand er ebenso den gemeinsamen Sieg über die Elemente wie die gemeinsame Prüfung. Wir jauchzten in Wien, als Blériot[29] den Ärmelkanal überflog, als wäre es ein Held unserer Heimat; aus Stolz auf die sich

24 **Der Angstkontrolle . . . entkommen**—*Having escaped parental authority based on fear*

25 **da der . . . aufschwang**—*when the Zeppelin rose for its first journey* (This event took place in 1908. There had been previously several shorter flights.)

26 **Straßburg**—city on the west side of the upper Rhine, at that time German, now French

27 **Verhaeren**—Emil Verhaeren, Belgian Poet and dramatist (1855–1916). Zweig translated some of his works.

28 **Echterdingen**—village near Stuttgart

29 **Blériot**—Louis Blériot, French engineer (1872–1936), flew across the English Channel in 1909 in a monoplane which he had built himself.

stündlich überjagenden Triumphe unserer Technik, unserer Wissenschaft
war zum erstenmal ein europäisches Gemeinschaftsgefühl, ein europäisches Nationalbewußtsein im Werden. Wie sinnlos, sagten wir uns,
diese Grenzen, wenn sie jedes Flugzeug spielhaft leicht überschwingt, wie
provinziell, wie künstlich diese Zollschranken und Grenzwächter, wie 5
widersprechend dem Sinn unserer Zeit, der sichtlich Bindung und Weltbrüderschaft begehrt! Dieser Aufschwung des Gefühls war nicht weniger
wunderbar als jener der Aeroplane; ich bedaure jeden, der nicht jung
diese letzten Jahre des Vertrauens in Europa miterlebt hat. Denn die Luft
um uns ist nicht tot und nicht leer, sie trägt in sich die Schwingung und 10
den Rhythmus der Stunde. Sie preßt ihn unbewußt in unser Blut, bis tief
ins Herz und ins Hirn leitet sie ihn fort. In diesen Jahren hat jeder einzelne von uns Kraft aus dem allgemeinen Aufschwung der Zeit in sich
gesogen und seine persönliche Zuversicht gesteigert aus der kollektiven.
Vielleicht haben wir, undankbar, wie wir Menschen sind, damals nicht 15
gewußt, wie stark, wie sicher uns die Welle trug. Aber nur wer diese
Epoche des Weltvertrauens miterlebt hat, weiß, daß alles seitdem Rückfall und Verdüsterung gewesen.

# Fragen

1. Was ist die handlichste Formel für die Zeit vor dem ersten Weltkrieg?
2. Was gab den Menschen damals ein Gefühl der Sicherheit?
   Führen Sie einige Beispiele an!
3. Was konnte jemand, der ein Vermögen besaß, genau errechnen?
4. Was konnte der Beamte und der Offizier im Kalender finden?
5. Was war im Budget jeder Familie berücksichtigt?
6. Was legte man bereits dem Säugling in die Wiege?
7. Wer stand an der höchsten Stelle dieses „Reiches der Sicherheit"?
8. Wogegen konnte man sich versichern?
9. Welche Sicherheit für die Zukunft genossen sogar die Arbeiter und die
   Dienstboten?

10. Wie lange, dachte man, würde es noch dauern, bis das letzte Gewalttätige und Böse endlich überwunden sein würde?
11. Was hatte für dieses Zeitalter fast die Kraft der Religion?
12. Zählen Sie einige „Wunder der Technik" auf, die damals neu waren!
13. Was taten der Sport und die Hygiene für die Menschen?
14. Welche Fortschritte machte das Zeitalter im Sozialen?
15. Was, dachte man, würde mit den Nationen und Konfessionen geschehen?
16. Warum müssen wir den humanen Glauben unserer Väter bewundern, trotzdem wir ihn als Wahn erkannt haben?
17. Wie entwickelten sich die Städte? Wie entwickelten sich die Bequemlichkeiten des Lebens? Wie merkten selbst Schriftsteller den wachsenden Reichtum?
18. Wie änderte der Wintersport das Leben der Menschen im Winter?
19. Wie konnte man im Schwimmbad die Verwandlung durch den Sport beobachten?
20. Was machten die meisten Menschen am Sonntag?
21. Wohin war man früher in den Ferien gereist? Wohin reiste man im Jahre 1910?
22. Wie wurde die Mode der Männer und Frauen natürlicher?
23. Was bewies die Tatsache, daß ganz Europa an dem Flug des Zeppelins und an Blériots Flug über den Ärmelkanal Anteil nahm?
24. Als was sieht der, der die Epoche des Weltvertrauens miterlebt hat, die Welt von heute?

ARTHUR SCHNITZLER *wurde 1862 in Wien als Sohn eines bedeutenden Chirurgen geboren. Er studierte Medizin und promovierte 1885 zum Arzt, lebte als praktischer Arzt und Schriftsteller in Wien, und war mit Freud befreundet. Er starb daselbst im Jahre 1931.*

*Schnitzler schrieb Dramen, Erzählungen, Novellen, und Romane, welche der dekadenten großbürgerlichen Gesellschaft den Spiegel vorhalten, und beschäftigte sich auch vielfach mit jüdischen Problemen. Feinste psychologische Schilderungen waren seine Stärke. Zu seinen bedeutenderen Werken gehören:* Anatol (*dramatische Szenen, 1893*), Liebelei (*Schauspiel, 1895*), Der grüne Kakadu (*dramatische Groteske, 1899*), Reigen (*zehn Dialoge, 1900*), Leutnant Gustl (*Novelle, 1901*), Der Weg ins Freie (*Roman, 1908*), Professor Bernhardi (*Komödie, 1912*), Fräulein Else (*Novelle, 1924*).

*"Sylvesterbetrachtungen" erschien in Jahrgang 3, Nr. 1 (2. Januar 1889) der von Schnitzlers Vater begründeten medizinischen Zeitschrift* Internationale klinische Rundschau. *Im Gegensatz zu Zweig (siehe Seite 3 ff.), der rückblickend ein freundliches Bild des Wiens vor dem ersten Weltkrieg zeichnet, ist Schnitzler pessimistisch. Mit fast prophetischem Scharfblick sieht der sechsundzwanzigjährige junge Arzt die Menschheit von wahrem Frieden und echter Menschlichkeit weiter denn je entfernt. Den allgemeinen Glauben seiner Zeit an den unaufhaltsamen Fortschritt teilt er nur auf dem Gebiet der technischen Vervollkommnung. Die Menschen selbst sieht er noch immer (oder schon wieder?) von Vorurteilen geleitet, und es schmerzt ihn besonders, daß auch viele Ärzte, die doch zu den Vorurteilslosesten gehören sollten, von diesem Übel nicht frei sind.*

# SYLVESTERBETRACHTUNGEN
## von Arthur Schnitzler

DIESER SCHÖNE Aberglaube der Sylvesternacht![1] Wenn das alte Jahr
uns davontollt, so wie es uns hereingebraust kam, stolz und heiter, dann ist
uns doch immer, als *müßten* wir hoffen, als *müßte* es nun besser werden.
Wie oft schon wurden wir getäuscht! Wie oft schon belehrt, daß die
Menschen immer dieselben bleiben und daß die Sonne des Neujahrs-    5
morgens über derselben fragwürdigen Gesamtheit aufgeht, die der Mond
des Sylvesterabends beschienen. Das alte Schauspiel nimmt seinen Fortgang. Heute wieder das Hasten von gestern, in diesem Jahre wieder die
Kämpfe des alten, für immer wieder das bißchen Edelsinn und die
Masse Erbärmlichkeit, die das Wesen des Menschentums auszumachen    10
scheint. Wahrhaftig, sie ist all zu banal, diese Hoffnungsandacht, die uns
aus dem Sylvesterpunsch emporsteigt und unser Haupt mit dem gelinden
Dunst der Freude umgibt. Auch dieses Jahr bringt uns nimmer, was die
Guten aller Zeiten ersehnt, den wahren Frieden und die echte Menschlichkeit.    15

Wie unendlich weit sind wir zur Stunde von diesem Ziele entfernt, dem

1   **Sylvesternacht**—*New Year's Eve*

allen voran die in naturwissenschaftlichem Geiste denkenden Menschen
zustreben müßten; wir sind es heute weiter als in dem ganzen abge-
laufenen Jahrhundert. Und derjenige, der anthropozentrische[2] Naturwissenschaft treibt, der *Arzt,* den seine ganze Studienrichtung zur *An-*
5   *schauung* führt, der *sehen* lernen muß, wie kein anderer, in das Geheimnis des Organischen sich am tiefsten einschleicht, gerade der müßte, wenn
er das Zeug hat, seinen Beruf richtig aufzufassen, in den Reihen der
Vorurteilslosen am weitesten vorangeschritten sein. Die mächtige Eindringlichkeit des Geschauten, Empfundenen und Erfaßten müßte ihn
10   erschüttern und überzeugen.

Aber der Beruf des Arztes wird von gar verschiedenen Naturen ge-
wählt, leider auch von solchen, die nicht die Anlage haben, naturwissen-
schaftlich zu denken. Sie flattern durch ihre Wissenschaft und dringen
nicht in das Wesen derselben ein. Das Krämerleben des Alltags läßt sie
15   keinen Augenblick los, und mitten in der freien Atmosphäre, die sie
umgibt, hören sie nur den vergänglichen Lärm des Tages. Während die
große Quelle an ihnen vorüberrauscht, schöpfen sie aus Rohrbrunnen.
Die überlebten Vorurteile einer urteilslosen Menge sind ihre eigenen, und
in den kleinlichen Hader der Parteien, aus dem sie doch nur die heiseren
20   Rufe unreifer Denker heraushören sollten, stimmen sie mit ein. An
ihnen hat die Lehre von der Natur ihre läuternde Macht vergebens versucht!

Wir finden es nicht notwendig, von diesen allgemeinen Bemerkungen
aus einen Übergang zu der Betrachtung von Zuständen zu suchen, wie wir
25   dieselben sich vor unseren Augen innerhalb der letzten Jahre entwickeln
sahen. Der Vergleich liegt offenbar da.

Irrtümer, wie wir sie Leuten ohne Geistes- und Herzensbildung vielleicht nachsehen könnten, erscheinen mitten in dem vornehmen Gedan-
kenkreise der Naturgelehrten, und die Verblendung, der sich die Masse
30   von jeher willig hingegeben, breitet sich über die Augen jener, welche
berufen wären, die Wahrheit zu predigen, der sie ihr Dasein geweiht. Ja,
wenn die Wissenschaft stets die Kraft hätte, zu bilden, zu veredeln! Was
vermag sie aber mit all' ihrem Adel gegen die angeborenen Triebe des
Neides, der Scheelsucht, des Hasses, die ja, so lange die Welt steht, immer

---

2   **anthropozentrische**—*anthropocentric,*                ultimate end of all things
    i.e., assuming that man is the center or

nach einem neuen Ausdruck suchen, um sich geltend zu machen und wirken zu können!

Wir wissen, daß diese Worte in den Wind gesprochen sind.[3] Wir wissen, daß wir noch lange nicht das Ende einer Zeit erleben werden, in der eine ganze Klasse von Menschen zuerst nach der Konfession[4] und erst dann, oder auch gar nicht, nach dem inneren Wert ihres Nächsten fragen wird. Wir wissen, daß unser Jahrzehnt an einem großartigen Atavismus[5] krankt und daß die mächtige Arbeit jener Menschenfreunde in den Staub zu sinken droht, welche die modernden Reste vergangener Zeiten hinwegzuräumen sich bemühten. Aber daß an diesem finsteren Zerstörungswerke auch ein Teil jener Gilde mitarbeitet, deren Stolz es bedeuten sollte, *Licht* zu bringen, daß auch für jene, die mit dem Seziermesser vor dem Leichentische stehen oder an das Bett des Kranken trostspendend, schmerzlindernd eilen, daß auch für jene, die ihre Wissenschaft die reinste höchste Menschenliebe gelehrt hat, der Geist des Fortschrittes vergebens durch die Welt geschritten ist, das ist überwältigend traurig; das läßt uns von der nächsten Zukunft nichts Gutes hoffen. Ist es doch gerade ein Teil unserer strebenden Jugend, dieser selben Jugend, als deren Ideal einmal *Humanität* und *Freiheit* gegolten, die heute unter dem Banne der reaktionärsten aller Ideen steht!

. . . Und wir sollen, jener alten Gepflogenheit folgend, der schönen Hoffnung Ausdruck geben, daß uns das neue Jahr Heil und Segen bringen wird. Wir könnten wohl sagen, was wir wünschen, doch kaum was wir hoffen!

Der Chronist, der einen Blick auf das vergangene Jahr zurückwirft, und sich fragt, was er in die fortlaufende Kulturgeschichte des ärztlichen Standes eintragen dürfte, wird vor allem auf ein großes Blatt die Geschichte jenes unseligen Streites aufzeichnen müssen, der am Krankenbette des Kaisers Friedrich[6] begann, um an seinem kaum geschlossenen

---

[3] **in den Wind gesprochen sind**—*are falling on deaf ears*

[4] **Konfession = Religion** (Schnitzler here alludes to anti-Semitism.)

[5] **Atavismus**—*atavism,* i.e., reversion to a more primitive state

[6] **Kaiser Friedrich**—Friedrich Wilhelm III (1831–1888), Emperor for ninety-nine days during the last year of his life.

Stricken in 1887 with a disease of the larynx, he entrusted himself to an English specialist of great reputation rather than to German doctors who had recommended an operation. Considerable controversy arose in the medical profession in Germany concerning the treatment prescribed by the Englishman.

Grabe erbitterter fortzudauern. Gewiß ist eins, daß dieses Blatt eines der traurigsten in der Geschichte unseres Standes bildet. Alle anderen Vorgänge des verflossenen Jahres erscheinen unbedeutend gegenüber den eben erwähnten, die durch Monate die politischen und medizinischen
5 Blätter mit ihrem Wiederhalle füllten. Auch anderwärts hat sich nichts zugetragen, was die innere Festigung und das äußere Ansehen der medizinischen Welt erhöhen könnte.

. . . Wir haben hiemit freilich nur die *ethische* Seite unserer Standesinteressen berührt. Aber das ist's, was auszusprechen uns zumeist am
10 Herzen lag. Denn wir zweifeln keinen Augenblick, daß man auch im nächsten Jahre neue Bazillen und neue Medikamente entdecken wird. Man wird in den Laboratorien und auf den Kliniken rüstig weiterarbeiten; man wird den Geheimnissen des Lebens und des Todes immer näher kommen. Wir werden auch im nächsten Jahre viele große Ärzte
15 unter uns haben — aber wir fürchten, nur wenig große Menschen.

Wien, den 31. Dezember 1888.

# *Fragen*

1. Was ist der schöne Aberglaube der Sylvesternacht?
2. Wie kann man sehen, daß dieser schöne Aberglaube leider nicht wahr ist?
3. Was scheint das Wesen des Menschentums auszumachen?
4. Was wird auch dieses Neue Jahr wohl kaum bringen?
5. Welcher Beruf müßte in den Reihen der Vorurteilslosen am weitesten vorangeschritten sein? Warum?
6. Welche Anlage geht vielen Menschen ab, die den Beruf des Arztes wählen? Was kritisiert Schnitzler an jenen Ärzten, die keine richtige Anlage zu ihrem Beruf haben?
7. In welchen Kreisen verbreiten sich Irrtümer, die man Leuten ohne Geistes- und Herzensbildung vielleicht nachsehen könnte?
8. Gegen welche angeborenen niederen Triebe ist die Wissenschaft machtlos?
9. Wann werden wir das Ende einer Zeit erleben, in der eine ganze Klasse

von Menschen zuerst nach der Konfession und erst dann nach dem inneren Wert ihres Nächsten fragen wird?

10. Woran krankt das Jahrzehnt? Wessen Mitarbeit an dem finsteren Zerstörungswerk ist für Schnitzler besonders traurig?

11. Warum läßt die Haltung der Jugend für die nächste Zukunft nichts Gutes hoffen?

12. Welches Ereignis des Jahres 1888 wird der Chronist der ärztlichen Kulturgeschichte aufzeichnen müssen? Wie charakterisiert Schnitzler dieses Ereignis?

13. Welche guten Leistungen erwartet Schnitzler von der medizinischen Wissenschaft im folgenden Jahr? Warum endet der Aufsatz aber trotzdem pessimistisch?

GUSTAV MEYRINK *wurde 1868 in Wien geboren. Er lebte in Prag, später in München, und starb 1932 in Starnberg in Oberbayern. Meyrink schrieb Spuk-Romane und -Novellen, war Meister der Groteske und ein scharfer Satiriker. Einige seiner bekannteren Werke sind:* Das Wachsfigurenkabinett (*Erzählungen, 1907*), Des deutschen Spießers Wunderhorn (*Erzählungen, 1909*), Der Golem (*Roman, 1915*).
*Meyrink ist ein Meister der makabren und grotesken Satire, die sich absichtlich phantastischer Übertreibung bedient, um ihre Opfer desto wirkungsvoller zu verhöhnen. In G. M. richtet sich die Satire gegen die selbstgefälligen Spießbürger und die ebenso selbstgefällige, alles regulierende Bürokratie in der österreich-ungarischen Monarchie vor dem ersten Weltkrieg. Im Gegensatz zur Engstirnigkeit der Spießbürger steht die Weltoffenheit des Amerikaners, den man vor Jahren weggeekelt hatte, weil er sich nicht der Spießerwelt anpassen wollte. Die Erzählung schildert, wie sich der Amerikaner rächt, indem er die Spießbürger zu Opfern ihrer eigenen Habgier werden läßt. (Die Gedankenstriche stehen im Originaltext und deuten keine Auslassungen an.)*

# G.M.
# von Gustav Meyrink

„MAKINTOSH IST wieder hier, das Mistviech."[1] Ein Lauffeuer ging
durch die Stadt.

George Makintosh, den Deutschamerikaner, der vor fünf Jahren allen
adieu[2] gesagt, hatte jeder noch gut im Gedächtnis, — seine Streiche konnte
man gerade so wenig vergessen wie das scharfe, dunkle Gesicht, das 5
heute wieder auf dem „Graben"[3] aufgetaucht war. —

Was will denn der Mensch schon wieder hier?

Langsam, aber sicher war er damals weggeekelt worden;[4] — alle hatten
daran mitgearbeitet, — der mit der Miene der Freundschaft, jener mit
Tücke und falschen Gerüchten, aber jeder mit einem Quentchen vor- 10
sichtiger Verleumdung — und alle diese kleinen Niederträchtigkeiten er-
gaben schließlich zusammen eine so große Gemeinheit, daß sie jeden
anderen Mann wahrscheinlich zerquetscht hätte, den Amerikaner aber
nur zu einer Abreise bewog. — — —

---

[1] **Mistviech = Mistvieh** (local variant;
vulgar)—*(filthy) beast, skunk* (fig.)

[2] **adieu**—*farewell* (French)

[3] **Graben**—name of an elegant prome-
nade or avenue

[4] **weggeekelt worden**—*been driven
away by uncivil conduct and unfriendly
remarks*

Makintosh hatte ein Gesicht, scharf wie ein Papiermesser, und sehr lange Beine. Das allein schon vertragen die Menschen schlecht, die die Rassentheorie so gerne mißachten.

Er war schrecklich verhaßt, und anstatt diesen Haß zu verringern, in-
5 dem er sich landläufigen Ideen angepaßt hätte, stand er stets abseits der Menge und kam alle Augenblicke mit etwas Neuem: — Hypnose, Spiritismus, Handlesekunst, ja eines Tages sogar mit einer symbolistischen Erklärung des Hamlet. — Das mußte natürlich die guten Bürger aufbringen und ganz besonders keimende Genies, wie z. B. den Herrn Te-
10 winger vom Tageblatt,[5] der soeben ein Buch unter dem Titel „Wie ich über Shakespeare denke" herausgeben wollte.

—————————————————————

Und dieser „Dorn im Auge"[6] war wieder hier und wohnte mit seiner indischen Dienerschaft in der „roten Sonne".[7]
15 „Wohl nur vorübergehend?" forschte ihn ein alter Bekannter aus.

„Natürlich: vorübergehend, denn ich kann mein Haus ja erst am 15. August beziehen. — Ich habe mir nämlich ein Haus in der Ferdinandstraße gekauft." —

Das Gesicht der Stadt wurde um einige Zoll länger: — Ein Haus in der
20 Ferdinandstraße! — Woher hat dieser Abenteurer das Geld?! —

Und noch dazu eine indische Dienerschaft. — Na, werden ja sehen, wie lange er machen wird![8] — — — — — — — — — — — — — — — —

—————————————————————

Makintosh hatte natürlich schon wieder etwas Neues: eine elektrische
25 Maschinerie, mit der man Goldadern in der Erde sozusagen wittern könne, — eine Art moderner wissenschaftlicher Wünschelrute.

Die meisten glaubten es selbstverständlich nicht: „Wenn es gut wäre, hätten das doch schon andere erfunden!"

Nicht wegzuleugnen war aber, daß der Amerikaner während der fünf
30 Jahre ungeheuer reich geworden sein mußte. Wenigstens behauptete dies das Auskunftsbureau der Firma Schnufflers Eidam[9] steif und fest.[10]

---

5 **Tageblatt**—name of a newspaper
6 **Dorn im Auge**—*thorn in the side*
7 **roten Sonne**—the name of a hotel
8 **Na, werden . . . wird!**—*Oh, well; we'll see how long he'll be able to hold out.*
9 **Auskunftsbureau der Firma Schnuff-**

lers **Eidam**—An **Auskunftsbureau** is an information service, doing personal and financial investigations. The name of the firm, **Schnufflers Eidam** (*Mr. Schnuffler's Son-in-Law*), pokes fun at such names of businesses as **Schmidts Söhne** (*Schmidt's Sons*), **Müllers Er-**

— — Und richtig, es verging auch keine Woche, daß er nicht ein neues Haus gekauft hätte. —

Ganz planlos durcheinander; eins auf dem Obstmarkt, dann wieder eins in der Herrengasse, — aber alle in der inneren Stadt. —

Um Gottes willen, will er es vielleicht bis zum Bürgermeister bringen?[11] 5

Kein Mensch konnte daraus klug werden.[12] — — — — — — — — —

— — — — — — — — — — — — — — — — — — — — — — — —

„Haben Sie schon seine Visitenkarte gesehen? Da schauen Sie her, das ist denn doch schon die höchste Frechheit, — bloß ein Monogramm, — gar kein Name! — Er sagt, er brauche nicht mehr zu *heißen,* er hätte 10 Geld genug!"

— — — — — — — — — — — — — — — — — — — — — — — —

Makintosh war nach Wien[13] gefahren und verkehrte dort, wie das Gerücht ging, mit einer Reihe Abgeordneter, die täglich um ihn waren.

Was er mit ihnen gar so wichtig tat, konnte man nicht und nicht[14] 15 herausbekommen, aber offenbar hatte er seine Hand bei dem neuen Gesetzentwurf über die Umänderung der Schurfrechte im Spiele.[15]

Täglich stand etwas in den Zeitungen, — Debatten für und wider, — und es sah ganz danach aus, als ob das Gesetz, daß man hinfort — natürlich nur bei außergewöhnlichen Vorkommnissen — auch mitten in den 20 Städten Freischürfe errichten dürfe, recht bald angenommen werden würde.

Die Geschichte sah merkwürdig aus, und die allgemeine Meinung lautete, daß wohl irgendeine große Kohlengewerkschaft dahinter stecken müsse. 25

Makintosh allein hatte doch gewiß kein so starkes Interesse daran, — wahrscheinlich war er nur von irgendeiner Gruppe vorgeschoben.[16] — —

— — — — — — — — — — — — — — — — — — — — — — — —

ben (*Miller's Heirs*), **Kleins Nachfolger** (*Klein's Successors*), which are often found in Central Europe. The proper name of Mr. Schnuffler = **Schnüffler** = *snooper,* is appropriate to the nature of the enterprise.

10 **steif und fest**—*obstinately*

11 **will er . . . bringen**—*does he perhaps want to become mayor*

12 **konnte daraus klug werden**—*could make head or tail of it*

13 Before World War I, Vienna was the capital of the Austro-Hungarian Empire.

14 **nicht und nicht**—*in no way at all*

15 **hatte er . . . Spiele**—*he had his finger in the pie when they made the new draft of the law concerning the change in prospecting rights*

16 **von irgendeiner . . . vorgeschoben** —*the straw party of some group or other*

Er reiste übrigens bald nach Hause zurück und schien ganz vortrefflicher Laune. So freundlich hatte man ihn noch nie gesehen.

„Es geht ihm aber auch gut, — erst gestern hat er sich wieder eine ‚Realität‘[17] gekauft, — es ist jetzt die dreizehnte,“ — erzählte beim Beamtentische im Kasino der Herr Oberkontrolleur vom Grundbuchamt.[18] —

„Sie kennen’s ja: das Eckhaus ‚zur angezweifelten Jungfrau‘, schräg vis-à-vis von den ‚drei eisernen Trotteln‘,[19] wo jetzt die städtische Befundhauptkommission für die Inundations-Bezirkswasserbeschau[20] drin ist.“

„Der Mann wird sich noch verspekulieren und so,“[21] meinte da der Herr Baurat, — „wissen Sie, um was er jetzt wieder angesucht hat, meine Herren? — Drei von seinen Häusern will er einreißen lassen, das in der Perlgasse — das vierte rechts neben dem Pulverturm — und das Numero conscriptionis 47184/II.[22] — Die neuen Baupläne sind schon bewilligt!“ —

* *
*

Alles sperrte den Mund auf.

Durch die Straßen jagte der Herbstwind, — die Natur atmete tief auf, ehe sie schlafen geht.

Der Himmel ist so blau und kalt, und die Wolken so backig und stimmungsvoll, als hätte sie der liebe Gott eigens von Meister Wilhelm Schulz malen lassen.[23]

O, wie wäre die Stadt so schön und rein, wenn der ekelhafte Amerikaner mit seiner Zerstörungswut nicht die klare Luft mit dem feinen Mauerstaub so vergiftet hätte. — — Daß aber auch so etwas bewilligt wird!

Drei Häuser einreißen, na gut,[24] — aber alle dreizehn gleichzeitig, da hört sich denn doch alles auf.[25]

---

17 **Realität**—*piece of real estate*
18 **Grundbuchamt**—*Office of Records of Deeds and Property Titles*
19 **Sie kennen . . . Trotteln**—*You know it surely: the corner house "At the Sign of the Doubted (Doubtful) Virgin" kitty-corner across from the "Three Iron Morons."* (In Europe, houses, as well as inns, frequently had names. These are sometimes quite quaint, but nowhere in any way as quaint as here.)
20 **die städtische . . . Bezirkswasserbeschau**—*the municipal main diagnostic commission for district water inspection with respect to flooding* (An invention of the author. It satirizes the fanciful names and titles which European, and especially Austro-Hungarian, bureaucrats have been fond of giving to government bureaus and officials.)
21 **und so**—*or something like that*
22 **das Numero . . . 47184/II**—an old way of house registration, characteristic of the Austro-Hungarian Monarchy
23 **als hätte . . . lassen**—*as if the Good Lord had especially commissioned them painted by that eminent artist Joe Blow*
24 **na gut**—*well, that's o.k.*
25 **da hört . . . auf**—*that's really the limit*

Jeder Mensch muß ja schon husten, und wie weh das tut, wenn einem das verdammte Ziegelpulver in die Augen kommt. — —

— — — — — — — — — — — — — — — — — — — — — — — — — —

„Das wird ein schön verrücktes Zeug werden, was er uns dafür aufbauen wird. — ‚Sezession‘[26] natürlich, — ich möchte darauf wetten,“ hieß es.[27] —

— — — — — — — — — — — — — — — — — — — — — — — — — —

„Sie müssen wirklich nicht recht gehört haben, Herr Schebor! — Was?! gar nichts will er dafür hinbauen? — Ist er denn irrsinnig geworden, — wozu hätte er denn dann die neuen Baupläne eingereicht?“ —

— — — — „Bloß damit ihm vorläufig die Bewilligung zum Einreißen der Häuser erteilt wird!“

— — — — ? ? ? ? ? ?— — — — — — — — — — — — — — —

— — — — — — — — — — — — — — — — — — — — — — — — — —

„Meine Herren, wissen Sie das Neueste schon?“ der Schloßbauaspirant[28] Vyskotschil war ganz außer Atem: „Gold in der Stadt, ja wohl! — Gold! Vielleicht grad' hirr zu unsrrn Fißen.“[29]

Alles sah auf die Füße des Herrn von Vyskotschil, die flach wie Biskuits in den Lackstiefeln staken.

Der ganze „Graben“ lief zusammen.

„Wer hat da was gesaagt[30] von Gold?“ rief der Herr Kommerzialrat[31] Steißbein.[32]

„Mr. Makintosh will goldhaltiges Gestein in dem Bodengrund seines niedergerissenen Hauses in der Perlgasse gefunden haben,“ bestätigte ein Beamter des Bergbauamtes, „man hat sogar telegraphisch eine Kommission aus Wien berufen.“

— — — — — — — — — — — — — — — — — — — — — — — — — —

Einige Tage später war George Makintosh der gefeiertste Mann der

---

[26] Sezession—*in the style of the* **Sezession** (**Sezession** was the name given to a group of artists who around the turn of the century seceded from the conservative art academies to advance a new, more modern style.)

[27] **hieß es**—*people said*

[28] **Schloßbauaspirant**—*candidate for the position of castle builder* (another ludicrous title, see note 20 above)

[29] **grad' hirr zu unsrrn Fißen = gerade** **hier zu unseren Füßen** (suggests German spoken with a Czech accent)

[30] **gesaagt = gesagt** (presumably mimicks the German spoken by Germans in Bohemia)

[31] **Kommerzialrat**—honorary title given by the Austrian government to meritorious merchants. The German equivalent is **Kommerzienrat.**

[32] **Steißbein**—*coccyx* (the end of the spinal column)

Stadt. In allen Läden hingen Photographien von ihm, — mit dem kantigen Profil und dem höhnischen Zug um die schmalen Lippen.

Die Blätter brachten seine Lebensgeschichte, die Sportberichterstatter wußten plötzlich genau sein Gewicht, seinen Brust- und Bicepsumfang,
5 ja sogar, wieviel Luft seine Lunge fasse.

Ihn zu interviewen war auch gar nicht schwer.

Er wohnte wieder im Hotel „zur roten Sonne", ließ jedermann vor, bot die wundervollsten Zigarren an und erzählte mit entzückender Liebenswürdigkeit, was ihn dazu geführt hatte, seine Häuser einzureißen und in
10 den freigewordenen Baugründen nach Gold zu graben:

Mit seinem neuen Apparat, der durch Steigen und Fallen der elektrischen Spannung genau das Vorhandensein von Gold unter der Erde anzeige und der seinem eigenen Gehirn entsprungen sei, hätte er nachts nicht nur die Keller *seiner* Gebäude genau durchforscht, sondern auch die aller
15 seiner Nachbarhäuser, in die er sich heimlichen Zutritt zu verschaffen gewußt.

„Sehen Sie, da haben Sie auch die amtlichen Berichte des Bergbauamtes und das Gutachten des eminenten Sachverständigen Professor Senkrecht[33] aus Wien, der übrigens ein alter guter Freund von mir ist."
20 — — — — Und richtig, da stand schwarz auf weiß, mit dem amtlichen Stempel beglaubigt, daß sich in sämtlichen dreizehn Bauplätzen, die der Amerikaner George Makintosh käuflich erworben, Gold in der dem Sande beigemengten, bekannten Form gefunden habe, und zwar in einem Quotienten,[34] der auf eine immense Menge Gold besonders in den unteren
25 Schichten mit Sicherheit schließen lasse. Diese Art des Vorkommens sei bis jetzt nur in Amerika und Asien nachgewiesen worden, doch könne man der Ansicht des Mr. Makintosh, daß es sich hier offenkundig um ein altes Flußbett der Vorzeit handle, ohne weiteres beipflichten. Eine genaue Rentabilität[35] lasse sich ziffernmäßig natürlich nicht ausführen, aber daß hier
30 ein Metallreichtum erster Stärke, ja vielleicht ein ganz beispielloses Lager verborgen liege, sei wohl außer Zweifel.

Besonders interessant war der Plan, den der Amerikaner von der mut-

---

[33] **Professor Senkrecht**—*Professor Vertical*
[34] **Quotienten**—*quotient* (i.e., the prospector's samples contained a high percentage of gold)
[35] **Rentabilität**—*profitableness*

maßlichen Ausdehnung der Goldmine entworfen und der die vollste
Anerkennung der sachverständigen Kommission gefunden hatte.

Da sah man deutlich, daß sich das ehemalige Flußbett von einem Hause
des Amerikaners anfangend zu den übrigen in komplizierten Windungen
gerade unter den Nachbarhäusern hinzog, um wieder bei einem Eckhause 5
Makintoshs in der Zeltnergasse in der Erde zu verschwinden.—

Die Beweisführung, daß es so und nicht anders sein konnte, war so einfach und klar, daß sie jedem, — selbst wenn er nicht an die Präzision der
elektrischen Metallkonstatierungsmaschine glauben wollte — einleuchten
mußte. 10

— — — — War das ein Glück, daß das neue Schurfrecht bereits Gesetzeskraft erlangt hatte. —

Wie umsichtig und verschwiegen der Amerikaner aber auch alles vor-
gesehen hatte.

Die Hausherren, in deren Grund und Boden plötzlich solche Reich- 15
tümer staken, saßen aufgeblasen in den Kaffees und waren des Lobes voll
über[36] ihren findigen Nachbar, den man früher so grundlos und niederträchtig verleumdet hatte.

„Pfui über solche Ehrabschneider!"

Jeden Abend hielten die Herren lange Versammlungen und berieten 20
sich mit dem Advokaten des engeren Komitees,[37] was nunmehr geschehen solle.

„Ganz einfach! — Alles genau dem Mr. Makintosh nachmachen,"
meinte der, „neue x-beliebige Baupläne[38] überreichen, wie es das Gesetz
verlangt, dann einreißen, einreißen, einreißen, damit man so rasch wie 25
möglich auf den Grund kommt. — Anders geht es nicht, denn schon
jetzt in den Kellern nachzugraben, ist nutzlos und übrigens nach 47a
Unterabteilung Y gebrochen durch römisch XXIII[39] unzulässig." — —

— — — — Und so geschah es. —

Der Vorschlag eines überklugen ausländischen Ingenieurs, sich erst zu 30
überzeugen, ob nicht Makintosh am Ende gar den Goldsand auf die Fund-

---

[36] **des Lobes voll über**—*overflowing with praise for*
[37] **des engeren Komitees**—*of the executive committee*

[38] **x-beliebige Baupläne**—*any building plans you may like*
[39] **47a . . . XXIII**—*paragraph 47 a, subsection Y divided by Roman numeral twenty-three*

stellen heimlich habe hinschaffen lassen, um die Kommission zu täuschen, — wurde niedergelächelt.

─ ─ ─ ─ ─ ─ ─ ─ ─ ─ ─ ─ ─

5 Ein Gehämmer und Gekrach in den Straßen, das Fallen der Balken, das Rufen der Arbeiter und das Rasseln der Schuttwagen, dazu der verdammte Wind, der den Staub in dichten Wolken umherblies! Es war zum Verstandverlieren.[40]

Die ganze Stadt hatte Augenentzündung, die Vorzimmer der Augenklinik platzten fast vor dem Andrang der Patienten, und eine neue Bro-
10 schüre des Professors Wochenschreiber[41] „über den befremdenden Einfluß moderner Bautätigkeit auf die menschliche Hornhaut" war binnen weniger Tage vergriffen.

Es wurde immer ärger.

Der Verkehr stockte. In dichter Menge belagerte das Volk die „rote
15 Sonne", und jeder wollte den Amerikaner sprechen, ob er denn nicht glaube, daß sich auch unter andern Gebäuden als den im Plane bezeichneten — Gold finden müsse.

Militärpatrouillen zogen umher, an allen Straßenecken klebten die Kundmachungen der Behörden, daß vor Eintreffen der Ministerialerlässe[42]
20 strengstens verboten sei, noch andere Häuser niederzureißen.

Die Polizei ging mit blanker Waffe vor: kaum, daß es nützte.[43]

Gräßliche Fälle von Geistesstörung wurden bekannt: in der Vorstadt war eine Witwe nachts und im Hemde auf das eigene Dach geklettert und hatte unter gellem Gekreisch die Dachziegel von den Balken ihres Hauses
25 gerissen.

Junge Mütter irrten wie trunken umher, und arme verlassene Säuglinge vertrockneten in den einsamen Stuben.

Ein Dunst lag über der Stadt, — dunkel, als ob der Dämon Gold seine Fledermausflügel ausgebreitet hätte.

30 ─ ─ ─ ─ ─ ─ ─ ─ ─ ─ ─ ─

Endlich, endlich war der große Tag gekommen. Die früher so herr-

40 **Es war . . . Verstandverlieren**—*It was enough to make you lose your mind*
41 **Professor Wochenschreiber**—The name suggests a **Vielschreiber,** a prolific writer, who will write with seeming authority on any subject that happens to be topical.
42 **Ministerialerlässe**—*orders from the government*
43 **Die Polizei . . . nützte**—*The police went into action with sabers drawn: it scarcely did any good.*

lichen Bauten waren verschwunden, wie aus dem Boden gerissen, und ein
Heer von Bergknappen hatte die Maurer abgelöst.

Schaufel und Spitzhaue flogen.[44]

— — — — — — — — — — — — — — — — — — — — — — — — —

Von Gold — — keine Spur! — Es mußte also wohl tiefer liegen, als    5
man vermutet hatte.

— — — — — — — — — — — — — — — — — — — — — — — — —

— — — — — Da! — — ein seltsames riesengroßes Inserat in den Tagesblättern: —

---

„George Makintosh an seine teuern Bekann-      10
ten und die ihm so liebgewordene Stadt!

— — — — — — — — — — — — — — — — — — — — — — —

Umstände zwingen mich, allen für immer Lebewohl zu sagen.
Ich schenke der Stadt hiermit den großen Fesselballon, den ihr
heute nachmittags auf dem Josefsplatz das erstemal aufsteigen     15
sehen und jederzeit zu meinem Gedächtnisse umsonst benützen
könnt. Jeden einzelnen der Herren nochmals zu besuchen, fiel
mir schwer, darum lasse ich in der Stadt eine — g r o ß e
V i s i t e n k a r t e zurück."

---

„Also doch wahnsinnig!                                            20
,Visitenkarte in der Stadt zurücklassen!' Heller Unsinn![45]
Was soll denn das Ganze überhaupt heißen? Verstehen Sie das viel-
leicht?" — So rief man allenthalben.

„Befremdend ist nur, daß der Amerikaner vor acht Tagen seine sämtlichen Bauplätze heimlich verkauft hat!"                          25

— Der Photograph Maloch war es, der endlich Licht in das Rätsel
brachte; er hatte als erster den Aufstieg mit dem angekündigten Fesselballon mitgemacht und die Verwüstungen der Stadt von der Vogelperspektive aufgenommen.

---

44 **Schaufel und . . . flogen**—*Shovels*      45 **Heller Unsinn**—*sheer nonsense*
  *and pickaxes worked* (moved) *at a*
  *feverish pace.*

Jetzt hing das Bild in seinem Schaufenster, und die Gasse war voll Menschen, die es betrachten wollten.

Was sah man da?

Mitten aus dem dunkeln Häusermeer leuchteten die leeren Grund-
5 flächen der zerstörten Bauten in weißem Schutt und bildeten ein zak-
kiges Geschnörkel:

„G M"

Die Initialen des Amerikaners!

— — — Die meisten Hausherren hat der Schlag getroffen, bloß dem
10 alten Herrn Kommerzialrat Schlüsselbein war es ganz wurst. Sein Haus
war sowieso baufällig gewesen.[46]

Er rieb sich nur ärgerlich die entzündeten Augen und knurrte:

„Ich hab's ja immer gesagt, für was Ernstes hat der Makintosh nie ä[47]
Sinn gehabt."

---

[46] **bloß dem . . . gewesen**—*Only old*   *had been ready to come down anyway.*
**Kommerzialrat** *Schlüsselbein* (collar-   [47] ä = **einen** (dialect)
bone) *didn't really give a hoot. His house*

# Fragen

1. Welche Nachricht ging wie ein Lauffeuer durch die Stadt?
2. Warum hatte Makintosh fünf Jahre vorher die Stadt verlassen?
3. Wie sah Makintosh aus?
4. Warum war Makintosh so schrecklich verhaßt?
5. Wo wohnte Makintosh? Warum wohnte er dort nur vorübergehend?
6. Was für eine neue Erfindung hatte Makintosh aus Amerika mitgebracht?
7. Warum glaubten die Bürger der Stadt nicht, daß die neue Erfindung gut wäre?
8. Was kaufte Makintosh jede Woche? Folgte er einem bestimmten Plan bei seinen Käufen?
9. Warum hielt man Makintoshs Visitenkarte für eine Frechheit?
10. In welche Stadt fuhr Makintosh? Mit wem verkehrte er dort? Was wollte er in der Stadt erreichen? Wer, dachte man, steckte hinter Makintosh?

11. Worum suchte Makintosh nach seiner Rückkehr aus Wien an?
12. Warum konnten die Bürger der Stadt die schönen Herbsttage nicht genießen?
13. Wieviele Häuser ließ Makintosh gleichzeitig einreißen?
14. Welche sensationelle Neuigkeit teilte Schloßbauaspirant Vyskotschil seinen Freunden mit? Wer wollte das wertvolle Metall gefunden haben? Wo wollte er es gefunden haben?
15. Was war Makintosh einige Tage nach dieser „Entdeckung"? Wer schrieb was über ihn?
16. Warum war es nicht schwer und sehr angenehm, Makintosh zu interviewen?
17. Was hatte Makintosh dazu geführt, seine Häuser einzureißen?
18. Von welchem Amt und von welcher Person hatte Makintosh Berichte und Gutachten erhalten? Was stand in ihnen?
19. Was war auf dem Plan zu sehen, den der Amerikaner entworfen hatte? War die Beweisführung überzeugend?
20. Was taten die Hausherren am Abend in den Kaffees? Was riet der Advokat? Wie verhielt man sich zu dem Vorschlag des überklugen ausländischen Ingenieurs?
21. Warum bekam bald die ganze Stadt Augenentzündung?
22. Worüber schrieb Professor Wochenschreiber?
23. Beschreiben Sie, wie es immer ärger wurde!
24. Was machte die Polizei? Nützte das etwas?
25. Geben Sie ein Beispiel von der Geistesstörung, die ausbrach!
26. Wieviel Gold wurde gefunden?
27. Was konnte man eines Tages in den Tagesblättern sehen?
28. Wer hatte bereits die Stadt verlassen? Was ließ er in der Stadt zurück?
29. Was sah der Photograph Maloch, als er im Fesselballon aufstieg?
30. Warum war dem alten Herrn Kommerzialrat Schlüsselbein als einzigem alles ganz wurst? Was geschah mit den anderen Hausherren?
31. Wie hat Ihnen diese satirische Erzählung gefallen? Warum? Worin liegt das Satirische?

ROBERT MUSIL *wurde 1880 in Klagenfurt als Sohn eines Hochschulprofessors geboren. Er studierte Maschinenbau, dann Mathematik, Philosophie und experimentelle Psychologie. Er lebte meist in Berlin und Wien; im Jahre 1938 emigrierte er in die Schweiz. Er ist 1942 in Genf gestorben.*

*Mit seinem* Mann ohne Eigenschaften *schuf Musil die neue Art des essayistischen Romans. Zu seinen wichtigsten Werken zählen* Die Verwirrungen des Zöglings Törleß (*Roman, 1906*), Vereinigungen (*Novellen, 1911*), Drei Frauen (*Novellen, 1924*), Nachlaß zu Lebzeiten (*Essays, 1936*), Der Mann ohne Eigenschaften (*unvollendeter Roman, 3 Bände, 1930–43*).

*Auf dem ersten Blick scheint der kleine Essay „Geschwindigkeit ist eine Hexerei" nur eine humoristische und amüsante Plauderei über die „Sprachdummheiten" der deutschen Sprache zu sein. Wenn man ihn aber etwas aufmerksamer liest, drängen sich bald ernste Fragen auf, zum Beispiel: Warum sind die Ausdrücke der Sprache für Geschwindigkeit so konservativ? Gibt die Sprache eine genaue Schilderung der „objektiven" Geschwindigkeit, so wie die Wissenschaft sie mißt? Gibt die Sprache eine genaue Schilderung der „subjektiven" Geschwindigkeit, so wie der Mensch sie erlebt? Gibt die Sprache eine genaue Schilderung der Wirklichkeit? Was ist die Aufgabe der Sprache? Was ist „die Wirklichkeit"?*

*Viele der anderen Werke Musils kreisen ebenfalls um diese und ähnliche Fragen und Probleme. Auch die moderne Naturwissenschaft und Philosophie ist seit Einsteins Relativitätstheorie und Plancks Quantentheorie gezwungen, über fundamentale Fragen wie „Was ist die Wirklichkeit?" wieder nachzudenken.*

# GESCHWINDIGKEIT IST EINE HEXEREI
## von Robert Musil

ES IST immer gut, wenn man die Worte so gebraucht, wie man soll, nämlich ohne sich etwas dabei zu denken. Man geht dann bequem über zehn Sätze hinweg, ehe wieder ein Wort auftaucht, auf das es ankommt.[1] Das ist zweifellos ein großzügiger Stil, der etwas von Eilverkehr auf große Entfernungen an sich hat, und es scheint, daß die geistigen Aufgaben des Tages nur noch mit seiner Hilfe bewältigt werden können. Paßt man aber kleinlich auf, so stolpert man flugs in ein Sprachloch.[2] Die Sprache fußwandelt[3] nicht mehr dahin wie zur Zeit der Altvorderen.

Da wäre zum Beispiel das Wort „Hals über Kopf";[4] welch ein wich-

---

[1]  **auf das . . . ankommt**—*which matters* (The title of the essay paraphrases the magicians' dictum, **Geschwindigkeit ist keine Hexerei,** which is similar to the English "the hand is faster than the eye.")

[2]  **stolpert man . . . Sprachloch**—*one stumbles instantly into a hole* (trap) *of the language* (Musil, of course, has his tongue in cheek when he admonishes the reader not to think when using words and calls this way of speaking and writing a grand style which alone is capable of mastering the intellectual tasks of today.)

[3]  **fußwandelt**—*strolls along*

[4]  **Hals über Kopf**—(literally:) *"neck over head"* (The English equivalent is "head over heels." The selection contains several expressions of this sort. Try to figure out the English equivalents from the literal German. In some instances, the footnotes will help.)

tiges und oft gebrauchtes Wort in einer Zeit, wo es so auf das Tempo
ankommt! Wie viele Menschen bedienen sich in ihrer Eile dieses Wortes,
ohne zu ahnen, welche Schwierigkeiten es der Eile bereitet. Denn Hals
über Kopf irgendwohin stürzen, heißt eine so wilde Beschleunigung
5 entwickeln, daß sich der Körper über den Hals, der Hals über den Kopf
zu schieben scheint; die Eile faßt beim Hosenboden an, das Gesetz der
Trägheit drückt beim Kopf zurück, und der Mensch wird aus dem
Menschen gerissen, wie der Hase aus dem Balg.[5]

Aber wann hat man denn je solche rasende Eile gehabt? Gott ja, als
10 Kind, wenn man mit wackligen Beinen lief. Als Knabe, wenn man auf
dem Rad eine abschüssige Straße hinabfuhr. Vielleicht als Reiter, wenn
man nicht recht wußte, wie es enden werde. Bei schäbigen fünfzehn bis
dreißig Stundenkilometern Geschwindigkeit. Wenn ein Auto oder ein
Eisenbahnzug so Hals über Kopf fahren wollten, würden sie kriechen!
15 Hals über Kopf drückt also gar keine Geschwindigkeit aus, sondern ein
Verhältnis zwischen Schnelligkeit und Gefahr des Beförderungsmittels
oder zwischen Schnelligkeit und der Aufregung höchster Anstrengung.
Die Fetzen müssen fliegen, der Schaum aus den Augen treten und die
Flanken den Krampf haben. Aber dann kann auch eine Schnecke Hals
20 über Kopf dahinstürzen, in einem ganz und gar forcierten Schnecken-
tempo, unbesonnen, gefährdet. Nebeneindrücke sind wieder einmal das
Bestimmende. Bekanntlich rast ein kleines Auto schneller als ein großer
Wagen, und ein Eisenbahnzug rast desto mehr, je ausgefahrener die
Schienen sind. Auch das Dahintoben ist Gewohnheitssache. Es gibt Nach-
25 barn, welche dabei meinen, daß sie rücksichtsvoll wie auf geseiften
Bohlen[6] durchs Leben gleiten.

Man sieht sich unwillkürlich in der Sprache um, nach gediegeneren
Ausdrücken. Wie wäre es zum Beispiel, wenn man sagte: „Hals über
Kopf stieß er ihr den Dolch ins Herz"? Das bringt selbst der wildeste
30 Romanschreiber nicht über die Lippen seiner Feder.[7] Er weiß nicht
warum. Aber er läßt den Dolch schnell wie den Blitz zustoßen. Rasch
wie ein Gedanke wäre schon nicht die richtige Geschwindigkeit dafür.
Dagegen ist ein Liebender schnell wie ein Gedanke bei der Geliebten und

---

[5] **der Hase . . . Balg**—(literally:) *the
hare out of its hide*
[6] **wie auf . . . Bohlen**—*as if on soaped*
*planks* (i.e., smoothly)
[7] **die Lippen . . . Feder**—*the lips of his*
*pen* (a humorous coinage by the author)

niemals rasch wie der Blitz. Das sind Geheimnisse.[8] Ein General eilt immer in Eilmärschen hinzu. Ein endlich Wiedergefundener stürzt in die Arme, aber ans Herz fliegt er. Ein Generaldirektor, der zu spät kommt, rast wie der Sturm daher, sein Büroangestellter dagegen kommt atemlos an; die Bewegungsgeschwindigkeit wirkt bei ihnen genau entgegengesetzt auf die Atmung. Vielleicht wäre auch zu erwähnen, daß man immer flugs ankommt, aber im Nu weg ist.

Man sieht, das sind Schwierigkeiten. Das Böseste ist aber, daß das moderne Leben voll von neuen Geschwindigkeiten ist, für die wir keine Ausdrücke haben. Geschwindigkeiten sind merkwürdigerweise das Konservativste, was es gibt. Trotz Eisenbahn, Flugzeug, Automobil, Tourenzahlen, Zeitlupe sind ihre äußersten Grenzen heute noch die gleichen wie in der Steinzeit; schneller als der Gedanke oder der Blitz und langsamer als eine Schnecke ist in der Sprache nichts geworden. Das ist eine verteufelte Lage für ein Zeitalter, das keine Zeit hat und sich bestimmt glaubt, der Welt eine neue Geschwindigkeit zu geben; die Schnelligkeitsäpfel hängen ihm in den Mund, und es gelingt ihm nicht, den Mund zu öffnen.[9]

Aber vielleicht wird die Zukunft ganz anders sein. Klassische erlebte Geschwindigkeiten gibt es ja schon heute nur noch dort, wo man sie am wenigsten erwarten würde, bei den Bauern auf dem Land. Dort fährt noch der Blitz durch die Luft, das vorbeifahrende Auto rast durch die Hühner, und es gibt Wege, wo man vor Eile auf die Nase fallen kann. In der Stadt ist die einzige Geschwindigkeit, die man eigentlich noch spürt, die des zu erreichenden Anschlusses, die Hast des Umsteigens und die Unsicherheit des rechtzeitigen Weiterkommens. Ohne den Segen der Neurasthenie[10] würde man auch die schon verloren haben, denn schlimmstenfalls opfert der Eilige, statt daß er keucht und Dampf schwitzt, 1,50

8  **Das sind Geheimnisse**—*These are* (the) *secrets* (of the idiomatic usage of the language. The entire paragraph deals with this puzzling aspect of language which is beyond rational explanation. Why in one instance must "fast as lightning" be used while in another "quick as a thought" is the only appropriate expression?)

9  **die Schnelligkeitsäpfel . . . öffnen** —(literally:) *the apples of speed are at* *its mouth, but it is unable to open it* (The image recalls the torments of Tantalus in Greek mythology, who, condemned to eternal hunger by the gods, could never reach the fruit-laden branches right above his head. The inability of the age to open its mouth suggests its failure to give adequate expression to the "new" speeds.)

10  **Neurasthenie**—*neurasthenia* (a neurotic condition caused by worry)

Mark für ein Auto, das alles dies sofort für ihn besorgt. Und je höher man im Reich der Kräfte hinaufsteigt, desto ruhiger geht es zu.[11] Eine Turbinenanlage von fünfzigtausend Pferdestärken surrt fast lautlos, und die ungeheuerlichsten Geschwindigkeiten der Technik sind nur noch ein
5 stilles Schaukeln. Das Leben wird desto unpathetischer und sachlicher, je gigantischer es wird. Ein Boxkampf zwischen zwei Meistern enthält weit weniger Alarm als eine Straßenprügelei zwischen zwei Laien, und ein Gaskampf ist lange nicht so dramatisch wie eine Messerstecherei. Die großen neuen Intensitäten haben vollends für das Gefühl etwas Unfaß-
10 bares, wie Strahlen, für die noch kein Auge da ist. Es wird aber noch sehr lange dauern, ehe die Menschen statt Eilzug wirklich Ruhezug[12] sagen und das Wort Hals über Kopf nur noch gebrauchen, wenn sie etwa den Abendfrieden beschreiben und ausdrücken wollen, daß sich weit und breit nichts rührt und die ungewohnte Ruhe von allen Seiten über sie
15 hinstürzt wie ein Meer.

[11] **desto ruhiger ... zu**—*the calmer things get*     [12] **Ruhezug**—author's coinage

# *Fragen*

1. Welchen nicht ganz ernst gemeinten Rat gibt Musil dem Leser bezüglich des Gebrauchs von Worten?
2. Erläutern Sie, welche Schwierigkeiten das Wort „Hals über Kopf" der Eile bereitet! Welche Beispiele führt Musil an, um zu zeigen, daß „Hals über Kopf" gar keine Geschwindigkeit ausdrückt, sondern ein Verhältnis zwischen Schnelligkeit und Gefahr des Beförderungsmittels?
3. Zitieren Sie einige der Ausdrücke, die Musil für Geschwindigkeit anführt, und zeigen Sie ihren richtigen idiomatischen Gebrauch!
4. Für welche Phänomene des modernen Lebens hat die Sprache keine Ausdrücke geschaffen?
5. Wo gibt es noch heute klassisch erlebte Geschwindigkeiten? Warum?
6. Welches ist die einzige Geschwindigkeit, die man eigentlich noch in der Stadt spürt?

7. Wie wird das Leben, je gigantischer es wird?
8. Womit wird das Unfaßbare der neuen Intensitäten für das Gefühl verglichen?
9. Analysieren Sie diesen Aufsatz Absatz für Absatz! Sammeln Sie englische Ausdrücke für Geschwindigkeiten und überlegen Sie, ob das, was Musil zu sagen hat, auch für das Englische zutrifft!

FRIEDRICH TORBERG *wurde 1908 in Wien geboren. Er lebte in Wien und Prag und emigrierte 1938 in die Schweiz, dann nach Frankreich und in die Vereinigten Staaten. Im Jahre 1951 kehrte er nach Wien zurück, wo er als freier Schriftsteller lebt. Zu seinen wichtigeren Werken zählen:* Der Schüler Gerber hat absolviert (*Roman, 1930*), Mein ist die Rache (*Erzählung, 1943*), Hier bin ich, mein Vater (*Roman, 1948*), Nichts ist leichter als das (*Erzählung, 1956*), Golems Wiederkehr und andere Erzählungen (*1968*). *Es folgt hier ein Kapitel aus dem Roman* Hier bin ich, mein Vater. *Friedrich Torberg war so freundlich, für unseren Abdruck eine Vorbemerkung zu schreiben, die die Zusammenhänge erläutert:*

Ort der Handlung ist Wien im Jahre 1938, nach der Machtergreifung durch die Nazis. Der Held des Romans, Otto Maier, ein stellungslos gewordener jüdischer Barpianist und in seinem bisherigen Leben ein „mauvais sujet", ist bei einer Razzia verhaftet worden, wird zum Abtransport in ein Konzentrationslager zu einer Sammelstelle gebracht und kommt im letzten Augenblick durch die Intervention eines hohen Gestapo-Beamten frei, in dem er seinen früheren Schulkollegen Macholdt erkennt. Zu Hause angelangt, muß er feststellen, daß sein Vater am selben Tag verhaftet und ins Konzentrationslager Dachau deportiert wurde. Alle Versuche, an Macholdt heranzukommen und ihn um eine Intervention zu bitten, schlagen fehl — bis eines Tages Macholdt selbst ihn zu sich rufen läßt. Der folgende Abschnitt schildert die Zusammenkunft der beiden.

# AUS HIER BIN ICH, MEIN VATER
# von Friedrich Torberg

MACHOLDT STAND am Fenster, mit dem Rücken zur Tür. Auf mein Klopfen hin wandte er sich um. Es schien mir, als hätte ich sein Gesicht gar nicht vom Sofiensaal[1] her in Erinnerung, sondern nur aus der Schule. Ohne Ausdruck, ohne mich anzusehen, trat er hinter seinen großen, schwerhölzernen Schreibtisch, setzte sich und deutete auf den Lederfau- 5 teuil zu seiner Rechten.

Ich überlegte, ob auch ich mich wortlos hinsetzen sollte, aber das ging wohl nicht an.

„Danke", sagte ich. "Und ich muß mich auch noch bedanken für — "

„Das lassen wir." Mit einer knappen Handbewegung schnitt Macholdt 10 mir den Satz ab.

Aus irgendeinem Grund war ich überzeugt, daß er mich, wenn es zu einer direkten Anrede käme, mit Sie anreden würde; vielleicht dachte er gerade jetzt darüber nach.

[1] **Sofiensaal**—A big hall in Vienna used for dances and other functions. On November 10, 1938, the Nazis carried out mass arrests of Jews and destroyed synagogues throughout their territories, using the murder of a German diplomat in Paris by a young Polish Jew as a pretext. At this time, the hall was used as a collection point prior to shipping the prisoners off to a concentration camp.

„Wie geht es dir?" fragte Macholdt.

„Den Umständen angemessen",[2] sagte ich langsam und hielt meinen Blick auf ihn gerichtet.

„Tja —."[3] Er zuckte bedauernd die Achseln. Seine Augen wanderten ins Leere. Dann rückte er sich zurecht. „Ich habe mit dir etwas zu besprechen, Maier. Der Köck[4] hat dir ja schon gesagt, um was es sich handelt."

„Er hat mir gesagt, daß du — daß du etwas für die Entlassung meines Vaters tun kannst. Oder sogar tun willst."

„Ganz richtig. Dein Vater ist seit dem 14. November in Dachau,[5] nicht wahr?"

Das war mir neu. Das war mir fürchterlich neu: daß mein Vater nach dem 10. November noch tagelang in Wien gewesen war, daß ich ihn noch tagelang hätte sehen können, und vielleicht —

„Es geht ihm nicht besonders gut", sagte Macholdt, als entnähme er das erst jetzt dem aufgeblätterten Akt, den er ein wenig aus den andern hervorgehoben hielt. „Hm. Beschreibung ist einwandfrei. Bis auf einen kleinen Disziplinarverstoß." Er sah mich an, und seine Stimme senkte sich in vertraulicher Beruhigung. „Weiter nichts Schlimmes. Wurde mit Schreibverbot bestraft. Na ja."[6] Wieder vertiefte er sich in den Akt. „Zweiundsechzig Jahre. Scheint körperlichen Anstrengungen nicht recht gewachsen zu sein.[7] Gibt an, daß er eine Kriegsverletzung erlitten hat?" Macholdt hob zu unvermittelter Frage den Kopf.

„Einen Bauchschuß", sagte ich. „Er war Stabsarzt — er ist freiwillig an die Front gegangen — er war drei Jahre an der Front — und — "

„Ja, ja, gewiß", unterbrach mich Macholdt. „Man hat ihm ja auch schon eine leichtere Arbeit zugewiesen. Nur das Schreibverbot ist bis auf weiteres noch aufrecht. Ohnehin sehr billig. Na ja.[8] Das wäre soweit in Ordnung." Er ließ den Akt aus seiner Hand gleiten und lehnte sich zurück.

---

2 **den Umständen angemessen**—*under the circumstances, all right*

3 **Tja**—*Hm*

4 **Der Köck**—proper noun, name of a mutual classmate. In Austrian and South German colloquial usage, the definite article is often used with names.

5 **Dachau**—town in Bavaria, site of one of the most notorious concentration camps during the Nazi regime

6 **Na ja**—(here:) *that's nothing much*

7 **Scheint köperlichen . . . sein**—*Does not seem to be quite up to physical exertion*

8 **Na ja**—(here:) *Oh, well* (Both here and in the preceding instance of this idiom, its meaning is determined by the speaker's feelings. Macholdt is trying to make light of the situation.)

„Du möchtest ihn natürlich gerne herausbekommen, wie?"[9]

Ich öffnete den Mund, brachte aber nur ein Nicken zustande.

„Es besteht eine Möglichkeit", sagte Macholdt. „Meine vorgesetzte Stelle[10] hat mir sozusagen freie Hand gegeben."

Unbeherrscht kippte ich nach vorn und starrte ihn an. Und Macholdt, dessen Gesicht bisher völlig regungslos geblieben war, so regungslos, wie ich es jahrelang vor mir gesehen hatte — Macholdt reagierte mit einem Lächeln, das ich nicht kannte: es war ein mildes Lächeln.

„Freie Hand", lächelte er, „heißt nicht, daß ich tun kann, was ich will, und daß ich niemandem verantwortlich bin. Ich *habe* eine Verantwortung."

„Macholdt — es liegt nichts gegen meinen Vater vor, nicht das mindeste. Du *kannst* seine Entlassung verantworten. Er hat sich nie etwas zuschulden kommen lassen, nie — er ist Frontkämpfer — er ist kriegsverwundet — er — —"

Meine Kehle war heiß und trocken und eingeschnürt, aber was mich eigentlich verstummen machte, war Macholdts anhaltendes Lächeln und sein Kopfschütteln jetzt:

„So hab ich's nicht gemeint, Maier. Das ist alles gut und schön. Es kann stimmen, und es kann auch nicht stimmen. Nein, bitte, reg dich nicht auf — ich will damit nur sagen, daß es nichts mit der Sache zu tun hat. *Vor* dem zehnten November mag das alles eine Rolle gespielt haben. Heute nicht mehr. Außerdem fällt es gar nicht in meine Kompetenz.[11] Ja, ja, schau nicht so. Natürlich haben wir Kompetenzen und Amtswege, und was eben zu einem großen Verwaltungsapparat gehört. Das verstehst du doch?"

„Ja. Aber — "

„Warte. Ich will dir ja gerade erklären, was du vielleicht *nicht* verstehst. Du mußt mich ausreden lassen, Maier. Es liegt mir nämlich sehr viel daran,[12] daß du *alles* verstehst. Man hat also am zehnten November Massenverhaftungen durchgeführt und im Anschluß daran Massenverschickungen in die Konzentrationslager. Glaubst du, daß man das deshalb getan hat, um einen oder mehrere ,Schuldige' zu erwischen und alle anderen wieder nach Haus zu schicken?"

---

[9] wie?—*wouldn't you?*

[10] **Meine vorgesetzte Stelle**—*My superior officer*

[11] **Kompetenz**—*jurisdiction*

[12] **Es liegt . . . daran**—*It is, you see, most important to me*

„Nein", sagte ich, da er mich erwartungsvoll ansah.

„Eben", bekräftigte Macholdt. „Man hat sich dabei von andern Erwägungen leiten lassen. Sagen wir: von allgemeinen Erwägungen. Es wurde niemand auf Grund einer speziellen Anschuldigung verhaftet, und
5 folglich kann niemand auf Grund einer speziellen Schuldlosigkeit entlassen werden. Wir können uns doch nicht selbst desavouieren.[13] Was sich im besten Fall tun läßt, weißt du ja aus eigener Erfahrung. Im besten Fall läßt sich verhindern, daß jemand ins Lager kommt. Aber wenn er einmal drin ist — — kurz und gut[14] — soll ich jetzt vielleicht zu einem
10 meiner Vorgesetzten gehn und ihm sagen: Lieber Freund, da ist im November ein Mann nach Dachau gebracht worden — der Vater von einem Schulkollegen von mir — möchten Sie den nicht entlassen?" Und er schüttelte ungläubig den Kopf.

„Ich — eigentlich — so etwas Ähnliches hab ich mir vorgestellt."
15 „Da hast du mich gewaltig überschätzt, Maier."

„Aber du sagst doch selbst, daß man dir freie Hand gelassen hat — "

„ — und daß ich für diese freie Hand verantwortlich bin", schloß Macholdt mit eiligem Nicken an, als wäre er mir dankbar für das erlösende Stichwort.

20 Ich wußte noch immer nicht, wo er hinzielte. Ich wollte ihn noch immer überzeugen.

„Macholdt", sagte ich mit gefalteten Händen. „Macholdt: ich verpflichte mich, daß wir beide, mein Vater und ich, binnen vierundzwanzig Stunden das Land verlassen haben — und dann bist du deine Verantwor
25 tung los. Du wirst es nicht bereuen, Macholdt. Ich schwöre es dir."

Macholdts Kopfschütteln wurde noch um einige Grade ungläubiger: „Sag einmal, Maier — *willst* du mich nicht verstehen?" Und mit verärgertem Anlauf entschloß er sich zu einer formellen Klarstellung: „Wir bringen die Leute nicht nach Dachau, um sie zu entlassen — nach Da
30 chau schon gar nicht."[15] Dann, in einer kleinen Pause, sammelte er sich zu neuer Ruhe und Geduld: „Ich kann eine Entlassung aus einem Konzentrationslager weder anordnen noch vermitteln. Von den höchsten Persönlichkeiten abgesehn, weiß ich auch niemanden, der das könnte.

---

13 **desavouieren**—*disavow*
14 **kurz und gut**—*to come to the point*
15 **Wir bringen . . . nicht**—*Dachau*

*would be the last place where we would take people in order to release them again*

Weißt *du* jemanden?"

„Bitte sprich weiter."

„Nein nein — ich frage dich mit Absicht."

„Ich weiß von keinem erfolgreichen Fall, aber ich weiß von Vermittlern, die sich dazu anbieten."  5

„Da haben wir's", nickte Macholdt. „Natürlich. Maier — es läge mir sehr viel daran, daß du mir solche Kerle nennst. Das sind nämlich die Allerschlimmsten. Ich dachte mir ja, daß du auch schon an dieses Gesindel geraten bist. Darauf kommen wir noch zurück." Er griff nach einem Notizblock und machte sich eine kurze Anmerkung (auf die er übrigens  10 nie wieder zurückgekommen ist). „Wo waren wir?"

„Du hast von einer Möglichkeit gesprochen, daß mein Vater entlassen wird."

„Ja. Ich bin also leider nicht einflußreich genug, um etwas so Außergewöhnliches durchzusetzen oder um es ganz einfach zu verlangen. Ich  15 kann es höchstens als Gegenleistung einkassieren, wenn man von *mir* etwas Außergewöhnliches verlangt. Dann beanspruche ich als eine Art Erfolgshonorar die Entlassung eines Schutzhäftlings[16] aus Dachau. Und dann gibt man mir also freie Hand — das heißt, man sagt mir: bitte sehr, wenn Sie uns das und das leisten, so entlassen wir Herrn X.Y. auf Ihre  20 Empfehlung hin, ohne daß noch eine andere Instanz Ihnen etwas dreinzureden hat.[17] Ich weiß nicht, ob du dir klar darüber bist, was das bedeutet? Ich habe nämlich mit Konzentrationslagern und solchen Sachen überhaupt nichts zu tun, und es wird da mir zuliebe ein sehr komplizierter Instanzenweg ausgeschaltet.[18] Vielleicht verstehst du jetzt, was ich mit  25 meiner Verantwortung gemeint habe?"

„Ich glaube schon. Nur — wenigstens kommt es mir so vor — nur bist du dann eigentlich nicht für die Entlassung verantwortlich, sondern für deine Gegenleistung?"

Das schien mir ein wichtiger Unterschied zu sein, und ich war sehr  30 verdutzt, als Macholdt mir mit einem breiten, unverkennbaren herzlichen Gelächter antwortete.

---

16 **Schutzhäftling**—*a person in protective custody* (The Nazis often made the pretense that their prisoners were jailed for their own protection.)

17 **ohne daß . . . hat**—*without still an-* *other administrative office interfering*

18 **wird da . . . ausgeschaltet**—*as a favor to me a very complicated maze of official channels is being bypassed*

„Sei mir nicht bös, Maier!" sagte er endlich. „Aber wenn *das* kein jüdischer Dreh[19] war! Macht nichts.[20] Nenn's wie du willst und wie's dich freut — die Entlassung ist die Leistung und die Verantwortung hab ich für die Gegenleistung und nicht für die Entlassung, sondern für die
5 Verantwortung — oder wie war das? Na ja." Er stöberte in seinen Papieren. „So warst du ja schon in der Schule."

„Du erinnerst dich?"

Macholdt sah mich an, und jetzt erkannte ich das alte Lächeln wieder, erkannte die gekräuselten Lippen und den leeren Blick.

10 „Natürlich", sagte er langsam. „Natürlich erinnere ich mich. Sonst würdest du ja nicht hier sitzen."

Sondern in Dachau — aber das sagte er nicht; vielleicht meinte er es auch gar nicht.

„Wenn ich dich richtig verstehe, Macholdt, dann hat die Sache also
15 zwei Seiten. Auf der einen Seite siehst du eine Möglichkeit, dich für die Entlassung meines Vaters einzusetzen — richtig?"

„Ja."

„Und auf der andern Seite verlangt man etwas von dir — richtig?"

„Ja."

20 „Darüber hast du dich aber noch nicht geäußert. Was ist es?"

In Macholdts Stimme mischten sich Erstaunen und Zurückhaltung: „Warum willst du das wissen?"

„Nicht aus Neugier und nicht aus Indiskretion. Ich dachte mir, daß ich dir vielleicht behilflich sein könnte."

25 „Du willst mir behilflich sein? Du — mir?"

„Warum nicht? Du hast mir ja auch schon einmal geholfen — sogar sehr — und bist jetzt ein zweitesmal bereit dazu. Und deine jetzige Hilfe ist mir noch viel wichtiger, das darfst du mir glauben. Wir haben zwar damals im Gymnasium — "[21]

30 „Laß das, bitte."

„Gut. Jedenfalls ist es nur ganz natürlich, daß *ich* dir jetzt einmal *meine* Hilfe anbiete. Warum überrascht dich das so?"

Macholdt schwieg.

---

19 **jüdischer Dreh**—*Jewish twist*
20 **Macht nichts**—*Never mind*
21 **Gymnasium**—secondary school which emphasizes classical studies and languages

„Oder hältst du mich vielleicht für unfähig, dir behilflich zu sein?"

„Nein", sagte Macholdt. „Das nicht. Ich halte dich nicht für unfähig. Du *kannst* mir helfen. Wenn du willst."

„Warum sollte ich denn nicht wollen, Macholdt?! Ich will doch auch, daß du meinen Vater aus Dachau herausbringst! *Das* glaubst du mir doch! Warum glaubst du mir nicht, daß ich dir helfen will?"

Jetzt stand Macholdt auf und ging zum Fenster. Nach ein paar Sekunden wandte er sich zu mir um: „Weil du ein Jud bist und ich ein Nazi", sagte er. „Deshalb."

Ich bemühte mich, seinem Blick standzuhalten, und gewann große Sicherheit daraus, daß es mir gelang.

„Es ist mir sehr recht, daß du das gesagt hast, Macholdt. Vielleicht wird dir das Ganze jetzt ein bißchen komisch vorkommen — so, als ob wir die Rollen vertauscht hätten: aber darf ich dich daran erinnern, daß ich auch im Sofiensaal ein Jud war und du ein Nazi, und trotzdem — "

„Ich hab dich schon ein paarmal ersucht, Vergangenes nicht zu erwähnen."

„Bitte sehr. Bleiben wir beim Gegenwärtigen. Als dir die Möglichkeit geboten wurde, etwas für die Entlassung meines Vaters zu tun — da war ich doch noch immer ein Jud und du ein Nazi. Und du hast mich trotzdem rufen lassen."

„Ja", sagte Macholdt. „Allerdings." Er kehrte langsam hinter den Schreibtisch zurück. „Aber damit hab doch höchstens *ich* etwas bewiesen und nicht du?!"

Es sah tatsächlich nach vertauschten Rollen aus, und die Reihe zum nachsichtigen Lächeln war jetzt an mir: „Ich bitte dich doch schon die ganze Zeit, mir Gelegenheit zu *meinem* Beweis zu geben. Wie soll ich dir etwas beweisen, wenn du mir nicht einmal sagst, um was es sich handelt?"

„Na schön.[22] Wie du willst. Es handelt sich — ". Macholdt brach ab. „Ich muß dich warnen, Maier. Vielleicht wirst du jetzt ein bißchen enttäuscht sein."

„Wieso enttäuscht?" Ich verstand ihn nicht.

„Ich vermute, daß du dir irgendetwas Großartiges vorgestellt hast," sagte Macholdt. „Ist dir eigentlich bekannt, was ich hier mache?"

[22] **Na schön**—*well, all right*

„Nein."

Das kleine, gekräuselte Lächeln spielte wieder um seine Lippen — und er hatte recht, er hatte auf eine beängstigende Weise recht, mit seiner Vermutung genau wie mit seinem Lächeln. Denn wenn ich mir auch die
5 Hilfe, die ich ihm leisten sollte, bis jetzt nur sehr vage vorgestellt hatte: in jedem Fall — und ob sie nun in der Richtung einer physischen Gefahr läge, die ich um seinetwillen auf mich zu nehmen hätte, oder vielleicht in der Richtung eines entwürdigenden Dienstes, einer beeideten Zeugenschaft etwa, daß er schon in frühester Jugend ein mustergültiger Antisemit ge-
10 wesen wäre: in jedem Fall müßte es etwas ganz und gar Persönliches sein, etwas zwischen ihm und mir und niemandem sonst, ein tief ins Vergangene hineingezweigter Erweis, eine Forderung, wie sie eben nicht jeder und nicht an jeden stellen konnte. Jawohl, etwas Großartiges. Und ganz gewiß nicht das, was jetzt kam.
15 „Ich leite eine Abteilung der Devisenkontrolle",[23] sagte Macholdt. „Na?[24] Sehr arg? Ich meine: weil das doch mehr nach kleinen Grenzbeamten schmeckt und nach Gummistempeln? Aber so schäbig ist es wieder nicht. Manchmal ist es sogar ganz interessant. Gerade jetzt habe ich einen ziemlich interessanten Fall zu bearbeiten. Und es hängt viel
20 davon ab, daß ich ihn erfolgreich bearbeite. — Dabei kannst du mir helfen, wenn du willst."

Das hatte er ganz belanglos angefügt, und er schien auf keine sofortige Antwort zu rechnen. Ich wäre auch unfähig gewesen, sie ihm zu geben. Mein Gesicht war brennheiß, ich wollte in die Erde versinken vor Scham
25 und Zorn über meine Idiotie, über die Scheuklappen aus Sturheit und Naivität, mit denen ich da meine groteske Fährte entlanggetrottet war: bis zu dem Punkt, wo Macholdt mich haben wollte. Und die ausweglose Erbötigkeit, mit der ich mich auf diesen Punkt festgefahren hatte, lag vor Macholdt so klar zutage, daß es jetzt gar kein Zurück mehr gab. Ich
30 bedachte nicht, daß Macholdt mit mir und mit meinem Vater doch eigentlich nach Gutdünken[25] verfahren könnte. Ich verspürte nur diese nagende, bohrende Wut und fand nur mühsam eine Entgegnung, der sie nicht anzumerken war:

---

23 **eine Abteilung der Devisenkontrolle**
   *—a department of the Foreign Money
   Exchange Supervision*

24 **na?**—*well?*

25 **nach Gutdünken**—*at his discretion*

„Leider habe ich mich nie um Devisen gekümmert. Ich weiß gar nicht,
wie ich dir da behilflich sein sollte — ?"

„Das kann ich dir sofort erklären", sagte Macholdt. „Wenn du willst."

Er sah mich an. Kein Zweifel: diesmal war es ihm um meine Antwort
zu tun.[26] Diesmal erwartete er ganz ausdrücklich zu hören, daß ich wollte.   5
Ich schwieg.

Vielleicht eine volle Minute lang ließ Macholdt mich schweigen. Dann
sprach er, mit andrer Stimme und andrem Gesicht als zuvor, nicht etwa
scharf oder drohend, auch spöttisch nicht, und nicht einmal ungeduldig.
Es war am ehesten ein Zwinkern des Einverständnisses, mit dem er mir   10
da zu Leibe rückte, und eine Aufforderung, dieses Zwinkern zu erwidern.
Schon gut, zwinkerte er. Schon genug. Du hast es brav gemacht, Maier,
ich hab meine Freude dran gehabt und hab mitgespielt. Aber jetzt tu doch
nicht länger, als ob du ein kleines Kind wärst.

„Paß einmal auf, Maier", sagte Macholdt. „Du warst bis jetzt sehr ver-   15
nünftig und hast sehr klar erkannt, wie die Sache steht. *Ich* kann deinen
Vater aus Dachau herausbringen und habe mich bereit erklärt, das zu tun.
*Du* kannst mir in einer bestimmten Angelegenheit behilflich sein und
hast dich gleichfalls bereit erklärt, das zu tun. Hat sich an deiner Bereitschaft etwas geändert, seit du weißt, daß es sich um eine Angelegenheit   20
der Devisenkontrolle handelt?"

„Nein", sagte ich, und es tat mir leid, und ich hatte Angst, daß Macholdt
dieses Nein als eindeutige Zusage in Pfand nähme, und was täte ich dann.

Macholdt schien aber nichts dergleichen im Sinn zu haben, Macholdt
ersparte mir sogar die Antwort auf seine nächste, nun wirklich eindeu-   25
tige Frage, er machte es mir leicht, Macholdt, mörderisch leicht machte er
es mir, er sprach sofort weiter nach dieser Frage, ruhig und geduldig:
„Hat sich an deiner Bereitschaft aus einem andern Grund etwas geändert?
Ich meine: überrascht es dich, daß die Hilfe, die du mir leisten sollst,
meine Amtstätigkeit betrifft? Hast du geglaubt, daß ich dich bitten werde,   30
mir etwas am Klavier vorzuspielen oder einen Brief für mich ins Postkastel[27] zu werfen?"

„Nein", sagte ich.

„Wenn ich Hilfe haben will, so muß es sich doch wohl um etwas han-

---

[26]   **Diesmal war . . . tun**—*This time he*         [27]   **Postkastel = Postkasten** (Austrian
   *attached great importance to my answer*              dialect)

deln, was mir ohne Hilfe zu schwerfiele. Und glaub nur ja nicht, daß ich aus bloßer Höflichkeit von ‚Hilfe' spreche. Du würdest mir wirklich helfen, und es liegt mir wirklich daran, daß du mir hilfst. Deshalb hab ich dich auch so oft gefragt, ob du mir helfen *willst*. Wenn du Ja sagst, dann

5 weiß ich, daß ich mich darauf verlassen kann. Wenn du Nein sagst — ich bitte dich, Maier, schau mich nicht so an. Es wird dir gar nichts passieren, nicht das mindeste. Du scheinst mich gründlich zu verkennen."

„Nein, das tu ich nicht", hörte ich mich sagen. „Entschuldige."

„Ich mach dir ja keinen Vorwurf daraus. Ich mach dir auch keinen

10 Vorwurf aus deinem Zögern. Im Gegenteil. Es spricht schließlich nur für deine Ehrlichkeit, daß du gewisse Bedenken hast. Auch ich hatte sie, und ich habe sie sogar geäußert. Ich habe dich erst vor wenigen Minuten darauf aufmerksam gemacht, daß ich ein Abkommen zwischen dir und mir für zweifelhaft halte, weil es ein Abkommen zwischen einem Juden

15 und einem Nazi wäre. Und vor wenigen Minuten hast du das doch noch bagatellisieren[28] wollen. Was hindert dich, das jetzt zu tun?"

„Ich weiß nicht", sagte ich.

„Ich glaube, *ich* weiß es. Wahrscheinlich denkst du schon wieder in zu großartigen Begriffen. Dir geht wahrscheinlich irgend etwas von Verrat

20 und Unehrenhaftigkeit im Kopf herum — du als Jude sollst mit den Nazi zusammenarbeiten — nein, bitte, es ist sehr naheliegend, die Sache so anzusehen. Es wäre nur ebenso naheliegend — allerdings weniger dramatisch, verzeih —, sich an den nüchternen Tatbestand zu halten. Nämlich: daß Devisenschmuggel in jedem Land gegen die Gesetze geht und daß

25 es durchaus nichts Unehrenhaftes ist, den Behörden gegen Devisenschmuggler zu helfen. Stimmt das?"

Ich holte tiefen Atem, vielleicht den letzten Atem, den ich hatte: „Macholdt", sagte ich. „Ich bin dir sehr dankbar, daß du soviel Geduld mit mir hast, und ich möchte sie mir nicht gerne verscherzen. Aber wenn

30 du jetzt wirklich eine Antwort von mir verlangst — "

„Natürlich."

„Dann muß ich dir also sagen, daß das *nicht* stimmt, daß das mit den Behörden und den Devisenschmugglern in unsrem Fall ein wenig anders liegt."

28 **bagatellisieren**—*treat in an off-hand way*

„Nämlich?"

„Nämlich sind die Behörden nationalsozialistisch und die Devisenschmuggler sind Juden."

„Da tust du sowohl den Behörden wie den Juden unrecht, Maier. Behörden sind immer und überall und unter jedem Regime zu allererst  5
Behörden — ich spreche da aus eigener Kenntnis. Und was die Devisenschmuggler betrifft, so würdest du staunen, wie viele Nichtjuden es unter
ihnen gibt. Außerdem sind Devisenverordnungen keine nationalsozialis-
tische Erfindung. Sie bestanden schon in Österreich, vor dem Anschluß,[29]
und sie bestehen in sehr vielen andern Ländern, auch in den sogenannten  10
demokratischen. Nimm einmal an, daß du in der Tschechoslowakei lebst.
Würdest du dich weigern, zur Aufdeckung eines Devisenschmuggels
beizutragen, weil vielleicht auch Juden dabei erwischt werden könnten?"

„Ja", sagte ich, ohne zu überlegen. „Ich würde mich weigern."

„Hm. Interessant. Wenn alle tschechischen Juden so denken, dann tut  15
mir die Tschechoslowakei schon heute leid. Nur dächte ein tschechischer
Jude gar nicht so. Sondern er würde seinen Behörden mit großer Begeisterung einen solchen Dienst erweisen."

„Es wären tschechoslowakische Behörden."

Das war zuviel, ich merkte es sofort. Jetzt war ich zu weit gegangen.  20
Macholdt kniff Augen und Lippen zusammen, ganz flüchtig nur, aber
es genügte, daß mir der kalte Schweiß ausbrach. Nun, dann war es eben
vorbei.[30] Ich würde nichts zurücknehmen. Ich würde mir nicht auch
*diesen* Unterschied wegdiskutieren lassen.

„Ich verstehe", sagte Macholdt. „Und ich bitte dich dringend, mir weiter  25
so ehrlich zu antworten wie bisher. Du meinst also, daß ein tschechischer
Jude seinen Behörden mit gutem Grund an die Hand ginge?"[31]

„Ja", sagte ich.

„Weil es sich da eben um die Tschechoslowakei handelt und weil die
Tschechoslowakei angeblich nichts gegen die Juden hat?"       30

„Ja", sagte ich.

„Folglich ist es nur recht und billig, von einem tschechischen Juden zu
verlangen, daß er etwas für die Tschechoslowakei tut?"

[29] **Österreich, vor dem Anschluß—** *Austria before the annexation to Germany (In 1938 Hitler forced Austria into a union with that country.)*

[30] **Nun, dann . . . vorbei—***Well, that was that*

[31] **mit gutem . . . ginge—***would, with justification, give a helping hand to*

„Ja", sagte ich.

„Wenn es sich hingegen um Deutschland handelt, so darf von einem Juden nichts dergleichen verlangt werden?"

„Nein", sagte ich.

„Und zwar, weil Deutschland etwas gegen die Juden hat?"

„Ja", sagte ich.

„Ausgezeichnet." Macholdt nickte und schob einen Stoß Papiere von sich weg. „Das ist ein unwiderlegliches Argument. Es paßt nur leider nicht auf deinen Fall."

Die Entscheidung hatte sich ja schon längst vollzogen; aber es war jetzt und hier, daß sie zutage trat. Ich sagte noch:

„Wieso paßt es nicht?"

Und Macholdt antwortete noch:

„Weil von dir ja kein Mensch verlangt, daß du irgend etwas um Deutschlands willen tun sollst. Was du tust, tust du für deinen Vater."

Dann vergingen noch ein paar Sekunden, und dann fragte ich:

„Was habe ich zu tun?"

# *Fragen*

1. Wo stand Macholdt, als Otto Maier ins Zimmer trat?
2. Was überlegte Maier, nachdem er eingetreten war?
3. Was tat Macholdt, als sich Maier bedanken wollte?
4. Welche Art der Anredeform erwartete Maier von Macholdt? Welche Form gebrauchte dieser?
5. Was wollte Macholdt mit Maier besprechen?
6. Seit wann war Maiers Vater in Dachau? Wie ging es ihm dort und weshalb war er bestraft worden? Welcher Art war die Strafe?
7. Weshalb war Maiers Vater körperlichen Anstrengungen nicht gewachsen? Was hatte man angeblich im Konzentrationslager getan, nachdem man gemerkt hatte, daß Maiers Vater keine schwere Arbeit verrichten konnte?
8. Was fügte Macholdt seiner Bemerkung, daß ihm seine vorgesetzte Stelle freie Hand gegeben habe, lächelnd hinzu?

9. Welche Tatsachen führte Maier an, um Macholdt zu beweisen, daß er die Entlassung seines Vaters verantworten könnte?
10. Was war am 10. November geschehen? Warum konnte niemand, der am 10. November verhaftet worden war, auf Grund einer speziellen Schuldlosigkeit entlassen werden?
11. Worum konnte Macholdt angeblich seinen Vorgesetzten nicht bitten?
12. Was verpflichtete sich Maier binnen vierundzwanzig Stunden zu tun, wenn sein Vater entlassen würde?
13. Nur von wem konnten Entlassungen aus dem Konzentrationslager angeordnet oder vermittelt werden?
14. Unter welchen Umständen hätte Macholdt die Entlassung eines Schutzhäftlings verlangen können?
15. Warum wollte Maier etwas über die Art der Gegenleistung wissen, die von Macholdt verlangt wurde? Womit begründete Maier die Tatsache, daß er Macholdt helfen wollte?
16. Warum bezweifelte es Macholdt, daß Maier ihm wirklich helfen wollte?
17. Wie hatte sich Maier die Hilfe vorgestellt, die er Macholdt leisten sollte?
18. Worüber, meinte Macholdt, werde Maier ein bißchen enttäuscht sein? Was für eine Arbeit machte Macholdt bei der Gestapo?
19. Wobei könnte Maier dem Macholdt helfen? Warum meinte jener, er könne in dieser Angelegenheit Macholdt wohl nicht behilflich sein? Was antwortete ihm darauf Macholdt? Worum war es ihm jetzt zu tun? Wie lange ließ er Maier schweigen?
20. Wie versuchte Macholdt Maiers Zögern, ihm in seiner Amtstätigkeit helfen zu wollen, zu erklären?
21. Was antwortete Macholdt auf Maiers Behauptung, daß die Behörden nationalsozialistisch und die Devisenschmuggler Juden seien?
22. Warum könnte man von einem tschechischen Juden verlangen, daß er etwas für die Tschechoslowakei tut? Warum dürfte man von einem deutschen Juden nicht verlangen, daß er etwas für Deutschland tut? Wie fand Macholdt dieses Argument?
23. Warum paßte dieses Argument trotzdem nicht auf Maiers Fall?
24. Was fragte Maier nach ein paar Sekunden?
25. Fassen Sie die Argumentation zwischen Maier und Macholdt zusammen! Hätte Macholdt sein Ziel nicht schneller erreichen können? Warum ließ er sich so viel Zeit?

ANNA SEGHERS *wurde 1900 in Mainz geboren. Sie emigrierte 1933 nach Frankreich, 1941 nach Mexiko, und kehrte 1947 nach Ost-Berlin zurück. Zu ihren bedeutenderen Veröffentlichungen zählen:* Der Aufstand der Fischer von St. Barbara (*Erzählung, 1928*), Das siebte Kreuz (*Roman, 1942*), Transit (*Roman, 1944*), Der Ausflug der toten Mädchen (*Erzählungen, 1946*), Die Kraft der Schwachen (*Erzählungen, 1965*).
Das Obdach *spielt in Paris während der deutschen Besetzung Frankreichs im zweiten Weltkrieg. Heldin der Erzählung ist eine französische Arbeiterfrau, die sich in diesen schweren Zeiten — die Lebensmittel sind knapp und streng rationiert, die Gestapo übt eine Terrorherrschaft aus — aus intuitiver Menschlichkeit noch eine weitere Last und Gefahr aufbürdet, indem sie den Sohn eines Antinazis bei sich versteckt. Der nüchterne Stil der Erzählung spiegelt das unpathetische Heldentum der Frau.*

# DAS OBDACH
## von Anna Seghers

AN EINEM MORGEN im September 1940,[1] als auf der Place de la Concorde[2] in Paris die größte Hakenkreuzfahne[3] der deutsch besetzten Länder wehte und die Schlangen[4] vor den Läden so lang wie die Straßen selbst waren, erfuhr eine gewisse Luise Meunier, Frau eines Drehers, Mutter von drei Kindern, daß man in einem Geschäft im xiv. Arrondissement[5] 5 Eier kaufen könnte.

Sie machte sich rasch auf, stand eine Stunde Schlange,[6] bekam fünf Eier, für jedes Familienmitglied eins. Dabei war ihr eingefallen, daß hier in derselben Straße eine Schulfreundin lebte, Annette Villard, Hotelangestellte. Sie traf die Villard auch an, jedoch in einem für diese ruhige, 10 ordentliche Person befremdlich erregten Zustand.

[1] **September 1940**—The Germans had defeated France in June of 1940.
[2] **Place de la Concorde**—a square in Paris
[3] **Hakenkreuzfahne**—*swastika flag* (The swastika was the symbol of Hitler's Nazi party.)
[4] **Schlangen**—*queues;* (literally:) *snakes*

(The figurative use of the word is derived from the snake-like appearance of a long line of people.)
[5] **Arrondissement**—a subdivision of the city of Paris
[6] **stand eine . . . Schlange**—*stood in line for one hour*

Die Villard erzählte, Fenster und Waschbecken scheuernd, wobei ihr die Meunier manchen Handgriff tat,[7] daß gestern mittag die Gestapo[8] einen Mieter verhaftet habe, der sich im Hotel als Elsässer eingetragen,[9] jedoch, wie sich inzwischen herausgestellt hatte, aus einem deutschen
5 Konzentrationslager vor einigen Jahren entflohen war. Der Mieter, erzählte die Villard, Scheiben reibend, sei in die Santé[10] gebracht worden, von dort aus würde er bald nach Deutschland abtransportiert werden und wahrscheinlich an die Wand gestellt.[11] Doch was ihr weit näher gehe[12] als der Mieter, denn schließlich Mann sei Mann, Krieg sei Krieg, das sei
10 der Sohn des Mieters. Der Deutsche habe nämlich ein Kind, einen Knaben von zwölf Jahren, der habe mit ihm das Zimmer geteilt, sei hier in die Schule gegangen, rede französisch wie sie selbst, die Mutter sei tot, die Verhältnisse seien undurchsichtig wie meistens bei den Fremden. Der Knabe habe, heimkommend von der Schule, die Verhaftung des Vaters
15 stumm, ohne Tränen, zur Kenntnis genommen. Doch von dem Gestapooffizier aufgefordert, sein Zeug zusammenzupacken, damit er am nächsten Tag abgeholt werden könne und nach Deutschland zurückgebracht zu seinen Verwandten, da habe er plötzlich laut erwidert, er schmisse sich eher unter ein Auto, als daß er in diese Familie zurück-
20 kehre. Der Gestapooffizier habe ihm scharf erwidert, es drehe sich nicht darum, zurück oder nicht zurück, sondern zu den Verwandten zurück oder in die Korrektionsanstalt.[13] — Der Knabe habe Vertrauen zu ihr, Annette, er habe sie in der Nacht um Hilfe gebeten, sie habe ihn auch frühmorgens weg in ein kleines Café gebracht, dessen Wirt ihr Freund
25 sei. Da sitze er nun und warte. Sie habe geglaubt, es sei leicht, den Knaben unterzubringen, doch bisher habe sie immer nur nein gehört, die Furcht sei zu groß. Die eigene Wirtin fürchte sich sehr vor den Deutschen und sei erbost über die Flucht des Knaben.

Die Meunier hatte sich alles schweigend angehört; erst als sie fertig war,
30 sagte sie: „Ich möchte gern einmal einen solchen Knaben sehen." Worauf

---

7  **manchen Handgriff tat**—*often gave a helping hand*
8  **Gestapo = Geheime Staatspolizei** —(Hitler's) secret police
9  **der sich . . . eingetragen**—*who had registered at the hotel as an Alsatian* (The population of the Alsace, France's easternmost province, is largely German-speaking.)
10  **die Santé**—French police headquarters
11  **an die Wand gestellt**—*put to the wall* (i.e., executed)
12  **ihr weit . . . gehe**—*what was much closer to her heart*
13  **Korrektionsanstalt**—*reformatory*

ihr die Villard das Café nannte und noch hinzufügte: „Du fürchtest dich
doch nicht etwa, dem Jungen Wäsche[14] zu bringen?"

Der Wirt des Cafés, bei dem sie sich durch einen Zettel der Villard
auswies, führte sie in sein morgens geschlossenes Billardzimmer. Da saß
der Knabe und sah in den Hof. Der Knabe war so groß wie ihr ältester 5
Sohn, er war auch ähnlich gekleidet, seine Augen waren grau, in seinen
Zügen war nichts Besonderes, was ihn als den Sohn eines Fremden stempelte. Die Meunier erklärte, sie brächte ihm Wäsche. Er dankte nicht, er
sah ihr nur plötzlich scharf ins Gesicht. Die Meunier war bisher eine
Mutter gewesen wie alle Mütter: Schlange stehen, aus nichts etwas, aus 10
etwas viel machen, Heimarbeit zu der Hausarbeit übernehmen, das alles
war selbstverständlich.[15] Jetzt, unter dem Blick des Jungen, wuchs mit
gewaltigem Maß das Selbstverständliche, und mit dem Maß ihre Kraft.
Sie sagte: „Sei heute abend um sieben im Café Biard an den Hallen."[16]

Sie machte sich eilig heim.[17] Um weniges ansehnlich auf den Tisch zu 15
bringen, braucht es lange Küche.[18] Ihr Mann war schon da. Er hatte ein
Kriegsjahr in der Maginotlinie[19] gelegen, er war seit drei Wochen demobilisiert, vor einer Woche hatte sein Betrieb wieder aufgemacht, er war auf
Halbtagsarbeit gesetzt, er verbrachte den größten Teil der Freizeit in der
Wirtschaft, dann kam er wütend über sich selbst heim, weil er von den 20
wenigen Sous[20] noch welche in der Wirtschaft gelassen hatte. Die Frau,
zu bewegt, um auf seine Miene zu achten, begann zugleich mit dem
Eierschlagen ihren Bericht, der bei dem Mann vorbauen sollte. Doch wie
sie auf dem Punkt angelangt war, der fremde Knabe sei aus dem Hotel
gelaufen, er suche in Paris Schutz vor den Deutschen, unterbrach er sie 25
folgendermaßen: „Deine Freundin Annette hat wirklich sehr dumm
getan, einen solchen Unsinn zu unterstützen. Ich hätte an ihrer Stelle den
Jungen eingesperrt. Der Deutsche soll selbst sehn, wie er mit seinen
Landsleuten fertig wird ... Er hat selbst nicht für sein Kind gesorgt. Der

---

[14] **Wäsche**—(here:) *change of clothing*
**Wäsche** refers to any type of clothing that is washable, e.g., shirts, socks,
or underwear.)

[15] **Heimarbeit zu . . . selbstverständlich**—*to take on piecework at home in
addition to the housework, she con-
sidered all that normal*

[16] **an den Hallen**—*at les Halles* (the big
central market place of Paris)

[17] **Sie machte . . . heim**—*she quickly
started for home*

[18] **braucht es . . . Küche**—*long preparation in cooking is needed*

[19] **Maginotlinie**—a line of fortifications on
the eastern border of France designed
to prevent German invasion

[20] **Sous**—a sou is the smallest French
coin

Offizier hat also auch recht, wenn er das Kind nach Haus schickt. Der Hitler hat nun einmal die Welt besetzt, da nützen keine Phrasen was dagegen." Worauf die Frau schlau genug war, rasch etwas anderes zu erzählen. In ihrem Herzen sah sie zum erstenmal klar, was aus dem Mann

5 geworden war, der früher bei jedem Streik, bei jeder Demonstration mitgemacht hatte und sich am 14. Juli[21] stets so betragen, als wollte er ganz allein die Bastille noch einmal stürmen. Er glich aber jenem Riesen Christophorus[22] in dem Märchen — ihm gleichen viele —, der immer zu dem übergeht, der ihm am stärksten scheint und sich als stärker erweist

10 als sein jeweiliger Herr, so daß er zuletzt beim Teufel endet. Doch weder in der Natur der Frau noch in ihrem ausgefüllten Tag war Raum zum Trauern. Der Mann war nun einmal ihr Mann, sie war nun einmal die Frau, da war nun einmal der fremde Junge,[23] der jetzt auf sie wartete. Sie lief daher abends in das Café bei den Hallen und sagte zu dem Kind:

15 „Ich kann dich erst morgen zu mir nehmen." Der Knabe sah sie wieder scharf an, er sagte: „Sie brauchen mich nicht zu nehmen, wenn Sie Angst haben." Die Frau erwiderte trocken, es handle sich nur darum, einen Tag zu warten. Sie bat die Wirtin, das Kind eine Nacht zu behalten, es sei mit ihr verwandt. An dieser Bitte war nichts Besonderes, da Paris von Flücht-

20 lingen wimmelte.

Am nächsten Tag erklärte sie ihrem Mann: „Ich habe meine Kusine Alice getroffen, ihr Mann ist in Pithiviers[24] im Gefangenenlazarett, sie will ihn ein paar Tage besuchen. Sie hat mich gebeten, ihr Kind solange aufzunehmen." Der Mann, der Fremde in seinen vier Wänden nicht

25 leiden konnte, erwiderte: „Daß ja kein Dauerzustand daraus wird." Sie richtete also für den Knaben eine Matratze. Sie hatte ihn unterwegs gefragt: „Warum willst du eigentlich nicht zurück?" Er hatte geantwortet: „Sie können mich immer noch hierlassen, wenn Sie Angst haben. Zu meinen Verwandten werde ich doch nicht gehen. Meine Mutter und mein

30 Vater wurden beide von Hitler verhaftet. Sie schrieben und druckten und

21  **14. Juli**—Bastille Day, a national holiday commemorating the fall of the prison of that name in 1789 during the French Revolution

22  **Christophorus**—*Christopher* (Before his conversion, the giant St. Christopher, then named Reprobus, would seek the greatest prince in the world and would serve and obey him. Eventually, he thus came to serve the devil.)

23  **Der Mann . . . Junge**—*The man was her husband, she was his wife, there was this foreign boy*

24  **Pithiviers**—a town south of Paris

verteilten Flugblätter. Meine Mutter starb. Sie sehen, mir fehlt ein Vorder-
zahn. Den hat man mir dort in der Schule ausgeschlagen, weil ich ihr
Lied[25] nicht mitsingen wollte. Auch meine Verwandten waren Nazis. Die
quälten mich am meisten. Die beschimpften Vater und Mutter." Die Frau
hatte ihn nur darauf gebeten zu schweigen, dem Mann gegenüber, den   5
Kindern, den Nachbarn.

Die Kinder konnten den fremden Knaben weder gut noch schlecht
leiden. Er hielt sich abseits und lachte nicht. Der Mann konnte den
Knaben sofort nicht leiden;[26] er sagte, der Blick des Knaben mißfalle ihm.
Er schalt seine Frau, die von der eigenen Ration dem Knaben abgab,[27]   10
er schalt auch die Kusine, es sei eine Zumutung, anderen Kinder aufzu-
laden. Und solche Klagen pflegten bei ihm in Belehrungen überzugehen,
der Krieg sei nun einmal verloren, die Deutschen hätten nun einmal das
Land besetzt, die hätten aber Disziplin, die verstünden sich auf Ordnung.
Als einmal der Junge die Milchkanne umstieß, sprang er los und schlug   15
ihn. Die Frau wollte später den Jungen trösten, der aber sagte: „Noch
besser hier als dort."

„Ich möchte", sagte der Mann, „einmal wieder ein richtiges Stück Käse
zum Nachtisch haben." Am Abend kam er ganz aufgeregt heim. „Stell
dir vor, was ich gesehen habe. Ein riesiges deutsches Lastauto, ganz voll   20
mit Käse. Die kaufen, was sie Lust haben. Die drucken Millionen und
geben sie aus."

Nach zwei, drei Wochen begab sich die Meunier zu ihrer Freundin
Annette. Die war über den Besuch nicht erfreut, bedeutete ihr, sich in
diesem Stadtviertel nicht mehr blicken zu lassen, die Gestapo hätte ge-   25
flucht, gedroht. Sie hätte sogar herausbekommen, in welchem Café der
Knabe gewartet habe, auch daß ihn dort eine Frau besuchte, daß beide den
Ort zu verschiedenen Zeiten verließen. — Auf ihrem Heimweg bedachte
die Meunier noch einmal die Gefahr, in die sie sich und die Ihren brachte.
Wie lange sie auch erwog, was sie ohne Erwägen in einem raschen Gefühl   30
getan hatte, der Heimweg selbst bestätigte ihren Entschluß: die Schlangen
vor den offenen Geschäften, die Läden[28] vor den geschlossenen, das Hupen

---

25  **ihr Lied**—the boy is probably referring
to some Nazi song
26  **konnte den . . . leiden**—*couldn't
stand the boy from the start*

27  **die von . . . abgab**—*who shared her
rations with the boy* (As a fugitive, he
could have no ration card.)
28  **Läden**—*shutters*

der deutschen Autos, die über die Boulevards sausten, und über den Toren
die Hakenkreuze. So daß sie bei ihrem Eintritt in ihre Küche dem fremden Knaben in einem zweiten Willkomm übers Haar strich.

Der Mann aber fuhr sie an, sie hätte an diesem Kind einen Narren ge-
5 fressen.[29] Er selber ließ seine Mürrischkeit, da die eigenen Kinder ihn
dauerten — alle Hoffnungen hatten sich plötzlich in eine klägliche Aussicht verwandelt auf eine trübe, unfreie Zukunft —, an dem fremden aus.
Da der Knabe zu vorsichtig war und zu schweigsam, um einen Anlaß
zu geben, schlug er ihn ohne solchen, indem er behauptete, der Blick des
10 Knaben sei frech. Er selber war um sein letztes Vergnügen gebracht worden. Er hatte noch immer den größten Teil seiner freien Zeit in der
Wirtschaft verbracht, was ihn etwas erleichtert hatte. Jetzt war einem
Schmied am Ende der Gasse die Schmiede von den Deutschen beschlag-
nahmt worden.[30]

15 Die Gasse, bisher recht still und hakenkreuzfrei, fing plötzlich von
deutschen Monteuren zu wimmeln an. Es stauten sich deutsche Wagen,
die repariert werden sollten, und Nazisoldaten besetzten die Wirtschaft
und fühlten sich dort daheim. Der Mann der Meunier konnte den Anblick nicht ertragen. Oft fand ihn die Frau stumm vor dem Küchentisch.
20 Sie fragte ihn einmal, als er fast eine Stunde reglos gesessen hatte, den
Kopf auf den Armen, mit offenen Augen, woran er wohl eben gedacht
habe. „An nichts und an alles. Und außerdem noch an etwas ganz Abge-
legenes. Ich habe soeben, stell dir vor, an diesen Deutschen gedacht, von
dem dir deine Freundin Annette erzählt hat, ich weiß nicht, ob du dich
25 noch erinnerst, der Deutsche, der gegen Hitler war, der Deutsche, den die
Deutschen verhafteten. Ich möchte wohl wissen, was aus ihm geworden
ist. Aus ihm und seinem Sohn." Die Meunier erwiderte: „Ich habe kürz-
lich die Villard getroffen. Sie haben damals den Deutschen in die Santé
gebracht. Er ist inzwischen vielleicht schon erschlagen worden. Das Kind
30 ist verschwunden. Paris ist groß. Es wird sich ein Obdach gefunden
haben."

Da niemand gern zwischen Nazisoldaten sein Glas austrank, zog man
oft mit ein paar Flaschen in Meuniers Küche, was ihnen früher unge-

---

29  **sie hätte . . . gefressen**—(that) *she*          *smith shop at the end of the street had*
    *had gone nuts over this child*                    *been requisitioned from its owner*
30  **Jetzt war . . . worden**—*Now a black-*

wohnt gewesen wäre und beinah zuwider. Die meisten waren Meuniers
Arbeitskollegen aus demselben Betrieb, man sprach freiweg. Der Chef in
dem Betrieb hatte sein Büro dem deutschen Kommissar eingeräumt. Der
ging und kam nach Belieben. Die deutschen Sachverständigen prüften,
wogen, nahmen ab. Man gab sich nicht einmal mehr Mühe, in den Büros   5
der Verwaltung geheimzuhalten, für wen geschuftet wurde. Die Fertigteile aus dem zusammengeraubten Metall wurden nach dem Osten geschickt, um anderen Völkern die Gurgel abzudrehen. Das war das Ende
vom Lied,[31] verkürzte Arbeitszeit, verkürzter Arbeitslohn, Zwangstrans-
porte. Die Meunier ließ ihre Läden herunter, man dämpfte die Stimmen.   10
Der fremde Junge senkte die Augen, als fürchte er selbst, sein Blick sei
so scharf, daß er sein Herz verraten könne. Er war so bleich, so hager geworden, daß ihn der Meunier mürrisch betrachtete und die Furcht äußerte, er möge von einer Krankheit befallen sein und die eigenen Kinder
noch anstecken. Die Meunier hatte an sich selbst einen Brief geschrieben,   15
in dem die Kusine bat, den Knaben noch zu behalten, ihr Mann sei
schwerkrank, sie ziehe vor, sich für eine Weile in seiner Nähe einzumie-
ten. — „Die macht sich's bequem mit ihrem Bengel",[32] sagte der Mann.
Die Meunier lobte eilig den Jungen, er sei sehr anstellig, er ginge schon
jeden Morgen um vier Uhr in die Hallen, zum Beispiel hätte er heute   20
dieses Stück Rindfleisch ohne Karten[33] ergattert.

Auf dem gleichen Hof mit den Meuniers wohnten zwei Schwestern, die
waren immer recht übel gewesen, jetzt gingen sie gern in die Wirtschaft
hinüber und hockten auf den Knien der deutschen Monteure. Der Polizist
sah sich's an, dann nahm er die beiden Schwestern mit aufs Revier,[34] sie   25
heulten und sträubten sich, er ließ sie in die Kontrolliste eintragen. Die
ganze Gasse freute sich sehr darüber, doch leider wurden die Schwestern
jetzt noch viel übler, die deutschen Monteure gingen bei ihnen jetzt aus
und ein, sie machten den Hof zu dem ihren, man hörte den Lärm in
Meuniers Küche. Dem Meunier und seinen Gästen war es längst nicht   30
mehr zum Lachen, der Meunier lobte jetzt nicht mehr die deutsche Ordnung, mit feiner, gewissenhafter, gründlicher Ordnung war ihm das
Leben zerstört worden, im Betrieb und daheim, seine kleinen und großen

---

[31]  **das Ende . . . Lied**—*the upshot of
      the matter*
[32]  **Die macht . . . Bengel**—*She takes an*

*easy way out with her brat*
[33]  **Karten**—(here:) *ration cards*
[34]  **Revier**—(here:) *police station*

Freuden, sein Wohlstand, seine Ehre, seine Ruhe, seine Nahrung, seine Luft.

Eines Tages fand sich der Meunier allein mit seiner Frau. Nach langem Schweigen brach es aus ihm heraus, er rief: „Sie haben die Macht, was
5 willst du! Wie stark ist dieser Teufel! Wenn es nur auf der Welt einen gäbe, der stärker wäre als er! Wir aber, wir sind ohnmächtig. Wir machen den Mund auf, und sie schlagen uns tot. Aber der Deutsche, von dem dir einmal deine Annette erzählt hat, du hast ihn vielleicht vergessen, ich nicht. Er hat immerhin was riskiert. Und sein Sohn, alle Achtung! Deine
10 Kusine mag sich selbst aus dem Dreck helfen mit ihrem Bengel. Das macht mich nicht warm. Den Sohn dieses Deutschen, den würde ich aufnehmen, der könnte mich warm machen. Ich würde ihn höher halten als meine eigenen Söhne, ich würde ihn besser füttern. Einen solchen Knaben bei sich zu beherbergen, und diese Banditen gehen aus und ein und ahnen
15 nicht, was ich wage und was ich für einer bin und wen ich versteckt habe! Ich würde mit offenen Armen einen solchen Jungen aufnehmen." Die Frau drehte sich weg und sagte: „Du hast ihn bereits aufgenommen."

Ich habe diese Geschichte erzählen hören in meinem Hotel im XIV. Arrondissement von jener Annette, die dort ihren Dienst genommen hatte,
20 weil es ihr auf der alten Stelle nicht mehr geheuer war.


# *Fragen*


    1. Wie sah Paris aus, als Frau Meunier Eier kaufen ging?
    2. Was fiel Frau Meunier ein, während sie Schlange stand?
    3. Was erzählte die Villard der Meunier von dem Mieter?
    4. Was erzählte die Villard von dem Sohn des Mieters? Was hatte er dem Gestapomann geantwortet? Wohin hatte ihn die Villard gebracht?
    5. Was bat die Villard die Meunier dem Knaben zu bringen?
    6. Wie sah der Knabe aus? Was sagte die Meunier zu dem Knaben?
    7. Was hatte der Mann der Meunier während des Krieges gemacht? Seit

wann war er demobilisiert? Wo arbeitete er jetzt? Wo verbrachte er seine freie Zeit?

8. Was antwortete Herr Meunier, als ihm seine Frau von dem fremden Knaben erzählte? Wofür war die Frau schlau genug?

9. Warum wird der Mann mit dem Riesen Christophorus verglichen?

10. Was sagte die Frau zu dem Knaben, als sie ihn bei den Hallen traf? Was erwiderte der Knabe?

11. Was erzählte die Meunier am nächsten Tag ihrem Mann? Was erwiderte der darauf?

12. Warum wollte der Junge eigentlich nicht nach Deutschland zurück?

13. Wie mochten die Kinder der Meunier den Knaben? Wie mochte ihn ihr Mann?

14. Warum schlug der Mann einmal den Knaben?

15. Was aß der Mann gern zum Nachtisch? Wo hatte er seine Lieblingsspeise einmal gesehen?

16. Warum war Annette Villard über den Besuch, den Frau Meunier zwei oder drei Wochen nach dem ersten Besuch bei ihr machte, nicht besonders erfreut?

17. Was bedachte Frau Meunier auf dem Heimweg? Was bestätigte ihren Entschluß?

18. Warum ging Herr Meunier nicht mehr in die Wirtschaft?

19. Warum gingen auch die Arbeitskollegen des Herrn Meunier nicht mehr gern in die Wirtschaft?

20. Wo tranken sie jetzt ihren Wein?

21. Warum konnten sie untereinander freiweg sprechen?

22. Wem hatte der Chef im Betrieb sein Büro eingeräumt?

23. Wohin wurden die Fertigteile geschickt? Zu welchem Zwecke?

24. Was stand in dem Brief, den die Meunier an sich selbst geschrieben hatte?

25. Was war dem Meunier alles mit gewissenhafter, gründlicher Ordnung zerstört worden?

26. An welchen Knaben erinnerte sich der Meunier? Was würde er für ihn tun wollen?

27. Was sagte nun die Frau zu ihrem Mann?

28. Warum hatte Annette in einem anderen Hotel Dienst genommen?

29. Warum gefiel Ihnen diese Geschichte? War es der Inhalt? die Spannung? der Stil? Kommentieren Sie!

# EIN ALTER BRIEF
## von Johannes Urzidil

AN EINEM AUGUSTABEND — es muß 1955 gewesen sein — saß ich mit
einigen Freunden in Dorothy Thompsons[1] Studio in Vermont. Es war
eine weitläufige, zum Bibliotheksraum umgewandelte Scheune, der „Barn"
der alten Farm, früher die Arbeitsstätte von Dorothys einstigem Gatten
Sinclair Lewis. Zu unserem Kreis gehörte in jenem Jahr auch ein Werk-   5
student, der den Sommer lang auf Dorothys Farm arbeitete. Er stammte
aus Pennsylvania, war der Sohn einer angesehenen Familie und hörte
Jus[2] in Harvard. Durch die weiten Fenster unterschied man noch die
Landschaft draußen, obwohl die Berghänge bereits das samtige Lila an-
zulegen begannen, das dort die Nacht ankündigt, und auch schon die   10
ersten Monstre-Konzerte der Zikaden[3] in den Bäumen anhoben.

„Sie wollen also Anwalt werden", fragte Dorothy den Studenten.

„Nicht eigentlich Anwalt, sondern eher Richter."

Dorothy überlegte ein wenig, nahm einen Schluck aus ihrem hohen

---

[1] **Dorothy Thompson**—well-known American writer, political journalist, social worker, and fighter for women's rights; at one time the wife of Sinclair Lewis, who won the Nobel Prize

[2] **hörte Jus**—*was studying law*

[3] **Monstre-Konzerte der Zikaden**—*the mass concerts of the cicadas*

Glase Scotch mit Soda und sagte dann: „Also Richter. Da will ich Ihnen etwas erzählen. Es ist die Geschichte eines Freundes. Geben wir ihm einen anderen Namen. Nennen wir ihn O'Shea. Er war Richter und erzählte mir und dem Roten diese Begebenheit aus seinem Leben. Ach so, Sie
5 wissen nicht, wer der ‚Rote' war. Sinclair Lewis wurde so gerufen. Nun, die Geschichte prägte sich uns so tief ein, und ich habe sie schon so oft erzählt, daß mir ist, als wäre ich selbst dabeigewesen, wäre der Reihe nach[4] jede der handelnden Personen."

Wir alle setzten uns zurecht und warteten gespannt. Dorothy war eine
10 wunderbare Erzählerin. Oft wenn ich ihr ein eigenes Erlebnis berichtet hatte, konnte sie nach Monaten darauf zu sprechen kommen und es dann nacherzählen. Aber mit welcher Vollendung tat sie das, um wieviel eindringlicher und überzeugender als mein ursprünglicher Bericht. Diesmal will *ich* versuchen, *ihre* Geschichte nachzuerzählen.

15 „Der Ort der Handlung", hob sie an und richtete ihre Erzählung hauptsächlich an den Werkstudenten, „ist eine kleine amerikanische Universitätsstadt, nennen wir sie Johnstown. Es ist eine Winternacht. Der Schnee fällt in jener Gebirgsgegend nicht in Flocken, sondern in dicken Tüchern. Richter O'Shea ist an diesem Ort nur für drei Tage zu Gast. Für ge-
20 wöhnlich lebt und wirkt er in einer Großstadt des mittleren Westens. Er ist soeben in seinen Gasthof von einem Vortrag zurückgekehrt, den er auf Einladung des Juristenklubs der Universität gehalten hatte: ‚Nicht Strafe, sondern Sühne'. Richter O'Shea war damals schon über sechzig Jahre alt und etwas ermüdet vom Vortrag, von der Aussprache, vom
25 Abendessen, von den Trinksprüchen und den Gegenreden, die er hatte halten müssen. Er ging daran, sich für die Nacht vorzubereiten, als es an die Tür pochte. Es war der Zimmerkellner.

‚In der Halle unten', so sagte er, ‚ist eine Frau, die Sie sprechen möchte, Sir. Sie wartet schon seit zwei Stunden.'
30 ‚Ja. Ich bemerkte eine Frau, als ich durch die Halle ging. Warum hat sie mich nicht gleich angesprochen?'

‚Sie fragte erst, ob Sie Richter O'Shea seien. Aber Sie hatten bereits den Aufzug bestiegen.'

---

4 **der Reihe nach**—*in turn*

‚Und warum denn jetzt, um diese Stunde? Kennen Sie die Frau?‘

‚Nein, Sir. Ich arbeite erst seit zwei Wochen hier. Es ist eine Landfrau, würde ich sagen. Eine ältere Frau. Sie sagt, es sei dringend. Sehr dringend.‘

‚Was dem einen dringend ist, mag dem anderen nicht so scheinen. Überhaupt: wenn etwas dringend ist, also wichtig, dann soll man gründliche Überlegung daran wenden‘, dozierte der Richter.

‚Ich soll sie also fortschicken?‘

‚Im Gegenteil. Ich will sie sehen.‘

Richter O'Shea legte eine buntgemusterte Hausjacke an, entzündete eine Zigarette und war jedenfalls zur möglichsten Behaglichkeit entschlossen. Nach einigen Minuten pochte es leise, und die Frau trat ein. Sie hatte weiße Haare und ein schönes, obgleich verwittertes Gesicht. Sie trug ein hochgeschlossenes Kleid wie etwas auf Photographien der neunziger Jahre. In der einen Hand hielt sie eine geräumige schwarze Lederhandtasche, in der anderen einen Briefumschlag.

Ich stelle mir vor", sagte Dorothy gleichsam anmerkungsweise, „daß sie aussah wie Rembrandts Mutter[5] oder wie jene alte Frau, die er abbildete, wie sie sich gerade die Nägel schneidet. Etwas Alltägliches und doch merkwürdig ergreifend. Das Bild hängt in New York, im Metropolitan Museum. Nun, sie grüßte ein wenig ängstlich und respektvoll, wie man einen würdigen Richter grüßt, den man zu so ungelegener Zeit bemüht.

‚Es ist recht spät‘, bemerkte O'Shea, aber er sagte das sehr gütig, ‚es muß also wohl etwas sehr Brennendes sein, wenn es nicht bis morgen Zeit gehabt hätte. Und was könnte ich überhaupt noch heute nacht in irgendeiner Sache tun?‘

‚Mein Name ist Amelia Griffith‘, erklärte die Frau statt einer Antwort.

‚How do you do, Mrs. Griffith‘,[6] versetzte der Richter. ‚Ich entsinne mich nicht, von Ihnen gehört zu haben.‘

‚Gewiß nicht‘, bestätigte die Frau.

‚Das macht nichts. Was kann ich für Sie tun?‘

‚Ich bitte Sie nur, diesen Brief zu lesen‘, sagte die Frau.

‚Wenn es um eine Rechtssache geht … ich bin kein Anwalt.‘

---

5  **Rembrandts Mutter**—Rembrandt frequently used his mother as a model.
6  *How do . . . Mrs. Griffith*—occasionally English words are used in the story to give the German reader the American flavor

,Ich weiß, Euer Ehren. Ich bitte Sie nur, den Brief zu lesen.'

Der Brief war an Mrs. Griffith gerichtet, und der Poststempel besagte, daß er fünfzehn Jahre alt war. Mr. O'Shea entfaltete das Briefblatt. Als er aber zu lesen begann, dürfte er wohl recht bestürzt ausgesehen haben,
5 denn der alte Brief war von seinem Sohn Patrick, und ich will versuchen den Inhalt mit seinen Worten wiederzugeben: ,Dear Mrs. Griffith, nie in meinem Leben werde ich vergessen können, was Sie für mich getan haben. Lassen Sie mich deshalb eine flehentliche Bitte aussprechen: Wann immer Sie irgendeiner Hilfeleistung bedürfen sollten, wird Ihnen diese
10 von mir und den Meinen unter allen Umständen und rückhaltlos erwiesen werden. So sehr ich heute alle Gnade des Himmels für Sie erflehe, so brennend begehre ich, Ihnen einmal Hilfe leisten zu können.'

Richter O'Shea trachtete seine Fassung wiederzugewinnen und sagte dann: ,Nun, das ist ganz Patricks temperamentvolle Art.'
15 ,Er war damals noch sehr jung,' sagte die Frau. ,Geht es ihm denn auch gut?' fragte sie dann.

,Danke, ausgezeichnet', sagte Mr. O'Shea, ,er ist verheiratet und hat zwei Kinder. Damals war er zweiundzwanzig Jahre alt. Da neigt man zu großen Worten. Aber eine Zusage ist eine Zusage. Ich bin selbstver-
20 ständlich bereit, das Versprechen meines Jungen einzulösen. Was hatte er denn angestellt? Und wieviel brauchen Sie?'

Die alte Frau schien gekränkt. ,Ich habe mein Auskommen', sagte sie, ,und etwas darüber.'

'Kein Geld also. Ein Anwalt bin ich nicht, wie gesagt. Aber ich kenne
25 Anwälte. Jedenfalls: Wollen Sie mir nicht erklären, warum Ihnen Patrick damals vor fünfzehn Jahren, als er hier studierte, diesen Brief schrieb. Es war sein letztes Studienjahr, wenn ich nicht irre.'

,Sie irren nicht', sagte die Frau. ,Ich hätte Sie nie mit dieser Sache belästigt. Aber außerordentliche Umstände zwingen mich dazu.'
30 Richter O'Shea rückte auf seinem Sessel hin und her. Er fühlte, daß er weit entfernt war von der Behaglichkeit, zu der er sich anfangs entschlossen hatte. ,Vielleicht handelt es sich', dachte er, ,um eine verjährte Liebesaffäre, vielleicht gar um ein uneheliches Kind. Aber dieses Kind wäre doch inzwischen ziemlich erwachsen.' — ,Geht es um ein Kind',
35 fragte er.

,Ja und nein', sagte die Frau. ,Es ist nun also fünfzehn Jahre her. Es war ein schwerer Winter, genau wie jetzt. Es war um die gleiche Zeit. Vielleicht sogar auf den Tag. Es war nach Mitternacht. Wir betrieben damals den General Store an der Straßenkreuzung acht Meilen nördlich von hier, halbwegs zwischen Johnstown und Fenimore. Ich weiß nicht, ob Sie die Gegend kennen.' 5

‚Nicht genau. Vielleicht hat mir Patrick einmal die Landschaft beschrieben. Er liebt Landschaften.'

‚Geht es ihm denn auch wirklich gut', fragte die Frau von neuem und mit einer Teilnahme, die es Mr. O'Shea fast sicher erscheinen ließ, es müsse sich um eine Kindesaffäre handeln. 10

‚Ich sagte es ja schon', bemerkte er etwas gereizt, ‚es geht ihm leidlich gut. Ich glaube wenigstens. Er ist Baumeister in Salt Lake City.'

‚Das ist weit im Westen', sagte die Frau.

‚Nun ja. Aber jetzt die Geschichte. Was ist es also mit dem Brief?'

‚Wir hatten auch einen Sohn', setzte die Frau wieder an, ‚er hieß Tom. 15 Damals war er achtzehn Jahre alt. Aber er studierte nicht. Er arbeitete. Im Laden und auf den Feldern. Wir hatten auch eine Wirtschaft. Er wog aus im Laden, er packte, er pflügte, er hackte Holz, er besorgte die Rinder, er deckte den Barn mit Schindeln, er verstand, einen Pfahlzaun zu machen aus jungen Stämmen. Niemand konnte das so. Der Herr 20 segne seine Seele.'

‚Sie verloren ihn? War er krank?'

‚Im Gegenteil. Er war kerngesund. Wie hätte er denn das alles machen können, wenn er nicht gesund gewesen wäre? Er war stark und fröhlich.' Die Frau entnahm der Handtasche eine abgegriffene Photographie. 25

‚Ein stattlicher Bursche', bestätigte Richter O'Shea.

‚Damals in jener Februarnacht also geschah es. Die Studenten der University stammen meistens aus wohlhabenden Familien. Fast jeder von ihnen hat ein Auto und selbstverständlich auch eine Liebste oder eine Freundin unter den Studentinnen. Das ist ihnen auch nicht zu verargen. 30 Sie sind doch jung. Es drängt sie, ganz und gar zu leben. Dazumal fuhren die Paare oft hinaus zum Star Lake Inn zum Tanzen. In der Stadt fühlten sie sich zu behindert und zu beobachtet. Daß sie hinausfuhren wäre harmlos gewesen, wenn nicht immer auch noch das Trinken und der Leichtsinn hinzugekommen wären. Verstehen Sie mich recht: 35 ich beschuldige niemanden.'

‚Das ist weise', sagte der Richter. ‚Was geschah also. War es etwa ein Streit wegen eines Mädchens?'

Sie überhörte die Frage. ‚Die Studenten mit ihren Mädchen waren wieder einmal im Star Lake Inn. Sie tanzten und tranken, sie tranken
5 wohl mehr als sie tanzten. Auch die Mädchen tranken. Sie waren alle übermütig. Dann fuhren sie in ihren Autos in die Stadt zurück. Sie fuhren sorglos und unbedacht, die eine Hand am Volant,[7] mit der anderen drückten sie das Mädchen an sich. Ich sah das oft. So fährt man, wenn man jung und übermütig ist. Ich beschuldige nicht, ich berichte
10 bloß. Es war schon gegen Morgen, als der letzte Wagen vorbeisauste. Tom, unser Sohn, war schon in den Stall gegangen. Der Stall lag gegenüber dem Wohnhaus, jenseits der Straße. Tom kam lange nicht zurück.'

Mr. O'Shea war der Schweiß auf die Stirne getreten. Die alte Frau
15 holte ein Taschentuch hervor und reichte es ihm. Dann nahm sie die Erzählung wieder auf.

‚Nein, Tom kam lange nicht zurück. Ich lauschte hinaus ins Morgengrauen. Ein Grauen war es wirklich, und mir begann seltsam zumute zu werden. Ich weckte Bruce, meinen Mann. Er ist tot seit zwölf Jahren.
20 Vielleicht leuchtet ihm das ewige Licht. Ich weckte ihn, und er ging hinaus mit der Laterne, um nachzusehen. Auch er kam lange nicht, und es war unbeschreiblich still. Eine solche schreckliche Stille hab ich weder vorher im Leben noch nachher je wieder vernommen. Da stand ich auch auf. Es dauerte mir lange.[8] Man sagt, daß Menschen in solchen Fällen
25 hastig aufspringen. Aber ich glaubte, daß es mir Jahre währte, bevor ich die Zehen und dann die Fersen in die Pantoffeln brachte und den Schlafrock umwarf. Alles zerlegte sich in Bruchteile von Sekunden, jeder Bruchteil aber eine Unendlichkeit. Auch die paar Schritte zur Tür Unendlichkeiten, das Hingreifen nach dem Türknopf, das Drehen des
30 Türknopfs, das Öffnen der Tür, alles Unendlichkeiten, der Schritt über die Schwelle, die Schwelle selbst, Euer Ehren, sie war eine unendliche Ebene. Ich kam nicht vorwärts. Ich ging auch nicht vorwärts. Ich unterschied mitten in der Straße meinen Mann, wie er über einer dunklen

[7] **Volant** = Lenkrad   [8] **Es dauerte mir lange**—*It seemed ages to me*

Masse kniete. Mein Sohn. Die Laterne leuchtete ihm Wangen und Schläfe an. Sie wissen, was ein Sohn ist. Gott bewahre Sie, zu wissen, was ein toter Sohn ist.'

‚I am deeply sorry', murmelte der Richter, und es kam ihm aus dem Erschrecken seines Herzens, denn er wußte bereits, daß jener Tod von seinem Sohn Patrick verschuldet war. Jetzt entsann er sich auch des gewandelten Wesens, mit dem der Sohn damals von der Universität zurückgekehrt war. Er hatte gar nicht froh geschienen über das Absolutorium.[9] Damals hatte Richter O'Shea gedacht, es sei bloß Unsicherheit vor der Zukunft. Jetzt aber wußte er, was es gewesen war, wußte es, aber wollte es begreiflicherweise noch nicht glauben. Er klammerte sich an eine letzte Möglichkeit. Er war Jurist und gewöhnt an legalistische Überprüfung dargebotener Tatbestände. Darum fragte er jetzt: ‚Und woher, Mrs. Griffith, wissen Sie eigentlich, daß es mein Sohn war, der den Ihren überfuhr?' Doch während er diese Frage stellte, erkannte er zugleich ihre Nichtigkeit. Denn er hielt doch den Brief seines Sohnes in der Hand.

Die Frau schien zu empfinden, daß dies im Grunde keine Frage war. ‚Patrick kam zwei Stunden später zu uns gefahren. In vollem Tageslicht bekannte er sich zu seiner Schuld. Er sei betrunken gewesen, sei viel zu rasch, ja sei sogar ohne Lichter gefahren. Er wolle der Verantwortung nicht ausweichen. ‚Hast du eine Mutter', schrie ich ihn an. ‚Nein', sagte er erschrocken, ‚sie ist tot.' Er sagte noch: ‚Das hier ist ein anderer Wagen.' Dann stieg er ein und fuhr zurück. Daß er sich einen anderen Wagen geliehen hatte, rührte mich. Mein Mann, wütend vor Schmerz, wollte gleich die Anzeige erstatten. ‚Er ist reicher Leute Kind', schrie er, ‚ein Nichtsnutz, ein Säufer, einer, der mit Mädchen das Geld verschlemmt. Tom hat gearbeitet, er war nüchtern, er war fromm.' Über mich aber kam es anders. Ich hörte auf, an Tom und an mich zu denken. Ich dachte an Patricks Mutter und wie ihr wohl gewesen wäre in jenem Augenblick. Ich hörte auf, die Mutter des Toten zu sein, und wurde zu der des Lebendigen. ‚Tu es nicht, Bruce', sagte ich, ‚unser Junge ist dahin. Wir können ihn nicht mehr ins Leben holen. Aber dieser ist auch

---

9 **Absolutorium**—comprehensive examination at the end of a course of studies

ein Kind. Leichtsinnig, gewiß, aber nicht böse. Wäre er schlecht, er wäre
nicht gekommen. Soll noch ein zweites Leben zuschanden werden?
Sollen wir nicht christlich sein und schweigen?' Wir schwiegen, Mr.
O'Shea, Euer Ehren. Wir schwiegen zu den Nachbarn. Wir schwiegen
5 bei der behördlichen Umfrage. Wir schwiegen zueinander. Patrick wurde
nicht in Untersuchung gezogen. Niemand erfuhr je, wer jenen Unglücksfall verschuldet hatte. Und dies, Sir, ist der Grund für diesen Brief.'

Mr. O'Shea stützte den Kopf auf beide Hände. Wieder einmal wurde
ihm bewußt, doch diesmal in seiner persönlichen Sphäre, wie jede Se-
10 kunde Leben und Tod gleichzeitig in sich enthält, wie in jeder Sekunde
blitzartig ein glückliches und ehrenvolles Leben in ein Leben des Kummers
und beladenen Gewissens sich verwandeln kann; wie es, wenn man lebt,
immer ums ganze Leben geht[10] und man sich stets in einem äußersten
Verzweiflungskampf befindet, selbst in den anscheinend harmlosesten
15 Augenblicken, sogar wenn man schläft oder etwa einen Löffel Suppe
zum Munde führt. Seine ganze Karriere ging ihm durch den Kopf, so
wie ein Mensch, im Angesicht des Todes, sein ganzes Leben in allen
Einzelheiten in wenigen Sekunden wieder durchlebt. Wehe dem, der
Gerechtigkeit sucht und Gerechtigkeit empfängt, dachte er. Wir leben
20 nicht nur von der Gerechtigkeit, sondern von der Gnade, dachte er.
Alle Rechtsbegriffe sind bestenfalls Wegweiser, dachte er, von denen
man aber in jedem einzelnen Fall abweichen müßte, denn alles Denken
und Urteilen über Menschliches kann sich nur in Ausnahmen bewegen
und nicht in Regeln.

25 ‚Und warum, Mrs. Griffith', fragte er dann, ‚warum erzählen Sie mir
diese qualvollen Ereignisse, qualvoll für mich wie für Sie, jetzt, heute,
nach fünfzehn Jahren?'

‚Weil mich die Notwendigkeit dazu zwingt. Nie hätte ich sonst gewagt,
Ihr Herz schwer zu machen. Ich komme mit einer flehentlichen Bitte.
30 Ich bin eine alte Frau. Hören Sie mich an.

Ich habe noch einen Sohn, George, mein einziges Kind jetzt, oder das
einzige jedenfalls, das mit mir ist, nein, das mit mir war. Denn George,
Euer Ehren, ist im Gefängnis.'

Der Richter betrachtete die Frau mit aufrichtiger Erschütterung. Sie

---

10 **wie es . . . geht**—*how, if one lives, all
of life is always at stake*

saß da wie von Stein, aber härter noch als aller Niobidenmarmor.[11] Denn
keine Träne, auch nicht einmal ein feuchtes Glänzen der Augen war
zu bemerken. Sie schien jenseits des Schmerzes.

,Wessen ist er angeklagt?'[12]

,Mord', sagte sie leise, sachlich, ohne Pathos und das schreckliche Wort   5
durch keinerlei Beiklang verändernd oder entwertend.

,Wen?'

,Seine Geliebte.'

,Und Sie sind sicher, daß er unschuldig ist?'

,Nein. Er ist schuldig. Wäre er unschuldig, dann wäre ich nicht zu   10
Ihnen gekommen. Oder jedenfalls jetzt noch nicht. Unschuld erweist
sich. Unschuld leuchtet.'

,Sind Sie dessen gar so sicher?'

,Ja. Dessen bin ich sicher. Aber er ist schuldig', sagte die Frau gelassen.

,Hat er gestanden?'                                                            15

,Nicht den Behörden. Nicht dem Anwalt. Aber mir. Vor den Behörden mag einer schweigen oder reden, wie er will. Aber vor der
Mutter? Die Mutter ist wie Gott.'

Wieder rollte sich vor dem Richter seine lange Laufbahn auf, ver-
logene Angeklagte, meineidige Zeugen, verruchte Ankläger, spiegel-   20
fechterische Anwälte, voreingenommene Geschworene, all der trübe
menschliche Schleim und Schlackenschaum, daraus dann Gesetz und
Richter das lautere Gold eines billigen Wahrspruchs für alle Beteiligten
quellen lassen sollten.

,Warum tat er es', fragte er.                                                  25

,Sie war eine geschiedene Frau, zehn Jahre älter als er, eine von jenen,
denen ein junger Mensch verfällt. Gott verzeihe mir, aber zu anderer
Zeit hätte man sie erkannt und gerichtet.[13] Sie quälte ihn, wie nur eine
Besessene besessen machen kann. Sie zwang ihn an ihren Leib und ging

---

[11] **Niobidenmarmor**—In Greek mythology, Niobe was the proud mother of
seven sons and seven daughters. When
her children were killed by the god
Apollo and the goddess Artemis, the
immensity of Niobe's grief turned her
into a column of marble (on Mt.
Sipylus in Lydia) from which her tears
continued to flow.

[12] **Wessen ist . . . angeklagt?**—*What
is he charged with?*

[13] **zu anderer . . . gerichtet**—*at other
times* (in history) *one would have
recognized her* (for what she was) *and
condemned her* (The reference here is to
the witch-trials of former days. The
mother suggests that the woman her son
murdered was like a witch who had cast
an evil spell over him.)

doch immer wieder mit andern. Einmal überraschte er sie mitten im Betrug. Da geschah es. Ich sagte: er ist schuldig, aber es war kein Mord. Er liebte sie ja. Er wollte es nicht tun. Gott weiß es. Er ließ es geschehen. Es war Notwehr.'

5 ‚Bedrohte sie ihn denn?‘

‚Nicht mit einer Waffe. Und trotzdem war es Selbstverteidigung.‘

‚Und was‘, fragte der Richter nach langem Nachdenken, ‚was, Mrs. Griffith, erwarten Sie nun von mir?‘

‚Ich brachte den Brief, um das nicht sagen zu müssen. Schon oft
10 während der fünfzehn Jahre habe ich ihn vernichten wollen. Jedesmal, wenn er mir in die Hände kam, dachte ich, es sei unchristlich, eine von der Not diktierte Schuldverschreibung aufzubewahren, es verberge sich in diesem Aufbewahren der Ansatz zu etwas Erpresserischem. Aber jedesmal beruhigte ich mich auch wieder und sagte mir: es ist ja doch nur ein An-
15 denken.‘

‚Es gibt Andenken, die wie Sparbücher sind‘, sagte der Richter. ‚Man vergißt sie gelegentlich, aber ungesehen sammeln sie heimliche Zinsen an. Sie benahmen sich zu meinem Sohn wie eine Mutter. Ja, Sie haben ihn durch Ihr Schweigen gleichsam zum zweitenmal geboren. Unter
20 größeren Schmerzen sogar als wirkliche Mütter sonst. Und Sie erhoffen jetzt von mir, daß ich nun Ihrem Sohn wie ein Vater beistehe. Ich will Ihnen meine Möglichkeiten darlegen. Ich kann für George die geschicktesten Verteidiger der Nation aufbieten. Wenn ich darum bitten werde, werden sie seinen Fall übernehmen. Sie werden dann im Recht, im Ge-
25 setz hohle Gassen entdecken, überraschende dunkle Passagen, gewundene Deutungen, vielschichtige Hintergründe; sie werden wie Zauberkünstler verblüffende Tricks, Kniffe und Winkelzüge anwenden oder wie Akrobaten und Seiltänzer auf den Gesetzen die erstaunlichsten Trapezkünste und Salto mortale[14] zuwege bringen. Ein erwiesenes und sogar ein ein-
30 gestandenes Unrecht vermögen sie in einen Rechtsanspruch zu verwandeln und die stichfesteste Anklage durch ein unerwartetes Beinstellen zu Fall zu bringen. Ich könnte, wenn Sie es wünschen, Mrs. Griffith, diese ganze verzwickte, vielfältige und ungeheuerliche Riesenapparatur des

---

14 **Salto mortale**—(here:) *somersault* (literally: *death jump* [Italian], a particularly daring acrobatic stunt.)

verschwörerischen Gegenrechts,[15] das ich nur zu wohl kenne, gegen die Tatsachen und die Thesen der Gesetze in Bewegung bringen, unter Verzicht auf mein Ansehen,[16] was noch das wenigste wäre, aber auch unter Verzicht auf meine Selbstachtung, das unväterlichste Opfer also, aber vielleicht eine unvermeidliche Buße, der sich die Demut beugen 5 müßte. Geschworene sind auch nur Menschen. Ja eben, weil sie Menschen sind, werden sie ja eingesetzt. Man darf sie zwar nicht beeinflussen, aber beeindrucken kann man sie. Eine bei klarsten Sinnen begangene Untat kann als unbeabsichtigte Folge geistiger Trübung[17] dargetan werden.' 10

,Mein Sohn ist nicht wahnsinnig', unterbrach die Frau. ,In unserer Familie gibt es keine Narren. Ich will nicht, daß der Schrecken der Schuld durch den noch viel größeren Schrecken des Irrsinns abgelöst wird. Ich will nicht, daß das Recht gebeugt oder geknickt werde. Gibt es denn keine andere Rettung?' 15

,Nicht im Raum der Gesetze. Vielleicht im Raum der Seele. Seit jenem grauen Altertum, aus dem wir hervorgegangen sind, gibt es keinen Ausgleich, es gibt nur die Sühne, das Opfer, die Buße. Im Raum der Gesetze kann ich versuchen, George vor dem Schlimmsten zu bewahren, obwohl ich noch nicht sehe, wie ich das anfangen sollte. Aber wirklich helfen 20 kann ich weder ihm noch Ihnen. Ausgleich, Mrs. Griffith! Ich will nicht davon sprechen, daß zwischen einem Unglücksfall, einer fahrlässigen Tötung[18] und einem Mord, selbst wenn er im Zustand sinnloser Erregung vollbracht wurde, nicht nur ein juristischer, sondern ein tiefer Wesensunterschied besteht. Sie schütteln den Kopf? Begreifen Sie, bitte, daß 25 ich die Schuld meines Sohnes nicht leichtnehme. Glauben Sie mir auch, daß mich die Größe Ihres Verhaltens zu ihm tief erschüttert und verpflichtet, ja daß ich Ihren Entschluß zu mir zu kommen, sogar für noch größer halte, weil er das von Ihnen schwer Errungene wieder aufhebt. Sie waren christlich zu meinem Sohn. Doch ein Lehrwort Christi lautet 30 auch: ,Es müssen zwar Ärgernisse kommen. Aber wehe dem Menschen,

---

[15] **Riesenapparatur des . . . Gegenrechts**—*the giant machinery of the conspiratorial anti-law* (i.e., the forces that oppose justice)

[16] **unter Verzicht . . . Ansehen**—*jeopardizing my reputation*

[17] **geistiger Trübung**—*of temporary insanity*

[18] **fahrlässigen Tötung**—*accidental homicide*

durch den das Ärgernis kommt.'[19] Jeder schleppt mit sich ein erhebliches Maß von direkter und weithin sichtbarer Schuld; aber selbst der Beste, ja gerade der, trägt noch ein weit größeres an indirekter, nie erkannter, nie verurteilter. Die Sühne, die über einen Menschen verhängt wird,
5 sollte er immer auf sein ganzes Wesen beziehen, nicht auf die einzelne Tat, die das Urteil gerade ins Auge faßte. Glauben Sie nicht mit mir, daß es dem Menschen dient, wenn er der Buße, der Sühne nicht entzogen wird?'

Hier machte der Richter eine Pause. Denn er fühlte, daß er jetzt an
10 einen entscheidenden Punkt gelangt war, der nicht mehr den einen besonderen Fall betraf, sondern weithin das allgemeine Schicksal der Schuld.

,Wenn ich Sie recht verstehe, klagen Sie also unser Schweigen an', sagte jetzt die Frau.
15 ,Ich bin kein Ankläger. Aber vielleicht wäre, wenn Sie den Dingen ihren Lauf gelassen hätten, Patrick heute wohler zumute. Ich weiß es nicht, und daß ich es nicht weiß, zeigt nur wieder einmal, wie wenig Eltern von ihren Kindern wissen.' Er hielt inne, als erwartete er, Mrs. Griffith würde ihm hierin beistimmen. Doch sie äußerte sich nicht. So
20 setzte er hinzu: ,Daß er sich Ihnen damals stellte, beweist ja, daß er nach Sühne strebte. Er war zu jung, um auf ihr zu beharren. Heute wäre er zu alt, um zu ihrer damaligen Bedeutung wieder zurückzukehren. Sie glaubten, ihm zu helfen. Aber war das wirklich Hilfe?'

,Patrick nannte es so', sagte die Frau.
25 ,Tat er das? Lassen Sie uns den Brief nochmals lesen. Ich wiederhole: glauben Sie nur nicht, daß ich Patricks Schuld verringern möchte. Ich will nur versuchen, die Dinge in deutlicherem Licht zu sehen. Wie lauten seine Worte? ,Nie in meinem Leben werde ich vergessen, was Sie für mich getan haben.' Er hätte hinzufügen können: ,Nie in meinem
30 Leben werde ich daher vergessen können, was ich Ihnen angetan habe.' Ist denn das Nichtvergessenkönnen ein Zeichen, daß einem geholfen wurde? Nein, Mrs. Griffith. Nur die Sühne ist Hilfe, denn nur die Sühne ist Wahrheit. Ihr werdet die Wahrheit erkennen und die Wahrheit wird euch befreien.[20] Und was schreibt er weiter? Um was fleht er Sie an?

---

19  **Es müssen ... kommt**—Matt. 18:8     20  **Ihr werdet ... befreien**—John 8:32

Darum, daß auch Sie einmal seiner Hilfe bedürfen möchten. Gut, Mrs. Griffith, ich zeige Ihnen den Weg zur Hilfe, wenn auch nicht zu dem, was Sie so nennen.'

‚Ich bin eine einfache Frau. Lassen Sie mich beten, bevor ich Ihnen antworte.‘ Beide schwiegen jetzt. Man vernahm nur das Knistern der 5 Kaminflamme und das Ticken der alten Stutzuhr, denn es war ein alter Gasthof mit einer uralten Stille in seinen Zimmern. Es ist etwas um die lang aufbewahrte New-England-Stille in den kleinen Orten, wo das Denken und das Beten gedeihen. Der Richter sah an den Lippen der Frau, daß sie betete, inbrünstig, um irgendeine äußerste Kraft, um das 10 Erscheinen des Elias.[21] Dann sagte sie: ‚Das Gewissen Ihres Sohnes konnten wir nicht lösen. Aber unser Schweigen bewahrte ihm das Leben in der Gemeinschaft. Sie sind ein gelehrter Mann und ein großer Richter, Mr. O'Shea, und Sie haben nicht vergessen, was das Leben bedeutet.‘

‚Ich habe es nicht vergessen. Aber Leben ohne Sühne ist kein Leben. 15 Darum soll sich niemand an der Sühne des andern vergreifen, niemand ihn berauben der Freiheit seiner Buße, des heiligen Inbegriffenseins in Grund und Folge. Sühne ist das vollendete Gegenteil von Flucht. Einzig der Mut sühnt. Nur in der Sühne steht der Mensch wieder Gott gegenüber, und einzig die Sühne macht ihn frei.‘ Er sprach vor sich hin, ohne 20 sie anzusehen.

‚Das, woran eine Mutter ein Kind zuerst erkennt‘, sagte die alte Frau, ‚ist das Leben. Und das, woran sie das Leben erkennt, ist das Kind. Solange das Leben bewahrt bleibt, ist für alles noch Hoffnung. Retten Sie das Leben und Sie retten das Recht. Lebt nicht das Recht von der Milde?‘ 25

‚Ich spreche für Ihren Sohn, nicht für den meinen‘, sagte der Richter. ‚Unsere Söhne haben uns nicht viel Gutes erwiesen. Fordern Sie! Soll ich wirklich versuchen, das Recht, das auf mich vertraut, ja dessen Kind ich bin, zu Gunsten Georges zu wenden? Wenn er Glück hat, werden alle meine Bemühungen vergeblich gewesen sein. Wenn er aber Unglück 30 hat, dann wird es den Anwälten gelingen, die Jury für ihn einzunehmen, und er wird mit heiler Haut davonkommen. Doch nur mit heiler Haut. Ist das der Ausgleich, um dessentwillen Sie kamen? Ich dachte, Sie woll-

---

21 **Elias**—*Elijah* (Major Old Testament prophet, who performed many miracles, such as raising the son of the widow Zarephath from the dead [1 Kings 17:17–24]. His second coming is to precede the coming of the Messiah [See Matt. 17:9–13].)

ten ihm helfen. Mrs. Griffith, es gibt in den großen Dingen des Lebens keinen Mittelweg. Wir alle, Sie und ich und unsere Söhne, werden unsere Sache bis zur höchsten Instanz verantworten müssen.'

Die alte Frau erhob sich. ,Ja, wir und unsere Söhne', sagte sie und
5 nahm den Brief aus Mr. O'Sheas Hand. Während das Papier sich im Kaminfeuer krümmte, dann aufflammte und entschwand, bat sie noch: ,Nicht wahr, Sie werden zu Patrick von mir nicht sprechen.'

Der alte Richter trat zu ihr. Er neigte sich über ihre Stirn. ,Draußen schneit es noch immer', sagte er dann.
10 ,Ja. Es ist ein harter Winter', antwortete sie und ging."

Dorothy hatte geendet. Wir alle schwiegen eine längere Zeit. Dann fragte ich: „Darf ich diese Begebenheit aufzeichnen?"

„Nicht jetzt", sagte Dorothy. „Solange ich lebe, soll es meine Geschichte bleiben."
15 Nach einer Weile setzte sie lächelnd hinzu: „Wenn ich aber gestorben sein werde, dann, ja dann magst du sie niederschreiben. Freilich wirst du sie aber auf andere Art erzählen, und es wird dann deine Geschichte sein."

Dorothy Thompson starb in Lissabon am 30. Januar 1961.

# *Fragen*

1. Wo befand sich der Erzähler an einem Augustabend im Jahre 1955?
2. Was war der „Barn"?
3. Woher stammte der Werkstudent? Wo studierte er? Was wollte er werden?
4. Wessen Geschichte wollte Dorothy dem Werkstudenten erzählen?
5. In welcher Stadt spielte die Geschichte der Dorothy? Und zu welcher Jahreszeit?

6. Warum befand sich Richter O'Shea in dieser Stadt?
7. Warum war Richter O'Shea müde?
8. Wer pochte an die Türe des Richters, als dieser daranging, sich für die Nacht vorzubereiten?
9. Wer wünschte den Richter zu sehen? Warum wünschte die Person, den Richter zu dieser Stunde zu sehen? Wie lange wartete die Person schon? Was sollte der Zimmerkellner der Person sagen?
10. Wie sah die Besucherin aus? Wie war sie gekleidet? Von wem hätte sie gemalt sein können?
11. Was bat die Besucherin den Richter zu tun? Von wem war der Brief?
12. Was stand in dem Brief?
13. Wozu erklärte sich der Richter nach Lesen des Briefes bereit? Was bot er der Frau an?
14. Vor wievielen Jahren hatte Patrick den Brief geschrieben?
15. Wo war der General Store, den der Mann und die Frau betrieben hatten?
16. Welche Arbeit hatte der Sohn der Frau geleistet?
17. Wohin waren die Studenten und ihre Freundinnen oft zum Tanzen gefahren? Warum waren diese Ausflüge nicht immer harmlos gewesen?
18. In welchem Zustand waren die Studenten einmal schon gegen Morgen in die Stadt zurückgefahren?
19. Wohin war Tom an diesem Morgen gegangen? Was hatte Frau Griffith getan, als Tom lange nicht zurückkam? Was hatte sie gesehen, als sie aus dem Hause trat?
20. Wer war zwei Stunden später zu Mrs. Griffith gekommen? Was hatte er ihr erzählt? Welche Aufmerksamkeit des jungen Mannes hatte Frau Griffith gerührt?
21. Was hatte der Mann der Frau Griffith tun wollen, und warum hatte er es tun wollen? Was hatte Frau Griffith darauf erwidert?
22. Was hätte man erfahren, wenn Herr and Frau Griffith nicht geschwiegen hätten?
23. Was war dem Richter bewußt geworden, während Frau Griffith ihre Geschichte erzählte?
24. Warum dachte der Richter, daß alle Rechtsbegriffe bestenfalls nur Wegweiser seien?
25. Warum hatte Frau Griffith dem Richter die Geschichte ihres Sohnes Tom erzählt? Was wollte sie vom Richter?
26. Wie hieß der zweite Sohn der Frau Griffith? Wo befand er sich? Was hatte er getan?
27. Hielt Frau Griffith George für schuldig oder unschuldig? Warum hatte er das Verbrechen begangen?
28. Von wem erwartete Frau Griffith Hilfe für ihren Sohn?
29. Welche Möglichkeit der Hilfe legte der Richter der Frau Griffith dar? Als was könnte ein geschickter Anwalt auch eine bei klarsten Sinnen

begangene Untat dartun? Warum lehnte Frau Griffith diese und ähnliche Arten der Verteidigung ab?

30. Was antwortete Richter O'Shea auf Frau Griffiths Frage, ob es möglich sei, ihren Sohn vor der Strafe zu retten, ohne daß das Recht gebeugt werde? Warum könnte er weder ihr noch ihrem Sohn wirklich helfen?

31. Warum meinte der Richter, es wäre vielleicht für Patrick besser gewesen, wenn Frau Griffith nicht geschwiegen hätte, als Patrick den Autounfall hatte? Woraus meinte er zu ersehen, daß Patrick damals nach Sühne gestrebt hatte?

32. Wie interpretierte der Richter die Stelle in Patricks Brief, „Nie in meinem Leben werde ich vergessen, was Sie für mich getan haben"? Worin sieht der Richter die einzige Hilfe für einen Verbrecher? Was nur ist die Wahrheit?

33. Was wollte die Frau tun, bevor sie dem Richter auf seine Rede antwortete?

34. Was hatte das Schweigen der Frau Griffith dem Sohn des Richters bewahrt?

35. Was antwortete der Richter der Frau? Was sagte er über die Wichtigkeit der Sühne im menschlichen Leben?

36. Warum meinte die Frau, daß es wichtig sei, das menschliche Leben zu bewahren?

37. Auf welche einzige Weise hätte der Richter George helfen können?

38. Wie entschied sich Frau Griffith? Was machte sie mit dem Brief? Was bat sie noch den Richter, bevor sie ging?

39. Worum bat der Erzähler Dorothy Thompson, nachdem sie ihre Geschichte von Richter O'Shea and Frau Griffith beendet hatte?

40. Was antwortete Dorothy Thompson dem Erzähler?

41. Wann und wo starb Dorothy Thompson?

42. Stimmen Sie mit dem Richter überein, daß der Mensch der Sühne nicht entzogen werden soll? Hat der Richter der Frau einen guten Rat gegeben? Was für einen Rat hätten Sie ihr gegeben? War es richtig von der Frau, den Rat des Richters anzunehmen? Wie hätten Sie an ihrer Stelle gehandelt?

# ZÜGE IM NEBEL
## von Günter Eich

MIR HATTE die Sache von Anfang an nicht gefallen. Stanislaus meinte, weil es zweimal gut gegangen war, würde es auch das dritte Mal klappen. Mir leuchtete das nicht ein,[1] aber schließlich ließ ich mich breitschlagen.[2] Hätte ich nein gesagt, wäre mir jetzt wohler, und den Schnaps hier hätte ich verkauft, anstatt ihn selber zu trinken.　　5

Wir fuhren am Abend ziemlich frühzeitig raus,[3] Stanislaus und ich. Die Gegend kennst du[4] bestimmt nicht, und ich will dir auch nicht so genau beschreiben, wo es ist. Jedenfalls stellten wir das Auto bei einem Bauern ab, der ist ein Geschäftsfreund von uns. Ich ließ mir ein paar Spiegeleier braten, und Stanislaus ging noch schnell bei Paula vorbei,[5] 10 die ist Magd nebenan. Dann stolperten wir los. Da muß man schon Bescheid wissen, wenn man sich da nachts zurechtfinden will.

---

[1] **Mir leuchtete . . . ein**—*I could not see that*

[2] **ließ ich . . . breitschlagen**—*I let myself be bullied into it* (colloquial)

[3] **raus = heraus**—The prefix **her** before a verb or preposition starting with a vowel is frequently reduced to **r** in everyday language, e.g., **rüber, rein, runter** for **herüber, herein, herunter.**

[4] **du**—the fictitious listener to whom the narrator tells the story

[5] **ging noch . . . vorbei**—*stopped in briefly at Paula's*

Ich war schlechter Laune[6] und sagte zu Stanislaus, er solle das verdammte Rauchen lassen, das ist doch schon beinahe was[7] wie im Steckbrief ein besonderes Kennzeichen. Aber er kann nicht aufhören damit,
er raucht von morgens bis abends und noch länger. Er sagte, ich wäre
5 überhaupt ein Angsthase,[8] und das ärgerte mich. Schließlich steckte ich
mir selber eine an.

Wir gingen quer über die Felder zum Bahndamm. Es war ein ekel-
hafter Nebel da, weil es so nahe am Wasser ist. Die Bahn ist eigentlich
zweigleisig, aber wo die Brücke gesprengt war, ist erst ein Gleis wieder
10 rübergelegt. Die Züge fahren hier ganz langsam, und das ist eine prima
Stelle zum Aufspringen. Und weil ein paar Kilometer weiter wieder so
eine langsame Stelle ist, kommt man auch gut wieder runter. Und das
ist für uns natürlich wichtig. Ich habe nämlich gar keine Lust, irgendein
Stück von mir auf die Schienen zu legen, wenn gerade was drüber
15 rollt.[9]

Übrigens stammt die ganze Idee von mir. Ich war drauf gekommen, als
ich selber mal die Strecke fuhr und zum Fenster raussah. So eine Idee
ist Gold wert, mein Lieber, aber mich kotzt sie jetzt an.[10]

Wir saßen unten am Bahndamm auf einem Stapel Schwellen und
20 froren jämmerlich. Der Nebel schien noch dicker geworden zu sein.
Der einzige Vorteil war, daß man in der nassen Luft die Züge von
weither hörte. Der erste kam aus der andern Richtung, den konnten wir
nicht brauchen. Der zweite war ein Personenzug. Man hörte ihn noch
lange, nachdem er über die Brücke gerumpelt war. Dann war es still.
25 Stanislaus rauchte, und hin und wieder tat ich's auch.[11] Wir gingen ein
paar Schritte hin und her, um uns zu erwärmen. Stanislaus erzählte seine
oberschlesischen Witze,[12] die ich alle schon kannte. Dann sprachen wir
von Gleiwitz[13] und von der Schillerstraße, und das machte uns ein
bißchen warm. Auf einmal pfiff in der Ferne eine Lokomotive, und wir
30 machten uns wieder fertig.

---

6 **schlechter Laune**—*in a bad mood*
7 **was = so etwas**
8 **Angsthase**—*coward*
9 **drüber rollt = darüber rollt**—The
  prefix **da,** like **her,** is often contracted,
  e.g., **drauf, drunter, drin,** etc. See
  note 3 above.
10 **mich kotzt . . . an**—*now it makes me*

*sick* (**kotzen**—*vomit* [colloquial])
11 **hin und . . . auch**—*now and then I
  did so too*
12 **oberschlesischen Witze**—*Upper Si-
  lesian jokes* (Upper Silesia is the south-
  eastern part of Silesia, now under Polish
  administration.)
13 **Gleiwitz**—city in Upper Silesia

Der Güterzug, der jetzt kam, fuhr ziemlich schnell. Ich wußte auch genau, daß nichts für uns drin war. Ich habe das im Instinkt. Ich winkte Stanislaus ab, aber der war ganz versessen, er schwang sich auf einen Wagen und schrie: „Emil, nimm den nächsten!" oder so was Ähnliches, und dann war er im Nebel verschwunden. So was Dummes![14] Den Wagen kriegte er bestimmt nie auf.[15] Aber er weiß immer alles besser. Ich ließ den Zug vorbeifahren und wartete weiter. Warten muß man können. Drei in der anderen Richtung, und ich ärgerte mich schon, daß heute gar nichts klappte. Die Kälte ging mir immer tiefer, und Stanislaus kam nicht zurück, obwohl mehr als zwei Stunden vergangen waren. Ich blieb auch sitzen, als es wieder pfiff,[16] und erst als die Lokomotive vorbei war und ich sah, daß es ein guter Zug war, kletterte ich auf den Bahndamm. Das Unglück wollte es, daß er sogar hielt. Kann man da widerstehen, wenn man so direkt eingeladen wird? Ich hangelte mich hoch, löste die Plombe, und als wir abfuhren, wußte ich schon genau Bescheid, daß es Medikamente waren. Hier und da waren rote Kreuze drauf und so Apothekerwörter.[17] Ein Paket, wo ich dachte, daß Morphium drin sein könnte, schmiß ich gleich raus. Das war natürlich dumm, weil wir nun auf beiden Flußseiten die Sachen auflesen mußten. Aber das hatte ich mir im Moment nicht überlegt, die Gelegenheit war zu günstig gewesen.

Das andere waren alles größere Kisten, die ich so nicht gebrauchen konnte. Als ich die erste aufhatte, fuhren wir gerade über die Brücke. Ich gebe zu, daß der Lokführer[18] trödelte, vielleicht lag es auch an den Signalen, aber ich kann auch sagen, daß ich genau und schnell gearbeitet habe.

Die Kartons, die in der Kiste waren, sah ich mir nicht weiter an. Ich schmiß zwei und noch mal zwei raus, als wir drüben waren. Der Zug hielt schon wieder. Ich guckte raus und überlegte, ob ich absteigen sollte.

Da sehe ich etwas wie eine dunkle Gestalt neben dem Zug und seh den Lichtpunkt von der Zigarette. Ich rufe: „Stanislaus!" und er kommt rauf, und ich helfe ihm noch. Er knipst gleich seine Taschenlampe an und

---

[14] **So was Dummes**—*Such a dumb thing* (to do)

[15] **aufkriegen** = **aufbekommen** (colloquial)

[16] **als es . . . pfiff**—*when there was an-other train whistle*

[17] **so Apothekerwörter**—*words which a pharmacist might use*

[18] **Lokführer** = **Lokomotivführer** (colloquial)

guckt in die aufgebrochene Kiste, sagt aber keinen Ton. Verdammt noch mal,[19] ich muß in dem Augenblick nicht ganz bei mir gewesen sein,[20] sonst hätte ich doch was gemerkt.

„Nimm deine dämliche Taschenlampe weg!" sag ich zu ihm, weil er mich von unten bis oben anleuchtet und direkt ins Gesicht.

„Ich glaube, wir hören auf", sage ich noch, „mehr können wir gar nicht wegschaffen, bis es wieder hell ist." Und da merke ich auf einmal, was ich für ein Rindvieh[21] bin, und daß es einer von der Bahnpolizei ist.

Ich springe gleich raus und er hinterher. Als ich den Bahndamm runter will, stolpere ich. In dem Nebel wäre ich vielleicht trotzdem entwischt, aber da schrie er „Emil, Emil!" hinter mir her, und das machte mich ganz irre. Es war also doch Stanislaus, wie? So was Verrücktes![22]

Jedenfalls hat er mich auf einmal gepackt, und ich fühlte etwas im Rücken, was bestimmt ein Pistolenlauf war. Ich nahm ganz mechanisch die Hände hoch. „Stanislaus?" fragte ich noch ganz dumm.

Er durchsuchte mich und nahm mir mein Werkzeug und die Lampe ab. Waffen fand er natürlich nicht, so was nehmen wir nicht mit, unser Handwerk ist friedlich. Dann zog er mir die Brieftasche heraus.

„Emil Patoka", sagte er.

„Woher wußten Sie vorher meinen Vornamen?" fragte ich.

„Setz dich hierhin!" Und er schubste mich auf einen Grenzstein. "Ich heiße Gustav Patoka."

Er hätte mich nicht so schubsen brauchen, ich hätte mich von allein hingesetzt, so erschlagen war ich.

„Gustav Patoka, so", sagte ich. Ich kannte nur einen Gustav Patoka, und das war mein Bruder.

„Wo sind die Pakete?" fragte er.

„Ich hab' sie rausgeschmissen."

„Wieviel?"

„Vier", log ich, denn so erschlagen wie ich war, eine Hintertür wollte ich mir doch noch aufhalten. Ich dachte an das erste Paket, und daß es drüben auf der anderen Flußseite lag, und daß vielleicht Morphium drin war. Morphium ist immer ein gutes Geschäft. Es gibt Leute, von denen kannst du alles dafür kriegen.

19 **noch mal**—used for emphasis after an oath; not translated into English
20 **nicht ganz . . . sein**—*not have had my wits about me*
21 **Rindvieh**—*jackass* (literally: bovine)
22 **So was Verrücktes**—*Such a crazy thing*

Mir war ganz komisch zumute.[23] Da saß ich und war also offenbar festgenommen. Oder nicht? Und der Polizist hieß Gustav Patoka und war mein kleiner Bruder. Da ging er mit langen Schritten auf und ab. Das war so Gustavs Art, wenn er über was Schwieriges nachdachte. Klar, ich war ein schwieriger Fall.

„Der Zug fährt ab", sagte ich, weil ich dachte, er müßte vielleicht mitfahren. Aber er guckte bloß ganz flüchtig hoch, und dann ging er wieder hin und her, eine ganze Weile, daß es mir immer komischer wurde. Inzwischen rollte der Zug vorbei, das Schlußlicht verschwand auch, und man hörte das Geräusch immer leiser in der Ferne. Jetzt waren wir beide ganz allein mitten in dem Nebel. Wo war bloß Stanislaus hingekommen? Ich ärgerte mich, weil er doch eigentlich an allem schuld war. Dieser Idiot, wenn er nicht aufgesprungen wäre, wäre alles ganz anders gekommen.

„Gustav", sagte ich, „wenn du mein Bruder bist, könntest du mir wenigstens die Hand geben, anstatt mich wie einen Verbrecher zu behandeln."

„Was bist du sonst?"

„Hör mal,[24] Gustav, ich mache dir einen Vorschlag. Wir arbeiten bisher bloß zu zweit. Wenn du mitmachen würdest, wie? Ist das keine Idee?[25] Du, ich rede mit meinem Kumpel drüber. Gustav mach mit! Es lohnt sich! Und du als Polizist; das wäre prima. — Mensch, Mensch —"[26]

Ich wurde ganz aufgeregt, denn das war tatsächlich eine gute Idee. Ich sprang vor Eifer auf und wollte ihn beim Arm packen, aber er stieß mich zurück und sagte: „Halt's Maul!"[27]

Nun ja, er war bei der Polizei, aber er war doch mein Bruder, und einen vernünftigen Vorschlag wird man doch machen dürfen. Ich werde ihn schon noch rumkriegen, dachte ich.

„Wie bist du bloß zur Polizei gekommen?"

„Ich fand keine andere Arbeit, und schließlich ist das doch ein anständiger Beruf. Jedenfalls besser als deiner."

Darüber hätte ich natürlich mit ihm streiten können, aber Reden ist Silber, Schweigen ist Gold.[28]

23 **Mir war . . . zumute**—*I had a very funny feeling*
24 **Hör mal**—*just listen*
25 **Wenn du . . . Idee?**—*If you'd join us, how* (about it)? *Isn't that a great idea?*
26 **Mensch, Mensch**—*boy, oh boy*
27 **Halt's Maul**—*Shut up*
28 **Reden ist . . . Gold**—*the less said, the better* (proverb)

„Weißt du was von Vater?" fragte ich.

„Ich habe jetzt Nachricht. Er ist im vorigen Jahr gestorben."

„Gestorben?"

„Er war bis zuletzt zu Hause. Ich wollte gerade rüberfahren,[29] ihn
5 holen."

Ich mußte ein bißchen schlucken, denn ich hatte meinen Alten immer
gerne gehabt.

„Ich hab's mir gedacht", sagte ich, „ich habe mir gedacht, daß ich ihn
nicht mehr sehe. Jetzt wäre er gerade sechzig. Das ist doch kein Alter
10 zum Sterben. Was hat er denn gehabt?"

„Er ist verhungert."

Mein Alter, dem das Essen immer so viel Spaß machte, verhungert!
Das waren ja schöne Nachrichten!

„Du bist ein Gemütsmensch",[30] sagte ich.

15 Und er antwortete: „Das hab' ich vielleicht von dir so angenommen."[31]

Ich muß dir das erklären, warum er das sagte. Er sagte das, weil ich
ihn nämlich erzogen hatte. Da wunderst du dich, aber es ist tatsächlich so.
Mutter starb bald nach seiner Geburt. Vater mußte jeden Tag in die Arbeit. Die Nachbarin half aus, aber weil ich schon acht Jahre alt war, mußte
20 ich das meiste machen, wenn ich nicht gerade in der Schule war. Ich
hab' ihm die Windeln gewaschen und hab' ihn gewickelt. Bloß an die
Brust konnte ich ihn nicht legen.[32] Ich hab' ein bißchen Mama bei ihm
gespielt. Später paßte ich auf, daß er sich die Ohren wusch und daß er
die Schularbeiten machte. Überhaupt, solange ich zu Hause war, hatte
25 ich mir das so angewöhnt, immer auf ihn aufzupassen. Er lief mir nach
wie an der Leine.

Ich sagte: „Ich habe auch nicht gedacht, daß ich dich noch mal sehe."

„Paßt dir wohl nicht?"[33]

Das überhörte ich. „Wo warst du denn die letzten Jahre, wo ich nichts
30 mehr von dir weiß?"

„In Frankreich, dann im Ruhrkessel,[34] dann in Gefangenschaft."

---

29 **rüberfahren**—(here:) *cross the border
into the Russian Zone*
30 **Gemütsmensch**—*man with tender feelings* (Used ironically: The narrator re-
sents Gustav's talking so matter-of-factly
about their father's starving to death.)
31 **Das hab' . . . angenommen**—*I probably learned that from you*

32 **an die Brust legen**—*nurse*
33 **Paßt dir . . . nicht**—*you don't like it?*
(i.e., seeing me again)
34 **Ruhrkessel**—*Ruhr pocket* (The Ruhr
region is an industrial section of north-
west Germany. There, in the spring of
1945, the Allies surrounded and captured a large pocket of German troops.)

„Da hätten wir uns überall begegnen können."

„Ist jetzt auch noch früh genug. Oder zu spät, wie man's nimmt."

„Red nicht so dusselig!"[35]

„Und du bist also von Beruf Schwarzhändler?"[36]

„Mein Gott, ich verkaufe die Sachen zu den Preisen, wie sie geboten 5
werden. Wie du das nennst, ist mir egal. Außerdem bin ich arbeitslos.
Ich bin tatsächlich arbeitslos, ganz ohne Schwindel."[37]

Er glaubte mir das natürlich nicht.

„Und außerdem", sagte er, „bist du ein Räuber und Bandit."

„Ach", sagte ich, „darunter habe ich mir als Junge immer was Groß- 10
artiges vorgestellt. Da hatten wir doch zu Hause ein Buch, weißt du, das
grüne mit dem fettigen Deckel!"

„Ja", sagte er, „in der Schublade, wo die Gabeln lagen. Ich kenne doch
das Buch. Der Held der Abruzzen[38] heißt es."

„Siehst du, und das habe ich mindestens zwanzigmal gelesen. Aber daß 15
ich jetzt auch so ein großartiger Räuber wäre, kann ich nicht sagen. Ich
habe noch keine jungen Gräfinnen gerettet und keinen verjährten Mord
gerächt. Und jetzt sagst du, ich wäre ein Räuber! Nee,[39] Gustav, so großartig ist die Wirklichkeit nicht."

„Du bist ein Räuber und Bandit. Und mein Bruder", gab er mir eins 20
drauf,[40] „und das ist das Schlimmste."

„Das ist eine Gemeinheit von dir, zu sagen, daß das das Schlimmste
wäre! Und sieh mal, jeder tut heute irgendwas, was er nicht darf. Wer
lebt denn bloß von der Lebensmittelkarte! Jeder schwindelt, jeder betrügt,
bloß der eine ein bißchen mehr und der andere ein bißchen weniger." 25

„Hör mal", sagte Gustav, „da gibt es also, wenn man die Welt richtig
ansieht, gar keinen Unterschied zwischen gut und schlecht, zwischen
richtig und falsch?"

„Siehst du, jetzt kommst du allmählich dahinter.[41] Das sind alles bloß
kleine Unterschiede." 30

Da kommt er ganz nahe an mich ran und guckt mich an, daß mir
Angst wird. „Ich will wissen, ob das dein Ernst ist!" Er faßte meine

---

35 **dusselig**—*stupidly* (colloquial)
36 **Schwarzhändler**—*black marketeer* (a person who sells goods illegally, especially in violation of rationing or price control)
37 **ganz ohne Schwindel**—*no kidding*
38 **Der Held der Abruzzen**—*The Hero of the Abruzzi* (rugged mountains in Central Italy)
39 **Nee** = **nein** (*colloquial*)
40 **gab er . . . drauf**—(here:) *he added as an additional blow*
41 **kommst du . . . dahinter**—*you are gradually catching on*

Hände und drückte mir die Knöchel, daß es mir weh tat. „Ich weiß nicht, ob dir noch irgendwas heilig ist und ob du schwören kannst. Aber sag mir beim Andenken unserer verstorbenen Eltern, hörst du, sag mir, daß das dein Ernst ist."

5 „Natürlich", sage ich, „natürlich ist es mein Ernst!" Er ließ mich los und ging wieder auf und ab, aber mir kam es vor, als sei er viel ruhiger. Vielleicht wird er jetzt vernünftig, dachte ich, aber ich weiß auch nicht, ich hatte einfach Angst, ganz entsetzliche Angst, und mir war es auch klar, daß noch irgendwas Furchtbares kommen würde.

10 „So", Gustav blieb plötzlich stehen, „jetzt will ich dir noch was von mir erzählen, was du bestimmt noch nicht gewußt hast. Oder doch?[42] Hast du gewußt, daß du bis vor einer halben Stunde der einzige Mensch warst, auf den ich felsenfest vertraut habe? Bis vor einer halben Stunde, und ganz und gar weg ist es erst seit zwei Minuten."

15 Mir schlug das Herz bis zum Halse, sage ich dir. Jetzt war es da, das Furchtbare.

„Du warst mein großer Bruder, aber du warst noch viel mehr als das. Du hättest es vielleicht nie erfahren, und ich schäme mich auch schrecklich, lauter so große Worte in den Mund zu nehmen, aber alles, was rein
20 und stark war und fest und sicher und treu und anständig und ehrlich, alles, was gut war, das warst du. Du kannst darüber lachen, jetzt ist es mir egal. In all den Jahren, wo du weg warst, waren die schönsten Tage die, wenn du auf Urlaub kamst. Ich habe immer geheult, wenn du wegfuhrst, ich hatte Angst um dich, wenn du draußen warst. So ein alberner Junge
25 war ich, so ein Kind. Und später, als ich auf einmal selber erwachsen war und mich allein zurechtfinden mußte, da hab' ich mir immer vorgestellt, wie du alles machen würdest, und dann war es richtig. Was würde Emil dazu sagen, was würde Emil hier tun? So habe ich mich bestimmt alle Tage gefragt. Es ist zum Lachen, aber ich glaube, ich verdanke dir, daß
30 ich ein ganz ordentlicher Mensch geblieben bin, so für meine Begriffe."

„Ach, Gustav", sage ich, „das sind so die Jahre, der Kommiß,[43] der Krieg, kein Zuhause,— ich bin so verwildert. Es ist alles Mist."

„Ja, ja, das kann schon sein", sagte er, aber ich merkte, daß er gar nicht hinhörte, es interessierte ihn nicht. Er reichte mir meine Brieftasche
35 wieder hin. „Hier. Und jetzt mußt du gehen."

---

[42] **Oder doch?**—*Or did you?*    [43] **der Kommiß**—*the army* (colloquial)

„Deine Schlosserwerkzeuge behalte ich. Die Pakete läßt du liegen!"

„Gustav, sag mir wenigstens deine Adresse!"

„In zehn Minuten schieße ich ein paarmal. Reg dich nicht weiter auf! Das ist, damit man mir glaubt, daß mir einer durch die Lappen gegangen ist.[44] Aber dann mußt du schon weit sein. Hau ab!"[45]

„Gustav —"

„Hau ab, sag ich dir!"

Er stampfte mit dem Fuß auf. Ich ging.

Der Regen war zu einem feinen Rieselregen geworden, und die nasse Erde klebte mir an den Schuhen. Ich kam schlecht vorwärts. Kurz bevor ich die Straße erreicht hatte, hörte ich ein paar Schüsse. Es muß drei oder vier Uhr morgens gewesen sein.

Als ich ins Dorf kam, war Stanislaus längst da und saß seit ein paar Stunden im Auto und wartete auf mich,— sagte er wenigstens. Er hatte mein erstes Paket gefunden, weil er später mit dem Gegenzug[46] zurückgefahren war, und an der alten Stelle abgesprungen. Es war Morphium drin. Stanislaus selber hatte gar nichts. Trotzdem schimpfte er, weil ich so lange geblieben war. Er behauptete, er wäre die Straße hin und her gefahren und hätte gehupt. Ich glaube ihm das nicht. Er hatte bestimmt mit Paula im Bett gelegen. Ich gönne sie ihm, sie hat einen vorspringenden Eckzahn, und mir ist sie zu dick. Aber Stanislaus hatte gar keinen Grund, sich aufzuspielen. Er hatte gar nichts geschafft, und ich hatte auch noch den Kopf hingehalten.[47]

Ich erzählte ihm nichts, sagte nur so unbestimmt, ich wäre zu weit gefahren und hätte mich verlaufen. Er glaubte mir, daß ich müde wäre, und ich setzte mich auf den hinteren Sitz.

Stanislaus steuerte. Der Motor war so laut, daß er nicht hörte, wie ich heulte. Als Kind hatte ich mal Prügel bekommen, weil ich den Sonntagskuchen aufgegessen hatte; aber ich glaube, das war nicht so schlimm gewesen.

Jetzt sitze ich da und habe zu nichts Lust, kannst du das verstehen? Stanislaus drängelt mich, aber ich habe keine Lust. Das Morphium war ein gutes Geschäft. Zuviel will ich nicht verdienen, es ist doch mal alles hin.

---

[44] **durch die . . . ist**—*slipped through (my) fingers*
[45] **Hau ab!**—*Scram!*
[46] **Gegenzug**—*train coming in the opposite direction*
[47] **ich hatte . . . hingehalten**—*I had risked my neck, in addition*

Aber, Gustav, mein Bruder, mein kleiner Bruder! Ich habe nicht gewußt, daß ich für jemanden so viel wert war! Du, das ist schön, oder es muß schön sein, denn ich habe es ja nicht gewußt. Aber bestimmt ist es schrecklich, wenn man es verliert. Ich hab's verloren. Aber Gustav hat
5 noch mehr verloren. Nicht mich, ach, du lieber Gott, das meine ich nicht, ich bin ja nichts wert. Aber oft liege ich nachts wach und denke, er hält es nicht aus, es macht ihn kaputt. Und wer ist schuld, wenn er vor die Hunde geht?[48] Ich, ich, ich, ich, ich. Ob ich wirklich mal so ein Mensch gewesen bin, wie er's gedacht hat? Ach, mein kleiner Bruder, mein
10 kleiner Bruder.—

[48] **vor die . . . geht**—*goes to the dogs*

# *Fragen*

1. Warum meinte Stanislaus, es würde das dritte Mal auch klappen?
2. Wann fuhren Stanislaus und der Erzähler hinaus?
3. Wo stellten sie das Auto ab? Was machten sie dort?
4. In was für einer Laune war der Erzähler? Was meinte er über das Rauchen des Stanislaus?
5. Wohin gingen der Erzähler und Stanislaus? Wie war das Wetter?
6. Warum ist die Stelle, die Stanislaus und der Erzähler ausgesucht hatten, eine prima Stelle zum Aufspringen?
7. Wo gibt es eine gute Stelle zum runterkommen? Warum ist so eine Stelle wichtig?
8. Von wem stammte die ganze Idee? Wie war er draufgekommen?
9. Was ist der einzige Vorteil, den einem nasse, nebelige Luft gibt?
10. Was machten Stanislaus und der Erzähler, während sie auf einen Zug warteten?
11. Wie wußte der Erzähler, daß in dem vorbeifahrenden Güterzug nichts für ihn und Stanislaus drin war?
12. Was machte Stanislaus, als der Güterzug vorbeifuhr? Was rief er?
13. Wie lange noch blieb der Erzähler sitzen? Was tat er dann? Warum?
14. Was fand der Erzähler im Zug? Beschreiben Sie, was er im Zug machte?

15. Was sah der Erzähler, als der Zug wieder hielt und er rausguckte?
16. Was tat der Mann, nachdem er in den Zug raufgekommen war?
17. Warum sprang der Erzähler aus dem Zug? Wer sprang hinter ihm her? Was verwirrte den Erzähler?
18. Was fühlte Emil Patoka auf einmal im Rücken? Was fragte er noch ganz dumm? Was fand der Mann, als er Emil durchsuchte?
19. Woher wußte der Mann Emils Vornamen?
20. Wie fühlte sich Emil, als der Mann ihm sagte, wer er war?
21. Von welchem Paket erzählte Emil dem Gustav nicht? Warum nicht?
22. Wie war Gustav Patoka mit Emil verwandt?
23. Welchen Vorschlag machte Emil dem Gustav? Was antwortete Gustav darauf?
24. Wie war Gustav zur Polizei gekommen?
25. Wie ist der Vater der Brüder gestorben? Wie alt war er gewesen?
26. Warum hatte Emil Gustav erziehen müssen? Was hatte er alles für ihn getan?
27. Wo war Gustav in den letzten Jahren während des Krieges gewesen?
28. Wie nennt Gustav den „Beruf" seines Bruders? Wie beschreibt Emil seine Arbeit?
29. In welchem Buch hatten Emil und Gustav etwas über das Leben der Räuber gelesen? Warum ist das Leben Emils anders als das, welches im Buch über die Räuber beschrieben wird? Wie oft hatte Emil das Buch gelesen?
30. Was antwortete Emil auf Gustavs Frage, ob es einen Unterschied zwischen gut und schlecht, zwischen richtig und falsch gebe?
31. Was war Emil für Gustav bis vor einer halben Stunde gewesen?
32. Was waren für Gustav die schönsten Tage gewesen in all den Jahren, wo Emil weg war?
33. Wie half sich Gustav in Situationen, in welchen er sich allein zurechtfinden mußte? Wem verdankte er es, daß er ein ganz anständiger Mensch geworden ist?
34. Wie entschuldigte sich Emil bei Gustav für sein Leben als „Räuber und Bandit"?
35. Warum wollte Gustav ein paarmal schießen, nachdem Emil gegangen war?
36. Wo wartete Stanislaus, als Emil ins Dorf zurückkam?
37. Warum schimpfte Stanislaus? Warum hatte er gar keinen Grund, sich aufzuspielen?
38. Was tat Emil, während Stanislaus steuerte?
39. Was hatte Emil nicht gewußt? Was hatte er verloren? Warum hatte Gustav mehr verloren? Warum fürchtet Emil für Gustav?

# DIE PERLE
## von Eugen Roth

DER JUNGE MANN, genauer gesagt, der dreißigjährige, sogar ganz
genau, denn heute hatte er seinen Geburtstag, ging an einem reinen Früh-
sommerabend des Jahres neunzehnhundertdreiundzwanzig durch die
große Stadt. Er trug einen grauen Anzug mit einem leicht hineingewo-
benen grünen Muster, einen dieser feschen Anzüge, an die man sich wohl 5
noch als Greis gern erinnert, wahrscheinlich nur, weil die schönen Jugendjahre mit in die Fäden geschlungen sind;[1] er hatte ein rundes Hütlein auf,
nach Art der Maler und Dichter — und so was wird er schon gewesen
sein[2]— und wippte ein Stöckchen, wie es damals, bald nach dem ersten
Krieg, Mode war, schon ein bißchen lächerlich und stutzerhaft, aber nicht 10
so völlig unmöglich, wie es heute wäre, kurz nach dem zweiten Weltkrieg
und vielleicht nicht zu lang vor dem dritten, mit einem Spazierstöckchen
herumzulaufen aus Pfefferrohr mit einem Griff aus Elfenbein.

Der also wohlgekleidete Herr war fröhlich, nicht immer, gewiß nicht,
er konnte unvermutet voll schwärzester Schwermut werden, aber jetzt, 15

---

[1] **mit in . . . sind**—*are woven into it along with the threads*   [2] **so was . . . sein**—*he probably was something like that*

bei seiner Abendwanderung, die Maximilianstraße[3] hinauf, gegen den Fluß zu, war er vergnügt, denn zu Freunden ging er ja, und nichts geringeres hatte er vor, als mit ihnen, in der kleinen Wohnung hoch über der Isar,[4] seinen Geburtstag zu feiern, lustig und wohl auch üppig, an

5 der tollen Zeit gemessen, in der die Mark davonschwamm in einem Hochwasser,[5] in dem alles dahintrieb, in dem jeder unterging, der sich nicht zu rühren verstand und sich tragen ließ.

Morgen konnte auch er untergehen, aber heute hatte ihn die Flut getragen, wunderlich hatte sie ihn hinaufgehoben. Zwanzig Schweizerfranken

10 war er am Morgen wechseln gegangen,[6] ein Freund aus Bern hatte sie ihm geschickt. Die Taschen voller Papiergeld, hatte er zuerst den böhmischen Schneider bezahlt, den buckligen Verfertiger des flotten grauen Anzugs, den er trug. Dann hatte er noch ein Paar Schuhe gekauft, die jetzt neu an seinen Füßen glänzten; Zigarren hatte er besorgt, Schokolade, zwei

15 Flaschen Schnaps. Und mittags, als er nach Hause kam, waren ein paar Leute beisammengestanden um einen blassen, ausländischen Burschen, der vier Dollars anbot und keinen Käufer fand. Wahrhaftig, mit dem Rest seines Geldes hatte er die vier Dollars erworben, der Jüngling aus Serbien oder Rumänien war mindestens drei Tage hinter der Weltge-

20 schichte zurückgeblieben gewesen. Seine Schuld — *er* hatte ihm ja gegeben, was er verlangt hatte.

Alles geschenkt, Anzug, Schuhe — *heute.* Morgen vielleicht alles genommen, alles verspielt, bis eines Tages doch der ganze Wirbel ein Ende nehmen mußte, wie alles ein Ende nimmt, wenn man nur Zeit und

25 Geduld hat, es abzuwarten.

Wie hätte der junge Mann wissen sollen, damals, daß der erste Zusammenbruch so viel schöner war als der zweite, den er erleben würde, nicht mehr jung und unbekümmert, nein, als Fünfziger, mit ergrauendem Haar und ohne Hoffnung; daß es nur die Hauptprobe war zu einer

30 schrecklichen Uraufführung — oder sollte auch das erst das Vorspiel sein zu dem Schauer- und Rührstück:[7] „Weltuntergang", das zu spielen, bis

---

[3] **Maximilianstraße**—a street in Munich
[4] **Isar**—river flowing through Munich
[5] **an der . . . Hochwasser**—*measured by the mad times in which the* (German) *mark was floating away on flood waters* (During the first few years after World War I, Germany suffered a disastrous inflation. Before it was over, an American dollar would purchase millions, even billions of German marks.)
[6] **Zwanzig Schweizerfranken . . . gegangen**—*that morning he had gone and exchanged twenty Swiss francs*
[7] **Schauer- und Rührstück**—*thriller and melodrama*

zum schrecklichen Posaunen- oder Schweigensende zu spielen, der Menschheit von Anbeginn an vorbehalten ist, aber niemand weiß, wann es
über die Bühne geht.

Jedenfalls, der junge Mann bummelte dahin, die Maximilianstraße
bauchte sich aus zu einer grünen und rötlichen Anlage; grün waren die 5
Beete und die Bäume, rötlich die steifen, spitzbogigen Paläste, und grün
und rötlich waren auch die Kastanienbäume, lachsrot all die tausend
Kerzen;[8] und weiß und rötlich war das Pflaster, der Asphalt, an sich war
er grau und rauh wie Elefantenhaut, aber die Blüten, die abgefallenen,
winzigen Löwenhäuptchen, bedeckten ihn, daß der Fuß im Schuh das 10
Weiche spürte, es war ein glückliches Gehen in dem Schaum und Flaum,
die Weichheit des Fleisches war darin und fleischfarben war ja auch dieser
Schimmer, die ganze Straße entlang.

Die Sonne war im Rücken des Schreitenden, von hinten her schäumte
das Licht, vor ihm, hoch überm Fluß, funkelten die Strahlen in den Fen- 15
stern des Maximilianeums[9]— den Zungenschlag könnte einer kriegen
bei dem Wort, dachte der Mann, es flog ihm nur kurz durch den Kopf,
wie eines der Blütenblätter, die vorbeiwehten, an sich dachte er an etwas
anderes und an was hätte er denken sollen, an was sonst an diesem Früh-
sommerabend, als an Frauen? 20

Denn Frauen auch wehten an ihm vorbei, Mädchen, in leichten und
bunten Gewändern, sie kamen ihm entgegen, von der Sonne angeleuchtet,
lichtübergossen; und wenn er sich umwandte, sah er ihre Beine durch das
dünne Gewebe der Kleider schimmern, schattenhaft leise; das Erregende,
die sinnliche Glut gab erst sein Blick dazu, die Begierde seiner Augen, der 25
er sich ein wenig schämte und die er doch genoß, während er sich selbst
ausschalt: eitel, lüstern, gewöhnlich. Zwanzig Jahre später, wir wissens,[10]
er wußte es nicht, wird er wieder, oder: noch immer durch die Maximilianstraße gehen, viele gehen dann nicht mehr, die jetzt noch dahin eilen
durch den glücklichen Abend und nach den Füßen der Weiber schielt 30
keiner mehr, selbst die Jungen kaum, andre Dinge haben sie im Kopf,
auf die Trümmer der geborstenen Häuser schauen sie, die zum erstenmal
im unbarmherzigen Licht stehen, auf die ratternden Panzerwagen der

---

8 **Kerzen**—refers to the candle-like shape
of horsechestnut blossoms
9 **Maximilianeum**—Built by Maximilian
II (1811–1864) and located on the
Maximilianstraße, it today houses the

Bavarian Landtag (diet).
10 **wissens = wissen's = wissen es.** Similar contractions occur throughout the
story.

Sieger, die von weit drüben gekommen sind, übers Meer, aus fremden Städten und die bald in München satter und fröhlicher daheim sein werden als die Münchner selber, die nur noch am Rande leben, hohläugige Schatten. Und sie erinnern sich, dann, im Jahr fünfundvierzig, daß, ein
5 halbes Jahr früher, als noch der Schnee lag, zerlumpte Gestalten hier an offenen Feuern saßen, um die Weihnachtszeit, wie die Hirten auf dem Felde, in der Schuttwüstenei, Russen, Mongolen, Tataren — wunderlich, höchst wunderlich, in dem gemütlichen München . . . Aber getrost, an die Amerikaner wird man sich gewöhnen,[11] man wird kaum aufblicken,
10 wenn sie nun vorüberfahren, nicht mehr in rollenden Panzern, sondern in schweren, blechblitzenden Wagen; und die Russen sind nicht mehr da, die gefangenen Russen, schon lange nicht mehr, aber sie stehen als eine drohende Wolke im Osten und darüber, ob sie kommen, oder ob sie nicht kommen, werden die Menschen reden, fahl vor Angst und hungrig und
15 matt, wie sie sind; sie werden nicht viel Lust haben, nach Frauen auszuspähen, die Jungen nicht und die älteren erst recht nicht. Und die Zeit wird weiterwuchern, die Menschen werden morgen vergessen, woran sie sich eben erst schaudernd gewöhnten, durch den Urwald der Jahre werden sie gehen, und was der Dreißigjährige mit siebzig Jahren denken wird,
20 das kann noch niemand sagen; und nur ein später Leser dieser Geschichte mag es noch hinzufügen, mit Lächeln vielleicht, wenn er noch lächeln kann.

An Frauen also dachte der Mann, und mit Lust obendrein, denn was mag schöner sein, als zu Freunden zu gehen, in Erwartung eines heiteren
25 Abends, und im Herzen süße Gedanken zu schaukeln an eine Geliebte, oder, sagen wir es genauer, an diese und jene, die es vielleicht werden könnte für die nächste Zeit oder für immer.

Der Mann war jetzt am Fluß angekommen, an der Isar, die sich unter dem Joch der schönen Brücke zwängte und dann weiß schäumend,
30 kristallklar über eine Stufe hinunterstürzte, halb im Schatten schon und vom Licht verlassen und die dann weiterzog, grün im Grünen, edlen und harten Wassers, noch einmal ins Helle hinaus, unter dem lavendelblauen, ja, fast weißen, rahmfetten Himmel hin.

[11] **Aber getrost . . . gewöhnen**—*But let's cheer up, we'll get used to the Americans*

Er stellte sich an die Brüstung, er schaute hinab auf den tosenden Fall, wie die Flut zuerst Zöpfe flocht und Schrauben drehte, alles aus Glas, das dann zerbrach, am Stein zerhackt, übereinander in Scherben stürzend, zu Dampf zermahlen, in Fäden triefend, von Luft schäumend aufgeworfen, bis es wieder hinausstieß, wie Tafeln Eises zuerst aneinandergeschlagen, 5 zuletzt aber glatt, wie in kalten Feuern geschmolzen, in einer großen Begier des Fließens.

Das Wasser macht die Traurigen froh und die Fröhlichen traurig, mit der gleichen ziehenden Gewalt, mit dem Murmeln derselben Gebete und Beschwörungen; und der Mann, der ja leichten Herzens[12] gewesen war, 10 spürte das, wie er immer schwerer wurde; und da er unterm Betrachten des Wasserfalls nicht aufgehört hatte, an Frauen zu denken, so wurden seine Gedanken an Frauen dunkler,[13] es schwand ihm die kühne Zuversicht, der Wille löste sich auf, zu werben und zu besitzen, laß fahren dahin,[14] dachte er und gab so die Liebe selber dem Wasser preis und 15 schickte sie hinab in das Vergängliche.

Sobald er den Blick wieder abwandte vom Rinnenden, erholte sich sein Gemüt, in den Sinn kams ihm, wie gut er hier stand, an der nobelsten Stelle von ganz München, und in bester Laune bog er nun in die Uferstraße ein, unterm schon dämmernden Dach der Ahornbäume schritt 20 er dahin, mehr nun der Männer gedenkend als der Frauen, die Freunde vorschmeckend und ihre Heiterkeit, den Wein auf der Zunge spürend, übermütig spielend mit der Voraussicht, daß sie den Doktor, den Wirt,[15] ein zweites, ein drittesmal gar in den Keller hinuntersprengen wollten,[16] damit er, von ihren Spottreden gestachelt, mit saurer werdender Miene 25 immer süßeren Tropfen heraufhole, mühsam genug, bis hoch unters Dach,[17] wo sie sitzen wollten und zechen, bis die Sterne bleicher würden . . .

Der Dreißigjährige wippte jetzt wieder sein Stöckchen, er ging tänzerleicht und an und ab schaute er auf den Boden, kindisch vor sich hin 30 pfeifend.[18] Da sah er ein glänzendes Ding liegen, bestaubt, aber doch

---

12 **leichten Herzens**—*in a light-hearted mood*

13 **wurden seine . . . dunkler**—*his thoughts about women became gloomier*

14 **laß fahren dahin**—*let it go*

15 **Wirt**—(here:) *host*

16 **ein drittesmal . . . wollten**—*and even a third time would send him jumping down into the cellar again.*

17 **bis hoch . . . Dach**—*all the way up to just below the roof top*

18 **kindisch vor . . . pfeifend**—*whistling in a childish way to himself*

von opalnem Schimmer. Sieh da, sagte er halblaut zu sich selber, welch ein Glück, eine Perle zu finden. Die Reichtümer Indiens legen sich mir zu Füßen!

Die Perle war groß wie ein Kirschkern, eher noch größer, wie eine
5 Haselnuß, rund ohne Fehl. Kunststück, dachte er, mit dem Wort spielend, Kunst-Stück, Gablonzer Ware,[19] Wachsperle, Glasfluß, was weiß ich . . . Und er setzte sein Stöckchen dran, es bog sich leicht durch und eh er sichs versah, flog die Perle, von der Schnellkraft des Rohres getroffen, in einem einzigen flachen Bogen davon, an den Ranken des wilden Weins
10 vorbei, die dort in den Fluß hinunterhingen, hinaus ins Wasser.

Der Mann lachte, über solch unfreiwillige Golfmeisterschaft belustigt, er wünschte den Isarnixen[20] Glück zu dem zweifelhaften Geschenk, sie solltens hinuntertragen bis zur Frau Donau,[21] wenn sie sich nicht derweilen schon selbst im Wasser auflöste, die falsche Perle, die nun dahin-
15 treiben mochte zwischen Wellensmaragd und Katzengold,[22] unecht, trügerisch alles miteinander, in bester Gesellschaft.

Er war nun auf der Höhe des Hauses[23] angekommen, aber viel zu früh noch, wie ihm ein Blick auf die Uhr bewies, und so hatte er noch Zeit genug, in die Isar zu schauen, bis die andern kamen, er mußte sie ja sehen
20 auf der noch hellen, fast leeren Straße.

An Frauen zu denken, lag heute wohl in der Luft und so wob auch er schon wieder an der alten Traumschnur, aber die Perle knüpfte er mit hinein, ein geübter, bunter Träumer, wie ers war, viele Perlen und je länger er ins Fließende sah, kamen auch Tränen dazu, süße und bittere.
25 Wenn das Ding nicht so unglaubwürdig groß und ohne Makel gewesen wäre . . . Der erste Zweifel probte seinen Zahn an ihm:[24] Ist da nicht neulich erst etwas in der Zeitung gestanden, von einem Platinarmband, das ein Arbeiter gefunden hat? Lachend hat ers für ein paar Zigaretten hergegeben. Wenn so was echt wäre, hat er gemeint, müßts ja hunderttausend

---

19 **Kunststück, dachte er . . . Ware—**
*Big deal, he thought, playing with the word, imitation* (literally: *artifact*), *Gablonz ware* (Gablonz, a manufacturing town in northeastern Bohemia, was noted for its glass industry, imitation jewelry and stones.)
20 **Isarnixen—***water-nymphs of the Isar*
21 **Frau Donau—***Mistress Danube* (into

which the Isar flows)
22 **Wellensmaragd und Katzengold—**
*wave emerald and fool's gold* (This is the proper environment for the presumably spurious pearl.)
23 **auf der Höhe des Hauses—***near the house*
24 **Der erste . . . ihm—***the first doubt began to gnaw on him*

Goldmark wert sein — also ists falsch: eine großartige Logik. Hat nicht
Mazarin,[25] der spätere Kardinal, kalten Herzens[26] einem armen Amts-
bruder einen kostbaren Schmuck für einen Pappenstiel[27] abgehandelt?
„Glas natürlich, mein Lieber, was denn sonst als Glas?" Und hat er, der
Perlenfinder, nicht selbst ein riesiges Goldstück in der Tasche herumge- 5
tragen, wochenlang, und es aus Jux[28] als Hundertmarkstück hergezeigt,
bis es ihm ein Kenner als echte Schaumünze erklärt — und dann für einen
Haufen Papiergeld abgedrückt hat?

Der Zweifel hatte sich durchgebissen. Das Blut schoß dem Mann in
heißer Welle hoch: Die Perle war echt, sie konnte echt gewesen sein. 10

Natürlich waren das lächerliche Hirngespinste. Tatata![29] Er mußte ja
wohl nicht gleich mit allen Neunen umfallen, wenn der Teufel sich den
Spaß machte, auf ihn mit einem Glasschusser zu kegeln.[30]

Gleichviel, der Traum ging weiter: Angenommen, die Perle war echt
. . . Hätte er sie zurückgegeben? Selbstverständlich — nun, selbstver- 15
ständlich war das nicht . . . Nach Berlin wäre er gefahren, noch besser,
nach Paris . . . Im Schatten der Vendôme-Säule,[31] die kleinen Läden
. . . er lächelte: ausgerechnet er, der Tölpel, würde sich da hineintrauen,
um eine Perle von verrücktem Wert anzubieten; über die erste Frage
würde er ins Gefängnis stolpern. Also doch besser: zurückgeben — aber 20
wem? Wer konnte sie verloren haben? Herrliche Frauen stellte er sich
vor; eine Engländerin, wie von Botticelli[32] gemalt, würde des Weges
kommen,[33] jetzt gleich, die Augen suchend auf den Boden geheftet. Wie
ein Gott würde er vor sie hintreten. „Please!" würde er sagen, mehr nicht,
denn er konnte kein Englisch. Trotzdem, es würde eine hinreißende Szene 25
werden; die süße Musik aus dem Rosenkavalier[34] fiel ihm ein — ja, so
würde er dieser Frau die Perle überreichen. Wars nicht besser eine Dame

---

25 **Mazarin**—Jules Mazarin (1602–61),
French statesman, Cardinal
26 **kalten Herzens**—*cold-heartedly*
27 **für einen Pappenstiel**—*for a mere
song*
28 **aus Jux**—*as a joke*
29 **Tatata**—*oh, well*
30 **mit allen Neunen . . . kegeln**—*be
upset with all nine pins* (i.e., completely
upset) *if the devil chose to bowl at him
in fun with a glass marble*
31 **Vendôme-Säule**—*Vendôme column*
(A monument honoring Louis Joseph

Vendôme [1654–1712], French general
and marshal of France. In its vicinity are
found some of the most fashionable
shops and hotels of Paris.)
32 **Botticelli**—painter of the Italian Re-
naissance
33 **würde des . . . kommen**—*would
come strolling along*
34 **Rosenkavalier**—an opera by Richard
Strauss (1864–1949), containing a ro-
mantic scene in which a cavalier pre-
sents a silver-rose to a young lady

des französischen Hochadels — wenn er sie sich schon heraussuchen durfte — eine Orchidee von einer Frau: und auf französisch würde er wohl einiges sagen können. „Voilà",[35] würde er sagen; und jeden Finderlohn edel von sich weisen. „Madame, Ihre Tränen getrocknet zu haben, ist
5 meinem Herzen genug. ‚Avoir' — was heißt trocknen? ‚Avoir séché vos larmes . . .‘ "[36] Er lachte sich selber aus: solchen Mist würde er reden, da war es schon besser, die Perle war noch falscher als sein Französisch und seine Gefühle. Und wenn sie echt war, die Perle, die kirschengroße, untadelige: wem gehörte sie dann anders als so einem halbverwelkten
10 amerikanischen Papagei — immerhin, ein paar Dollars auf die Hand wären auch nicht übel . . .

Und schon erlaubten sich seine Gedanken, in den alten Trott zu verfallen und ein paar Runden das schöne Kinderspiel vorzuexerzieren: „Ich schenk Dir einen Taler, was kaufst Dir drum?,"[37] bis er sie unwillig aus
15 dem Gleis warf.

*Hanna*[38] war ihm eingefallen, auf dem Umweg über diese lächerliche Perle: und zwar das, daß er auch *sie* nicht geprüft hatte, mit liebender Geduld, sondern weggestoßen in der ersten Wallung gekränkter Begierde. Und hier und heute, hinunterblickend in den nun rasch sich verdunkeln-
20 den Fluß, gestand er sichs ein, daß er mehr als einmal erwogen hatte, ob sie nicht doch echt gewesen war, Hanna, die Perle — und ein kostbarer Schmuck fürs Leben. Und vielleicht — fing er wieder zu grübeln an — wenn sie geringer gewesen wäre und nicht so unwahrscheinlich makellos; aber das wars ja wohl, was ihn scheu gemacht hatte: eine Blenderin, eine
25 kalte Kunstfigur mußte sie sein, denn der ungeheure Gedanke, daß sie ein Engel sei, war nicht erlaubt. Grad so gut konnte die Perle echt gewesen sein. Ach was — Spiegelfechterei der Hölle, genug — dort kamen die Freunde.

Ja, die Freunde, sie kamen und in einem Springquell von Gelächter
30 stiegen sie alle zusammen zur Wohnung des Doktors empor. Der empfing sie mit brennender Lunte und vollen Flaschen und im Trinken, Rauchen

35 **Voilà**—*Here* (it is)
36 **Avoir séché vos larmes**—*to have dried your tears*
37 **in den alten . . . drum**—*to fall back into the same old pattern and to parade*

out a couple of choruses of the pretty children's game: "I give you a dollar. What are you buying with it?"
38 **Hanna**—*woman's name*

und Reden wurde es ein Abend, wie er so frei und schön selbst der Jugend nicht immer gelingt, wenn sie Wein hat und Hoffnung auf ein noch einmal gerettetes Leben.

Und bis die Mitternacht da war, hatten sie mancher Woge berauschter Lust sich überlassen und dann wieder manches tiefsinnige Wort still hinter den Gläsern gesprochen und angehört und nun weissagten sie und redeten in Zungen[39] und sie sahen Vieles, was verborgen ist und Viele, die nicht mehr sichtbar sind nüchternen Augen. Sie witterten, ans Fenster tretend und hinunter spähend auf den schwarz und weiß rauschenden Fluß und hinauf in die wandernden Sterne, das Feuer über den Dächern,[40] sie schwuren sich, daß der Tod sein Meisterstück noch nicht gemacht habe und sagten einander mit der erschreckenden Klarheit des Trunkenseins auf den Kopf zu, daß er sie noch zu einem besonderen Tanze holen wolle.

Gegen zwei Uhr aber mußte der Doktor wirklich noch zum drittenmal in den Keller, und die wütenden Zecher bedrängten ihn, daß er vom Besten bringen sollte, er wüßte schon, welchen. Der Hauswirt wehrte sich lachend, er denke nicht daran, seine Perlen vor die Säue zu werfen.[41]

Da fiel unserm Mann die Perle wieder ein, vom Spiel des Wortes heraufgeholt rollte sie in sein Gedächtnis, er hielt die flache Hand in die lärmende Schar, als könnte er das Kleinod zeigen und: „denkt Euch", rief er, „eine Perle habe ich diesen Abend gefunden, groß wie eine Walnuß, rund wie der Mond, schimmernd und schön wie—" „Wo ist sie, wo ist sie?" schrieen alle auf ihn ein, nur, um ihrer Hitzigkeit Luft zu machen. „In der Isar!" lachte er, „bei den feuchten Weibern[42] — den grüngeschwänzten Nixen hab ich sie geschenkt!"

„Großherziger Narr!" rief da der Doktor, der schon in der Tür stand und nun eilig zurücklief, einen fassungslosen Blick auf den Erschrokkenen werfend. „Ja, Unseliger, hast Du denn die Zeitung nicht gelesen?" Und er wühlte mit zitternder Hand ein Blatt aus einem Stoß Papiers, schlug es auf und las mit erregter Stimme: „Hohe Belohnung! Auf dem

[39]  redeten in Zungen—*spoke in tongues* (Acts 2:4)

[40]  das Feuer . . . Dächern—possibly a premonition of the horrors of World War II

[41]  seine Perlen . . . werfen—*of casting his pearls before swine* (See Matt. 6:6)

[42]  feuchten Weibern—*mermaids*

Weg vom Prinzregententheater zum Hotel Vier Jahreszeiten[43] verlor
indischer Maharadschah aus dem linken Nasenflügel ..."

Sie ließen ihn nicht weiter flunkern, sie rissen ihm die Zeitung aus den
Händen, suchten zum Scherz nach der Anzeige — nichts natürlich, keine
5 Zeile, erstunken und erlogen[44] das Ganze wohl, die dumme Perlenge-
schichte. „Aber blaß ist er doch geworden!" trumpfte der Spaßvogel auf
und zeigte mit spottendem Finger auf den Perlenfinder; und der saß
wirklich da, „als hätten ihm die Hennen das Brot genommen",[45] krähte
einer, aber der war schon leicht betrunken. Und der Wein war wichtiger
10 jetzt als die Perle und der Gastgeber wurde in den Keller geschickt, mit
drohenden Worten und er ging auch und brachte vom Besten herauf und
der hielt sie noch beisammen, in ernsten, überwachen Gesprächen, bis die
Morgenröte herrlich ins Zimmer brach und die erste Möwe weiß über
den grün aufblitzenden Fluß hinstrich.

15 Von der Perle war nicht mehr die Rede und auch von den Frauen nicht
und so blieb es im Dunkel, ob die Perle echt gewesen war oder nur ein
Glasfluß. Auch ob Hanna die Rechte gewesen wäre und ein einmaliger
Fund fürs Leben, wurde nicht erörtert, wie es doch sonst oft besprochen
wird, wenn Männer reden, in aufgeschlossener Stunde.[46]

20 Nein, sie stritten über andere Dinge an diesem grauenden Morgen, um
wichtigere, wie man zugeben muß, sie spähten nach dem Wege, den
Deutschland, den die Welt gehen würde in den nächsten zehn, zwanzig
Jahren und bei Gott, sie kamen der Wahrheit so nahe, wie es ein den-
kender Mensch damals nur konnte und es war eine schreckliche Wahr-
25 heit.

Daß aber ein Vierteljahrhundert später die satten Sieger durch das zer-
trümmerte, sterbende Reich fahren würden, in mächtigen, blanken Blechwagen, das war nicht auszudenken, auch für den schärfsten Verstand
nicht, damals, nach dem ersten Kriege.

30 Ein solcher Wagen fuhr aber wirklich mit lautloser Wucht durch den
klaren Sommerabend des Jahres sechsundvierzig den Fluß entlang und
bog auf die Prinzregentenbrücke ab. Und es saß ein junges Ehepaar aus

---

[43] **Prinzregententheater . . . Jahres-**
**zeiten**—a principal theater and a luxury
hotel in Munich
[44] **erstunken und erlogen**—*a dirty,*
*filthy lie*

[45] **als hätten . . . genommen**—*as if the*
*cat had his tongue*
[46] **in aufgeschlossener Stunde**—*at an*
*hour at which people open up*

Chicago darin, der Mann, ein Offizier der Besatzungsmacht, steuerte selbst. An der Biegung aber, als der Wagen stoppen mußte, um andere vorbeizulassen, zeigte die Frau aus dem Fenster und sagte, hier irgendwo habe, vor Jahren, sie selber sei noch ein Kind gewesen damals, ihre Mutter auf dem Heimweg von einer Rheingoldaufführung[47] — und sie habe 5 durchaus zu Fuß gehen wollen in jener prächtigen Sommernacht — aus dem rechten Ohr eine Perle verloren, die Schwester von der, die sie jetzt als Anhänger trage. Und natürlich habe sich nie ein Finder gemeldet, denn um eine solche Perle habe man damals halb Deutschland kaufen können. 10

Heute, sagte der Mann und ließ den Wagen anziehen, denn die Straße war gerade für einen Augenblick frei, heute würde man, soweit noch vorhanden, das ganze dafür bekommen; und lächelte ihr zu.

Am Brückengeländer aber lehnte ein Mann, er sah wie sechzig aus, er war wohl jünger, er trug ein rundes Hütchen und einen schäbigen grauen 15 Anzug, der ihm viel zu weit war. Er schaute in den Fluß hinunter, er blickte in die leeren Fensterhöhlen des verbrannten Hauses gegenüber und zuletzt ließ er seine traurigen, bitteren Augen dem glänzenden Wagen nachlaufen, bis der in dem Grün der Anlagen verschwand, über denen hoch und einsam der Friedensengel schwebt. 20

[47] **Rheingoldaufführung**—*performance of the* Rheingold (the first part of Rich- ard Wagner's [1813–83] operatic cycle *The Ring of the Nibelung*)

# *Fragen*

1. In welchem Jahr und zu welcher Jahreszeit beginnt die Erzählung?
2. Wie alt war der junge Mann zu Beginn der Erzählung? Wie war er gekleidet?
3. Wohin ging der junge Mann? Was wollte er dort tun?
4. Was hatte der junge Mann mit Hilfe des Geldes, das ihm ein Freund aus Bern geschickt hatte, heute alles getan?

5. Welche Bäume blühten in der Maximilianstraße?
6. Was tat der Mann, als er an der Isarbrücke ankam?
7. Welche Wirkung hat das Isarwasser auf Traurige? Welche Wirkung hat es auf Fröhliche?
8. Warum machte der Anblick des Isarwassers den Mann schwerer?
9. Woran hatte der Mann die ganze Zeit gedacht, und woran dachte er noch? Wie änderte sich aber die Stimmung seiner Gedanken?
10. Wie wurde seine Stimmung, nachdem er sich vom Wasser abgewandt hatte, und woran dachte er nun?
11. Was sah der Mann auf einmal vor sich auf dem Boden liegen?
12. Beschreiben Sie seinen Fund!
13. Wofür hielt der Mann seinen Fund? Was machte er damit?
14. Welche Zeitungsgeschichte kam ihm in den Sinn? Warum machte sie ihn unsicher?
15. An welche Geschichte über Kardinal Mazarin erinnerte er sich?
16. Welches Mädchen war ihm auf dem Umweg über die Perle eingefallen?
17. Welches gemeinsame Schicksal hatten das Mädchen und die Perle von seiner Hand erlitten?
18. Welche anderen Eigenschaften mögen Hanna und die Perle vielleicht gemeinsam gehabt haben?
19. Wie verbrachte man den Abend in der Wohnung des Doktors?
20. Welcher Ausspruch des Doktors brachte dem jungen Mann die Perle wieder in den Sinn?
21. Was erzählte der junge Mann der Gesellschaft?
22. Welche angebliche Anzeige las der Doktor aus der Zeitung vor?
23. Wer fuhr 25 Jahre später in mächtigen, blanken Blechwagen durch das sterbende Reich?
24. Was erzählte die Frau im Auto ihrem Mann?
25. Was antwortete der Mann seiner Frau?
26. Wer stand 25 Jahre später am Brückengeländer? Wie alt sah er aus? Wie alt war er wohl wirklich? Wie war sein Anzug? Was war mit dem Haus geschehen, in dem der Doktor gewohnt hatte?
27. War die Perle, die der junge Mann gefunden hatte, echt oder unecht gewesen? Was für Schlüsse können wir über Hannas Echtheit ziehen, die der Mann ähnlich wie die Perle weggestoßen hatte? Warum war der Mann, der am Brückengeländer lehnte, traurig und bitter?

HEINRICH BÖLL *wurde 1917 in Köln geboren, wo er auch heute noch lebt. Er verfaßt Erzählungen, Romane, und Hörspiele. Repräsentative Veröffentlichungen sind:* Der Zug war pünktlich (*Erzählung, 1949*), Die schwarzen Schafe (*Erzählung, 1951*), Und sagte kein einziges Wort (*Roman, 1953*), Doktor Murkes gesammeltes Schweigen (*Satire, 1958*), Billiard um halb zehn (*Roman, 1959*), Ansichten eines Clowns (*Roman, 1963*), Ende einer Dienstfahrt (*1966*), Aufsätze, Kritiken, Reden (*1967*). *In der heiteren Erzählung,* Die schwarzen Schafe, *verbirgt sich eine Anklage gegen das Ethos der modernen Industriegesellschaft, die in jeder bezahlten Arbeit, selbst noch in der sinnlosesten, bereits einen positiven Wert erblickt, und die diejenigen, die sich dieser geisttötenden, materialistischen Ordnung nicht unterwerfen wollen oder können, als schwarze Schafe bezeichnet.*

# DIE SCHWARZEN SCHAFE
## von Heinrich Böll

OFFENBAR BIN ich ausersehen, dafür zu sorgen, daß die Kette der schwarzen Schafe in meiner Generation nicht unterbrochen wird. Einer muß es sein, und ich bin es. Niemand hätte es je von mir gedacht, aber es ist nichts daran zu ändern: ich bin es. Weise Leute in unserer Familie behaupten, daß der Einfluß, den Onkel Otto auf mich ausgeübt hat, 5 nicht gut gewesen ist. Onkel Otto war das schwarze Schaf der vorigen Generation und mein Patenonkel.[1] Irgendeiner muß es ja sein, und er war es. Natürlich hatte man ihn zum Patenonkel erwählt, bevor sich herausstellte, daß er scheitern würde; und auch mich, mich hat man zum Paten eines kleinen Jungen gemacht, den man jetzt, seitdem ich für 10 schwarz gehalten werde, ängstlich von mir fernhält. Eigentlich sollte man uns dankbar sein; denn eine Familie, die keine schwarzen Schafe hat, ist keine charakteristische Familie.

Meine Freundschaft mit Onkel Otto fing früh an. Er kam oft zu uns, brachte mehr Süßigkeiten mit, als mein Vater für richtig hielt, redete, 15 redete und landete zuletzt einen Pumpversuch.[2]

---

[1]  Patenonkel—*uncle and godfather*

[2]  landete zuletzt . . . Pumpversuch—
*finally made a try for a loan*

Onkel Otto wußte Bescheid; es gab kein Gebiet, auf dem er nicht wirklich beschlagen war: Soziologie, Literatur, Musik, Architektur, alles; und wirklich: er wußte was. Sogar Fachleute unterhielten sich gern mit ihm, fanden ihn anregend, intelligent, außerordentlich nett, bis der
5 Schock des anschließenden Pumpversuches sie ernüchterte; denn das war das Ungeheuerliche: er wütete nicht nur in der Verwandtschaft, sondern stellte seine tückischen Fallen auf, wo immer es ihm lohnenswert erschien.

Alle Leute waren der Meinung, er könne sein Wissen „versilbern"[3] — so nannten sie es in der vorigen Generation, aber er versilberte es nicht,
10 er versilberte die Nerven der Verwandtschaft. Es bleibt sein Geheimnis, wie er es fertigbrachte, den Eindruck zu erwecken, daß er es an diesem Tage nicht tun würde. Aber er tat es. Regelmäßig. Unerbittlich. Ich glaube, er brachte es nicht über sich, auf eine Gelegenheit zu verzichten.[4] Seine Reden waren so fesselnd, so erfüllt von wirklicher Leidenschaft,
15 scharf durchdacht, glänzend witzig, vernichtend für seine Gegner, erhebend für seine Freunde, zu gut konnte er über alles sprechen, als daß man hätte glauben können, er würde . . . ! Aber er tat es. Er wußte, wie man Säuglinge pflegt, obwohl er nie Kinder gehabt hatte, verwickelte die Frauen in ungemein fesselnde Gespräche über Diät bei gewissen Krank-
20 heiten, schlug Pudersorten vor, schrieb Salbenrezepte auf Zettel, regelte Quantität und Qualität ihrer Trünke, ja er wußte, wie man sie hält: ein schreiendes Kind, ihm anvertraut, wurde sofort ruhig. Es ging etwas Magisches von ihm aus. Genau so gut analysierte er die Neunte Sinfonie von Beethoven, setzte juristische Schriftstücke auf, nannte die Nummer
25 des Gesetzes, das in Frage kam, aus dem Kopf . . .

Aber wo immer und worüber immer das Gespräch gewesen war, wenn das Ende nahte, der Abschied unerbittlich kam, meist in der Diele, wenn die Tür schon halb zugeschlagen war, steckte er seinen blassen Kopf mit den lebhaften schwarzen Augen noch einmal zurück und sagte, als sei
30 es etwas Nebensächliches, mitten in die Angst der harrenden Familie hinein, zu deren jeweiligem Oberhaupt: „Übrigens, kannst du mir nicht . . . ?"[5]

Die Summen, die er forderte, schwankten zwischen 1 und 50 Mark.

---

[3] **er könne . . . „versilbern"**—*he could turn his knowledge into cash*
[4] **er brachte . . . verzichten**—*he couldn't bring himself to forego an opportunity*

[5] **Übrigens, kannst . . . nicht**—the complete sentence might read something like: "**Übrigens, kannst du mir nicht einige Mark leihen?**"

Fünfzig war das allerhöchste, im Laufe der Jahrzehnte hatte sich ein ungeschriebenes Gesetz gebildet, daß er mehr niemals verlangen dürfe. „Kurzfristig!" fügte er hinzu. Kurzfristig war sein Lieblingswort. Er kam dann zurück, legte seinen Hut noch einmal auf den Garderobenständer, wickelte den Schal vom Hals und fing an zu erklären, wozu er 5 das Geld brauche. Er hatte immer Pläne, unfehlbare Pläne. Er brauchte es nie unmittelbar für sich, sondern immer nur, um endlich seiner Existenz eine feste Grundlage zu geben. Seine Pläne schwankten zwischen einer Limonadenbude, von der er sich ständige und feste Einnahmen versprach, und der Gründung einer politischen Partei, die Europa vor dem Unter- 10 gang bewahren würde.

Die Phrase: „Übrigens, kannst du mir . . .", wurde zu einem Schrekkenswort in unserer Familie, es gab Frauen, Tanten, Großtanten, Nichten sogar, die bei dem Wort „kurzfristig" einer Ohnmacht nahe waren.

Onkel Otto — ich nehme an, daß er vollkommen glücklich war, wenn 15 er die Treppe hinunterraste — ging nun in die nächste Kneipe, um seine Pläne zu überlegen. Er ließ sie sich durch den Kopf gehen bei einem Schnaps oder drei Flaschen Wein, je nachdem, wie groß die Summe war, die er herausgeschlagen hatte.

Ich will nicht länger verschweigen, daß er trank. Er trank, doch hat 20 ihn nie jemand betrunken gesehen. Außerdem hatte er offenbar das Bedürfnis, allein zu trinken. Ihm Alkohol anzubieten, um dem Pumpversuch zu entgehen, war vollkommen zwecklos. Ein ganzes Faß Wein hätte ihn nicht davon abgehalten, beim Abschied, in der allerletzten Minute, den Kopf noch einmal zur Tür hereinzustecken und zu fragen: 25 „Übrigens, kannst du mir nicht kurzfristig . . . ?"

Aber seine schlimmste Eigenschaft habe ich bisher verschwiegen: er gab manchmal Geld zurück. Manchmal schien er irgendwie auch etwas zu verdienen; als ehemaliger Referendar[6] machte er, glaube ich, gelegentlich Rechtsberatungen. Er kam dann an, nahm einen Schein aus der 30 Tasche, glättete ihn mit schmerzlicher Liebe und sagte: „Du warst so freundlich, mir auszuhelfen, hier ist der Fünfer!" Er ging dann sehr schnell weg und kam nach spätestens zwei Tagen wieder, um eine Summe zu fordern, die etwas über der zurückgegebenen lag. Es bleibt sein Geheimnis, wie es ihm gelang, fast sechzig Jahre alt zu werden, ohne das zu haben, 35

6 **Referendar**—*junior lawyer*

was wir einen richtigen Beruf zu nennen gewohnt sind. Und er starb keineswegs an einer Krankheit, die er sich durch seinen Trunk hätte zuziehen können. Er war kerngesund, sein Herz funktionierte fabelhaft und sein Schlaf glich dem eines gesunden Säuglings, der sich vollgesogen
5 hat und vollkommen ruhigen Gewissens der nächsten Mahlzeit entgegenschläft. Nein, er starb sehr plötzlich: ein Unglücksfall machte seinem Leben ein Ende, und was sich nach seinem Tode vollzog, bleibt das Geheimnisvollste an ihm.

Onkel Otto, wie gesagt, starb durch einen Unglücksfall. Er wurde von
10 einem Lastzug mit drei Anhängern überfahren, mitten im Getriebe der Stadt, und es war ein Glück, daß ein ehrlicher Mann ihn aufhob, der Polizei übergab und die Familie verständigte. Man fand in seinen Taschen ein Portemonnaie, das eine Muttergottes-Medaille[7] enthielt, eine Knipskarte mit zwei Fahrten[8] und vierundzwanzigtausend Mark in bar[9] sowie
15 das Duplikat einer Quittung, die er dem Lotterie-Einnehmer[10] hatte unterschreiben müssen, und er kann nicht länger als eine Minute, wahrscheinlich weniger, im Besitz des Geldes gewesen sein, denn der Lastwagen überfuhr ihn kaum fünfzig Meter vom Büro des Lotterie-Einnehmers entfernt. Was nun folgte, hatte für die Familie etwas
20 Beschämendes.[11] In seinem Zimmer herrschte Armut: Tisch, Stuhl, Bett und Schrank, ein paar Bücher und ein großes Notizbuch, und in diesem Notizbuch eine genaue Aufstellung aller derer, die Geld von ihm zu bekommen hatten, einschließlich der Eintragung eines Pumps vom Abend vorher, der ihm vier Mark eingebracht hatte. Außerdem ein sehr
25 kurzes Testament, das mich zum Erben bestimmte.

Mein Vater als Testamentsvollstrecker wurde beauftragt, die schuldigen Summen auszuzahlen. Tatsächlich füllten Onkel Ottos Gläubigerlisten ein ganzes Quartheft[12] aus, und seine erste Eintragung reichte bis in jene Jahre zurück, wo er seine Referendarlaufbahn beim Gericht abge-
30 brochen und sich plötzlich anderen Plänen gewidmet hatte, deren

---

7 **Muttergottes-Medaille**—*medal* (engraved with a likeness) *of the Blessed Virgin*
8 **Knipskarte mit zwei Fahrten**—*a punch-ticket with two rides* (left)
9 **in bar**—*in cash*

10 **Lotterie-Einnehmer**—*agent for a lottery*
11 **hatte für . . . Beschämendes**—*was somewhat of a humiliation for the family*
12 **Quartheft**—*quarto-size notebook* (the pages being about 9½ x 12½ inches)

Überlegung ihn soviel Zeit und soviel Geld gekostet hatte. Seine Schulden beliefen sich insgesamt auf fast fünfzehntausend Mark, die Zahl seiner Gläubiger auf über siebenhundert, angefangen von einem Straßenbahnschaffner, der ihm dreißig Pfennig für ein Umsteigebillett vorgestreckt hatte, bis zu meinem Vater, der insgesamt zweitausend Mark zurückzubekommen hatte, weil ihn anzupumpen Onkel Otto wohl am leichtesten gefallen war.

Seltsamerweise wurde ich am Tage des Begräbnisses großjährig, war also berechtigt, die Erbschaft von zehntausend Mark anzutreten, und brach sofort mein eben begonnenes Studium ab, um mich andern Plänen zu widmen. Trotz der Tränen meiner Eltern zog ich von zu Hause fort, um in Onkel Ottos Zimmer zu ziehen, es zog mich zu sehr dorthin, und ich wohne heute noch dort, obwohl meine Haare längst angefangen haben, sich zu lichten. Das Inventar[13] hat sich weder vermehrt noch verringert. Heute weiß ich, daß ich manches falsch anfing. Es war sinnlos, zu versuchen, Musiker zu werden, gar zu komponieren, ich habe kein Talent dazu. Heute weiß ich es, aber ich habe diese Tatsache mit einem dreijährigen vergeblichen Studium bezahlt und mit der Gewißheit, in den Ruf eines Nichtstuers zu kommen, außerdem ist die ganze Erbschaft dabei draufgegangen,[14] aber das ist lange her.

Ich weiß die Reihenfolge meiner Pläne nicht mehr, es waren zu viele. Außerdem wurden die Fristen, die ich nötig hatte, um ihre Sinnlosigkeit einzusehen, immer kürzer. Zuletzt hielt ein Plan gerade noch drei Tage, eine Lebensdauer, die selbst für einen Plan zu kurz ist. Die Lebensdauer meiner Pläne nahm so rapid ab, daß sie zuletzt nur noch kurze, vorüberblitzende Gedanken waren, die ich nicht einmal jemand erklären konnte, weil sie mir selbst nicht klar waren. Wenn ich bedenke, daß ich mich immerhin drei Monate der Physiognomik[15] gewidmet habe, bis ich mich zuletzt innerhalb eines einzigen Nachmittags entschloß, Maler, Gärtner, Mechaniker und Matrose zu werden, und daß ich mit dem Gedanken einschlief, ich sei zum Lehrer geboren, und aufwachte in der

---

13 **Inventar**—*inventory* (i.e., the contents of the room)

14 **außerdem ist . . . draufgegangen**— *furthermore the whole inheritance has been used up in so doing*

15 **Physiognomik**—*physiognomy* (the pseudoscience of discovering character and temperament from outward appearances, especially those of the face)

felsenfesten Überzeugung, die Zollkarriere[16] sei das, wozu ich bestimmt
sei ... !

   Kurz gesagt, ich hatte weder Onkel Ottos Liebenswürdigkeit noch
seine relativ große Ausdauer, außerdem bin ich kein Redner, ich sitze
5 stumm bei den Leuten, langweile sie und bringe meine Versuche, ihnen
Geld abzuringen, so abrupt, mitten in ein Schweigen hinein, daß sie wie
Erpressungen klingen. Nur mit Kindern werde ich gut fertig,[17] wenigstens diese Eigenschaft scheine ich von Onkel Otto als positive geerbt zu
haben. Säuglinge werden ruhig, sobald sie auf meinen Armen liegen, und
10 wenn sie mich ansehen, lächeln sie, soweit sie überhaupt schon lächeln
können, obwohl man sagt, daß mein Gesicht die Leute erschreckt. Bos-
hafte Leute haben mir geraten, als erster männlicher Vertreter die
Branche der Kindergärtner[18] zu gründen und meine endlose Planpolitik
durch die Realisierung dieses Plans zu beschließen. Aber ich tue es nicht.
15 Ich glaube, das ist es, was uns unmöglich macht: daß wir unsere wirk-
lichen Fähigkeiten nicht versilbern können — oder wie man jetzt sagt:
gewerblich ausnutzen.[19]

   Jedenfalls eins steht fest: wenn ich ein schwarzes Schaf bin — und
ich selbst bin keineswegs davon überzeugt, eines zu sein —, wenn ich es
20 aber bin, so vertrete ich eine andere Sorte als Onkel Otto: ich habe nicht
seine Leichtigkeit, nicht seinen Charme und außerdem, meine Schulden
drücken mich, während sie ihn offenbar wenig beschwerten. Und ich tat
etwas Entsetzliches: ich kapitulierte — ich bat um eine Stelle. Ich beschwor
die Familie, mir zu helfen, mich unterzubringen, ihre Beziehungen
25 spielen zu lassen, um mir einmal, wenigstens einmal eine feste Bezahlung
gegen eine bestimmte Leistung zu sichern. Und es gelang ihnen. Nachdem
ich die Bitten losgelassen, die Beschwörungen schriftlich und mündlich
formuliert hatte, dringend, flehend, war ich entsetzt, als sie ernst genommen und realisiert wurden, und ich tat etwas, was bisher noch kein
30 schwarzes Schaf getan hat: ich wich nicht zurück, setzte sie nicht drauf,[20]

16  **Zollkarriere**—*career of a customs of-*
    *ficial*
17  **werde ich gut fertig**—*I get along well*
18  **die Branche der Kindergärtner**—
    *the profession of male kindergarten*
    *teachers*

19  **gewerblich ausnutzen**—*exploit* (them)
    *professionally*
20  **setzte sie nicht drauf**—*didn't let*
    *them down*

sondern nahm die Stelle an, die sie für mich ausfindig gemacht hatten.
Ich opferte etwas, was ich nie hätte opfern sollen: meine Freiheit!

Jeden Abend, wenn ich müde nach Hause kam, ärgerte ich mich, daß
wieder ein Tag meines Lebens vergangen war, der mir nur Müdigkeit
eintrug, Wut und ebensoviel Geld, wie nötig war, um weiterarbeiten zu  5
können; wenn man diese Beschäftigung Arbeit nennen kann: Rechnungen alphabetisch zu sortieren, sie lochen und in einen nagelneuen
Ordner zu klemmen, wo sie das Schicksal, nie bezahlt zu werden, geduldig erleiden; oder Werbebriefe zu schreiben, die erfolglos in die Gegend
reisen und nur eine überflüssige Last für den Briefträger sind; manchmal  10
auch Rechnungen zu schreiben, die sogar gelegentlich bar bezahlt wurden.
Verhandlungen mußte ich führen mit Reisenden,[21] die sich vergeblich
bemühten, jemand jenen Schund anzudrehen,[22] den unser Chef herstellte.
Unser Chef, dieses rastlose Rindvieh,[23] der nie Zeit hat und nichts tut,
der die wertvollen Stunden des Tages zäh zerschwätzt — tödlich sinnlose  15
Existenz —, der sich die Höhe seiner Schulden nicht einzugestehen wagt,
sich von Bluff zu Bluff durchgaunert, ein Luftballonakrobat, der den
einen aufzublasen beginnt, während der andere eben platzt: übrig bleibt
ein widerlicher Gummilappen, der eine Sekunde vorher noch Glanz hatte,
Leben und Prallheit.  20

Unser Büro lag unmittelbar neben der Fabrik, wo ein Dutzend Arbeiter jene Möbel herstellten, die man kauft, um sich sein Leben lang
darüber zu ärgern, wenn man sich nicht entschließt, sie nach drei Tagen
zu Anmachholz[24] zu zerschlagen: Rauchtische, Nähtische, winzige Kom-
moden, kunstvoll bepinselte kleine Stühle, die unter dreijährigen Kin-  25
dern zusammenbrechen, kleine Gestelle für Vasen oder Blumentöpfe,
schundigen Krimskrams,[25] der sein Leben der Kunst eines Schreiners zu
verdanken scheint, während in Wirklichkeit nur ein schlechter Anstreicher
ihnen mit Farbe, die für Lack ausgegeben wird, eine Scheinschönheit
verleiht, die die Preise rechtfertigen soll.  30

So verbrachte ich meine Tage einen nach dem andern — es waren fast
vierzehn — im Büro dieses unintelligenten Menschen, der sich selbst

---

21 Reisenden—*traveling salesmen*
22 jemand jenen . . . anzudrehen—
*to palm off that trash on someone*

23 Rindvieh—*jackass* (literally: bovine)
24 Anmachholz—*kindling wood*
25 schundigen Krimskrams—*trashy junk*

ernst nahm, sich außerdem für einen Künstler hielt, denn gelegentlich — es geschah nur einmal, während ich da war — sah man ihn am Reißbrett stehen, mit Stiften und Papier hantieren und irgendein wackliges Ding entwerfen, einen Blumenständer oder eine neue Hausbar, weiteres Ärgernis für Generationen.

Die tödliche Sinnlosigkeit seiner Apparate[26] schien ihm nicht aufzugehen. Wenn er ein solches Ding entworfen hatte — es geschah, wie gesagt, nur einmal, solange ich bei ihm war —, raste er mit seinem Wagen davon, um eine schöpferische Pause zu machen,[27] die sich über acht Tage hinzog, während er nur eine Viertelstunde gearbeitet hatte. Die Zeichnung wurde dem Meister hingeschmissen, der sie auf seine Hobelbank legte, sie stirnrunzelnd studierte, dann die Holzbestände musterte, um die Produktion anlaufen zu lassen. Tagelang sah ich dann, wie sich hinter den verstaubten Fenstern der Werkstatt — er nannte es Fabrik — die neuen Schöpfungen türmten: Wandbretter oder Radiotischchen, die kaum den Leim wert waren, den man an sie verschwendete.

Einzig brauchbar waren die Gegenstände, die sich die Arbeiter ohne Wissen des Chefs herstellten, wenn seine Abwesenheit für einige Tage garantiert war: Fußbänkchen oder Schmuckkästen von erfreulicher Solidität und Einfachheit; die Urenkel werden auf ihnen noch reiten oder ihren Krempel[28] darin aufbewahren: brauchbare Wäschegestelle, auf denen die Hemden mancher Generation noch flattern werden. So wurde das Tröstliche und Brauchbare illegal geschaffen.

Aber die wirklich imponierende Persönlichkeit, die mir während dieses Intermezzos beruflicher Wirksamkeit begegnete — war der Straßenbahnschaffner, der mir mit seiner Knipszange den Tag ungültig stempelte;[29] er hob diesen winzigen Fetzen Papier, meine Wochenkarte, schob ihn in die offene Schnauze seiner Zange, und eine unsichtbar nachfließende Tinte machte zwei laufende Zentimeter darauf — einen Tag meines Lebens — hinfällig,[30] einen wertvollen Tag, der mir nur Müdigkeit eingebracht hatte, Wut und ebensoviel Geld, wie nötig war, um weiter

26 **Apparate**—*contrivances*
27 **eine schöpferische . . . machen**—*to take a break from his creative labors*
28 **Krempel**—*junk, stuff*
29 **mir mit seiner Knipszange . . . stempelte**—*cancelled my day with his ticket puncher*

30 **eine unsichtbar . . . hinfällig**—*some invisible ink flowing from it made a two-centimeter-long mark on it* (i.e., the weekly ticket), *and thus voided a day of my life* (In some places ticket takers stamp rather than punch tickets for the purpose of cancellation.)

dieser sinnlosen Beschäftigung nachzugehen. Schicksalhafte Größe wohnte diesem Mann in der schlichten Uniform der städtischen Bahnen inne, der jeden Abend Tausende von Menschentagen für nichtig erklären konnte.

Noch heute ärgere ich mich, daß ich meinem Chef nicht kündigte, bevor ich fast gezwungen wurde, ihm zu kündigen; daß ich ihm den Kram nicht hinwarf, bevor ich fast gezwungen wurde, ihn hinzuwerfen: denn eines Tages führte mir meine Wirtin einen finster dreinblickenden Menschen[31] ins Büro, der sich als Lotterie-Einnehmer vorstellte und mir erklärte, daß ich Besitzer eines Vermögens von 50 000 DM sei, falls ich der und der sei[32] und sich ein bestimmtes Los in meiner Hand befände. Nun, ich war der und der, und das Los befand sich in meiner Hand. Ich verließ sofort ohne Kündigung meine Stelle, nahm es auf mich, die Rechnungen ungelocht, unsortiert liegenzulassen, und es blieb mir nichts anderes übrig, als[33] nach Hause zu gehen, das Geld zu kassieren und die Verwandtschaft durch den Geldbriefträger[34] den neuen Stand der Dinge wissen zu lassen.

Offenbar erwartete man, daß ich bald sterben oder das Opfer eines Unglücksfalles werden würde. Aber vorläufig scheint kein Auto ausersehen, mich des Lebens zu berauben, und mein Herz ist vollkommen gesund, obwohl auch ich die Flasche nicht verschmähe. So bin ich nach Bezahlung meiner Schulden der Besitzer eines Vermögens von fast 30 000 DM, steuerfrei, bin ein begehrter Onkel, der plötzlich wieder Zugang zu seinem Patenkind hat. Überhaupt die Kinder lieben mich ja, und ich darf jetzt mit ihnen spielen, ihnen Bälle kaufen, sie zu Eis einladen,[35] Eis mit Sahne, darf ganze riesengroße Trauben von Luftballons[36] kaufen, Schiffsschaukeln und Karusselle mit der lustigen Schar bevölkern.[37]

Während meine Schwester ihrem Sohn, meinem Patenkind, sofort ein Los gekauft hat, beschäftige ich mich jetzt damit, zu überlegen, stundenlang zu grübeln, wer mir folgen wird in dieser Generation, die dort heran-

---

[31] **finster dreinblickenden Menschen**—*gloomy-looking person*

[32] **falls ich . . . sei**—*in case I was so-and-so*

[33] **es blieb . . . als**—*there was nothing left for me to do but*

[34] **Geldbriefträger**—Many European countries have special mail carriers for delivering money.

[35] **sie zu . . . einladen**—*to invite them (out) for ice cream*

[36] **Trauben von Luftballons**—*clusters of balloons*

[37] **Schiffsschaukeln und . . . bevölkern**—*populate swingboats and merry-go-rounds with the merry crew*

wächst; wer von diesen blühenden, spielenden, hübschen Kindern, die meine Brüder und Schwestern in die Welt gesetzt haben, wird das schwarze Schaf der nächsten Generation sein? Denn wir sind eine charakteristische Familie und bleiben es. Wer wird brav sein, bis zu jenem
5 Punkt, wo er aufhört, brav zu sein? Wer wird sich plötzlich anderen Plänen widmen wollen, unfehlbaren, besseren? Ich möchte es wissen, ich möchte ihn warnen, denn auch wir haben unsere Erfahrungen, auch unser Beruf hat seine Spielregeln, die ich ihm mitteilen könnte, dem Nachfolger, der vorläufig noch unbekannt ist und wie der Wolf im
10 Schafspelz in der Horde der anderen spielt . . .

Aber ich habe das dunkle Gefühl, daß ich nicht mehr so lange leben werde, um ihn zu erkennen und einzuführen in die Geheimnisse; er wird auftreten, sich entpuppen, wenn ich sterbe und die Ablösung fällig wird, er wird mit erhitztem Gesicht vor seine Eltern treten und sagen, daß
15 er es satt hat,[38] und ich hoffe nur insgeheim, daß dann noch etwas übrig sein wird von meinem Geld, denn ich habe mein Testament verändert und habe den Rest meines Vermögens dem vermacht, der zuerst die untrüglichen Zeichen zeigt, daß er mir nachzufolgen bestimmt ist . . .

Hauptsache, daß er ihnen nichts schuldig bleibt.

[38]  **er es satt hat**—*that he is fed up*

# Fragen

1. Wer ist das schwarze Schaf in der Familie, von der hier erzählt wird?
2. Was bedeutet es, das schwarze Schaf in einer Familie zu sein?
3. Mit wem war der Erzähler besonders gut befreundet? Welche Folgen hatte diese Freundschaft?
4. Warum unterhielt man sich gern mit Onkel Otto? Wie endeten alle Gespräche mit ihm?
5. Was war das einzige, was Onkel Otto mit seinem Wissen nicht machen konnte?

6. Zu welchem Zwecke steckte Onkel Otto, wenn er wegging, noch einmal seinen Kopf zur Türe herein?
7. Auf wie lange wollte Onkel Otto sich gewöhnlich Geld ausborgen?
8. Ergänzen Sie den Satz, „Übrigens, kannst du mir . . .“!
9. Wohin ging Onkel Otto mit dem geborgten Geld? Was machte er dort?
10. Was war Onkel Ottos schlimmste Eigenschaft?
11. Was machte er zwei Tage, nachdem er Geld zurückgegeben hatte?
12. Wie starb Onkel Otto?
13. Was fand man in seinen Taschen?
14. Wie lange war Onkel Otto schon reich?
15. Was stand in dem großen Notizbuch Onkel Ottos?
16. Wieviele Gläubiger hatte Onkel Otto? Wie groß waren seine Schulden? Wem schuldete er am meisten und warum? Wieviel schuldete er einem Straßenbahnschaffner?
17. Wie änderte sich durch die Erbschaft der Charakter des Erzählers? Was tat er?
18. Warum war es für den Erzähler sinnlos, Musiker werden zu wollen?
19. Warum sind die Pumpversuche des Erzählers nicht so erfolgreich wie die von Onkel Otto?
20. Welche einzige gute Eigenschaft scheint der Erzähler von Onkel Otto geerbt zu haben?
21. Warum müssen schwarze Schafe trotz ihrer vielen Talente in der modernen Gesellschaft erfolglos bleiben? Welche wichtige Fähigkeit geht ihnen ab?
22. Wie sollte die Familie dem Erzähler helfen?
23. Was opferte der Erzähler, als er die Stelle annahm?
24. Beschreiben Sie die Arbeit des Erzählers! Wie gefiel ihm seine Arbeit? Machte sie ihn zufrieden?
25. Wie wird der Chef der Fabrik beschrieben?
26. Was wurde in der Fabrik hergestellt?
27. Wer stellte die einzig brauchbaren Gegenstände her, und wann wurden sie hergestellt?
28. Warum ist für den Erzähler der Straßenbahnschaffner eine imponierende Persönlichkeit?
29. Wieviel Geld verdiente der Erzähler in der Fabrik?
30. Wer ist der finster dreinblickende Mensch, der den Erzähler im Büro besucht? Was erklärt er ihm?
31. Was tut der Erzähler, sobald er von seinem Lotteriegewinn erfährt?
32. Warum ist der Erzähler nun wieder ein begehrter Onkel? Was darf er für die Kinder tun?
33. Wie wird in dieser Erzählung die Zeit und die Gesellschaft kritisiert? Was hält der Autor von schwarzen Schafen? Was hält er vom Geldverdienen? Auf wessen Seite sind seine Sympathien?

HEINZ HUBER *wurde 1922 in Ochsenwang auf der Schwäbischen Alb geboren und lebt heute als Fernsehredakteur in Stuttgart. Er ist der Verfasser von Erzählungen und Hörspielen. Einige seiner Erzählungen sind in dem Sammelband* Hebenstreit *(1965) enthalten.*
*Die Erzählung* Die neue Wohnung *spielt im Deutschland des Jahres 1958 nach Überwindung der Notjahre, die dem zweiten Weltkrieg folgten. Sie handelt von Menschen der neuen Wohlstandsgesellschaft, die auf alberne Weise bemüht sind, ihr Leben zu stilisieren. Sie gebärden sich ästhetisch und suchen alles Menschlich-Natürliche auszuschalten. Ihre Sprache ist demgemäß maniriert, blasiert und unverbindlich.*

# DIE NEUE WOHNUNG
## von Heinz Huber

NEULICH WAREN wir bei Messemers eingeladen. Marx Messemer ist einer meiner Kollegen im Betrieb. Zwischen unseren beiden Familien hat sich im Laufe der Zeit eine nette Freundschaft entwickelt.

Ohne unsere Bedeutung überschätzen zu wollen, glaube ich, daß wir mit solch bescheidener Geselligkeit eine nicht unwichtige Funktion er- 5 füllen: Die Herausbildung einer Gesellschaftsform, ja eines Gesellschaftstyps, der unserer veränderten Zeit angepaßt ist. Als wir anfingen,[1] gab es keine Geselligkeit und keine Gesellschaft. Unsere Großeltern waren gestorben, unsere Eltern hatten es zu nichts Rechtem gebracht, und die es[2] zu etwas gebracht hatten, waren nicht unsere Eltern. Nullpunktsitua- 10 tion,[3] wie es in den literarischen Zeitschriften hieß. Ich glaube sagen zu können, daß wir mit dieser Situation ganz gut fertig geworden sind: wir lasen literarische Zeitschriften und suchten einen Beruf und fanden einen.

[1] **Als wir anfingen**—*When we started out* (after the end of World War II)
[2] **und die es = und die, welche es**—*those who*
[3] **Nullpunktsituation**—*situation of ab-solute zero* (an expression, fashionable after the end of World War II, suggesting that the German nation had to begin again from scratch)

Wir begannen, Geld zu verdienen, und begannen, uns gegenseitig ein-
zuladen, und heute bilden wir eine Art neue Gesellschaftsgruppe, die
ihre eigene Form herauszubilden beginnt, und zwar eine durchaus wieder
respektable.

5 Messemers nun sind vor kurzem in ihre neue Wohnung eingezogen.
Wir haben auch eine neue Wohnung, aber schon einige Zeit länger, deshalb ist bei Messemers die ganze Einrichtung viel neuer als bei uns, und
wir waren sehr gespannt, wie es bei ihnen aussehen würde.

Es ist nämlich so, daß ich große Stücke auf Marx Messemer halte,[4] oder
10 sagen wir ruhig: ihn bewundere, bis zu einer gewissen Grenze jedenfalls.
Vor allem bewundere ich die Sicherheit seines Geschmacks, sein Stilgefühl, seine Modernität. Bei ihm stimmt immer alles, während bei mir
immer eine Kleinigkeit zur Perfektion fehlt. Bei uns sind immer zwei
Tassen vom neuen Service kaputt oder haben zum mindesten einen
15 Sprung, und der Teetisch stammt auch noch aus der Zeit der Nierenfor-
men;[5] es gelingt uns einfach nicht, ihn durch einen moderneren zu ersetzen, obwohl wir genau wissen, was für einen wir haben möchten:
lang und schmal, aus rotbraunem Holz. Er würde sehr gut neben dem
sandfarbenen Bezug der Sessel stehen. Und dazu dann einen taubenblauen
20 Teppich — aber das werden wir nie schaffen. Vorläufig jedenfalls nicht.

Messemers dagegen — als wir ihre Wohnung betraten, dehnte sich eine
graphitgraue Fläche aus Velour[6] von unseren Füßen bis zum Horizont
der weit entfernten Stoßleisten.[7] In der Tiefe der perspektivischen Flucht-
linien, vor kahler Wand, ein merkwürdiger Ast in einer Bodenvase aus
25 Glas. Surrealistische Anklänge, konstatierte ich, früher de Chirico.[8] Vielleicht hat Messemer daran auch gar nicht gedacht — er sagt, er verstünde
nichts von Kunst, sei Rationalist, Techniker, Handwerker, sicher, das sind
wir alle —, aber er *hat* es einfach, das sichere Stilgefühl, die unfehlbare
Modernität.

30 Ein ausgeprägter Zug unseres Freundeskreises ist, daß wir keine Rivalitätsgefühle kennen. Jeder ist sich seines eigenen Werts bewußt, auch ich,

---

4 **ich große . . . halte**—*I have a high
opinion of Marx Messemer*
5 **aus der . . . Nierenform**—*from the
time* (when) *kidney shapes* (were popular)
4 **Velour**—a (*carpet*) fabric with velvet-
like texture
7 **Stoßleisten**—*moldings*
8 **früher de Chirico**—*in de Chirico's
early style* (De Chirico [born 1888] is
a modern painter, at first surrealist,
later neoclassicist.)

und so habe ich keinen Grund, Marx Messemer zu beneiden. Wie ich aber seinen Arbeitstisch sah, packte mich doch ein wenig Neid. Da stand nicht etwa, wie zu erwarten gewesen wäre, ein hinreißend schönes, raffiniert einfaches, sündhaft teures Schreibmöbel, skandinavisches Handwerk natürlich, leisten könnte er sich's schließlich schon, genauso wie ich — aber 5 nein, eine simple gehobelte, rohe Fichtenholzplatte, massiv, ungewöhnlich groß, weiß, darauf die Schreibmaschine. Das ist Marx Messemer. Er ist Experte für Cool Jazz, und so ist auch seine ganze Wohnung: Cool Jazz, umgesetzt in Sessel, Teppiche, Lampen, das heißt Leuchten,[9] und Bilder.

Eine Zeitlang huldigten wir alle der Theorie, Bilder hätten ihre Rolle 10 als Zimmerschmuck ausgespielt, und schwärmten für leere Wände. Das war natürlich überspannt, und wir kamen bald wieder davon ab. Nichts liegt uns ferner als Snobismus. Wir sind bestrebt, Grundsätze zu haben, diese aber zu modifizieren. So hatten nun auch Messemers wieder ein Bild an der Wand, seitlich auf gewagter Tapete, ein einziges, aber ein Original. 15 Ich stand davor und ärgerte mich über mich selber. Ich habe auch Bilder an der Wand, aber Drucke und mit Reißnägeln befestigt. Ich habe es einfach bis heute nicht geschafft, sie wenigstens rahmen zu lassen, obwohl ich es mir dauernd vornehme.

Für Messemer sind derartige Dinge kein Problem, und das imponiert 20 mir so an ihm. Exakte Improvisation, Cool Jazz, Präzision des Lebensstils.

Wir standen zwanglos und zwanglos plaudernd auf dem graphitgrauen Velour herum und hielten formschöne Gläser in der Hand, Cognac mit Sprudel. Whisky mit Soda, das ist High Society, in unserer Gesellschaftsschicht wäre es Snobismus, und snobistisch sind wir nun einmal nicht. Wir 25 haben einen ausgeprägten Sinn für das Angemessene.[10] Wir sind middle class (keineswegs bürgerlich, wohlgemerkt)[11] und wissen, was uns zukommt. Cognac mit Sprudel.

Außerdem sind wir bei solchen Geselligkeiten und überhaupt vorsichtig mit dem Trinken, daher der Sprudel. Cognac pur[12] trank an diesem Abend 30 allein Fräulein Kliesing, die auch eingeladen war und, für mein Gefühl, ohnehin ein wenig exzentrisch ist, mit Entschlossenheit exzentrisch. Mir

---

9 **Leuchten**—*light fixtures*
10 **einen ausgeprägten . . . Angemessene**—*a distinct sense for what is appropriate*
11 **middle class . . . wohlgemerkt**—

*middle class, in no way plain bourgeois, mind you* (suggests they are more like the American middle class, not like the old German middle class)
12 **Cognac pur**—*straight cognac*

liegt das nicht so sehr,[13] aber Messemers haben eine Schwäche für sie, und ich habe mich nach und nach zu einer gewissen Toleranz erzogen, und nun mag ich Fräulein Kliesing eigentlich ganz gern. Fehler haben wir alle.

5    Ein kleines Problem ergab sich, als wir uns in die Sitzecke gruppierten. Fräulein Kliesing ließ sich in Messemers neuem Sessel nieder, hüpfte aber sofort wieder aus dessen Schale[14] empor, als habe sie sich in eine Nadel gesetzt: ihr lachsfarbenes Kleid sehe vor dem Himbeerrosa des Sesselbezugs scheußlich aus, und damit hatte sie recht. Es war um so schlimmer, als 10 das gefährlich süße Himbeerrosa des Bezugs geradezu raffiniert abgestimmt war auf das ebenso gefährliche Esmeraldgrün der Tapete dahinter. Ich hätte das nie gewagt, aber Messemer wagt so etwas, und siehe da — es stimmt.

   Es stimmte jedenfalls wieder, nachdem Fräulein Kliesing mit ihrem 15 Lachsrot auf das Hellgrau der Couch umgezogen und das Himbeerrosa des Sessels mit dem himmelblauen Kleid meiner Frau kontrastiert war. Wir sind beileibe keine Ästheten, sondern Techniker, Handwerker, aber gerade deshalb stört es uns, wenn etwas Derartiges und wenn überhaupt irgend etwas nicht ganz stimmt.

20    Bei mir zu Hause sind es die Sofakissen, die nicht stimmen. Nicht, daß sie gerade geschmacklos wären, aber sie sind ein bißchen zufällig zusammengekommen, nicht so sorgfältig aufeinander und auf die Umgebung abgestimmt wie bei Messemers. Aber das läßt sich ja leicht einmal ändern.

   Wir nehmen derlei nicht wichtiger, als ihm zukommt,[15] und das Farben-25 problem zwischen Fräulein Kliesing und dem Sessel hatte uns nicht allzu lang beschäftigt. Wir sprachen jetzt über Messemers neue Wohnung im allgemeinen.

   „Wie seid ihr eigentlich zu dieser Wohnung gekommen?"

   „Wir haben ziemlich viel Glück gehabt", sagte Kai, Messemers patente 30 Frau.[16] „Wir haben lange gesucht, aber es war nie was.[17] Baukostenzu-

---

13  **Mir liegt . . . sehr**—*I don't like that very much*
14  **Schale**—*shell*
15  **wir nehmen . . . zukommt**—*we don't attach any more importance to that sort of thing than is its due*
16  **patente Frau**—*great little wife*
17  **es war nie was**—*nothing came of it*

(Because of the extensive bombing of Germany during World War II and the many refugees who streamed into the country at the end of the war, an acute housing shortage existed for many years after the cessation of hostilities. Housing had to be government-regulated. To get someone expelled or to get assigned to

schuß[18] und so. Ihr kennt das ja. Schließlich sagte uns ein Bekannter, der
ein bißchen mit diesem Haus zu tun hat, hier wäre vielleicht eine Möglichkeit. Wir müßten nur das Herrichten übernehmen. Ich wollte ja erst
nicht, aber Marx meinte —"

„Ich war sofort dafür", sagte Marx. „Aber ihr könnt euch das nicht
vorstellen, wie's hier drin[19] ausgesehen hat, als ich die Wohnung zum
erstenmal besichtigte. Ich hätte nie gedacht, daß es so etwas heutzutage
überhaupt noch gibt."

Messemer ließ sich Zeit, zündete sich seine Pfeife an, goß sich einen
neuen Cognac ein und Sprudel in den Cognac, und dann erzählte er die
Geschichte von der Wohnung, und wir saßen auf den neuen Sesseln auf
dem graphitgrauen Velour, tranken Cognac mit Sprudel und hörten zu, obwohl es uns nicht allzu sehr interessierte. Aber worüber soll man reden?
Konversation machen können und wollen wir nicht, und über unsere
gemeinsame Berufssphäre, das ist ein stillschweigendes Übereinkommen,
wird bei solchen Geselligkeiten nicht gesprochen. Oder hätten wir etwa
über Marcel Proust[20] sprechen sollen? Über Proust spricht man nicht,
Proust versteht sich bei uns sozusagen von selbst, ähnlich wie die Liebe
zu unseren Ehefrauen. Darüber zu reden wäre hier Sentimentalität, dort
Snobismus, auf jeden Fall ein Zeichen mangelnden Stilgefühls. Dann
schon lieber Messemers neue Wohnung. Zudem ist er ein guter Erzähler,
wenn er auch manchmal ein bißchen des Guten zuviel tut.[21]

„Als ich dieses Zimmer zum erstenmal sah", begann er, „war es schon
nicht mehr bewohnt, nur die Möbel standen noch darin. Ich konnte mir
nicht vorstellen, wie außer den Möbeln in diesem Raum noch menschliche Lebewesen hätten existieren können. Ich sah nur Möbel. Das heißt,
zunächst sah ich nicht einmal diese, das Fenster war verhängt, das Zimmer
finster. Erst als die Frau, die den Schlüssel besaß, das Licht andrehte,
schied sich das feste Land ein wenig von der Finsternis. Quelle des
trüben Lichts war ein tiefhängender Lampenschirm, oben verschossene

---

an apartment required a good deal of
red tape. In a situation like this, it was
not quite unusual that strings were
pulled and deals were worked.)

18 **Baukostenzuschuß**—*contribution to
the cost of building* (As a condition
for getting an apartment in a new
building, prospective tenants were frequently required to pay the landlord
a lump sum of money as a contribution
to the cost of building.)

19 **hier drin = hier drinnen**—*in here*

20 **Marcel Proust**—French novelist
(1871–1922)

21 **ein bißchen . . . tut**—*overdoes things
a little*

Seide und Staub, darunter wie Ohrgehänge lange, rechteckige Mattglas-
platten und Spinngewebe. Dies alles dicht über einer weiten Tischfläche,
Flecken und Staub auch hier, die sich nach hinten im Halbdunkel verlor.
An den Seiten ragten Stuhllehnen, über der vordersten hing ein altmo-
5  discher Frauenhut. Dahinter bauten sich Etageren auf, Regale, Schränke,
ein Diwan im Dunkel, tiefer im Dunkel die endlose Fläche eines Flügels,
Bücherstapel auf dem Flügel, Staub auf den Büchern, kaum ein Zwischenraum, sich zu bewegen, der Abstellraum eines Möbeltrödlers eher als eine
Wohnung. Oder ein Bühnenbild für *Die Irre von Chaillot*,[22] wenn sie
10  von Ionesco[23] geschrieben wäre."

In solchen Formulierungen war Messemer unübertrefflich. Wenn er
seinen guten Tag hatte, reihten sich seine Formulierungen aneinander
wie die bunten Fähnchen, die der Zauberer im Varieté[24] an einem nicht
endenwollenden Faden zwischen den Zähnen hervorzieht, flott und
15  mühelos. Fräulein Kliesing starrte Messemer offenen Mundes bewun-
dernd an. Übrigens war ihre Bewunderung sozusagen geschlechtslos,
denn einerseits hatte Messemer seine patente Frau Kai, andererseits hatte
Fräulein Kliesing einen Freund. Also nichts dergleichen; Erotik spielt bei
uns keine beunruhigende Rolle, auch Krankheit nicht.
20  Messemer war gut im Zuge.[25] „Rumpelkammer des 19. Jahrhunderts.
Verlassener Chitinpanzer[26] eines altmodischen Insekts. Die Witwe eines
Professors hatte in der Wohnung gewohnt. Ich glaube, er war Maler oder
so etwas, aber kein berühmter. Später fand ich im Souterrain[27] noch ein
paar Rollen bemalter Leinwand, Landschaftsskizzen und Porträtstudien.
25  Sie waren so steif und rissig, daß die Farbschicht beim Auseinanderrollen
stückweise absprang. Die Bilder waren nicht einmal schlecht, für mein
Gefühl."

„Sicher ein bißchen akademisch",[28] sagte Fräulein Kliesing.

„Das will ich nicht unbedingt sagen", meinte Messemer. „Das Leben
30  der Witwe des Professors war jedenfalls nicht mehr sehr akademisch. Die
Frau in der Wohnung unter uns erzählte mir, daß die alte Dame, weil sie

---

22  **Die Irre von Chaillot**—*The Mad-
woman of Chaillot* (*La folle de Chaillot*,
play by French dramatist Jean Girau-
doux [1882–1944])

23  **Ionesco**—Eugène Ionesco (born 1912),
Rumanian-born French playwright, a
leading modern experimentalist

24  **Varieté**—*vaudeville theater*

25  **gut im Zuge**—*in full swing*

26  **Chitinpanzer**—*chitinous armour* (Chi-
tin is a horny substance forming the
hard outer covering of insects, crusta-
ceans, and some other invertebrates.)

27  **Souterrain**—*basement*

28  **akademisch**—*formal, pedantic*

in diesem Zimmer voller Möbel und Kram keinen Platz mehr hatte, sich
in dem Kämmerchen nebenan —"

„da, wo wir jetzt die eingebaute Garderobe und die Schuhkommode
haben", fügte Kai hinzu —

„daß sie sich dort hinter einem Schrank eine Art Lager[29] hergerichtet
hatte, auf dem sie die meiste Zeit ihrer restlichen Tage verbrachte. Einmal
sei sie vier Tage nicht zum Vorschein gekommen, so daß man im Hause[30]
schon geglaubt habe, es sei ihr etwas zugestoßen, und man die Tür von
der Polizei habe aufbrechen lassen. Aber die alte Dame sei nur hinter
ihrem Schrank gelegen und habe die Wand angestarrt, gefehlt habe ihr
weiter nichts. Sie ist eben sehr alt gewesen, eine alte Dame mit Fisch-
beinstäbchen und brüchigen Spitzen um den Hals,[31] im Dämmerlicht die
halbfertigen Ölbilder des Professors an der Wand betrachtend, vielleicht an
die Hochzeitsreise nach Florenz[32] denkend oder auch an gar nichts
denkend, dahindämmernd, langsam sterbend —"

Messemer ließ die Sache, als sei sie ihm nach gelungener Formulierung gleichgültig geworden, in der Luft stehen, und seine Frau konnte
eingreifen.

„Und ein Dreck war in der Wohnung, nachdem die ganzen alten Klamotten raus waren, ihr macht euch keinen Begriff.[33] Die Tapeten waren
verstaubt und hingen in Fetzen von den Wänden oder waren mit
Reißnägeln notdürftig befestigt, die Decke war schwarz von Ruß und
Spinnweben, mit solchen langen Rissen — wir ließen gleich den ganzen
Verputz herunterschlagen bis auf den Lattenrost —, und den Fußboden
mußten wir ganz abziehen lassen, so dreckig war er. Wir dachten zunächst daran, ihn lackieren zu lassen —"

„Matt oder glänzend?" fragte meine Frau.

„Matt natürlich, nicht wahr?" sagte Fräulein Kliesing.

„Wahrscheinlich glänzend", antwortete Kai, „aber dann gefiel uns
dieser Velour so gut, daß wir den Boden lieber auslegen ließen,[34] obwohl
das ziemlich teuer kam."

„Auf die Dauer macht sich das aber bezahlt",[35] sagte Fräulein Kliesing.

---

29  **Lager**—*bed*
30  **im Hause**—(here:) *in the building*
31  **eine alte . . . Hals**—*an old lady wear-*
    *ing a boned corset and fragile lace*
    *around her neck*
32  **Florenz**—*city and art center in Italy*

33  **Klamotten raus . . . Begriff**—*stuff*
    *was* (moved) *out, you have no idea*
34  **den Boden . . . ließen**—*preferred to*
    *have the floor covered* (with carpeting)
35  **Auf die . . . bezahlt**—*In the long*
    *run that will pay for itself*

Wenn man einen Boden lackieren lasse, müsse man ihn nach einiger Zeit trotzdem wachsen, und zudem müsse man das Lackieren nach zwei oder drei Jahren wiederholen, während ein guter Teppich Jahrzehnte halte. Da Fräulein Kliesing demnächst eine reizende Appartement-Wohnung[36] 5 bezog, wußte sie in solchen Fragen ziemlich genau Bescheid.

Das Nette an den Gesprächen in unserem Kreis ist, daß wir kein Thema zu Tode reden; wir sind an allem interessiert, so daß unsere Unterhaltungen nie langweilig werden. Wir haben, ohne es zu wollen, einen sehr angenehmen Stil der Geselligkeit ausgebildet: weder steif und 10 konventionell noch formlos bohème,[37] sondern aufgeschlossen, modern und maßvoll. Wir meiden die Sandbänke lauer Konversation ebenso sorgfältig wie die Strudel nächtelanger, um sich selbst kreisender Diskussionen. Nur nichts übertreiben.

Wir wandten uns wieder der Vorgeschichte von Messemers Wohnung 15 zu.

„Es war nicht ganz einfach, diese Wohnung zu bekommen", erzählte Messemer. „In diesem Zimmer hier hatte also die Witwe des Professors gewohnt oder gehaust und war schließlich gestorben. Damit war die Wohnung aber für uns noch lange nicht beziehbar, denn in dem zweiten 20 Zimmer, wo jetzt unsere Eßecke ist, wohnte eine andere alte Dame, die nicht starb und die sich auch beharrlich weigerte, in ein Altersheim zu gehen, obwohl sie es fast noch nötiger gehabt hätte als ihre Zimmernachbarin. Die beiden Frauen waren Freundinnen gewesen, als sie vor Jahren in dieser, damals noch neuen Wohnung zusammenzogen. Aber 25 die Zeit — Tag um Tag so eng aufeinander, kränklich, ärmlich, wunderlich alle beide — zersetzte die Freundschaft. Sie ließen schließlich die Verbindungstür zwischen den Zimmern vernageln, und den großen Kachelofen, der beide Zimmer wärmte, heizten sie nicht mehr an. Stattdessen stellte jede in ihrem Zimmer neben dem kalten Kachelofen einen 30 kleinen Eisenofen auf. Da oben unter der neuen Tapete könnt ihr noch das Loch des Kaminanschlusses sehen, der dafür gebrochen werden mußte."

„Tatsächlich", sagte Fräulein Kliesing. „Hoffentlich werden wir nicht auch mal so."

---

[36] **Appartement-Wohnung**—studio apartment

[37] **bohème**—*Bohemian* (i.e., unconventional, arty)

„Während die Professorenwitwe lediglich an Altersschwäche gestorben war, hatte die in dem anderen Zimmer sicher einen Tick",[38] sagte Messemer.

„Einen Vogelfuttertick",[39] fügte seine Frau hinzu. „Anders können wir uns das nicht erklären. Wem darf ich noch einen Cognac einschen- 5 ken?"

Wir ließen unsere Gläser wieder mit Cognac und Sprudel füllen, und Messemer fuhr fort, obwohl seine an sich interessante Geschichte für mein Gefühl beinahe schon ein bißchen zu lang wurde:

„Möbel hatte die im Gegensatz zur anderen fast keine. Ihre Wände, 10 Türen und Fensterrahmen waren gespickt mit Nägeln und Haken aller Größen und Arten: für Kleider, für Waschlappen, für Schnüre, an denen nichts mehr hing, für Schlüsselbretter, für Spültücher und Schürhaken und fleckige Fotografien längst erwachsener Babies. Vieles von dem Zeug haben wir später, als wir in das Zimmer hineinkonnten, unter 15 dem großen Vogelfutterhaufen noch gefunden. Die Frau muß nämlich die ganze Zeit mit einem Berg Vogelfutter im Zimmer gelebt haben, der ein Viertel der Bodenfläche einnahm. Einfach so auf den Boden geschüttet, kniehoch aufgeschüttet. Die Hausleute erzählten, sie habe fast immer das Fenster offen gehalten, und die Vögel seien unentwegt ein- 20 und ausgeflattert, sommers wie winters. Die Vögel hüpfen uns heute noch im Zimmer herum, obwohl wir den Vogelfutterberg längst hinausgeschafft haben. Dabei fanden wir unter dem Vogelfutter noch die seltsamsten Dinge: Arzneifläschchen und Stoffreste und alte Illustrierte und Prospekte von Badeorten,[40] einen Handschuh und eine ganze Sammlung verschie- 25 denfarbiger Pülverchen, sorgfältig in Papier gefaltet — alles unterm Vogelfutter begraben."

„Einfach schrecklich", sagte Fräulein Kliesing.

„Nun", sagte Messemer, „das Ganze könnte sogar fast tragisch genannt werden. Soviel man weiß, ist der Mann der Vogelfuttertante im Dritten 30 Reich abhanden gekommen.[41] Dabei war er gar nicht politisch tätig. Sie sagten, er habe irgendjemandem irgendetwas weitergegeben oder so etwas

---

38 **hatte die . . . Tick**—*the one in the other room was slightly cracked*

39 **Einen Vogelfuttertick**—*Cracked about bird food*

40 **Illustrierte und . . . Badeorten**—*pic-torial magazines and promotional literature about spas*

41 **im Dritten . . . gekommen**—*got lost during the Third Reich* (name given to his regime, 1933–45, by Hitler)

ähnliches. Wahrscheinlich war das Ganze ein Irrtum. Jedenfalls kam der Mann nie mehr zurück. Die Frau hatte dann später dieses Zimmer und den Vogelfutterhaufen. Die Verhältnisse waren ziemlich menschenunwürdig, aber sie wollte einfach nicht ins Altersheim gehen. Außerdem
5 konnte sie die Miete schon gar nicht mehr bezahlen."

Ich hatte das Gefühl, daß Messemer nun doch ein bißchen zu weit gegangen war für eine normale Einladung.

Kai warf ihm einen Blick zu und berichtete den Rest der Geschichte. „Nach dem Tod der Professorenwitwe war die Vogelfutterfrau Haupt-
10 mieterin in der Wohnung. Wir ließen uns zunächst in dem freigewordenen Zimmer nominell als Untermieter einweisen,[42] damit wir schon mal einen Anspruch auf die Wohnung hatten, wenn die Vogelfutterfrau ausziehen sollte. Außerdem bezahlten wir dem Hausbesitzer die rückständige Miete der beiden alten Damen. Dann sprachen wir mit den Hausbewoh-
15 nern und schrieben an die Verwandten der noch lebenden Frau und trieben einen Platz in einem Altersheim für sie auf. Außerdem organisierten wir den Umzug und übernahmen den Verkauf der Sachen, die sie nicht ins Altersheim mitnehmen konnte; viel war's ja ohnehin nicht. Schließlich, nachdem wir alles für sie in die Hand genommen und geregelt hatten, sah
20 sie wohl keinen Grund mehr, sich zu weigern, und zog ins Altersheim, wo es ihr inzwischen sehr gut gefällt. Wir ließen uns die ganze Wohnung als Hauptmieter zuweisen und konnten nun anfangen, sie herzurichten. Was daraus geworden ist, seht ihr ja. Ihr würdet nicht glauben, daß es dieselbe Wohnung ist, wenn ihr die Zimmer vorher gesehen hättet, als die beiden
25 alten Damen noch drin wohnten."

„Die Wohnung ist wirklich ganz reizend", sagte Fräulein Kliesing, „ich bin ganz begeistert, wie ihr das gemacht habt. Man merkt überhaupt nicht, daß es eine alte Wohnung ist."

„Kaum", sagte Kai lächelnd, „nur in dem einen Zimmer kriegen wir
30 einfach das Vogelfutter nicht ganz heraus. Immer wieder kehre ich eine Handvoll davon aus den Fußbodenritzen. Ich dachte, es würde besser werden, wenn wir erst einmal einen Staubsauger hätten, aber nun haben wir einen, und es ist noch genau so schlimm. Vielleicht legen wir das Zimmer jetzt einfach mit Linoleum aus."

---

[42] **Wir ließen . . . einweisen**—*To begin with, we had ourselves assigned nom-* *inally as subtenants to the room that* *had become vacant*

„Linoleum würde ich nicht nehmen", sagte meine Frau, „auf Linoleum sieht man jeden Schritt."

„Nein, ich bin auch gegen Linoleum", sagte Fräulein Kliesing, „Linoleum hat sich schon ein bißchen überlebt,[43] finde ich."

Natürlich sprachen wir nicht den ganzen Abend über Teppiche und 5 Einbauschränke. Nachdem Messemer mit der Story von den beiden alten Damen wieder einmal sein Unterhaltungstalent bewiesen hatte, um das ich ihn so beneide, spielte er uns seine neuesten Cool-Jazz-Platten vor, dann unterhielten wir uns über die Frage, ob Krankheiten physische oder psychische Ursachen haben, und schließlich erzählte Messemer noch von der 10 Weltausstellung in Brüssel,[44] nun wieder ganz amüsant, überlegen und von ironischen Formulierungen funkelnd wie die Außenhaut des Atomiums[45] selber. Alles in allem war der Abend, wie immer bei Messemers, sehr nett.

Gegen ein Uhr verabschiedeten wir uns und fuhren nach Hause. Wir 15 mußten eine Taxe nehmen, weil wir keinen Wagen haben. Messemers haben natürlich einen Wagen, nur wir haben es aus irgendeinem Grund bis jetzt noch nicht geschafft. Ich glaube aber sicher, daß wir nächstes oder übernächstes Jahr auch einen haben werden — vorausgesetzt, daß nichts dazwischen kommt, was ich jedoch für ziemlich unwahrscheinlich halte. 20 Wir haben noch viel Zeit, uns einzurichten.

43 **Linoleum hat . . . überlebt**—*lino-*  
*leum is already a little out*  
44 **Weltausstellung in Brüssel**—*World's*  
*Fair in Brussels* (1958)

45 **Atomium**—the symbol of the Brussels World's Fair. The giant structure represented the atomic make-up of a metal molecule.

# *Fragen*

1. Wo war der Erzähler neulich eingeladen?
2. Was hat sich zwischen der Familie Messemers und der Familie des Erzählers entwickelt?

3. Welche nicht unwichtige Funktion glaubt der Erzähler mit seiner bescheidenen Geselligkeit zu erfüllen?

4. Was taten er und seine Freunde, um mit der Nachkriegssituation fertig zu werden?

5. Wohin sind Messemers vor kurzem gezogen?

6. Warum hält der Erzähler große Stücke auf Marx Messemer?

7. Warum ist der Erzähler mit sich selbst nicht zufrieden? Wie würde er seine Wohnung gern einrichten?

8. Beschreiben Sie, was der Erzähler sah, als er Messemers Wohnung betrat!

9. Warum gibt es in dem Freundeskreis keine Rivalitätsgefühle?

10. Wann faßte den Erzähler doch ein wenig Neid?

11. Beschreiben Sie Messemers Arbeitstisch!

12. Warum huldigte der Freundeskreis eine Zeitlang der Theorie der leeren Wände?

13. Was für ein Bild hatte Messemer im Wohnzimmer und wie hing es? Was für Bilder hat der Erzähler an der Wand?

14. Warum trank man Cognac mit Sprudel und nicht Whisky mit Soda?

15. Was hält der Erzähler für den Grund, daß Fräulein Kliesing Cognac pur trank?

16. Welches Problem ergab sich, als sich die Gesellschaft in die Sitzecke gruppierte? Wie wurde das Problem gelöst?

17. Warum stimmen beim Erzähler zu Hause die Sofakissen nicht?

18. Warum ließen sich die Gäste die Geschichte von Messemers Wohnung erzählen, obwohl sie das eigentlich nicht besonders interessierte? Zählen Sie die Dinge auf, worüber bei solchen Geselligkeiten nicht gesprochen wurde!

19. Beschreiben Sie, wie das Wohnzimmer aussah, als Messemer es zum ersten Mal sah!

20. Wie waren Messemers Formulierungen? Welche Formulierung in Messemers Erzählung von der Wohnung erregte Fräulein Kliesings besondere Bewunderung?

21. Beschreiben Sie das "nicht sehr akademische" Leben der Witwe, die vor Messemers in der Wohnung gewohnt hatte! Wer war ihr Mann gewesen? Was hatte man schon geglaubt, als sie einmal vier Tage nicht zum Vorschein kam?

22. Was hatten Messemers zunächst mit dem Fußboden tun wollen? Wozu entschlossen sie sich aber dann später? Was bemerkte Fräulein Kliesing dazu?

23. Was war endlich mit der Witwe geschehen?

24. Warum war die Wohnung für die Messemers nach dem Tode der Professorenwitwe noch nicht beziehbar gewesen?

25. Was hatte die Freundschaft zwischen der Witwe und der anderen alten Dame zersetzt?

26. Was für einen Tick hatte die „Dame in dem anderen Zimmer"? Beschreiben Sie, wie es in ihrem Zimmer aussah!

27. Warum hatten sich Messemers in das freigewordene Zimmer als Untermieter einweisen lassen?
28. Auf welche Weise hatten Messemers der Vogelfutterfrau beim Umzug ins Altersheim geholfen? Warum haben sie das getan?
29. Was ist das einzige, was die Messemers auch heute noch daran erinnert, daß die Vogelfutterfrau einmal in der Wohnung gelebt hat?
30. Was hatte Messemer mit der Story von den alten Damen wieder einmal bewiesen?
31. Was tat die Gesellschaft, nachdem Messemer die Erzählung von der Vorgeschichte seiner Wohnung beendet hatte?
32. Warum mußten der Erzähler und seine Frau mit einer Taxe nach Hause fahren?
33. Charakterisieren Sie die Gestalten dieser Erzählung! Geben Sie an, ob und warum sie Ihnen sympathisch oder nicht sympathisch sind!

# *AUS* AMERIKAFAHRT
# von Wolfgang Koeppen

ICH BEKAM die Landeerlaubnis, ging über den Bootssteg, über das letzte Stück Materie, das mich mit Europa verband, und trat über eine Brücke in die riesige Zollhalle.

Die Halle war Amerika und war doch wie von Franz Kafka aus Prag,[1] ein Raum so schwingenden Daches, so weitgesteckter Maßlosigkeit,[2] daß 5 er sich aufzulösen und gänzlich unwirklich zu sein schien.

Ich ging durch das Tor. Ich war in Amerika angekommen. Ich stand in New York. Ich hatte dies oft geträumt, und es war nun wie ein Traum. Der Traum, hier zu sein, hatte sich erfüllt, und wie im Traum gab es keine Fremde. Ich war auch hier zu Hause, und Amerika lag vor mir wie 10 ein fester Besitz. Ich spürte Freiheit. Ich empfand Freiheit. Die Freiheit war der Wind. Niemand fragte mich, wohin ich gehen, was ich tun, was ich beginnen wolle vom Atlantik bis zur pazifischen Küste, vom Golf von Mexiko bis zu den Eisbergen Alaskas.

[1] **Franz Kafka aus Prag**—Franz Kafka (1883–1924), born in Prague, Czechoslovakia, is noted for his mysterious and surrealistic stories and novels.

[2] **so schwingenden . . . Maßlosigkeit** —*with so vibrating a roof and of such boundlessness*

Das Hotel war natürlich ein Wolkenkratzer, aber es war kein großes Haus. Wieder vertraute Amerika auch dem Fremdesten. Der Gast wurde nach keiner Legitimation gefragt, kein polizeilicher Meldeschein war auszufüllen,[3] es genügte, irgendeinen Namen, den eigenen oder einen, den
5 zu führen man gerade Lust hatte, einer Kundenkarte anzuvertrauen, um den Zimmerschlüssel zu bekommen.

Aus dem Zimmer, das ich beziehen sollte, drangen erregte Stimmen. Ein Schuß fiel. Eine Frau schrie. Mit der Vorsicht der berühmten Detektive öffnete ich die Tür. Ein Fernsehapparat tobte laut vor sich hin, um
10 dem Gast zu sagen, daß er auch in der Fremde nicht allein sei, und Schatten, diesmal die Schatten von Verbrechern, hatten, bis ich eintrat, zu den vier Wänden gesprochen. Mein Bett, das waschmittelpropagandaweiß[4] war und deshalb unschuldig aussah, hatte einen Mord beobachtet. Doch schon bat mich mit quengelnder Stimme ein häßlicher kahlgeschorener Junge
15 in Cowboytracht, ihm eine bestimmte Sorte Drops,[5] die schmackhaftesten, die bekömmlichsten der Welt zu kaufen. Mir war es schon in Europa sonderbar vorgekommen, wie entstellend die Amerikaner ihre Knaben und wie reizend sie ihre kleinen Mädchen anziehen, und ich erkannte in der Bevorzugung der Mädchen eine kluge Vorbereitung auf das neuweltliche
20 Leben, auf die Stellung der Frauen und Männer in der amerikanischen Gesellschaft. Der quengelnde Cowboy bedrohte mich mit einer Pistole, und gleich darauf zielte ein Mann mit einer Oldshatterhandbüchse[6] aus einem Blockhaus. Aber vor dem Fenster bot sich mir ein überwältigendes Bild. Die Wolkenkratzerstadt lag im Glanz der Mittagssonne vor mir, ihre
25 höchsten Häuser überragten mein hohes Hotel, ich erkannte New York als die Siedlung meiner Zeit, und sie gefiel mir sehr, sie bezauberte, sie erfüllte alle Erwartungen. Wie Türme und Burgen aus Stahl, Aluminium, Beton und funkelndem Glas wuchsen die Hochhäuser überall aus einem von den Straßen rechteckig zerschnittenen Gewirr anderer relativ und

---

3 **wurde nach . . . auszufüllen**—*was asked for no proof of identity, no police registration form had to be filled out* (In most countries these are required of each guest checking into a hotel.)
4 **waschmittelpropagandaweiß**—*as white as the claims made by detergent (manufacturers') advertising*

5 **Drops**—*small fruit candy* (e.g., lemon drops)
6 **Oldshatterhandbüchse**—*Old-Shatter-Hand-Rifle* (Old Shatter Hand is one of the main characters in the widely read "Westerns" by the German author Karl May [1842–1912].)

erstaunlich niedriger Dächer, und sie, die Großen, die stolz zum Himmel
ragten, schienen einander über die Firste der Kleinen hinweg zu grüßen.
Es war ein fortwährendes lustiges Blinken und Winken in der Luft. Der
Wind wehte frisch und hatte viel Raum. Der Himmel war hoch und blau,
und ich fühlte mich in eine große allgemeine Herzlichkeit einbezogen. 5
„Ich war aus Manhattan, frei, freundlich und stolz!" Die Stimme Walt
Whitmans war über den Häusern. Die Automobile tief unten in den Straßen fuhren in lustigen grellbunten Reihen wie rollendes Spielzeug durch
ein Kinderparadies.

Die offenen Portale von Rockefeller Center waren wie das Maul eines 10
riesigen Staubsaugers; sie saugten die Passanten wie Treibsand ein. Das
war eine Stadt in der Stadt; das waren Mauern, die zum Himmel strebten.
Das Adreßbuch von Rockefeller Center nennt fünfunddreißigtausend Einwohner; Hunderttausend besuchen sie. In einem Strom, dem nicht zu
entrinnen war, erinnerte ich mich, in einer Gemeinde von zehntausend 15
Seelen aufgewachsen zu sein. Da hatte es Straßen gegeben, einen Marktplatz, ein Rathaus, zwei Kirchen, zwei Friedhöfe, ein Gericht, ein Gefängnis, drei Schulen, die Kaserne der Jäger und den Ausflug zum See
und zum Wald. Hier war das alles und noch viel mehr in ein einziges
Haus gepackt. Ich schritt über spiegelnde Politur wie über einen zugefro- 20
renen See, ging durch Wälder von Marmor, wandelte unter der Neonlichträusche[7] Sonne, Mond und Stern.

Ringsherum wuchsen Konkurrenten heran und bedrohten schon die
Größe und den Glanz des Rockefeller Centers. Kleinere und ältere Häuser
wurden niedergerissen, Baugruben, so tief, so ausgedehnt, um ein Dorf 25
darin zu versenken, wurden ausgehoben, Männer mit weißen, gelben und
roten Stahlhelmen auf dem Kopf operierten mit schweren Maschinen,
verwandelten andauernd das Gesicht der Stadt, und ich konnte dies alles
durch runde verglaste Fenster beobachten, die man extra für Gaffer und
Bewunderer wie mich in den Bauzaun eingefügt hatte. Ein Kran ließ 30
Eisenträger wie Flaumfedern schweben, ein Stahlgerippe reckte und
streckte sich, ein neuer Weg in die Wolken wurde errichtet, noch höher,

[7] **Neonlichträusche**—*neon-light frenzies*

noch himmelstürmender als alle vorangegangenen, doch zu den Füßen des Giganten grünten die Bäume, lag der liebliche kleine Park um die Public Library.

Alle Rassen der Welt strebten zum Buch, zum Wissen, zur Erkenntnis,
5 der schönste Traum der Enzyklopädisten[8] erfüllte sich überseeisch, alle die herrlichen Blutvermischungen der Stadt waren bildungshungrig, in kräftiger Jugend zu sehen, wandelten unter dem frischen Laub wie im Gymnasium Athens,[9] und Amerika war wahrlich frei und schön. Der Abend kam mit goldenem Licht. Manhattan offenbarte sich als Insel und
10 schien zu schweben. Jeder Weg führte zum Wasser. Im Wind vermählte sich New York venezianisch[10] mit dem Meer und amerikanisch mit der Weite der Prärien. Aus den Büros fluteten sie nach des Tages Arbeit wie Tanzende, stürzten wie Falterschwärme über die Autobusse, versanken wie Ameisen schwarz in den Schächten und Schatten der Untergrund-
15 bahn. Auch Babel hat seine blaue Stunde.[11] Kein Stuhl, kein Tisch auf dem Boulevard,[12] aber Wärme, aber Menschlichkeit in künstlich dunkel und geheimnisvoll gehaltenen Höhlen. Überall brannte Aladins Wunder-lampe.[13] Kein Schilfgrün des Pernod[14] im Glas, aber das Gold des Whis-kys, der klare See des trockenen Martini spiritisierte in ergiebigen Scha-
20 len, und Männer und Frauen saßen an den hohen Bartischen, erschöpft vom Tag, doch nicht müde zur Nacht, Großstädter, die, nach Gottfried Benn,[15] der abendlichen Kulissenverschiebung harrten.

Der Morgen kam gemütlich. Nebel verwischte die kühnen Konturen,

---

[8] **der Enzyklopädisten**—*of the Ency-clopedists* (i.e., the writers of the great French Encyclopedia [1751–72], who tried to embody the enlightened thought of their age in the work and thus educate the people)

[9] **Gymnasium Athens**—At the height of its development, the Athenian gymna-sium was a place for intellectual as well as physical education. Much of the teaching was done in the open.

[10] **venezianisch**—*in the manner of Ven-ice*

[11] **Babel hat . . . Stunde**—*Babel, too, takes time off from work.* (In the Bible, Gen. 11:1–9, the citizens of Babel tried to build a tower intended to reach heaven; God punished them for their presumption and prevented them from finishing by causing them all suddenly to speak in different languages so that they could not understand one another. Hence a place of turmoil, noise, and confusion of sounds, voices, and lan-guages may be referred to as a Babel.)

**Blaue Stunde**—*hour of relaxation*

[12] **kein Stuhl . . . Boulevard**—i.e., in contrast to the sidewalk cafes in Europe

[13] **Aladins Wunderlampe**—Aladdin was the boy in the *Arabian Nights* who found a magic lamp. By rubbing it he could conjure a jinni who would do whatever he asked.

[14] **Pernod**—a green aperitif especially liked by the French

[15] **Gottfried Benn**—German poet and critic (1886–1956)

und die Dächer der hohen Häuser schienen nun den Himmel erreicht zu
haben. So manche Firma schwebte in den Wolken. Im Fernsehbild erschien ein höflicher Herr und unterrichtete mich über die Wetterlage. Der
Herr kündigte die Sonne an.

Im Drugstore an der Ecke schlug ein athletischer Neger Eier auf ein 5
heißes Blech. Die Eier schwitzten wie eine Kompanie Soldaten auf dem
Exerzierplatz. Der Neger war ein Gott. Er bewegte sich federnd wie ein
Schattenboxer.

Ich saß zwischen amerikanischen Bürgern auf hohem Drehstuhl.
Ahornsyrup floß gelb und waldduftend auf Buchweizenkuchen. Eiskalte 10
Säfte, glühende heiße Getränke, verbrannter Toast. Die Bürger waren auf
dem Weg zur Arbeit oder kamen aus Nachtbetrieben, kluge Gesichter
lasen die „Times", junge Leute riefen sich Ergebnisse von Spielen zu, es
herrschte Freundlichkeit, Frühstücksgleichheit, weltstädtische Toleranz.
Die Mädchen waren schön geschminkt; sie waren nicht hochmütig wie 15
ihr Ruf, sie lächelten kameradschaftlich. Der weiße Besitzer des Drug-
stores strich einem Negerknaben über das borstig geschnittene Haar.

Das Empire State Building ist, wie man weiß, das höchste Gebäude der
Riesenstadt, und es behauptet von sich, die sieben Weltwunder[16] in den
Schatten zu stellen. 20

Der Expreßlift schoß hoch, schockierte den Magen. Umsteigen im neun-
zigsten Stock. Noch zwölf Stockwerke bis zur Plattform. Der Dom zu
Köln[17] war glücklich überflügelt, die Kathedralen sanken im Ansehen.
Man wandelte in Wolken. Man meinte sie greifen zu können.

Manhattan lag unter weißem Schleier wie ein nicht allzu großes Schiff, 25
auf dessen höchstem Mast man stand. War dies Babylon?[18] Dann ist der
Anblick von Babylon für den Menschen zu gewaltig. Das Ungeheure
schrumpft zusammen. Dieses Schiff hier konnte untergehen. Das Auge
suchte die Grünflächen. Wie kleine Gebetsteppiche lagen sie hier und dort,
Parkanlagen, so betrachtet, seltsam licht und zart. Spielzeug die Ozean- 30

---

[16] **die sieben Weltwunder**—*the Seven
Wonders of the* (ancient) *world* (All of
them were constructions of great impressiveness.)

[17] **Der Dom zu Köln**—*The Cathedral
in Cologne* (This cathedral, one of the
tallest buildings in Germany, is 530 feet
high; the Empire State Building is 1250

feet high. It should be noted that construction on the cathedral was begun in
the 13th century.)

[18] **Babylon**—an ancient city on the Eu-
phrates river, famous for wealth, luxury
and wickedness; hence any place of
large wealth and worldliness

dampfer. Spielzeug die viermotorigen Flugzeuge. Der Verkehr in den Straßen war aus dieser Höhe gesehen ein zusammenhängender Strom und ähnelte der pulsierenden Blutbahn im Schaubild eines Menschen auf einer hygienischen Ausstellung. Aber der wirkliche, der lebende Mensch ließ es
5 sich nicht entgehen, von so erhabenem Standpunkt Kartengrüße in die Welt zu schicken. Ein Postamt mit Sondermarken und Sonderstempeln dokumentierte das Obengewesensein. So verdrängte man, an die Tante, den Onkel, die Frau, die Geliebte, an die Kollegen im Büro denkend, was jeder empfunden hatte, das tief Unheimliche dieser Höhenschau, die Ah-
10 nung, das Vergängliche im Gigantischen gesehen zu haben.

Vor dem Battery-Garten, Park mit hellem Grün, Erholungswege in Nebelluft, Grünspan auf den zurückgelassenen Kanonen des englischen Königs, umarmen sich Hudson und East River, liegt die glitzernde Bay, weitet sich der Ozean, erscheinen, verschwinden die Rauchfahnen der
15 Schiffe, schweift der Sinn zu den alten Ländern, der Blick nach Europa.

Hier landeten sie, hier kamen sie an, alle Völker, die Protestanten jeden Glaubens, die wackeren Demokraten, die Anarchisten, die Königsmörder und die verjagten Fürsten, die Rebellen, die Abenteurer, die verlorenen Söhne, die vaterlandslosen Gesellen. Hut ab vor ihnen! Sie bauten die
20 Stadt, sie waren die Neue Welt.

Wallstreet beginnt mit einer Kirche und einem Friedhof, mit einem Gebet und Gräbern.

Auf dem Friedhof stand ich zwischen den Wolkenkratzern wie auf dem Grund einer tiefen Kiste.
25 Die Grabplatten gedachten der Männer, die die Nation Amerika geschaffen haben. Hatten sie geahnt, daß die Steine ringsherum in den Himmel wachsen würden? Sie waren Buchdrucker, Schriftsetzer, Herausgeber, Schullehrer, irgendwo fortgejagte Alphabeten,[19] geschaßte, selbstherrliche Generale gewesen, und alle waren sie Empörer, Ideenbesessene, utopische
30 Staatsgründer. Eine verwitterte Schrift, born in Old England 1660, he came over to America 1692 . . . Wie weit war damals der Ozean! Zwei Monate trieb man vorm Wind, und es gab nur noch Zukunft!

Ich blickte an der Börse vorbei zum Fluß hinunter. Stimmen raunten: der Thron des Geldes. Stimmen flüsterten: hier wird das Rad gedreht, hier
35 wird die Welt beherrscht, hier liegt die Entscheidung über Krieg und Frie-

[19] **Alphabeten**—*literate people*

den, über Leben und Tod, hier beginnt der Weg, der Pfad zum Wohlstand
oder ins Elend. Ich dachte an den Rüstungsboom. Ich dachte an die Lehre
von den Krisen. Ich dachte an den Sprung aus dem zwanzigsten Stockwerk.[20] Aber das äußere Bild war gar nicht dämonisch. Ragten die Mauern
nicht zu hoch, könnte die Wallstreet auch in der Hamburger City[21] liegen.  5
Ich sah ein Gebäude klassizistischen Stils, Säulen, in denen sich Amerikas
Geschichte, die überall verehrte und noch durchaus lebendig empfundene
Zeit seiner Staatwerdung verherrlicht. Es war das alte Schatzamt, und vor
ihm stand ein Denkmal Washingtons, und ihm zu Füßen lagen frische
Blumen. Ein Mann sprach mich an. Er sah aus wie der oft beschriebene  10
Bürger aus dem Mittelwesten, ein Yankee, halb Landmann, halb Prediger,
und er war aus dem Mittelwesten, wenn ich ihn auch zunächst für einen
Bauernfänger[22] hielt, da er mit so naiver und ergriffener Bewunderung
von Washington schwärmte, diesem großen Mann. Und er, der aus dem
Mittelwesten kam, keine Farm hatte, keine Kirche, irgendein Geschäft in  15
irgendeiner Main Street, und nun nach New York gereist war, um die
Burgen des Geldes zu sehen, er sagte zu mir und deutete auf den
Menschen aus Stein, auf ihn, der ein Zeitgenosse Friedrichs des Großen[23]
war: Er ist der Mann der Freiheit, wenn wir frei sind, verdanken wir es
ihm.  20
Ein Polizist stoppte den Verkehr und ließ eine Schulklasse kleiner
Neger über die Straße gehen. Die kleinen Neger pilgerten zur New York
Stock Exchange, der größten, der alle Kurse bestimmenden Börse der Welt,
und ich folgte ihnen.
Im Tanzhaus des Dollars[24] empfingen uns blonde, schmalhüftige Mäd-  25
chen in roten Tailleurs.[25] Die Tuchfarbe erinnerte an Husarenregimenter[26]
einer farbenfrohen Vergangenheit, während die Haartönung der jungen
Damen, ihr gelackter Mund und die blau oder grün umschatteten Augen
hoffen ließen, es mit gegenwärtigen Callgirls zu tun zu haben. Die Mäd-

20  **den Sprung . . . Stockwerk**—*the
jump from the twentieth story* (When
the stock market crashed in 1929, many
speculators committed suicide by jumping out of the windows of high buildings.)
21  **in der Hamburger City**—*in the financial section of Hamburg*
22  **Bauernfänger**—*confidence man*

23  **Friedrichs des Großen**—Frederick
the Great, king of Prussia (1712–1786),
an "Enlightened Despot"
24  **Tanzhaus des Dollars**—*dance hall of
the dollar* (i.e., the Stock Exchange)
25  **Tailleurs**—*women's suits* (French)
26  **Husarenregimenter**—*regiments      of
hussars* (light cavalry troops, usually
noted for their brilliant dress uniforms)

chen waren aber die keuschen Vestalinnen[27] der Großfinanz, hübsche Sirenen,[28] die das Hohelied[29] des Geldes sangen, und geschickte Verführerinnen der Jugend. Es wimmelte von Kindern im Haus, nicht allein von kleinen Negern, die alle zur Belehrung hierher geführt waren, und neben

5 ihnen konnte man ältere Leute aus der Provinz[30] beobachten, die wohl sehen wollten, was sie in einem arbeitsreichen Leben versäumt hatten.

Im großen Saal unter dem stolzen Sternenbanner schrien die Makler und zeigten einander lange Nasen.[31] Auf schwarzen Wandtafeln sprangen weiße Zahlen, hüpften, gaukelten, verwandelten sich, und die Fern-

10 schreiber tickten, von Geisterhand bedient, wie die Seismographen einer Erdbebenwarte. Die roten Vestalinnen führten uns sicher über die Galerie, leiteten uns in ein Theater, wo Marionetten uns zeigten, wie klug und wie lustvoll es sei, Geld zu sparen, es in einem Sack zum guten Börsenonkel[32] zu tragen, und wie man dann durch Geschrei, Kurstafel-

15 klappen und Fernschreiberticken, durch reinen Zauber also, ein kleiner Vanderbilt[33] werden könne.

Selbst in ein Lichtspielhaus lockten die schönen Sirenen. Diesmal begleiteten sie eine Mädchenklasse und auch mich in den verdunkelten Raum, Gekicher, Rüschenrauschen, süßes Kaugummiaroma, erste Make-

20 up-Gerüche umschwebten mich, während ich auf der flimmernden Leinwand all die mir und meinem Vater, meinem Großvater und Urahnen leider entgangenen Möglichkeiten sah, Millionär oder Präsident zu werden. Den kleinen Mädchen wurde das letzte Paradies gezeigt. Das Paradies hieß Stock Exchange. Die schwarzen Freitage[34] erschienen natürlich

---

27 **die keuschen Vestalinnen**—*the chaste vestal virgins* (In ancient Rome, the priestesses of Vesta, the goddess of the hearth, were sworn to chastity. Their duty was to tend the fire in the Temple of Vesta.)

28 **Sirenen**—*sirens* (In Greek and Roman mythology, sea nymphs, part bird and part woman, who lured sailors to their death on rocky coasts by their seductive singing; hence, any seductive woman)

29 **Hohelied**—(here:) *the high praises* (**Das Hohelied** is the German name for the song of Solomon—also known as Song of Songs, or Canticles—a Book of the Old Testament, in which King Solomon sings the praises of Shulamite,

his beloved; hence, any song of high praise.)

30 **aus der Provinz**—*from the country*

31 **zeigten einander lange Nasen**—*thumbed their noses at one another*

32 **zum guten Börsenonkel**—*to that good old sugar-daddy, the stock exchange*

33 **Vanderbilt**—an American family, long known for its wealth and social position

34 **Die schwarzen Freitage**—*Black Fridays* (i.e., any Friday on which a misfortune occurs, but specifically Friday, September 24, 1869, when a crash occurred in the New York stock market)

nicht im Bild. Niemand stürzte aus hohem Fenster noch schneller als die Kurse. Die kleinen Mädchen waren ganz still geworden, sie hockten andächtig wie in der Kirche. Eine vielleicht zwölfjährige Kluge betrachtete mich, als grübele sie, ob ich schon ein Millionär sei. Sie schien mich aber nach kurzer Musterung zu verwerfen; vielleicht erinnerte sie sich auch, 5 gelesen zu haben, daß Millionäre nicht ins Kino gehen. Ich rächte mich, indem ich ihr in meinen Gedanken einen wohlhabenden dummen Mann bescherte.

Zum Abschluß geleitete uns die rote Führerin zu Telefonen, die, wenn man den Hörer ans Ohr hielt, die Zukunft rosig malten und eine Welt 10 im Glanz einer immerwährenden Prosperity verhießen.

Draußen vor der Börse warteten scheelblickende Broschürenverkäufer und schrien aus Leibeskräften: another depression.

Es war Mittag geworden. Ich zog mit den Clerks und den Stenotypistinnen zu einer großen Abfütterungsstätte, wo man dichtgedrängt um 15 runde Theken saß, die kleinen Manegen glichen, in deren Mitte eine mit einem Spitzenhäubchen gezierte Negerin Tausende von bleichen Sandwiches reichte und dazu Milch und Säfte und heißen Kaffee aus Jenaer Glaskolben[35] ausschenkte, die das Mahl als etwas chemisch Notwendiges, vom Stoffwechsel und der Erhaltung der Kraft her Bedingtes, 20 doch nicht als Gaumenlust und Schlemmerfreude entlarvten. Es gab nicht Stühle genug für die Hungrigen. Die Clerks und Stenotypistinnen standen an, um aufgetankt zu werden. Wer sein bleiches Sandwich verzehrt, seinen Saft, seine Milch, seinen Kaffee ausgetrunken hatte, verließ artig seinen Platz. Das Getriebe der Massengesellschaft funktionierte rei- 25 bungslos.

Sie promenierten dann noch eine Weile unter den Fassaden des Geldes, saßen zu Washingtons Füßen oder auf dem kleinen Friedhof von St. Pauls Chapel, der anderen historischen Kirche des Bezirks, vielleicht auf dem Grab des Sieur[36] de Rochefontaine, geboren 1755 in der Cham- 30 pagne,[37] gestorben 1814 in New York, Offizier der französischen Armee, des dominikanischen Heeres und nach dem Tod des Königs der Streitkräfte der Vereinigten Staaten. Über dem Gedenkstein des verschlagenen,

[35] **Jenaer Glaskolben**—*flasks made of heat-resistant* **Jenaer Glas** (Jena, city in Germany)

[36] **Sieur**—*Sir* (a former French title of respect)

[37] **Champagne**—a region in northeast France

des umgemodelten Ritters blühte Rotdorn. Die Sonne kam nicht über
die Dächer, aber die Luft war schwül. Die Clerks und die Stenotypistinnen eilten zurück in das künstliche Klima ihrer Kontore und beun-
ruhigten die Welt.

5 Ich ging den Broadway hinauf. Banken in langen Reihen, Weltfirmen
Kopf an Kopf. Durch das Säulenportal der City Hall drängten sich arme
Leute, die Amerikaner werden wollten. Ihr Englisch hatte viele Akzente,
und ein Polizist, der schon Amerikaner geworden war, wies sie geduldig
die Stufen zu ihrem Glück empor.

10 Ich wollte Harlem sehen, die Negerstadt, die schwärende Wunde von
New York, wie sie manche im Zorn nennen, das dunkle Getto, aus dem
die Nachkommen der Sklaven, die Kinder jener Ware, die als schwarzes
Elfenbein hoch im Kurs stand, New York jeden Morgen afrikanisch
überfluten, Gesproß der Zwangseinwanderer, früh schon an die Küste
15 getrieben, Neuweltadel, amerikanisch wie die Pilgrimsväter der Mayflower.
Vor einer Kirche in Harlem parkten in langer Reihe die Automobile,
glitzerten in der Sonne große, chromgepanzerte Familienschiffe. Das Gotteshaus glich von außen, ziegelgotisch, den Garnisonskirchen Wilhelms
II.[38] Wohlgekleidete Neger strömten hinein.

20 Ich verharrte am Eingang, ich wollte nicht auffallen, wollte nicht
stören, aber es kamen die schwarzen Kirchenvorstände auf mich zu,
würdige freundliche Herren, schwarze Bankiers, schwarze Doktoren
aller Fakultäten, schwarze Konsistorialräte,[39] sie begrüßten mich wie
den verlorenen Sohn,[40] der heimgekehrt war, sie schüttelten mir, dem
25 Fremden, dem zufällig Erschienenen, freundschaftlich die Hand und
luden mich herzlich ein, auf den vordersten Bänken Platz zu nehmen.
Ich vermochte mich ihrer Liebenswürdigkeit nicht zu entziehen. Eine
Dame, die nach einem sehr teuren Parfüm roch, reichte mir mit mildem
Lächeln ein Gesangbuch. An einem Harmonium saß eine ältere Frau.

---

[38] **Garnisonskirchen Wilhelms II**— *garrison churches of* (Kaiser) *Wilhelm the Second* (1859–1941, Kaiser 1888–1918). In other words, the church resembled any of the churches in the garrison towns at the time of imperial Germany.

[39] **Konsistorialräte**—*high church officials*

[40] **den verlorenen Sohn**—the prodigal son (See Luke 15:11–32)

Sie trug einen Blumenbeethut und blickte streng durch eine randlose Brille. Die Frau war die typische ältere amerikanische Bürgerin, sehr eifrig, sehr gutwillig, sehr freundlich und sehr, sehr moralisch. Sie war von Amerika geprägt, nur war sie die schwarze Seite der Münze.

Wir standen dann alle auf und lobten Gott, und es war ein sehr 5 wohlklingender, sehr inniger Chor. Und es traten Engel in die Kirche, schwarze Kinder, in gestärkten Hemden so weiß wie Schnee, die Haut und das Haar wie Ebenholz, die geschminkten Münder wie Blut, und sie sangen ein inniges Lied, und ein Prediger trat auf, weißhaarig, ein Mittelaltergesicht wie von Lukas Cranach gemalt,[41] und er sprach und 10 donnerte wie ein rechter Prophet, und einer der Engel kam zu mir und drückte mir eine Opfertüte in die Hand, die genau wie der Lohnbeutel eines wohlorganisierten Betriebes aussah, und ich war aufgefordert, anzugeben, was ich für die Sabbatschule, für die Mission, für das Wochengebet für den kranken Nächsten spenden wolle. 15

Gegen Ende der Feier kam einer der würdigen Kirchenvorstände und bat mich, der Gemeinde beizutreten, und ich antwortete ihm verlegen, ich sei nicht aus New York, ich wohne in Europa, und ich sah, wie er mir nicht glaubte, wie ich ihn enttäuschte, er blickte mich traurig an, verneigte sich endlich und sagte, mein Besuch sei ihnen allen eine hohe 20 Ehre gewesen, was mich wiederum sehr beschämte.

In der Einhundertfünfundzwanzigsten,[42] der Hauptgeschäftsstraße von Harlem, lockten Schaufenster neben Schaufenster, kaufte man wie in Düsseldorf oder in Frankfurt oder in der Fünften Avenue, nur waren auf dem dunklen Boulevard die Waren etwas schäbiger und die Preise 25 etwas höher als in den hellen Straßen. Wie immer wurde der Schwächere betrogen. Schwarze Verkäufer, schwarze Kunden, doch weiße Ladenbesitzer und weiße Schaufensterpuppen. Die weißen Puppen sahen in der farbigen Welt krank und blutarm aus. Warum hatte man keine schwarzen Puppen in die Schaufenster gestellt? Verkaufte sich an schwar- 30 zen Mädchen das Brautkleid besser auf weißem Leib? Ich streifte durch die Läden. Wenn man sich daran gewöhnt hatte, daß sich alles unter

41  **ein Mittelaltergesicht . . . gemalt** *a famous Saxon painter of religious sub-*
   *—a medieval face such as* (those) jects)
   *painted by Lukas Cranach (1472–1553,* 42  **in der Einhundertfünfundzwanzig-**
   **sten**—*on 125th Street*

Schwarzen abspielte, wurden die Geschäfte uninteressant. Palmolive bleibt Palmolive. Wir leben in einer Welt. In der westlichen Welt. Im Osten gelten andere Marken.

5 In einer Buchhandlung aber wurde ein neues, New York feindliches Bewußtsein propagiert. Es gab in den Regalen Werke über afrikanische Negerfolklore, ich fand Frobenius Ethnologien,[43] und die Bilder des Negus[44] und des Präsidenten von Ghana standen in diesem Laden und bei seinen Kunden in hohem Ansehen.

Ich stieg zur Untergrundbahn hinunter. Nach dem Passieren des Zähl-
10 kreuzes verlor ich die Willensfreiheit. Ich war Teil eines Teiges geworden, der zäh, doch unaufhaltsam durch den Schacht floß. Der Teig drängte in den Expreßzug hinein. Wir standen und schwitzten unter surrenden Ventilatoren und wurden raketengleich durch die dunklen Kanäle gejagt.

In einer ruckenden, zuckenden, quietschenden Sekunde erreichten wir
15 Central Station,[45] die Stadtmitte und eine andere Welt.

[43] **Frobenius Ethnologien**—*ethnological works by Frobenius* (an ethnologist [1873–1938] who investigated African cultures)

[44] **Negus**—title of the sovereign of Ethiopia

[45] **Central Station**—i.e., Grand Central subway station at 42nd Street

# *Fragen*

1. Was war das erste, was der Autor von Amerika sah?
2. Wie beschreibt er die Zollhalle?
3. Wovon hatte der Autor oft geträumt?
4. Was spürte und empfand der Autor in Amerika?
5. Wie zeigte es sich bei der Ankunft im Hotel, daß Amerika auch dem Fremdesten vertraute?
6. Was hörte der Autor, als er zur Tür seines Hotelzimmers kam? Wie öffnete er die Tür des Zimmers? Wer oder was hatte den Lärm im Zimmer verursacht?
7. Worum bat ein kahlgeschorener Junge in Cowboytracht den Autor?

8. Womit bedrohte der quengelnde Cowboy den Autor?
9. Welchen Eindruck machte der Blick aus dem Fenster auf den Autor? Beschreiben Sie, was er sah!
10. Womit vergleicht der Autor die offenen Portale von Rockefeller Center? Wieviele Einwohner hat das Center? Wie groß war die Stadt, in der der Autor aufgewachsen war?
11. Was sagt der Autor über die Größe der New-Yorker Baugruben? Wie war es dem Autor möglich, die Bauarbeiten zu beobachten?
12. Was lag in dem lieblichen kleinen Park?
13. Wohin strebten alle bildungshungrigen Rassen der Welt?
14. Wie schildert der Autor das Ende des Arbeitstages in Manhattan?
15. Worüber unterrichtete ein höflicher Herr im Fernsehbild den Autor am nächsten Morgen?
16. Was aß der Autor zum Frühstück im Drugstore? Beschreiben Sie die allgemeine Atmosphäre im Drugstore und geben Sie auch einige Details!
17. Schildern Sie den Eindruck, den der Autor beim Blick von der Spitze des Empire State Buildings empfing!
18. Wie war es möglich, von der Spitze des Empire State Buildings Kartengrüße in die Welt zu schicken?
19. Was für Leute landeten in der Nähe des Battery-Gartens? Was hält der Autor von diesen Menschen?
20. Womit beginnt Wallstreet?
21. Wer waren die Leute, die auf dem Friedhof bei der Wallstreet begraben lagen?
22. Wer sprach den Autor beim Denkmal Washingtons in der Wallstreet an? Wie sah der Mann aus? Warum hielt ihn der Autor erst für einen Bauernfänger? Was sagte der Mann aus dem Mittelwesten über George Washington?
23. Wie schildert der Autor die Mädchen, die ihn im Tanzhaus des Dollars empfingen?
24. Was sah der Autor im großen Saal der Stock Exchange?
25. Was zeigten Marionetten den Besuchern im Theater der Stock Exchange?
26. Wer war außer dem Autor im Lichtspielhaus der Stock Exchange anwesend? Was wurde dort gezeigt?
27. Wohin geleitete die Führerin die Gruppe zum Abschluß? Was konnten sie dort hören?
28. Wie schildert der Autor die große Abfütterungsstätte, in der die Clerks und Stenotypistinnen zu Mittag essen? Wie ist das Getriebe in ihr?
29. Welche Gebäude sah der Autor, als er den Broadway hinaufging?
30. Wer drängte sich durch das Säulenportal der City Hall? Wer wies diese Leute die Stufen zu ihrem Glück empor?
31. Was geschah, als der Autor am Eingang einer Kirche in Harlem stand?
32. Wer reichte dem Autor ein Gesangbuch?
33. Wie wird die Frau am Harmonium charakterisiert?
34. Wie sahen die Engel, wie sah der Prediger aus?

35. Was bat einer der würdigen Kirchenvorstände den Autor am Ende der Feier?
36. Was antwortete der Autor?
37. Wodurch unterschieden sich die Läden in der Einhundertfünfundzwanzigsten von denen in Düsseldorf, oder in Frankfurt, oder in der Fünften Avenue?
38. Wie zeigte sich in einer Buchhandlung ein neues, New York feindliches Bewußtsein?
39. Finden Sie es interessant, Amerika einmal durch die Augen eines Nichtamerikaners zu sehen? Erklären Sie Ihre Antwort! Halten Sie Herrn Koeppen für einen guten Berichterstatter? Warum? Halten Sie seinen Bericht im allgemeinen für freundlich oder für unfreundlich? Warum?

II

HEINRICH HEINE *wurde 1797 in Düsseldorf geboren. Er starb 1856 in Paris, wo er seit 1831 gelebt hatte. Er schrieb bedeutende Lyrik, Essays, und feuilletonistische Prosa. Zu seinen wichtigeren Werken gehören* Reisebilder (*Gedichte und Prosa, 1826–1831*), Das Buch der Lieder (*Gedichte, 1827*), Zur Geschichte der neueren schönen Literatur in Deutschland (*literarhistorische Studie, 1833*), Deutschland. Ein Wintermärchen (*satirisches Versepos, 1844*), Romanzero (*Gedichte, 1851*).

*„Jugendjahre in Düsseldorf" liefert ein charakteristisches Beispiel von Heines Prosastil: der erste Eindruck ist der einer witzig-ironischen, zuweilen scharf satirischen Plauderei, die anscheinend plan- und ziellos von Thema zu Thema treibt; bei genauerer Prüfung zeigt sich jedoch eine deutliche Struktur. Das Prosastück — der Titel stammt von den Herausgebern dieses Buches — ist den Kapiteln 6 bis 8 des Werkes* Ideen: Das Buch Le Grande *in etwas gekürzter Form entnommen. (Ausgelassen wurden Stellen, die allzu orts- und zeitgebunden schienen.) Heine gibt in diesem Werk vor, seine Geschichte einer Dame zu erzählen. Dies erklärt die Anrede „Madame," die einigemale im Text erscheint.*

# JUGENDJAHRE
# IN DÜSSELDORF
## von Heinrich Heine

DIE STADT Düsseldorf ist sehr schön, und wenn man in der Ferne an sie denkt und zufällig dort geboren ist, wird einem wunderlich zu Mute.[1] Ich bin dort geboren, und es ist mir, als müßte ich gleich nach Hause gehn. Und wenn ich sage, nach Hause gehn, so meine ich die Bolkerstraße und das Haus, worin ich geboren bin. Dieses Haus wird 5 einst sehr merkwürdig sein, und der alten Frau, die es besitzt, habe ich sagen lassen, daß sie bei Leibe das Haus nicht verkaufen solle.[2] Für das ganze Haus bekäme sie jetzt doch kaum so viel, wie schon allein das Trinkgeld betragen wird, das einst die grünverschleierten, vornehmen Engländerinnen dem Dienstmädchen geben, wenn es ihnen die Stube 10 zeigt, worin ich das Licht der Welt erblickt, und den Hühnerwinkel,[3] worin mich Vater gewöhnlich einsperrte, wenn ich Trauben genascht, und auch die braune Tür, worauf Mutter mich die Buchstaben mit Kreide schreiben lehrte — ach Gott! Madame, wenn ich ein berühmter

---

[1] **wird einem . . . Mute**—*one has a very strange feeling*
[2] **bei Leibe . . . solle**—*should on no account sell the house*
[3] **Hühnerwinkel**—*henhouse*

Schriftsteller werde, so hat das meiner armen Mutter genug Mühe gekostet.

Aber mein Ruhm schläft jetzt noch in den Marmorbrüchen von Carrara,[4] der Makulatur-Lorbeer,[5] womit man meine Stirn geschmückt, hat

5 seinen Duft noch nicht durch die ganze Welt verbreitet, und wenn jetzt die grünverschleierten, vornehmen Engländerinnen nach Düsseldorf kommen, so lassen sie das berühmte Haus noch unbesichtigt und gehen direkt nach dem Marktplatz und betrachten die dort in der Mitte stehende, schwarze, kolossale Reiterstatue. Diese soll den Kurfürsten Jan Wilhelm[6]

10 vorstellen. Er trägt einen schwarzen Harnisch, eine tief herabhängende Allongeperücke.[7]

Es soll ein braver Herr gewesen sein, und sehr kunstliebend und selbst sehr geschickt. Er stiftete die Gemäldegalerie in Düsseldorf, und auf dem dortigen Observatorium zeigt man noch einen überaus künstlichen[8] Ein-

15 schachtlungsbecher[9] von Holz, den er selbst in seinen Freistunden — er hatte deren täglich vierundzwanzig — geschnitzelt hat.

Damals waren die Fürsten noch keine geplagte Leute wie jetzt, und die Krone war ihnen am Kopfe festgewachsen,[10] und des Nachts[11] zogen sie noch eine Schlafmütze darüber und schliefen ruhig, und ruhig zu ihren

20 Füßen schliefen die Völker, und wenn diese des Morgens[12] erwachten, so sagten sie: „Guten Morgen, Vater!" und jene antworteten: „Guten Morgen, liebe Kinder!"

Aber es wurde plötzlich anders; als wir eines Morgens zu Düsseldorf erwachten und „Guten Morgen, Vater!" sagen wollten, da war der Vater

25 abgereist,[13] und in der ganzen Stadt war nichts als stumpfe Beklemmung, es war überall eine Art Begräbnisstimmung, und die Leute schlichen

---

4  **mein Ruhm . . . Carrara**—*my fame still reposes in the marble quarries of Carrara* (i.e., my statue has not yet been sculptured. Carrara, a city north of Rome, famous for its marble quarries.)

5  **Makulatur-Lorbeer**—*waste-paper laurel* (wreath) (The laurel is symbolic of fame.)

6  **Kurfürsten Jan Wilhelm**—Elector Johann Wilhelm (1690–1716), a ruler beloved by the townsfolk of Düsseldorf and chiefly responsible for developing the city as a cultural center

7  **Allongeperücke**—*long wig*

8  **künstlich = künstlerisch** (archaic)

9  **Einschachtlungsbecher**—*collapsible goblet*

10  **die Krone . . . festgewachsen**—*the crowns grew firmly on their heads* (i.e., they didn't have to worry about losing their thrones)

11  **des Nachts**—*at night* (genitive of time)

12  **des Morgens**—*in the morning* (See footnote 11 and cf. the now archaic English "of a morning.")

13  **da war . . . abgereist**—*our father had departed on a journey* (On March 20,

schweigend nach dem Markte und lasen den langen papiernen Anschlag
auf der Tür des Rathauses. Es war ein trübes Wetter, und der dünne
Schneider Kilian stand dennoch in seiner Nankingjacke,[14] die er sonst
nur im Hause trug, und die blauwollenen Strümpfe hingen ihm herab,
daß die nackten Beinchen betrübt hervorguckten, und seine schmalen   5
Lippen bebten, während er das angeschlagene Plakat vor sich hinmur-
melte. Ein alter pfälzischer Invalide[15] las etwas lauter, und bei manchem
Worte träufelte ihm eine klare Träne in den weißen, ehrlichen Schnauzbart. Ich stand neben ihm und weinte mit, und frug[16] ihn: warum wir
weinten? Und da antwortete er: „Der Kurfürst läßt sich bedanken."[17]   10
Und dann las er wieder, und bei den Worten: „für die bewährte Untertanstreue"[18] „und entbinden euch eurer Pflichten," da weinte er noch
stärker. — Es ist wunderlich anzusehen, wenn so ein alter Mann mit
verblichener Uniform und vernarbtem Soldatengesicht plötzlich so stark
weint. Während wir lasen, wurde auch das kurfürstliche Wappen vom   15
Rathause heruntergenommen, alles gestaltete sich so beängstigend öde, es
war, als ob man eine Sonnenfinsternis erwarte, die Herren Ratsherren
gingen so abgedankt und langsam umher, sogar der allgewaltige Gassenvogt[19] sah aus, als wenn er nichts mehr zu befehlen hätte, und stand
da so friedlich-gleichgültig, obgleich der tolle Aloysius[20] sich wieder auf   20
ein Bein stellte und mit närrischer Grimasse die Namen der französischen
Generale herschnatterte, während der besoffene krumme Gumpertz[20] sich
in der Gosse herumwälzte und *ça ira, ça ira!*[21] sang.

Ich aber ging nach Hause, und weinte und klagte: „Der Kurfürst läßt
sich bedanken." Meine Mutter hatte ihre liebe Not, [22] ich wußte, was ich   25
wußte, ich ließ mir nichts ausreden, ich ging weinend zu Bette, und in
der Nacht träumte mir: die Welt habe ein Ende — die schönen Blumen-

1806, Duke Wilhelm of Bavaria, the up-to-then governor of the Duchy of Berg, took leave from the citizens; shortly thereafter, Napoleon's brother-in-law, Joachim Murat, entered the city as Grand Duke of the newly created Duchy of Kleve-Berg, of which Düsseldorf was the new capital.)

14 **Nankingjacke**—*jacket made of nan-keen* (a buff-colored cloth, originally from China)

15 **pfälzischer Invalide**—*disabled soldier from the Palatinate* (a province in southwest Germany)

16 **frug** = **fragte** (local variant)

17 **läßt sich bedanken**—*thanks you*

18 **für die . . . Untertanstreue**—*for your proven loyalty*

19 **Gassenvogt**—*constable*

20 **tolle Aloysius; besoffene krumme Gumperz**—two town characters

21 **ça ira**—*it will go, it will work out* (popular song of the French Revolution)

22 **hatte ihre . . . Not**—*had her troubles* (with me)

gärten und grünen Wiesen wurden wie Teppiche vom Boden aufgenommen und zusammengerollt, der Gassenvogt stieg auf eine hohe Leiter
und nahm die Sonne vom Himmel herab, der Schneider Kilian stand
dabei und sprach zu sich selber: „Ich muß nach Hause gehen und mich
5 hübsch anziehen, denn ich bin tot und soll noch heute begraben werden"
—und es wurde immer dunkler, spärlich schimmerten oben einige Sterne,
und auch diese fielen herab wie gelbe Blätter im Herbste, allmählich
verschwanden die Menschen, ich armes Kind irrte ängstlich umher, stand
endlich vor der Weidenhecke eines wüsten Bauernhofes und sah dort
10 einen Mann, der mit dem Spaten die Erde aufwühlte, und neben ihm ein
häßlich hämisches Weib, das etwas wie einen abgeschnittenen Menschenkopf in der Schürze hielt,[23] und das war der Mond, und sie legte ihn
ängstlich sorgsam in die offene Grube — und hinter mir stand der
pfälzische Invalide und schluchzte und buchstabierte: „Der Kurfürst
15 läßt sich bedanken."

Als ich erwachte, schien die Sonne wieder gewöhnlich durch das Fenster,
auf der Straße ging die Trommel,[24] und als ich in unsere Wohnstube trat
und meinem Vater, der im weißen Pudermantel[25] saß, einen guten Morgen bot, hörte ich, wie der leichtfüßige Friseur ihm während des Frisierens
20 haarklein erzählte: daß heute auf dem Rathause dem neuen Großherzog
Joachim[26] gehuldigt werde, und daß dieser von der besten Familie sei
und die Schwester des Kaisers Napoleon zur Frau bekommen und auch
wirklich viel Anstand besitze und sein schönes schwarzes Haar in Locken
trage und nächstens seinen Einzug halten und sicher allen Frauenzimmern
25 gefallen müsse. Unterdessen ging das Getrommel draußen auf der Straße
immer fort, und ich trat vor die Haustür und besah die einmarschierenden
französischen Truppen, das freudige Volk des Ruhmes, das singend und
klingend die Welt durchzog, die heiter-ernsten Grenadiergesichter, die
Bärenmützen, die dreifarbigen Kokarden,[27] die blinkenden Bajonette, die
30 Voltigeurs[28] voll Lustigkeit und *Point d'honneur*[29] und den allmächtig

---

[23] **etwas wie . . . hielt**—*held something
like a cut-off human head in her apron*
[24] **ging die Trommel**—*you could hear
drumming*
[25] **Pudermantel**—*"peignoir"* (a cloak
worn to protect one's clothing while
one's hair is being powdered)
[26] **Großherzog Joachim**—see footnote
13

[27] **die dreifarbigen Kokarden**—*the tri-
colored rosette* (a symbol of the French
Revolution)
[28] **Voltigeurs**—formerly in the French
Army, a member of a special skirmish-
ing company attached to each regiment
of infantry
[29] **Point d'honneur**—*point of honor*

großen, silbergestickten Tambourmajor,[30] der seinen Stock mit dem vergoldeten Knopf bis an die erste Etage werfen konnte und seine Augen sogar bis zur zweiten Etage — wo ebenfalls schöne Mädchen am Fenster saßen. Ich freute mich, daß wir Einquartierung bekämen —[31] meine Mutter freute sich nicht — und ich eilte nach dem Marktplatz. Da sah es jetzt ganz anders aus, es war, als ob die Welt neu angestrichen worden,[32] ein neues Wappen hing am Rathause, das Eisengeländer an dessen Balkon war mit gestickten Sammetdecken überhängt, französische Grenadiere standen Schildwache,[33] die alten Herren Ratsherren hatten neue Gesichter angezogen und trugen ihre Sonntagsröcke und sahen sich an auf Französisch und sprachen *bon jour,*[34] aus allen Fenstern guckten Damen, neugierige Bürgersleute und blanke Soldaten füllten den Platz, und ich nebst andern Knaben, wir kletterten auf das große Kurfürstenpferd und schauten davon herab auf das bunte Marktgewimmel.

Nachbars Pitter[35] und der lange Kunz hätten bei dieser Gelegenheit beinah' den Hals gebrochen, und das wäre gut gewesen; denn der eine entlief nachher seinen Eltern, ging unter die Soldaten,[36] desertierte und wurde in Mainz[37] totgeschossen, der andere aber machte späterhin geographische Untersuchungen in fremden Taschen,[38] wurde deshalb wirkendes Mitglied einer öffentlichen Spinnanstalt,[39] zerriß die eisernen Bande, die ihn an diese und an das Vaterland fesselten, kam glücklich über das Wasser,[40] und starb in London durch eine allzuenge Kravatte, die sich von selbst zuzog, als ihm ein königlicher Beamter das Brett unter den Beinen wegriß.[41]

Der lange Kunz sagte uns, daß heute keine Schule sei, wegen der Huldigung. Wir mußten lange warten, bis diese losgelassen wurde.[42] Endlich füllte sich der Balkon des Rathauses mit bunten Herren, Fahnen und Trompeten, und der Herr Bürgermeister in seinem berühmten roten

30 **Tambourmajor**—*drum major*
31 **daß wir . . . bekämen**—*that we would get soldiers billeted at our house*
32 **angestrichen worden = angestrichen worden war**
33 **standen Schildwache**—*stood guard*
34 *bon jour*—*good-day*
35 **Nachbars Pitter**—*The neighbor's son, Pitter*
36 **ging unter . . . Soldaten**—*enlisted in the army*
37 **Mainz**—city at the confluence of the Main and Rhine rivers
38 **geographische Untersuchungen . . . Taschen**—i.e., he was a pickpocket
39 **wirkendes Mitglied . . . Spinnanstalt**—*active (weaving* [pun]) *member of a public spinnery* (i.e., inmate in a penitentiary. Spinning was one of the labors carried on in penal institutions in those days.)
40 **kam glücklich . . . Wasser**—*succeeded in crossing the waters*
41 **starb in . . . wegriß**—i.e., was hanged
42 **losgelassen wurde**—*began*

Rock hielt eine Rede, die sich etwas in die Länge zog, wie Gummi elasticum oder wie eine gestrickte Schlafmütze, in die man einen Stein geworfen — nur nicht den Stein der Weisen —[43] und manche Redensarten konnte ich ganz deutlich vernehmen, zum Beispiel, daß man uns glück-
5 lich machen wolle — und beim letzten Worte wurden die Trompeten geblasen und die Fahnen geschwenkt und die Trommel gerührt und Vivat[44] gerufen — und während ich selber Vivat rief, hielt ich mich fest an den alten Kurfürsten.[45] Und das tat not, denn mir wurde ordentlich schwindlig, ich glaubte schon, die Leute ständen auf den Köpfen, weil
10 sich die Welt herumgedreht, das Kurfürstenhaupt mit Allongeperücke nickte und flüsterte: „Halt fest an mir!" — und erst durch das Kanonieren, das jetzt auf dem Walle losging, ernüchterte ich mich und stieg vom Kurfürstenpferd langsam wieder herab.

Als ich nach Hause ging, sah ich wieder, wie der tolle Aloysius auf
15 einem Bein tanzte, während er die Namen der französischen Generale schnarrte, und wie sich der krumme Gumpertz besoffen in der Gosse herumwälzte und „*ça ira, ça ira*" brüllte, und zu meiner Mutter sagte ich: „Man will uns glücklich machen und deshalb ist heute keine Schule."

Den andern Tag war die Welt wieder ganz in Ordnung, und es war
20 wieder Schule nach wie vor, und es wurde wieder auswendig gelernt nach wie vor — die römischen Könige, die Jahreszahlen, die *nomina* auf *im,* die *verba irregularia,*[46] Griechisch, Hebräisch, Geographie, deutsche Sprache, Kopfrechnen — Gott! der Kopf schwindelt mir noch davon — alles mußte auswendig gelernt werden. Und manches davon kam mir in
25 der Folge zu statten.[47] Denn hätte ich nicht die römischen Könige auswendig gewußt, so wäre es mir ja späterhin ganz gleichgültig gewesen, ob Niebuhr[48] bewiesen oder nicht bewiesen hat, daß sie niemals wirklich existiert haben. Und wußte ich nicht jene Jahreszahlen, wie hätte ich mich späterhin zurecht finden wollen in dem großen Berlin, wo ein Haus dem

---

43  **der Stein der Weisen**—*the philosopher's stone*
44  **Vivat**—*hurrah*
45  **hielt ich . . . Kurfürsten**—*I clung firmly to the old elector* (note the double meaning)
46  ***nomina* auf . . . *irregularia***—*nouns ending in* im (in the accusative case in Latin), *the irregular verbs* (Latin)

47  **Und manches . . . statten**—*And out of that many a thing subsequently proved useful to me.*
48  **Niebuhr**—Barthold Georg Niebuhr (1776–1831), historian, was the first one to show in his *Römische Geschichte* that Livy's account of the Roman Kings contained much legendary material.

andern gleicht wie ein Tropfen Wasser oder wie ein Grenadier dem andern, und wo man seine Bekannten nicht zu finden vermag, wenn man
ihre Hausnummer nicht im Kopfe hat. Wie gesagt, die Jahreszahlen sind
durchaus nötig, ich kenne Menschen, die gar nichts als ein paar Jahreszahlen im Kopfe hatten, und damit in Berlin die rechten Häuser zu  5
finden wußten und jetzt schon ordentliche Professoren[49] sind. Ich aber
hatte in der Schule meine Not mit den vielen Zahlen! Mit dem eigent-
lichen Rechnen ging es noch schlechter. Am besten begriff ich das Subtrahieren, und da gibt es eine sehr praktische Hauptregel: „Vier von drei geht
nicht, da muß ich eins borgen" — ich rate aber jedem, in solchen Fällen  10
immer einige Groschen mehr zu borgen; denn man kann nicht wissen —

Was aber das Lateinische betrifft,[50] so haben Sie gar keine Idee davon,
Madame, wie das verwickelt ist. Den Römern würde gewiß nicht Zeit
genug übrig geblieben sein, die Welt zu erobern, wenn sie das Latein erst
hätten lernen sollen. Diese glücklichen Leute wußten schon in der Wiege,  15
welche *nomina* den Accusativ auf *im* haben. Ich hingegen mußte sie im
Schweiße meines Angesichts[51] auswendig lernen.

Indessen von der deutschen Sprache begriff ich viel mehr, und die ist
doch nicht gar so kinderleicht. Denn wir armen Deutschen, die wir schon
mit Einquartierungen, Militärpflichten, Kopfsteuern und tausenderlei Ab-  20
gaben genug geplagt sind, wir haben uns noch obendrein den Adelung[52]
aufgesackt und quälen uns einander mit dem Accusativ und Dativ. Viel
deutsche Sprache lernte ich vom Rektor Schallmeyer, einem braven geist-
lichen Herrn, der sich meiner von Kindheit auf annahm. Aber ich lernte
auch etwas der Art von dem Professor Schramm,[53] einem Manne, der ein  25
Buch über den ewigen Frieden geschrieben hat, und in dessen Klasse sich
meine Mitbuben am meisten rauften.

Während ich in einem Zuge fortschrieb und allerlei dabei dachte, habe
ich mich unversehens in die alten Schulgeschichten hineingeschwatzt, und

[49] **ordentliche Professoren**—*full professors*
[50] **was aber . . . betrifft**—*However, as
far as Latin is concerned*
[51] **Schweiße meines Angesichts**—*sweat
of my brow*
[52] **Adelung**—Johann Christoph Adelung
(1732–1806), noted grammarian, author of a grammatical-critical dictionary

of the German language and other in-
fluental works on language, which were
consulted by the leading German
writers of the period
[53] **Professor Schramm**—Joseph Schramm,
Professor of Natural and International
Law in Düsseldorf, author of *Kleiner
Beitrag zum Weltfrieden* (1815)

ich ergreife diese Gelegenheit, um Ihnen zu zeigen, Madame, wie es nicht meine Schuld war, wenn ich von der Geographie so wenig lernte, daß ich mich späterhin nicht in der Welt zurecht zu finden wußte. Damals hatten nämlich die Franzosen alle Grenzen verrückt, alle Tage wurden die
5 Länder neu illuminiert; die sonst blau gewesen, wurden jetzt plötzlich grün,[54] manche wurden sogar blutrot.[55]

Da hat man es doch besser in der Naturgeschichte, da können nicht so viele Veränderungen vorgehen, und da gibt es bestimmte Kupferstiche von Affen, Känguruhs, Zebras, Nashornen u.s.w. Weil mir solche Bilder
10 im Gedächtnisse blieben, geschah es in der Folge sehr oft, daß mir manche Menschen beim ersten Anblick gleich wie alte Bekannte vorkamen.[56]

*Parbleu,*[57] Madame! ich habe es im Französischen weit gebracht! Ich verstehe nicht nur *Patois,* [58] sondern sogar adliges Bonnenfranzösisch.[59] Noch unlängst in einer noblen Gesellschaft verstand ich fast die Hälfte von
15 dem Diskurs zweier deutschen Komtessen, wovon jede über vierundsechzig Jahr' und ebensoviele Ahnen zählte. Ja, im Café Royal zu Berlin hörte ich einmal den Monsieur Hans Michel Martens[60] französisch parlieren[61] und verstand jedes Wort, obschon kein Verstand darin war. Man muß den Geist der Sprache kennen, und diesen lernt man am besten durch Trom-
20 meln. *Parbleu!* wieviel verdanke ich nicht dem französischen Tambour,[62] der so lange bei uns in Quartier lag[63] und wie ein Teufel aussah, und doch von Herzen engelgut war, und so ganz vorzüglich trommelte.

Es war eine kleine, bewegliche Figur mit einem fürchterlichen, schwarzen Schnurrbarte, worunter sich die roten Lippen trotzig hervorbäumten,
25 während die feurigen Augen hin und her schossen.

Ich kleiner Junge hing an ihm wie eine Klette und half ihm seine Knöpfe spiegelblank putzen und seine Weste mit Kreide weißen — denn

---

54 **Damals hatten . . . grün**—In the wars and upheavals, begun by the French Revolution, many boundaries were changed. The colors referred to here are those used on maps to distinguish one country from another.
55 **manche wurden . . . blutrot**—*some even became darkest red* (on the map as well as politically [pun]. Red is the color of the Revolution.)
56 **daß mir . . . vorkamen**—i.e., because they reminded him of the animals he had studied

57 *Parbleu*—*by gosh!* (mild French oath; corrupted from *par Dieu*)
58 *Patois*—*dialect*
59 **Bonnenfranzösisch**—*French as taught by a governess*
60 **Hans Michel Martens**—presumably Karl von Martens, who wrote a *Manuel diplomatique* (1823)
61 **parlieren**—*converse in*
62 **Tambour**—*drummer*
63 **bei uns . . . lag**—*was quartered with us for such a long time*

Monsieur Le Grand wollte gerne gefallen — und ich folgte ihm auch auf die Wache, nach dem Appell,[64] nach der Parade — da war nichts als Waffenglanz und Lustigkeit — *les jours de fête sont passés!* [65] Monsieur Le Grand wußte nur wenig gebrochenes Deutsch, nur die Hauptausdrücke — Brot, Kuß, Ehre — doch konnte er sich auf der Trommel sehr gut verständ- 5 lich machen; z.B. wenn ich nicht wußte, was das Wort „*liberté*" bedeute, so trommelte er den Marseiller Marsch — [66] und ich verstand ihn. Wußte ich nicht die Bedeutung des Wortes „*égalité*",[67] so trommelte er den Marsch „*ça ira, ça ira — — — les aristocrats à la lanterne!*"[68] — und ich verstand ihn. 10

Auf ähnliche Weise lehrte er mich auch die neuere Geschichte.[69] Ich verstand zwar nicht die Worte, die er sprach, aber da er während des Sprechens beständig trommelte, so wußte ich doch, was er sagen wollte. Im Grunde ist das die beste Lehrmethode. Die Geschichte von der Bestürmung der Bastille,[70] der Tuilerien[70] u.s.w. begreift man erst recht, wenn 15 man weiß, wie bei solchen Gelegenheiten getrommelt wurde. In unseren Schulkompendien liest man bloß: „Ihre Excellenzen die Barone und Grafen hochdero[71] Gemahlinnen wurden geköpft —" aber wenn man den roten Guillotinenmarsch trommeln hört, so begreift man dieses erst recht, und man erfährt das Warum und das Wie. Madame, das ist ein gar wun- 20 derlicher Marsch! Er durchschauerte mir Mark und Bein, als ich ihn zuerst hörte, und ich war froh, daß ich ihn vergaß. —

Ist nun das Trommeln ein angeborenes Talent, oder hab' ich es frühzeitig ausgebildet, genug, es liegt mir in den Gliedern, in Händen und Füßen, und äußert sich oft unwillkürlich. 25

Verdammte, unbesonnene Füße! sie spielten mir einen Streich, als ich einmal in Göttingen bei Professor Saalfeld[72] hospitierte und dieser mit

64 **Appell**—*roll call*
65 *les jours de fête sont passés*—*the days of celebrations are over*
66 **Marseiller Marsch**—*the Marseillaise* (the anthem and fighting song of the French Revolution)
67 *égalité*—*equality*
68 *ça ira . . . lanterne*—*it'll go, it'll work out; to the lampposts with the aristocrats* (See footnote 21)
69 **neuere Geschichte**—*modern history*
70 **Bastille**—Fortress in Paris, used by the Old Regime as a state prison; **Tuilerien**

—the royal palace in Paris (Both were stormed and taken during the French Revolution, the former in 1789, the latter in 1792.)
71 **hochdero** = **deren hochgeborene**—*their highborn* (**dero** is an archaic genitive plural of **der,** formerly used in titles.)
72 **Professor Saalfeld**—Johann Christoph Friedrich Saalfeld, Professor of Philosophy at Göttingen, wrote a *Geschichte Napoleon Buonapartes* (1815–1817)

seiner steifen Beweglichkeit auf dem Katheder hin und her sprang und sich echauffierte,[73] um auf den Kaiser Napoleon recht ordentlich schimpfen zu können — nein, arme Füße, ich kann es euch nicht verdenken, daß ihr damals getrommelt,[74] ja ich würde es euch nicht mal verdacht haben,
5 wenn ihr in eurer stummen Naivität euch noch fußtrittlicher ausgesprochen hättet.[75] Wie darf ich, der Schüler Le Grands, den Kaiser schmähen hören? Den Kaiser! den Kaiser! den großen Kaiser!

Denke ich an den großen Kaiser, so wird es in meinem Gedächtnisse wieder recht sommergrün und goldig, eine lange Lindenallee taucht
10 blühend empor, auf den laubigen Zweigen sitzen singende Nachtigallen, der Wasserfall rauscht, auf runden Beeten stehen Blumen und bewegen traumhaft ihre schönen Häupter — ich stand mit ihnen in wunderlichem Verkehr, die geschminkten Tulpen grüßten mich bettelstolz herablassend, die nervenkranken Lilien nickten wehmütig zärtlich, die trunkenroten
15 Rosen lachten mir schon von weitem entgegen, die Nachtviolen seufzten — mit den Myrten und Lorbeeren[76] hatte ich damals noch keine Bekanntschaft, denn sie lockten nicht durch schimmernde Blüte, aber mit den Reseden,[77] womit ich jetzt so schlecht stehe, war ich ganz besonders intim. — Ich spreche vom Hofgarten zu Düsseldorf, wo ich oft auf dem
20 Rasen lag und andächtig zuhörte, wenn mir Monsieur Le Grand von den Kriegstaten des großen Kaisers erzählte und dabei die Märsche schlug,[78] die während jener Taten getrommelt wurden, so daß ich alles lebendig sah und hörte. Ich sah den Zug über den Simplon —[79] der Kaiser voran und hinterdrein klimmend die braven Grenadiere, während aufgescheuchtes
25 Gevögel sein Krächzen erhebt und die Gletscher in der Ferne donnern — ich sah den Kaiser, die Fahne im Arm, auf der Brücke von Lodi — ich sah den Kaiser im grauen Mantel bei Marengo — ich sah den Kaiser zu

---

[73] **sich echauffierte**—*got himself all worked up*
[74] **ich kann . . . getrommelt**—*I can't blame you for drumming at that time* (At German universities, students show their disapproval by stamping their feet.)
[75] **wenn ihr . . . hättet**—*if in your mute naïveté you had expressed yourselves with even more direct kicks*
[76] **Myrten und Lorbeeren**—Myrtle is symbolic of maidenhood and purity; for laurel see footnote 5.
[77] **Reseden**—mignonettes are symbolic of good health
[78] **die Märsche schlug**—*beat out the rhythm of the marches*
[79] **den Zug . . . Simplon**—*the march across the Simplon Pass* (This and subsequent statements refer to Napoleonic campaigns and battles: **Brücke von Lodi** [1796], **Marengo** [1800], **Schlacht bei den Pyramiden** [1798], **Austerlitz** [1805], **Jena** [1806], **Wagram** [1809].)

Roß in der Schlacht bei den Pyramiden — nichts als Pulverdampf und Mamelucken[80] — ich sah den Kaiser in der Schlacht bei Austerlitz — hui! wie pfiffen da die Kugeln über die glatte Eisbahn! — ich sah, ich hörte die Schlacht bei Jena — dum, dum, dum, — ich sah, ich hörte die Schlacht bei Eylau, Wagram — — — — nein, kaum konnt' ich es aushalten! Monsieur ⁵ Le Grand trommelte, daß fast mein eigenes Trommelfell dadurch zerrissen wurde.

Aber wie ward[81] mir erst, als ich ihn selber sah, mit hochbegnadigten, eigenen Augen ihn selber, Hosianna![82] den Kaiser.

Es war eben in der Allee des Hofgartens zu Düsseldorf.[83] Als ich ¹⁰ mich durch das gaffende Volk drängte, dachte ich an die Taten und Schlachten, die mir Monsieur Le Grand vorgetrommelt hatte, mein Herz schlug den Generalmarsch[84] — und dennoch dachte ich zu gleicher Zeit an die Polizeiverordnung, daß man bei fünf Taler Strafe[85] nicht mitten durch die Allee reiten dürfe. Und der Kaiser mit seinem Gefolge ritt ¹⁵ mitten durch die Allee, die schauernden Bäume beugten sich vorwärts, wo er vorbeikam, die Sonnenstrahlen zitterten furchtsam neugierig durch das grüne Laub, und am blauen Himmel oben schwamm sichtbar ein goldener Stern. Der Kaiser trug seine scheinlose grüne Uniform und das kleine welthistorische Hütchen. Er ritt ein weißes Rößlein, und das ging so ruhig ²⁰ stolz, so sicher, so ausgezeichnet. Nachlässig, fast hängend, saß der Kaiser, die eine Hand hielt hoch den Zaum, die andere klopfte gutmütig den Hals des Pferdchens. — Es war eine sonnig-marmorne Hand, eine mächtige Hand, eine von den beiden Händen, die das vielköpfige Ungeheuer der Anarchie gebändigt, und den Völkerzweikampf geordnet hatten — und sie ²⁵ klopfte gutmütig den Hals des Pferdes. Auch das Gesicht hatte jene Farbe, die wir bei marmornen Griechen- und Römerköpfen finden, die Züge desselben waren ebenfalls edelgemessen wie die der Antiken, und auf diesem Gesichte stand geschrieben: Du sollst keine Götter haben außer mir.[86] Ein Lächeln, das jedes Herz erwärmte und beruhigte, schwebte um die Lippen ³⁰ — und doch wußte man, diese Lippen brauchten nur zu pfeifen, — *et la*

---

[80] **Mamelucken**—*Mamelukes* (members of an Egyptian military class, descended from former Turkish slaves)
[81] **ward = wurde** (poetic and archaic)
[82] **Hosianna!**—*hosanna* (a shout of praise)
[83] **Es war . . . Düsseldorf**—Napoleon was in Düsseldorf in 1811 and 1812.
[84] **Generalmarsch**—*general's march*
[85] **bei fünf . . . Strafe**—*at the risk of a fine of five* **Taler**
[86] **Du sollst . . . mir**—*Thou shalt have no other gods before me* (Exod. 20:3).

*Prusse n'existait plus* —[87] diese Lippen brauchten nur zu pfeifen — und die ganze Klerisei hatte ausgeklingelt[88] — diese Lippen brauchten nur zu pfeifen — und das ganze heilige römische Reich tanzte.[89] Und diese Lippen lächelten, und auch das Auge lächelte. — Es war ein Auge klar wie
5 der Himmel, es konnte lesen im Herzen der Menschen, es sah rasch auf einmal alle Dinge dieser Welt, während wir andern sie nur nacheinander und nur ihre gefärbten Schatten sehen. Die Stirne war nicht so klar, es nisteten darauf die Geister zukünftiger Schlachten, und es zuckte bisweilen über dieser Stirn, und das waren die schaffenden Gedanken, die großen
10 Siebenmeilenstiefel-Gedanken,[90] womit der Geist des Kaisers unsichtbar über die Welt hinschritt — und ich glaube, jeder dieser Gedanken hätte einem deutschen Schriftsteller Zeit seines Lebens vollauf Stoff zum Schreiben gegeben.

Der Kaiser ritt ruhig mitten durch die Allee, kein Polizeidiener widersetzte
15 sich ihm, hinter ihm, stolz auf schnaubenden Rossen und belastet mit Gold und Geschmeide, ritt sein Gefolge, die Trommeln wirbelten, die Trompeten erklangen, neben mir drehte sich der tolle Aloysius und schnarrte die Namen seiner Generale, unferne brüllte der besoffene Gumpertz, und das Volk rief tausendstimmig: Es lebe der Kaiser!

[87] **et la Prusse n'existait plus**—*and Prussia would cease to exist*
[88] **die ganze . . . ausgeklingelt**—*the whole clerical set would have sounded their last bell*
[89] **das ganze . . . tanzte**—*the entire Holy Roman Empire would dance to their tune* (The Holy Roman Empire was the name of the political structure, chiefly of German-speaking people, that was established in the Middle Ages.)
[90] **Siebenmeilenstiefel-Gedanken**— *seven-league-boot-thoughts*

# Fragen

1. In welcher Stadt und welcher Straße ist Heine geboren?
2. Warum soll die alte Frau, die Heines Geburtshaus besitzt, es nicht verkaufen?

3. Warum wurde der Dichter von seinem Vater im Hühnerwinkel eingesperrt?

4. Wohin werden die vornehmen Engländerinnen gehen, wenn sie nach Düsseldorf kommen? Was werden sie dort betrachten?

5. Wie beschreibt Heine den Kurfürsten Jan Wilhelm?

6. Was war eines Morgens in der Stadt Düsseldorf geschehen?

7. Was konnten die Bewohner Düsseldorfs auf dem Plakat an der Tür des Rathauses lesen?

8. Was wurde vom Rathaus heruntergenommen, während die Bewohner das Plakat lasen?

9. Was taten der tolle Aloysius and der krumme Gumpertz an diesem Morgen?

10. Worüber weinte und klagte der Dichter? Was träumte er in der Nacht?

11. Wie war das Wetter am folgenden Morgen?

12. Was erzählte der Friseur Heines Vater? Was geschah inzwischen auf der Straße?

13. Worüber freute sich der kleine Heine? Worüber freute sich Heines Mutter nicht?

14. Beschreiben Sie das Rathaus und die Bürger am Morgen der Huldigung!

15. Wo kletterten die Knaben hinauf? Warum wäre es gut gewesen, wenn sich Nachbars Pitter und der lange Kunz bei dieser Gelegenheit den Hals gebrochen hätten?

16. Wer hielt eine Rede bei der Huldigung für den neuen Großherzog? Womit vergleicht Heine diese Rede?

17. Was tat man beim letzten Wort mit Trompeten, Fahnen, und Trommeln?

18. Was sagte der junge Heine zu seiner Mutter, als er von der Huldigung nach Hause kam?

19. Woher konnte der junge Heine den andern Tag deutlich erkennen, daß die Welt wieder ganz in Ordnung war?

20. Was mußte in der Schule alles auswendig gelernt werden?

21. Warum (meint Heine ironisch) war es wichtig, daß er die römischen Könige auswendig wußte?

22. Welche praktischen Hauptregeln lernte der Schüler Heine für das Subtrahieren? Welchen guten Rat gibt er dem Leser in diesem Zusammenhang?

23. Welche Sprache konnten die Römer schon als Kinder sprechen? Welchen Vorteil hatte das für die römische Eroberung der Welt?

24. Wie ging es dem jungen Heine mit der deutschen Sprache?

25. Von welchem Lehrer lernte er viel Deutsch?

26. Was war interessant an Professor Schramms Klasse?

27. Warum war es so schwer, sich in der Geographie zurechtzufinden?

28. Was gefiel dem Dichter an der Naturgeschichte? Wie wandte er sie auf Menschen an?

29. Wie lernt man den Geist der französischen Sprache am besten kennen? Wer war Heines Lieblingstrommler?

30. Wie wird Monsieur Le Grand beschrieben?

31. Wie half der kleine Heine dem Monsieur Le Grand?
32. Welche Hauptausdrücke der deutschen Sprache wußte Monsieur Le Grand?
33. Wie lehrte Le Grand den jungen Heine die Bedeutung der französischen Worte *liberté* und *égalité?* Wie lehrte er ihn neuere französische Geschichte?
34. Auf wen schimpfte einmal Professor Saalfeld in Göttingen? Wie reagierten Heines Füße darauf?
35. Was taucht in Heines Gedächtnis empor, wenn er an den großen Kaiser denkt?
36. Beschreiben Sie, was Heine in seiner Phantasie sah, wenn Monsieur Le Grand von den Kriegstaten des großen Kaisers erzählte und dabei die Märsche schlug, die während jener Taten getrommelt wurden!
37. An welche zwei ganz verschiedenen Dinge dachte der junge Heine, als er Napoleon selbst durch die Allee des Hofgartens reiten sah?
38. Wie beschreibt Heine den Kaiser?
39. Was rief das Volk, als der Kaiser durch die Allee ritt?
40. Heine gilt als Meister des Witzes und der Satire. Finden Sie witzige und satirische Stellen in diesem Stück! Konnten Sie Wortspiele entdecken? Erklären Sie diese Wortspiele!

GOTTFRIED KELLER *wurde 1819 in Zürich als Sohn eines Drechslers geboren und starb dasselbst 1890. Er gilt als einer der bedeutendsten Erzähler des neunzehnten Jahrhunderts. Zu seinen wichtigsten Werke zählen:* Der grüne Heinrich (*Roman, 1854–55, völlig neu bearbeitet, 1879–80*), Die Leute von Seldwyla (*Erzählungen, 1856*), Sieben Legenden (*Erzählungen, 1872*), Züricher Novellen (*1878*), Das Sinngedicht (*Novellen, 1882*), Martin Salander (*Roman, 1886*). Die Jungfrau und die Nonne *ist eine von den* Sieben Legenden. *Diese Erzählungen beruhen zwar auf christlichen Heiligenlegenden, doch haben sie unter Kellers Hand ihre ursprünglich asketische, jenseitige Richtung verloren und sind zu einem Lob der Diesseitigkeit, der Weltfrömmigkeit und der Weltfreude geworden.*

# DIE JUNGFRAU
# UND DIE NONNE
## von Gottfried Keller

*Wer gibt mir Taubenflügel, daß
ich auffliege und Ruhe finde?*

PS. 55.7

EIN KLOSTER lag weitausschauend auf einem Berge, und seine
Mauern glänzten über die Lande. Innen aber war es voll Frauen, schöne
und nicht schöne, welche alle nach strenger Regel dem Herrn[1] dienten
und seiner jungfräulichen Mutter.

Die schönste von den Nonnen hieß Beatrix und war die Küsterin des 5
Klosters. Herrlich gewachsen von Gestalt, tat sie edlen Ganges[2] ihren
Dienst, besorgte Chor und Altar, waltete in der Sakristei und läutete die
Glocke vor dem Morgenrot und wenn der Abendstern aufging.

Aber dazwischen schaute sie vielmal feuchten Blickes[3] in das Weben der
blauen Gefilde; sie sah Waffen funkeln, hörte das Horn der Jäger aus den 10
Wäldern und den hellen Ruf der Männer, und ihre Brust war voll Sehnsucht nach der Welt.

Als sie ihr Verlangen nicht länger bezwingen konnte, stand sie in einer
mondhellen Juninacht auf, bekleidete sich mit neuen starken Schuhen und
trat vor den Altar, zum Wandern gerüstet: „Ich habe dir nun manches 15

---

[1] dem Herrn—*God*
[2] edlen Ganges—*with a noble carriage*

[3] feuchten Blickes—*with a tearful glance*

Jahr treu gedient," sagte sie zur Jungfrau Maria, „aber jetzt nimm du die Schlüssel zu dir, denn ich vermag die Glut in meinem Herzen nicht länger zu ertragen!" Hierauf legte sie ihren Schlüsselbund auf den Altar und ging aus dem Kloster hinaus. Sie stieg hernieder durch die Einsamkeit

5 des Berges und wanderte, bis sie in einem Eichenwalde auf einen Kreuz-weg gelangte, wo sie unschlüssig, nach welcher Seite sie sich wenden sollte, sich an einem Quell niedersetzte, der da für die Vorüberziehenden in Stein gefaßt und mit einer Bank versehen war. Dort saß sie, bis die Sonne aufging, und wurde feucht vom fallenden Tau.

10     Da kam die Sonne über die Baumkronen, und ihre ersten Strahlen, welche durch die Waldstraße schossen, trafen einen prächtigen Ritter, der völlig allein in seinen Waffen dahergeritten kam.[4] Die Nonne schaute aus ihren schönen Augen, so stark sie konnte, und verlor keinen Zoll von der mannhaften Erscheinung; aber sie hielt sich so still, daß der Ritter sie

15 nicht gesehen, wenn nicht das Geräusch des Brunnens sein Ohr berührt und seine Augen hingelenkt hätte. Sogleich bog er seitwärts nach dem Quell, stieg vom Pferd und ließ es trinken, während er die Nonne ehrer-bietig begrüßte. Es war ein Kreuzfahrer, welcher nach langer Abwesen-heit einsam heimwärts zog, nachdem er alle seine Leute verloren.

20     Trotz seiner Ehrerbietung wandte er aber kein Auge von der Schönheit der Beatrix, welche ihrerseits es ebenso hielt[5] und den Kriegsmann nach wie vor[6] anstaunte; denn das war ein beträchtliches Stück von der Welt, nach der sie sich schon lange im stillen gesehnt hatte. Doch jählings schlug sie die Augen nieder und schämte sich. Endlich fragte sie der Ritter,

25 welchen Weges sie zöge und ob er ihr in etwas dienen könne? Der volle Klang seiner Worte schreckte sie auf; sie sah ihn abermals an, und betört von seinen Blicken gestand sie, daß sie dem Kloster entflohen sei, um die Welt zu sehen, daß sie sich aber schon fürchte und weder ein noch aus wisse.[7]

30     Da lachte der Ritter, welcher nicht auf den Kopf gefallen war,[8] aus vollem Herzen und bot der Dame an, sie vorläufig auf einen guten Weg zu leiten, wenn sie sich ihm anvertrauen wolle. Seine Burg, fügte er hinzu,

---

4  **dahergeritten kam**—*came riding along*

5  **welche ihrerseits . . . hielt**—*who on her part continued to do just the same*

6  **nach wie vor**—*as before*

7  **weder ein . . . wisse**—*was at her wit's end*

8  **welcher nicht . . . war**—*who wasn't a fool* (i.e., who knew a good thing when he saw it)

sei nicht weiter als eine Tagereise von hier entfernt; dort möge sie, sofern es ihr gefalle, in Sicherheit sich vorbereiten und nach weislicher Erwägung in die weite schöne Welt auslaufen.

Ohne Erwiderung, aber auch ohne Widerstand ließ sie sich, immerhin ein wenig zitternd, auf das Pferd heben; der Ritter schwang sich nach, 5 und die rotglühende Nonne vor sich[9] trabte er lustig durch Wälder und Auen.

Zwei- oder dreihundert Pferdelängen weit hielt sie sich aufrecht und schaute unverwandt in die Weite, während sie ihre Hand gegen seine Brust stemmte. Bald aber lag ihr Gesicht an dieser Brust aufwärts gewendet und 10 litt die Küsse, welche der reisige Herr darauf drückte; und abermals nach dreihundert Schritten erwiderte sie dieselben schon so eifrig, als ob sie niemals eine Klosterglocke geläutet hätte. Unter solchen Umständen sahen sie nichts vom Lande und vom Lichte, das sie durchzogen, und die Nonne, die sich erst nach der weiten Welt gesehnt, schloß jetzt die Augen vor 15 derselben und beschränkte sich auf einen Bezirk, den ein Pferd auf seinem Rücken forttragen konnte.

Auch Wonnebold,[10] der Ritter, dachte kaum an seiner Väter Burg,[11] bis die Türme derselben im Mondlichte vor ihm glänzten. Aber still war es um die Burg und noch stiller in derselben und nirgends ein Licht zu 20 erblicken. Vater und Mutter Wonnebolds waren gestorben und alles Gesinde weggezogen bis auf ein steinaltes Schloßvögtchen,[12] welches nach langem Klopfen mit einer Laterne erschien und vor Freuden beinahe starb, als es den Ritter vor dem mühsam geöffneten Tore erblickte. Doch hatte der Alte trotz seiner Einsamkeit und seiner Jahre das Innere der 25 Burg in wohnlichem Zustande erhalten und besonders das Gemach des Ritters in immerwährende Bereitschaft gesetzt, damit derselbe wohl ausruhen könne jeden Augenblick, wo[13] er von seinen Fahrten zurückkäme. So ruhte denn Beatrix mit ihm und stillte ihr Verlangen.

Keines[14] dachte nun daran, sich vom andern zu trennen. Wonnebold 30 öffnete die Truhen seiner Mutter, Beatrix kleidete sich in die reichen Ge-

---

9 **die rotglühende . . . sich**—*the rapturous nun in front of him*

10 **Wonnebold**—*a name probably coined by Keller (cf. Raufbold, Trunkenbold, Lügenbold)*

11 **Väter Burg**—*ancestral castle*

12 **Schloßvögtchen**—*castellan, warden of the castle*

13 **wo**—(here:) *when* (archaic and dialect)

14 **keines**—*neither of the two* (If the antecedents are persons of different gender, the neuter is frequently used in folk poetry and writing.)

wänder derselben und schmückte sich mit ihrem Geschmeide, und so lebten sie vorderhand herrlich und in Freuden, nur daß die Dame recht und namenlos dahinlebte und von ihrem Geliebten als dessen Leibeigene angesehen wurde; indessen verlangte sie nichts Besseres.

5 Einst aber kehrte ein fremder Baron mit Gefolge auf der Burg ein, die sich inzwischen auch wieder mit Dienstleuten bevölkert hatte, und es wurde zu dessen Ehren festlich gelebt. Endlich gerieten die Männer auch auf das Würfelspiel, bei welchem der Hausherr so glücklich und beständig gewann, daß er im Rausche seines Glückes und seines Glaubens daran sein 10 Liebstes, wie er sagte, aufs Spiel setzte, nämlich die schöne Beatrix, wie sie war, samt dem köstlichen Geschmeide, das sie eben trug, gegen ein altes melancholisches Bergschloß, welches sein Gegner lächelnd einsetzte.

Beatrix, welche dem Spiele vergnügt zugeschaut hatte, erbleichte, und mit Recht; denn der alsobald erfolgte Wurf ließ den Übermütigen im 15 Stich und gab dem Baron gewonnen.[15]

Der säumte nicht, sondern brach augenblicklich auf mit seinem süßen Gewinst und mit seinem Gefolge; kaum fand Beatrix noch Zeit, die unglücklichen Würfel an sich zu nehmen und in ihrem Busen zu verbergen, worauf sie unter strömenden Tränen dem rücksichtslosen Gewinner 20 folgte.

Als der kleine Zug einige Stunden geritten war, gelangte er in ein anmutiges Gehölz von jungen Buchen, durch welches ein klarer Bach floß. Wie ein leichtes grünes Seidenzelt schwebte die zarte Belaubung in der Höhe, von den schlanken Silberstangen emporgehalten, und die offene 25 Sommerlandschaft schaute darunter herein. Hier wollte der Baron mit seiner Beute ausruhen. Er ließ seine Leute ein Stück vorwärts fahren, indessen er sich mit Beatrix in der luftigen Grüne niederließ und sie mit Liebkosungen an sich ziehen wollte.

Da erhob sie sich stolz, und indem sie einen flammenden Blick auf ihn 30 warf, rief sie: wohl habe er ihre Person gewonnen, nicht aber ihr Herz, welches nicht für ein altes Gemäuer zu gewinnen sei. Wenn er ein Mann,[16] so sollte er etwas Rechtes dagegen einsetzen. Wolle er sein Leben daran wagen, so könne er um ihr Herz würfeln, welches ihm, wenn er gewinne,

---

15 **im Stich . . . gewonnen**—*in the lurch and showed that the baron had won*  16 **Wenn er ein Mann = Wenn er ein Mann sei**

auf ewig verpfändet und zu eigen sein solle; wenn aber sie gewinne, so solle sein Leben in ihrer Hand stehen und sie wieder eigene Herrin ihrer ganzen Person sein.

Dies sagte sie mit großem Ernste, sah ihn aber dabei so seltsam an, daß ihm jetzt erst das Herz zu klopfen anfing und er verwirrt sie betrachtete.  5 Immer schöner schien sie zu werden, als sie mit leiserer Stimme und fragendem Blick fortfuhr: „Wer wird ein Weib minnen wollen ohne Gegenminne und das von seinem Mute nicht überzeugt ist?[17] Gebt mir Euer[18] Schwert, nehmt hier die Würfel und wagt es, so mögen wir verbunden werden wie zwei rechte Liebende!" Zugleich drückte sie ihm die busen- 10 warmen Elfenbeinwürfel in die Hand. Betört gab er ihr sein Schwert samt dem Gehänge und warf sofort elf Augen[19] mit *einem* Wurfe.

Hierauf ergriff Beatrix die Würfel, schüttelte sie mit einem geheimen Seufzer zur heiligen Maria, der Mutter Gottes, heftig in ihren hohlen Händen und warf zwölf Augen, womit sie gewann. 15

„Ich schenk Euch Euer[18] Leben!" sagte sie, verneigte sich ernsthaft vor dem Baron, nahm ihre Gewänder ein wenig zusammen und das Schwert unter den Arm und ging eilfertig davon in der Richtung, woher sie gekommen waren. Als sie jedoch dem noch ganz verblüfften und zerstreuten Herrn aus den Augen[20] war, ging sie schlauerweise nicht weiter, sondern 20 um das Gehölze herum, trat leise wieder in dasselbe hinein und verbarg sich, kaum fünfzig Schritte von dem Getäuschten entfernt, hinter den Buchenstämmchen, welche sich in dieser Entfernung durch ihre Menge eben hinreichend ineinander schoben, um die kluge Frau zur Not[21] zu bedecken. Sie hielt sich ganz still; nur ein Sonnenstrahl fiel auf einen edlen Stein an 25 ihrem Hals, so daß derselbe durch das Gehölz blitzte, ohne daß sie es wußte. Der Baron sah sogar diesen Schein und starrte in seiner Verwirrung einen Augenblick hin. Aber er hielt es für einen schimmernden Tautropfen an einem Baumblatt und achtete nicht darauf.

Endlich erwachte er aus seiner Starrheit und stieß mit Macht in sein 30 Jagdhorn. Als seine Leute herbeigekommen, sprang er aufs Pferd und jagte

---

17  **Wer wird . . . ist?**—*Who would want to woo a woman without her returning his love and without her being convinced of his courage?*

18  **Euch, Euer**—archaic polite forms of address

19  **Augen**—*spots*

20  **aus den Augen**—*out of sight*

21  **zur Not**—*barely*

der Entflohenen nach, um sich ihrer wieder zu versichern. Es dauerte wohl eine Stunde, bis die Reiter wieder zurückkamen und verdrießlich und langsam durch die Buchen zogen, ohne sich diesmal aufzuhalten. Sobald die lauschende Beatrix den Weg sicher sah, machte sie sich auf und eilte
5 heimwärts, ohne ihre feinen Schuhe zu schonen.

Wonnebold hatte in der Zeit einen sehr schlechten Tag verbracht, von Reue und Zorn gepeinigt, und da er wohl fühlte, daß er sich auch vor der so leichtfertig verspielten Geliebten schämte, ward er inne, wie hoch er sie unbewußt hielt[22] und daß er kaum ohne sie leben mochte. Als sie
10 daher unversehens vor ihm stand, breitete er, noch ehe er seine Überraschung ausdrückte, seine Arme nach ihr aus, und sie eilte ohne Klagen und ohne Vorwürfe in dieselben hinein. Laut lachte er auf, als sie ihm ihre Kriegslist erzählte, und wurde nachdenklich über ihre Treue; denn jener Baron war ein ganz ansehnlicher und schmucker Gesell.

15 Um sich nun gegen alle künftigen Unfälle zu wahren, machte er die schöne Beatrix zu seiner rechtmäßigen Gemahlin vor allen seinen Standesgenossen und Hörigen, so daß sie von jetzt an eine Rittersfrau vorstellte, die ihresgleichen suchte bei Jagden, Festen und Tänzen sowohl als in den Hütten der Untertanen und im Herrenstuhl der Kirche.[23]

20 Die Jahre gingen wechselvoll vorüber, und während zwölf reichen Herbsten gebar sie ihrem Gatten acht Söhne, welche emporwuchsen wie junge Hirsche.

Als der älteste achtzehn Jahre zählte, erhob sie sich in einer Herbstnacht von der Seite ihres Wonneboldes, ohne daß er es merkte, legte sorgfältig
25 all ihren weltlichen Staat in die nämlichen Truhen, aus denen er einst genommen worden, und verschloß dieselben, die Schlüssel an die Seite des Schlafenden legend. Dann ging sie mit bloßen Füßen vor das Lager ihrer Söhne und küßte leise einen nach dem andern; zuletzt ging sie wieder an das Bett ihres Mannes, küßte denselben auch, und erst jetzt
30 schnitt sie sich das lange Haar vom Haupt, zog das dunkle Nonnengewand wieder an, welches sie sorgfältig aufbewahrt hatte, und so verließ sie heimlich die Burg und wanderte durch die brausenden Winde der

---

22 **ward (= wurde) er . . . hielt**—*became conscious of how much he thought of her without knowing it*
23 **die ihresgleichen . . . Kirche**—*who could not easily be rivaled at hunts, festivals, dances, as well as in the huts of her subjects and in the liege lord's pew in church*

Herbstnacht und durch das fallende Laub jenem Kloster zu, welchem sie einst entflohen war. Unermüdlich ließ sie die Kugeln[24] ihres Rosenkranzes durch die Finger rollen und überdachte betend das genossene Leben.

So wallte sie unverdrossen, bis sie wieder vor der Klosterpforte stand. Als sie anklopfte, tat die gealterte Pförtnerin auf und grüßte sie gleich- 5 gültig mit ihrem Namen, als ob sie kaum eine halbe Stunde abwesend geblieben wäre. Beatrix ging an ihr vorüber in die Kirche, warf sich vor dem Altar der heiligen Jungfrau auf die Knie, und diese begann zu spre- chen und sagte: „Du bist ein bißchen lange weggeblieben, meine Tochter! Ich habe die ganze Zeit deinen Dienst als Küsterin versehen; jetzt bin 10 ich aber doch froh, daß du da bist und die Schlüssel wieder übernimmst!"

Das Bild neigte sich herab und gab der Beatrix die Schlüssel, welche über das große Wunder freudig erschrak. Sogleich tat sie ihren Dienst und ordnete das und jenes, und als die Glocke zum Mittagsmahl erklang, ging sie zu Tisch. Viele Nonnen waren alt geworden, andere gestorben, 15 junge waren neu angekommen, und eine andere Äbtissin saß oben am Tisch; aber niemand gewahrte, was mit Beatrix, welche ihren gewohnten Platz einnahm, vorgegangen war; denn die Maria hatte ihre Stelle in der Nonne eigener Gestalt versehen.[25]

Nachdem nun abermals etwa zehn Jahre vergangen waren, feierten die 20 Nonnen ein großes Fest und wurden einig, daß jede von ihnen der Mut- ter Gottes ein Geschenk, so fein sie es zu bereiten vermöchte, darbringen solle. So stickte die eine ein köstliches Kirchenbanner, die andere eine Altardecke, die dritte ein Meßgewand. Eine dichtete einen lateinischen Hymnus und die andere setzte ihn in Musik, die dritte malte und schrieb 25 ein Gebetbuch. Welche[26] gar nichts anderes konnte, nähte dem Christus- kinde ein neues Hemdchen, und die Schwester Köchin buk ihm eine Schüssel Kräpflein. Einzig Beatrix hatte nichts bereitet, da sie etwas müde war vom Leben und mit ihren Gedanken mehr in der Vergangenheit lebte als in der Gegenwart. 30

Als nun der Festtag anbrach und sie keine Weihegabe darlegte, wun- derten sich die übrigen Nonnen und schalten sie darum, so daß sie sich in Demut seitwärts stellte, als in der blumengeschmückten Kirche alle

---

24  **Kugeln**—*beads*                          *her duties in the nun's own form*
25  **ihre Stelle ... versehen**—*performed*   26  **Welche**—*She who*

jene prächtigen Dinge vor den Altar gelegt wurden in feierlichem Umgang, während die Glocken läuteten und die Weihrauchwolken emporstiegen.

Wie hierauf die Nonnen gar herrlich zu singen und zu musizieren
5 begannen, zog ein greiser Rittersmann mit acht bildschönen bewaffneten Jünglingen des Weges,[27] alle auf stolzen Rossen, von ebensoviel reisigen Knappen gefolgt. Es war Wonnebold mit seinen Söhnen, die er dem Reichsheere[28] zuführte.

Das Hochamt in dem Gotteshaus vernehmend, hieß er seine Söhne
10 absteigen und ging mit ihnen hinein, um der heiligen Jungfrau ein gutes Gebet darzubringen. Jedermann erstaunte über den herrlichen Anblick, als der eiserne Greis mit den acht jugendlichen Kriegern kniete, welche wie ebensoviel geharnischte Engel anzusehen waren, und die Nonnen wurden irre in ihrer Musik, daß sie einen Augenblick aufhörten. Beatrix
15 aber erkannte alle ihre Kinder an ihrem Gemahl, schrie auf und eilte zu ihnen, und indem sie sich zu erkennen gab, verkündigte sie ihr Geheimnis und erzählte das große Wunder, das sie erfahren habe.

So mußte nun jedermann gestehen, daß sie heute der Jungfrau die reichste Gabe dargebracht; und daß dieselbe angenommen wurde, bezeug-
20 ten acht Kränze von jungem Eichenlaub, welche plötzlich an den Häuptern der Jünglinge zu sehen waren, von der unsichtbaren Hand der Himmelskönigin daraufgedrückt.

27  **zog . . . des Weges**—*was marching along the road*
28  **Reichsheere**—*army of the* (Holy Roman) *Empire* (the designation of the German state in medieval times and up until 1806. See footnote 89, p. 160.)

# *Fragen*

1. Was lag weitausschauend auf einem Berge?
2. Was war das Amt der Beatrix? Wie wird Beatrix beschrieben?
3. Wohin blickte Beatrix vielmals feuchten Blickes?

4. Was tat sie, als sie ihr Verlangen nach der Welt nicht länger bezwingen konnte?
5. Was sagte sie zur Jungfrau Maria? Was gab sie ihr?
6. Wer war der erste Mensch, den Beatrix in der „Welt" sah? Woher kam er?
7. Was fragte der Ritter die Beatrix? Welche Antwort gab sie ihm?
8. Was bot der Ritter der Dame an? Wie zeigt es sich, daß sie sein Angebot annahm?
9. Warum sah die Nonne nichts vom Lande, das sie durchzogen?
10. Woran dachte auch Wonnebold kaum?
11. Wer öffnete dem Ritter und der Nonne das Tor der Burg?
12. In welchem Zustand befand sich das Innere der Burg und das Gemach des Ritters?
13. Womit kleidete sich Beatrix? Womit schmückte sie sich?
14. Wer kehrte eines Tages auf der Burg ein?
15. Mit welchem Spiel unterhielten sich die beiden Männer?
16. Was setzte Wonnebold, was setzte der Baron beim Spiel ein? Wer gewann?
17. Was taten der Baron und sein Gefolge nach Beendigung des Würfelspiels? Wen nahm der Baron mit? Wo wollte er mit seiner Beute ausruhen?
18. Welchen Vorschlag machte Beatrix dem Baron?
19. Nahm der Baron den Vorschlag an? Beschreiben Sie, was nun geschah!
20. Was tat Beatrix, nachdem sie den Baron verlassen hatte? Warum?
21. Was tat der Baron, nachdem er aus seiner Starrheit erwacht war?
22. Was fühlte Wonnebold, nachdem er die Geliebte verloren hatte? Wie empfing er Beatrix, als sie unversehens zurückkehrte? Wie nahm er den Bericht über ihre Kriegslist auf?
23. Was unternahm Wonnebold, um sich gegen alle künftigen Unfälle zu wahren?
24. Wieviele Kinder hatten Beatrix und Wonnebold?
25. Was geschah, als der älteste Sohn achtzehn Jahre alt wurde?
26. Wie war das Wetter, als Beatrix dem Kloster zuwanderte? Woran dachte sie auf ihrem Weg zum Kloster? Wer öffnete ihr die Klosterpforte?
27. Was sagte die heilige Jungfrau zur Beatrix?
28. Was sah Beatrix, als sie zu Tisch ging?
29. Warum hatte niemand gemerkt, was mit Beatrix vorgegangen war?
30. Was feierten die Nonnen zehn Jahre später? Beschreiben Sie einige der Geschenke, welche die Nonnen der Mutter Gottes darbringen wollten!
31. Was für ein Geschenk bereitete Beatrix für die Mutter Gottes?
32. Warum wurde Beatrix von den anderen Nonnen gescholten?
33. Wer trat während des Hochamts ins Gotteshaus?
34. Was verkündigte nun Beatrix den Nonnen?
35. Was bezeugte, daß die Jungfrau die Gabe der Beatrix annahm?
36. Was macht die „Gabe" der Beatrix etwas ungewöhnlich? Erklären Sie Ihre Antwort!
37. Gefällt Ihnen diese Geschichte? Warum?

JACOB GRIMM *wurde 1785 in Hanau geboren und starb 1863 in Berlin.* WILHELM GRIMM *wurde 1786 in Hanau geboren und starb 1859 in Berlin. Die Brüder waren bedeutende Gelehrte und gelten als Begründer der Germanistik. Beide waren Professoren in Göttingen, Wilhelm auch Professor in Berlin.*
*Zu ihren bedeutendsten Werken zählen:* Kinder- und Hausmärchen (*1812–1822*), Deutsche Sagen (*1816–1818*), Deutsche Grammatik (*1819–1837*), Deutsche Rechts-Alterthümer (*1828*), Deutsche Mythologie (*1835*), Geschichte der deutschen Sprache (*1848*), Deutsches Wörterbuch (*begonnen 1852, abgeschlossen 1961*).
*Die* Kinder- und Hausmärchen, *aus denen auch das bekannte* Dornröschen-*Märchen stammt, sind eine Sammlung von Volkserzählungen, die von den Brüdern Grimm angelegt wurde. Die Sammlung stellt einen Teil des Lebenswerkes der Brüder auf dem Gebiete der deutschen Folkloristik, Kulturgeschichte und Sprachforschung dar. In allen diesen Sachbereichen waren sie bahnbrechend.*
*Im folgenden Märchen beachte man die stilistische Subtilität der einfachen Anführungszeichen. Die Brüder Grimm wollen damit andeuten, daß der Erzählfluß durch die direkte Rede nicht allzusehr unterbrochen werden solle.*

# DORNRÖSCHEN
## von Jacob und Wilhelm Grimm

VOR ZEITEN[1] war ein König und eine Königin, die sprachen jeden
Tag ‚ach, wenn wir doch ein Kind hätten!' und kriegten immer keins.
Da trug sich zu, als die Königin einmal im Bade saß, daß ein Frosch aus
dem Wasser ans Land kroch und zu ihr sprach ‚dein Wunsch wird
erfüllt werden, ehe ein Jahr vergeht, wirst du eine Tochter zur Welt   5
bringen.' Was der Frosch gesagt hatte, das geschah, und die Königin
gebar ein Mädchen, das war so schön, daß der König vor Freude sich
nicht zu lassen wußte[2] und ein großes Fest anstellte. Er ladete[3] nicht bloß
seine Verwandte,[4] Freunde und Bekannte, sondern auch die weisen
Frauen dazu ein, damit sie dem Kind hold und gewogen wären. Es waren   10
ihrer dreizehn in seinem Reiche, weil er aber nur zwölf goldene Teller
hatte, von welchen sie essen sollten, so mußte eine von ihnen daheim bleiben. Das Fest ward[5] mit aller Pracht gefeiert, und als es zu Ende war,
beschenkten die weisen Frauen das Kind mit ihren Wundergaben: die

---

[1] **Vor Zeiten**—*Once upon a time*
[2] **vor Freude . . . wußte**—*could not
contain himself for joy*

[3] **ladete**—variant of **lud**
[4] **Verwandte = Verwandten**
[5] **ward = wurde** (archaic and poetic)

eine mit Tugend, die andere mit Schönheit, die dritte mit Reichtum, und
so mit allem, was auf der Welt zu wünschen ist. Als elf ihre Sprüche eben
getan hatten, trat plötzlich die dreizehnte herein. Sie wollte sich dafür
rächen, daß sie nicht eingeladen war, und ohne jemand zu grüßen oder
5 nur anzusehen, rief sie mit lauter Stimme ‚die Königstochter soll sich in
ihrem fünfzehnten Jahr an einer Spindel stechen und tot hinfallen.‘ Und
ohne ein Wort weiter zu sprechen, kehrte sie sich um und verließ den
Saal. Alle waren erschrocken, da trat die zwölfte hervor, die ihren Wunsch
noch übrig hatte, und weil sie den bösen Spruch nicht aufheben, sondern
10 nur ihn mildern konnte, so sagte sie ‚es soll aber kein Tod sein, sondern
ein hundertjähriger tiefer Schlaf, in welchen die Königstochter fällt.‘

Der König, der sein liebes Kind vor dem Unglück gern bewahren
wollte, ließ den Befehl ausgehen,[6] daß alle Spindeln im ganzen König-
reiche sollten verbrannt werden. An dem Mädchen aber wurden die
15 Gaben der weisen Frauen sämtlich erfüllt, denn es war so schön, sittsam,
freundlich und verständig, daß es jedermann, der es ansah, lieb haben
mußte. Es geschah, daß an dem Tage, wo es gerade fünfzehn Jahr alt
ward, der König und die Königin nicht zu Haus waren, und das Mädchen ganz allein im Schloß zurückblieb. Da ging es allerorten herum,
20 besah Stuben und Kammern, wie es Lust hatte, und kam endlich auch
an einen alten Turm. Es stieg die enge Wendeltreppe hinauf, und gelangte
zu einer kleinen Tür. In dem Schloß steckte ein verrosteter Schlüssel, und
als es umdrehte, sprang die Türe auf, und saß da[7] in einem kleinen Stübchen eine alte Frau mit einer Spindel und spann emsig ihren Flachs.
25 ‚Guten Tag, du altes Mütterchen,‘[8] sprach die Königstochter, ‚was
machst du da?‘ ‚Ich spinne,‘ sagte die Alte und nickte mit dem Kopf.
‚Was ist das für ein Ding, das so lustig herumspringt?‘ sprach das Mädchen, nahm die Spindel und wollte auch spinnen. Kaum hatte sie aber die
Spindel angerührt, so ging der Zauberspruch in Erfüllung, und sie stach
30 sich damit in den Finger.

In dem Augenblick aber, wo sie den Stich empfand, fiel sie auf das Bett
nieder, das da stand, und lag in einem tiefen Schlaf. Und dieser Schlaf
verbreitete sich über das ganze Schloß: der König und die Königin, die
eben heim gekommen waren und in den Saal getreten waren, fingen an

---

6 ließ den . . . ausgehen—*issued the*   7 saß da = da saß—*there was sitting*
  *command*                               8 du altes Mütterchen—*granny*

einzuschlafen, und der ganze Hofstaat mit ihnen. Da schliefen auch die Pferde im Stall, die Hunde im Hofe, die Tauben auf dem Dache, die Fliegen an der Wand, ja, das Feuer, das auf dem Herde flackerte, ward still und schlief ein, und der Braten hörte auf zu brutzeln, und der Koch, der den Küchenjungen, weil er etwas versehen hatte,[9] in den Haaren  5
ziehen wollte, ließ ihn los und schlief. Und der Wind legte sich, und auf den Bäumen vor dem Schloß regte sich kein Blättchen mehr.

Rings um das Schloß aber begann eine Dornenhecke zu wachsen, die jedes Jahr höher ward, und endlich das ganze Schloß umzog und darüber hinauswuchs, daß gar nichts mehr davon zu sehen war, selbst nicht die  10
Fahne auf dem Dach. Es ging aber die Sage in dem Land[10] von dem schönen schlafenden Dornröschen, denn so ward die Königstochter genannt, also daß von Zeit zu Zeit Königssöhne kamen und durch die Hecke in das Schloß dringen wollten. Es war ihnen aber nicht möglich, denn die Dornen, als hätten sie Hände, hielten fest zusammen, und die Jüng-  15
linge blieben darin hängen, konnten sich nicht wieder losmachen und starben eines jämmerlichen Todes. Nach langen Jahren kam wieder einmal ein Königssohn in das Land, und hörte, wie ein alter Mann von der Dornhecke erzählte, es sollte ein Schloß dahinter stehen, in welchem eine wunderschöne  Königstochter, Dornröschen genannt, schon seit hundert  20
Jahren schliefe, und mit ihr schliefe der König und die Königin und der ganze Hofstaat. Er wußte auch von seinem Großvater, daß schon viele Königssöhne gekommen wären und versucht hätten, durch die Dornenhecke zu dringen, aber sie wären darin hängen geblieben und eines traurigen Todes gestorben. Da sprach der Jüngling ‚ich fürchte mich nicht,  25
ich will hinaus und das schöne Dornröschen sehen.‘ Der gute Alte mochte ihm abraten, wie er wollte,[11] er hörte nicht auf seine Worte.

Nun waren aber gerade die hundert Jahre verflossen, und der Tag war gekommen, wo Dornröschen wieder erwachen sollte. Als der Königssohn sich der Dornenhecke näherte, waren es lauter große schöne Blumen, die  30
taten sich von selbst auseinander und ließen ihn unbeschädigt hindurch, und hinter ihm taten sie sich wieder als eine Hecke zusammen. Im Schloßhof sah er die Pferde und scheckigen Jagdhunde liegen und schla-

[9] **er etwas . . . hatte**—*he had committed some blunder*
[10] **Es ging . . . Land**—*However, the tale spread through the land*
[11] **Der gute . . . wollte**—*No matter how the good old man tried to warn him (against it)*

fen, auf dem Dache saßen die Tauben und hatten das Köpfchen unter den Flügel gesteckt. Und als er ins Haus kam, schliefen die Fliegen an der Wand, der Koch in der Küche hielt noch die Hand, als wollte er den Jungen anpacken, und die Magd saß vor dem schwarzen Huhn, das
5 sollte gerupft werden. Da ging er weiter und sah im Saale den ganzen Hofstaat liegen und schlafen, und oben bei dem Throne lag der König und die Königin. Da ging er noch weiter, und alles war so still, daß einer seinen Atem hören konnte, und endlich kam er zu dem Turm und öffnete die Türe zu der kleinen Stube, in welcher Dornröschen schlief.
10 Da lag es und war so schön, daß er die Augen nicht abwenden konnte, und er bückte sich und gab ihm einen Kuß. Wie er es mit dem Kuß berührt hatte, schlug Dornröschen die Augen auf, erwachte, und blickte ihn ganz freundlich an. Da gingen sie zusammen herab, und der König erwachte und die Königin und der ganze Hofstaat, und sahen einander mit großen
15 Augen an. Und die Pferde im Hof standen auf und rüttelten sich: die Jagdhunde sprangen und wedelten: die Tauben auf dem Dache zogen das Köpfchen unterm Flügel hervor,[12] sahen umher und flogen ins Feld: die Fliegen an den Wänden krochen weiter: das Feuer in der Küche erhob sich, flackerte und kochte das Essen: der Braten fing wieder an zu
20 brutzeln: und der Koch gab dem Jungen eine Ohrfeige, daß er schrie: und die Magd rupfte das Huhn fertig.[13] Und da wurde die Hochzeit des Königssohns mit dem Dornröschen in aller Pracht gefeiert, und sie lebten vergnügt bis an ihr Ende.

[12] **zogen das . . . hervor**—*drew forth their little heads from under their wings*  [13] **rupfte das . . . fertig**—*finished plucking the chicken*

# Fragen

1. Was sprachen der König und die Königin jeden Tag?
2. Was geschah, als die Königin einmal im Bade saß?

3. Was sagte der Frosch zur Königin?
4. Was machte der König, nachdem das Kind geboren wurde? Wen lud er ein?
5. Warum konnte er nur zwölf weise Frauen zu dem Fest einladen?
6. Womit beschenkten elf der weisen Frauen das Mädchen?
7. Was geschah, nachdem elf der weisen Frauen ihre Sprüche getan hatten?
8. Was rief die dreizehnte Frau mit lauter Stimme?
9. Was für einen mildernden Spruch tat die zwölfte Frau?
10. Was für einen Befehl ließ der König ausgehen?
11. Warum mußte jedermann, der die Tochter des Königs ansah, sie auch liebhaben?
12. Was tat das Mädchen am Tage, da es gerade fünfzehn Jahre alt geworden war?
13. Wer saß in dem kleinen Stübchen in dem alten Turm, in das das Mädchen trat, und was machte diese Person?
14. Was versuchte das Mädchen zu tun, als es die Spindel sah?
15. Was geschah, als sich das Mädchen in den Finger stach?
16. Was geschah darauf im ganzen Schloß?
17. Was wuchs rings um das ganze Schloß?
18. Wovon erzählte die Sage, die im Land ging?
19. Was versuchten Königssöhne zu tun?
20. Wie erging es den meisten Königssöhnen bei diesem Versuch?
21. Was geschah, als ein Königssohn hundert Jahre nach Dornröschens Einschlafen sich der Hecke näherte?
22. Beschreiben Sie, was der Königssohn im Schloßhof und im Schloß sah!
23. Wo fand der Königssohn das Dornröschen? Wie sah es aus?
24. Was tat der Königssohn mit Dornröschen, und was ereignete sich darauf?
25. Beschreiben Sie, was nun im ganzen Schloß geschah!
26. Wessen Hochzeit wurde am Ende des Märchens in aller Pracht gefeiert?
27. Erzählen Sie dieses Märchen mit eigenen Worten wieder!

# NACH HUNDERT JAHREN
## von Friedo Lampe

EIN GROSSER gelber Schmetterling schaukelte in die Stube und setzte sich auf den schwarzen Ebenholzrahmen des Bildes, in dessen Anblick der Prinz versunken war. Auf dem Bilde war ein junges Mädchen zu sehen, fast noch ein Kind, aus dunkelbraunem Grunde trat sie hervor, im hellblauen Seidenkleid, eine Korallenkette um den schlanken Hals, 5 Lilien im schwarzen Haar, dem Beschauer eine purpurne[1] Rose entgegenreichend mit traurig-bittendem Blick, oh, so bleich war ihr Gesicht und so dunkel die Augen, so voll Nacht, voll Schlaf, voll Angst. Aber ihre Nase stand lustig und keck aufgeworfen in dem traurigen Gesicht.

„Da stehst du ja schon wieder vor dem Bilde", hörte er da eine Stimme 10 hinter sich. Schnell drehte er sich um. Da stand der Großvater, auf einen Stock gestützt stand er da, im dunkeln Samtrock, und sein Kopf wackelte hin und her, daß die weißen Haare zitterten. „Du sollst sie nicht immer ansehen", sagte der Großvater, „das hat noch keinem gut getan. Laß sie schlafen, laß sie schlafen und halte dich an die Lebenden." „Ach, die 15 Lebenden", rief der Prinz, „all die albernen Gänse, mit denen mich der

[1] **purpurne**—*deep red, crimson*

Vater verheiraten will. Wie ganz anders ist sie. Sie hat so schöne traurige Augen und eine so lustige Nase."

„Die Hecke, die Hecke", sagte der Großvater, „in meiner Jugend zogen sie hin, und als ich noch nicht geboren war, zogen sie auch schon hin,

5 schon seit langer Zeit, hundert Jahre soll das nun schon so gehen. Mein bester Freund, der Philipp, der muntere, gute Junge, kam nicht zurück. Die Hecke hat ihn mit ihren Krallen zerrissen. Ich selber bin auch einmal vernarrt in das Bild gewesen, bin hingegangen, aber als ich dann aus der Ferne die Hecke sah, wie sie da alle so hingen, die bleichen Gerippe—da

10 bin ich leise wieder weggegangen. Oh, das verfluchte Bild, weg soll es, niemand soll es mehr sehen." Und der Großvater reckte sich und nahm mit zitternden Händen das Bild von der Wand, der gelbe Schmetterling flatterte aufgeschreckt, und der Prinz rief: „Zu spät, zu spät, ich hab' sie gesehen, nimm es, zerstör es, hier ist sie, hier wohnt sie", und er schlug

15 sich auf die Brust, daß es dumpf dröhnte. „Unsinn, Wahnsinn", schimpfte der Großvater, „vielleicht sind alle längst tot, eine ganz unsichere Ge-schichte, von wem weiß man das überhaupt? Niemand war dabei, nie-mand kann sie gesehen haben — Phantastereien."

„So redest du, weil du alt bist", sagte der Prinz, „früher hättest du

20 anders gedacht. Du hast nicht den Mut gehabt, sie zu holen, hast eine Frau genommen, die du nicht geliebt hast, feige bist du gewesen. Ich aber werde hingehen und sie finden." Und der Prinz stürzte davon. Der Groß-vater sank in einen Ohrenstuhl[2] und ließ das Bild klappend auf den Boden fallen. „Recht hast du", murmelte er, „zu feige bin ich gewesen —

25 zu vorsichtig, zu vorsichtig, und was hab ich nun gehabt von meinem langen Leben?" Und der gelbe Schmetterling schwang sich durchs offene Fenster aus der kühlen schattigen Stube in die warme fließend blaue Sommerluft.

In einem Hui[3] legte Prinz Albert die weite Reise zurück. Er war ein

30 wilder, leidenschaftlicher Bursche, und was er sich einmal in den Kopf gesetzt hatte, das führte er auch aus. Immer im Galopp auf dem braunen, derben, breitschenkligen Gaul, und der Prinz weit vornübergebeugt und nach vorn witternd mit dem knochigen, wetterharten, sonnverbrannten Gesicht, das Haar ganz kurz geschoren und im straff anliegenden grünen

---

[2] **Ohrenstuhl**—an old-fashioned, high-backed chair with side protrusions at the approximate height of the ears

[3] **In einem Hui**—*In a flash*

Samtwams mit gelben Lederstiefeln. Hallo, vorwärts! Wo liegt Dornröschens Schloß? Dort? Danke! Vorwärts, vorwärts!

Als Prinz Albert das Schloß noch gar nicht sehen konnte, roch er bereits
den Duft von Rosen, süß und schwer lag er in der Luft. Und dann trat
er aus dem Wald auf eine Wiese, und vor ihm stieg die riesige Hecke in  5
die Höhe. Es war ein sonniger, windstiller Nachmittag, kein Blatt, kein
Gras, kein Vogel rührte sich — der sanfte blaue Himmel spannte sich
über der Hecke, und die Hecke stieg hoch wie eine mächtige Kirchen-
wand, von allen vier Seiten stieg sie in die Höhe, ein Rosenheckenhaus,
nichts von dem Schloß war zu sehen, und die Heckenwände blühten in  10
schwerem, üppigem Laube, Bienen umsummten sie, Schmetterlinge um-
schwangen sie, und Rosen, Rosen prangten aus dem Laube, gelbe, weiße,
rosa und schwarz-rote, Hunderte, Tausende prangten und dufteten wild
und scharf. Und als der Prinz näher herantrat, sah er in dem dornigen
Gezweige, zwischen Rosen und Blättern, weiße Knochengerippe hängen,  15
Arme, Finger winken, starrende Schädel grinsen. „Ach was",[4] sagte der
Prinz und hob sein Schwert und wollte gerade in die dicke Hecke hineinhauen, da ging sie sanft auseinander — und vor ihm öffnete sich ein
runder, schattiger Gang. Ah, so ist das, dachte der Prinz, wenn ich mitten
in dem Gang bin, dann schließt sich die Hecke, und die Dornen und  20
harten Äste zerknacken, zerbrechen meine Glieder — trotzdem, ich wag's,
Dornröschen oder tot![5] Und er ging mit angehaltenem Atem durch den
schattendunklen Gang, immer bereit, noch im Tode ringsherum alles
mit seinem Schwert zu zerschlagen. Aber er ging und ging, und nichts
geschah, und auf einmal stand er vor einem Burgtor. Ein Wächter, eisen-  25
gepanzert, lag schlafend über dem Geländer der Zugbrücke, ein anderer
auf den Boden gerutscht am Toreingang, im Arm die Hellebarde. Aha,
die ersten Schläfer! Der Prinz rüttelte sie: „Aufgewacht, ihr Schlafmüt-
zen, Prinz Albert ist da!" Aber die Wächter rührten sich nicht, bewegten
sich nicht, wie aus Stein gehauen lagen sie da. Ach, laß sie, und der Prinz  30
ging durch den Torbogen in den Schloßhof. Da lag im milden Nachmittagssonnenschein eine nette[6] Schlafgesellschaft. Pferde lagen da, alle
viere von sich gestreckt,[7] und schliefen, vier mächtige gefleckte Doggen,

---

4 **Ach was**—(here:) *what the heck*
5 **ich wag's . . . tot**—*I'll stake my life
for Sleeping Beauty*

6 **nette**—*fine* (ironic)
7 **alle viere . . . gestreckt**—*sprawled
out*

Kopf auf den Pfoten, Burschen in grünem Jagdwams lagen neben den
Pferden, die Bürste noch in der Hand, mit der sie sie gestriegelt hatten,
und mitten zwischen ihnen der alte Jägermeister mit struppigem Graubart und dicker roter Weinnase und schnarchte, daß es hohl durch die
5 Stille kratzte. Oben am Gesims saßen die Tauben und schliefen, den
Kopf in die Flügel gesteckt, und hoch überm Schloß auf dem Rundturm
hing schlapp und unbeweglich die purpurne Fahne in den sanften blauen
Himmel — kein Lüftchen, kein Laut, nur aus allen Ecken und Richtungen ein leises Atmen, Schnaufen, Schnarchen, und dazu der süße,
10 schwere, wilde Duft der Rosen. „Hallo, hallo, aufwachen!" schrie Prinz
Albert. Und als sich nichts regte, sprang er auf den alten Jägermeister
zu und schüttelte ihn an der Schulter, kneipte ihn in die dicke Weinnase:
„Nun wach doch auf, hast lange genug geschlafen, gebrochen ist der
Zauber!" Jawohl, gebrochen ist der Zauber, da irrte sich unser Prinz, so
15 einfach war das nicht, und ob er nun die Jägerburschen puffte und
knuffte, den Pferden hüh, hüh in die Ohren schrie, die Doggen am
Halsband riß, die schliefen alle weiter, und er konnte sie nicht einmal
bewegen, so hart waren sie, ja, wahrhaftig, wie aus Stein. Ganz verzweifelt war Albert, ganz ratlos, und er ging weiter in das Schloß.
20 Gänge mit Schlafenden, Pagen, goldbetreßte Diener, Kammerfrauen
mit großen Hauben, das[8] lag und stand an die Mauer gelehnt und war in
die Knie gerutscht und schlief, schlief, schlief — und keiner wollte sich
wecken lassen. Da kam der Prinz in einen großen Saal, durch bunte, hohe
Glasfenster fiel der Nachmittagssonnenschein auf eine große Festgesell-
25 schaft, die an einer langen Tafel saß und von der scheußlichen Schlafkrankheit mitten beim Essen überrascht worden war. Oben an der Tafel
saß der König, hager und mit einer Adlernase, die Hände mit Messer und
Gabel von sich gestreckt und zurückgelehnt im Sessel, den Kopf nach
hinten, die Augen geschlossen. An seiner Seite die Königin, rundlich und
30 üppig, den Kopf auf den Tisch gelegt neben ihrem Teller, auf dem ein
Stück Gänsebraten fett glänzte. Und all die übrigen seitlich hängend,
vornübergebeugt, vom Stuhl gefallen, Messer in den Händen, Servietten
umgebunden, Gläser umfassend, einige noch mit vollen Backen — beim
Kauen unterbrochen. Und am Boden die Diener, hingesunken, hinge-
35 glitten, und daneben die Schüsseln mit Braten und Obst und Gemüsen und

---

8  **das**—(here:) *everyone*

Salaten, die Kannen mit Wein umgekippt, und der Wein dunkel am
Boden rollend. Und das Essen noch so frisch und leuchtend, als sei es
eben aufgetragen, und dabei waren doch hundert Jahre vergangen! Auf
einem Podium saßen die Musikanten, Geige, Flöte, Trompete im Schoß,
mit hängenden Köpfen, gebogenen Rücken, dem Trommler war der   5
Schlegel entglitten, und der Prinz sprang auf das Podium und schlug
und wirbelte auf das Trommelfell, daß es dröhnte und donnerte wie der
Weckruf am Jüngsten Tag:[9] „Aufwachen, aufwachen, ho, hallo!" Und
die Wirkung? Überhaupt keine: Totenstille, Sonnenschein, Schnarchen,
Rosenduft. Das war ja zum Wahnsinnigwerden![10] Wie krieg' ich nur   10
Bewegung in die Gesellschaft? Prinz Albert, der Springlebendige, dem
nichts schnell und stürmisch genug gehen konnte, wie litt er unter dieser
Erstarrung! Bin ich in einem Wachsfigurenkabinett auf dem Jahrmarkt?
Wie ein elastisch federnder Tänzer flog er, sauste hin und her zu dem und
dem und dem, rüttelte, schüttelte, stieß und kitzelte — vergeblich. Und   15
wo ist Dornröschen? Sie war nicht in dem Saal. Ich muß Dornröschen
suchen.

In der Küche die gleiche Bescherung: Küchenjungen flegelten sich
unten neben dem Herd, eine Magd auf einem Stuhl war eingeschlafen
beim Rupfen eines schwarzen Huhns, wirr hingen ihr die Strähnen über   20
die Stirn und auf das Huhn, der Küchenmeister an die Wand gelehnt, die
Hand am Ohr eines Küchenjungen, den er wohl gerade zausen wollte,
und der Kopf des Jungen friedlich an seiner Brust ruhend, an der Wand
steif und fest die Fliegen wie Nagelköpfe. Auch hier kein Dornröschen.
Wie sollte sie auch hier sein?[11] Eine Prinzessin in der Küche! Weiter.   25
Durch viele Gänge kam er auf einen Innenhof, vor ihm der dicke Rundturm, auf dessen Spitze die Fahne hing, schlapp purpurrot im windstillen
Blau. Hinauf auf den Turm, vielleicht entdecke ich Dornröschen irgendwo, vielleicht ist sie im Garten. Schnell über die alte steinerne Wendeltreppe, Moos quillt über die Stufen, wie riecht das muffig und modrig,   30
die Spinnen schlafen fett und satt im Netz — eine Tür. Quietsch, knarr
— da lag sie, da lag Dornröschen auf einem blauen Kanapee,[12] genau wie
auf dem Bilde sah sie aus, das hellblaue Kleid aus Seide, das blasse Ge-

---

9 **der Weckruf . . . Tag**—*reveille on*
   *Doomsday*
10 **Das war . . . Wahnsinnigwerden**—
   *It was enough to drive you crazy*

11 **Wie sollte . . . sein**—*Why should*
   *she be here anyway*
12 **Kanapee**—*sofa*

sicht, der Lilienkranz im glänzenden Ebenholzhaar, die Korallenkette um den schlanken Hals, die zarte durchsichtige Hand herunterhängend, eine goldene Spindel war ihr aus der Hand gefallen und lag am Boden. Und puh — dort die scheußliche alte Hexe am Spinnrad schnarchend,

5 ein graues Lumpentuch um die strohigen weißen Haare geknotet, drei dicke Warzen auf der Backe. Komische Liebhaberei von Dornröschen, sich bei so einer alten Hexe aufzuhalten. Nein, war Dornröschen hübsch,[13] und sie hatte wirklich die lustige, keck aufgeworfene Nase in dem melancholischen Gesicht. Nur leise wagte Prinz Albert zu rufen:

10 „Dornröschen, Dornröschen — Prinzessin, wachen Sie auf!" Und als das nicht wirkte, drückte er leicht ihre Hand, eine kalte harte Marmorhand, schüttelte sie ein wenig an der Schulter. Es nützte nichts. Da stampfte Prinz Albert ganz unglücklich auf den Boden: „Prinzessin, Sie sollen aufwachen, Sie haben doch nun wirklich lange genug geschla-

15 fen!" Und er versuchte, sie vom Lager hochzuziehen. Aber steinern lag sie da, traurig lächelnd, fast ein wenig schadenfroh schlief sie weiter. Es hat keinen Sinn, ich krieg' sie nicht wach. Lange sah sie Prinz Albert an, dann beugte er sich über sie und drückte auf ihren frischen, harten Mund einen langen, schmerzvollen Abschiedskuß. Warum auch nicht? Sie

20 merkte es ja doch nicht. Aber da schlug Dornröschen auf einmal die Augen auf und sah ihn starr und wie wahnsinnig an. Von weit, weit her kam dieser Blick — aus einer langen, langen Nacht, aus vielen wirren Träumen, ganz schwarz war er und verständnislos, und so blickte sie ihn an, eine lange Zeit. Aber dann sprang sie plötzlich auf von dem Kanapee

25 und schüttelte sich, daß die schwarzen, kurzen Haare flogen: „Mein Gott, was mach' ich denn? Was lieg' ich hier denn rum?[14] Warum schlaf' ich denn am hellichten Tage? Und drunten sitzen sie und warten auf mich beim Essen. Heute ist doch mein Geburtstag. Wer sind Sie überhaupt? Wie kommen Sie hierher?" „Ich bin Prinz Albert von Seeland",

30 sagte der Prinz, „ich wollte Sie doch aufwecken, Dornröschen, ich habe den Zauber gebrochen." „Dornröschen?" sagte die Prinzessin, „ich heiße doch Adelheid." „Ja, im Volksmund heißen Sie Dornröschen, aber das muß ich Ihnen alles erklären . . ."

---

13 **Nein war . . . hübsch**—*Oh boy, was Sleeping Beauty pretty*

14 **Was lieg' . . . rum = Warum liege**

**ich hier denn herum**—*What am I doing lying around here*

Und während sie hastig weitersprachen, ging durch das ganze Schloß ein tiefes Brausen und Summen und Rauschen, ein Seufzen und Stöhnen und Gähnen, das schüttelte sich, reckte sich, streckte sich — und dann sprang das Leben auf einmal auf wie eine Fontäne, ein breiter Strom von Leben durchrauschte das Schloß von unten bis oben. Die Hunde im Hof begannen zu bellen, die Pferde zu wiehern und zu stampfen, die Hühner zu gackern, Jagdhörner schmetterten, die Fliegen in der Küche putzten ihre Flügel und flogen summend über Braten, die Magd rupfte das schwarze Huhn, und der Küchenmeister schüttelte den Jungen am Ohr und gab ihm eine saftige Backpfeife. Und im Saal spielte die Kapelle einen aufrüttelnden Tusch und einen strammen Marsch, die Diener flitzten in die Höhe, ergriffen die Schüsseln und servierten weiter, König und Königin guckten ganz verdattert auf ihren Gänsebraten — warum essen wir denn nicht? Und die Gäste guckten sich mit offenen Mündern an: „Was war denn los? Was ist denn mit uns passiert? Wir haben doch nicht geschlafen? Was ist das für 'ne¹⁵ Hexerei?" Und draußen um das Schloß begann der Wind zu wehen, erst hohl sausend, leise, und dann immer stärker anschwellend, die purpurne Fahne auf dem Turm blähte sich und warf sich triumphierend in die Luft und knatterte, Wolkenballen zogen heran, das Blau verschwand, grau und schwer sammelte sich das Gewölk, drängte sich schwarz über dem Schloß zusammen. Und der König fragte: „Wo ist denn eigentlich Adelheid? Warum kommt sie nicht zum Essen? Wo steckt sie denn jetzt bei dem drohenden Unwetter?" Da ging die Tür auf, und Dornröschen trat mit Prinz Albert in den Saal. Und während es draußen dumpf donnerte und der erste Blitz zuckte und Regen erfrischend niederrauschte und der Blitz und der Wind und der harte Regen in die Rosenheckenwände schlug und peitschte und hämmerte, daß sie krachend zusammenstürzten und die Gerippe grell zerschepperten, sagte Dornröschen traurig und sanft und lächelnd: „Papa, darf ich dir Prinz Albert von Seeland vorstellen?"

„Von Seeland", sagte der König, „so sind Sie der Sohn meines alten Freundes König Bodos von Seeland?" „Nein", sagte der Prinz leise, „das war mein Ururgroßvater." „Was heißt das?" fragte der König. Fahl war das Licht in dem Saal und von Blitzen durchflattert. „Ach, Papa", sagte Dornröschen, „bitte, erschrick nicht — wir haben ja hundert Jahre ge-

¹⁵ 'ne = eine

schlafen." „Was, was?" schrie der König, „sind heute denn alle wahnsinnig geworden — und nun noch dieser Gewitterradau — still, die Musik, man kann ja sein eigenes Wort nicht verstehen. Was sagst du da?"
Aber da trat schon ernst und traurig der alter weiße Schloßkaplan an
5 den König heran: „Die Prinzessin hat wahr gesprochen. Majestät erinnern sich doch an den Spruch der bösen Fee — am fünfzehnten Geburtstag der Prinzessin wird sie sich mit einer goldenen Spindel — " Der
König faßte sich an den Kopf: „O Gott, — und du hast dich heute —
oder vielmehr vor hundert Jahren — nein, nein, ich kann es nicht fassen,
10 ich werde verrückt." „Ja", sagte Dornröschen, „ich habe mich mit der
Spindel gestochen — vor hundert Jahren, und Prinz Albert hat mich, hat
uns alle heute aufgeweckt." „Stimmt alles", sagte der Prinz, „schon Ihre
Kostüme lassen ja erkennen, daß Sie aus einer ganz anderen Zeit stammen. So was trägt man doch heute gar nicht mehr." „Hundert Jahre,
15 hundert Jahre", jammerte der König, „das kann ich nicht glauben."

Aber er mußte sich sehr bald davon überzeugen, daß alles seine Richtigkeit hatte. Inzwischen hatte sich nämlich blitzschnell die Kunde im
Land verbreitet, daß das alte Rosenheckenschloß wieder aufgewacht war.
Nun waren aber hundert Jahre vergangen. Neue Könige hatten das Land
20 beherrscht, und jetzt war gerade König Siegwart III. an der Regierung.
„Das wär ja noch schöner, wenn das alte Gespenst wieder lebendig
würde!" rief er. Und Dornröschen und ihre Eltern und Prinz Albert
hatten noch nicht den Gänsebraten ganz vertilgt, da sprang abermals die
Tür auf, drei gelbgekleidete Herolde bliesen in die Fanfare, und ein Bote
25 von König Siegwart trat vor und überbrachte die herzlichsten Glück- und
Segenswünsche zu dem fröhlichen und gesunden Erwachen. Im übrigen
lasse König Siegwart verkünden, daß Dornröschens Vater, König Hermelin, im Augenblick allen Regierungsansprüchen zu entsagen habe,
andernfalls würde er sofort mit einem großen Heer heranrücken, sein
30 Schloß umzingeln und den König und seinen Anhang, wenn er ihn dann
zu fassen bekäme,[16] in einen Schlaf versetzen, der nicht nur hundert Jahre
dauern solle, darauf könne er sich verlassen, ha, ha, ha, er halte in seinem
Lande auf Ordnung und Gesetz und dulde keinen solchen Teufelsspuk
. . . „Was soll ich denn machen", stöhnte König Hermelin, „ich habe

---

[16] **seinen Anhang . . . bekäme**—*his
retinue, when he got hold of them*

doch kein Heer, ich bin dem Lump ja auf Gnade und Barmherzigkeit
ausgeliefert."[17] „Mitnichten", rief Prinz Albert, „lieber Schwiegerpapa —
Ihr erlaubt doch, daß ich Euch schon jetzt so nenne? — ich eile in mein
Reich zurück, um binnen kurzem[18] mit einem mächtigen, unbesieglichen
Heere zurück zu sein. Du versuche so lange, dich in der Burg zu halten  5
und kapituliere nicht, Dornröschen, warte auf mich."

Nun, man sieht, das Leben war schon wieder so richtig in Schwung
gekommen und ging munter seinen Gang. Wir können deshalb getrost
von Prinz Albert und seinem Dornröschen Abschied nehmen und sie
ihrem Schicksal überlassen, denn an Bewegung und turbulenten Ereig- 10
nissen wird es Prinz Albert nun nicht mehr fehlen. Es würde uns auch
ins Uferlose entführen, wenn wir noch von dem, ich glaube neunjäh-
rigen Kriege berichten wollten, der sich jetzt zwischen Prinz Albert und
König Siegwart entspann. Ja, Dornröschen mußte noch recht lange auf
ihren Albert warten. „Aber was macht das?" sagte sie, ihr hundertjäh- 15
riges Alter hatte sie ungewöhnlich weise gemacht (ein reizender Kon-
trast übrigens zu ihrer kindlichen Jugend!), „was macht das schon aus,
die paar Jährchen, wo ich nun schon so lange auf ihn gewartet habe."
Dank Prinz Alberts Feuergeist,[19] Tapferkeit, Feldherrntalent und Entschlossenheit gelang es ihm endlich, König Siegwart niederzuzwingen — 20
König Hermelin erlebte leider nicht mehr diesen Freudentag, der Arme,
er konnte sich einfach nicht in der neuen Zeit zurechtfinden — und so
kann es denn doch noch am Schluß dieser Geschichte heißen, genau wie
im Märchen: „Und da wurde die Hochzeit des Königssohnes mit Dornröschen gefeiert, und sie lebten vergnügt bis an ihr Ende."  25

---

[17] **Ich bin . . . ausgeliefert**—*I am for sure at the scoundrel's mercy*  [18] **binnen kurzem**—*within a short time*  [19] **Feuergeist**—*fiery spirit*

# *Fragen*

1. Wer war auf dem Bild, in dessen Anblick der Prinz versunken war, zu sehen?
2. Warum stand der Großvater auf einen Stock gestützt?
3. Was für einen Rat gab der Großvater dem Prinzen?
4. Was erzählte der Großvater von seinem Freund Philipp?
5. Was hatte der Großvater selbst einmal tun wollen? Warum hatte er es dann aber doch nicht getan?
6. Was machte der Großvater mit dem Bild?
7. Warum behauptete Prinz Albert, daß der Großvater früher feige war?
8. Wohin ritt Prinz Albert, nachdem er den Großvater verlassen hatte?
9. Was konnte Prinz Albert riechen, noch bevor er das Schloß sah?
10. Was sah Prinz Albert, als er aus dem Wald trat?
11. Beschreiben Sie die Hecke, vor die der Prinz nun trat!
12. Was geschah, als Prinz Albert gerade mit seinem Schwert in die dicke Hecke hineinhauen wollte?
13. Was dachte der Prinz, während er mit angehaltenem Atem durch den schattendunklen Heckengang ging? Was geschah?
14. Was befand sich am Ende des Ganges?
15. Wer waren die ersten Menschen, die Prinz Albert am Eingang des Schlosses sah? In welchem Zustand waren sie?
16. Was sah der Prinz im Schloßhof?
17. Wie versuchte der Prinz den alten Jägermeister aufzuwecken? Wie versuchte er, andere Menschen und Tiere im Schloßhof aufzuwecken?
18. Was sah der Prinz auf seinem Weg in den großen Saal?
19. Wer schlief an der Tafel? Welche Stellungen nahmen die Schläfer ein?
20. Was sah der Prinz auf dem Podium?
21. Wie versuchte der Prinz, die Schläfer im großen Saal aufzuwecken?
22. Welche Wirkung hatten die Bemühungen des Prinzen?
23. Beschreiben Sie, was Prinz Albert in der Küche sah!
24. Wo fand Prinz Albert endlich das Dornröschen?
25. Beschreiben Sie das schlafende Dornröschen!
26. Wie versuchte Prinz Albert das Dornröschen aufzuwecken?
27. Was tat Prinz Albert endlich, als es ihm nicht gelang, Dornröschen aufzuwecken?
28. Was sagte die Prinzessin, als sie aufwachte?
29. Was geschah im Schloßhof, nachdem die Prinzessin aufgewacht war? Was in der Küche? Was im Saale? Wie wurde das Wetter? Was geschah mit der Rosenhecke und den Gerippen?
30. Wen stellte Prinzessin Dornröschen ihrem Vater vor?

31. Für wen hielt der König den Prinzen Albert?
32. Worüber klärte die Prinzessin ihren Vater auf?
33. Woran erinnerte der Schloßkaplan den König?
34. Woran konnte man erkennen, daß der König und der ganze Hof aus einer ganz anderen Zeit stammten?
35. Was meinte König Siegwart III., als er hörte, daß die Leute im Rosenheckenschloß aufgewacht waren? Wen sandte er zu König Hermelin? Was forderte König Siegwart von König Hermelin?
36. Warum fühlte sich König Hermelin dem König Siegwart auf Gnade und Barmherzigkeit ausgeliefert?
37. Wie wollte Prinz Albert dem König Hermelin helfen?
38. Wie lange dauerte der Krieg zwischen Prinz Albert und König Siegwart?
39. Von wem wurde der Krieg endlich gewonnen?
40. Warum konnte König Hermelin sich nicht mehr über den gewonnenen Krieg freuen?
41. Wie endet diese Geschichte?
42. Wie unterscheidet sich diese Geschichte von Grimms Märchen? Im Inhalt? Im Stil? Welche von den beiden Geschichten hat Ihnen besser gefallen? Warum?

RICARDA HUCH *wurde 1864 in Braunschweig geboren, und starb 1947 in Schönberg im Taunus. Sie stammte aus einer Patrizierfamilie und studierte als eine der ersten Frauen in Zürich Geschichte und Philosophie. Neben Gedichten, Novellen und Romanen schrieb sie auch bedeutende literarhistorische und geschichtliche Studien:* Erinnerungen von Ludolf Ursleu dem Jüngeren (*Roman, 1893*), Blütezeit der Romantik (*literarhistorische Studie, 1899*), Aus der Triumphgasse (*Lebensskizzen, 1902*), Der letzte Sommer (*Erzählung, 1910*), Der große Krieg in Deutschland (*historische Studie, 3 Bände, 1912–1914*), Im alten Reich: Lebensbilder deutscher Städte (*Essays, 1927*), Deutsche Geschichte: *Band 1:* Römisches Reich Deutscher Nation (*1934*), *Band 2:* Das Zeitalter der Glaubensspaltung (*1937*), *Band 3:* Untergang des Römischen Reiches Deutscher Nation (*1944, postum*).
*Ricarda Huch war eine kompromißlose Gegnerin des Hitlerregimes. Ihre unter der nationalsozialistischen Herrschaft verfaßten historischen Werke wollten nicht nur Geschichte sein. Sie sollten auch den Deutschen die Größe und die Schwächen ihrer Vergangenheit vor Augen führen und sie dadurch zur Selbstbesinnung bringen.*
*„Die deutschen Menschen" ist ein Kapitel aus* Untergang des Römischen Reiches Deutscher Nation. *Das Kapitel schildert deutsche Zustände um das Jahr 1770. Es ist hier in leicht verkürzter Form abgedruckt.*

# DIE DEUTSCHEN MENSCHEN
# von Ricarda Huch

„DAS UNGLÜCK ist geschehen, das Herz des Volkes ist in den Koth[1] getreten und keiner edlen Begierde mehr fähig." Diesen Satz aus Hallers Staatsroman *Usong*[2] stellte der junge Goethe im Jahre 1773 seiner dramatisierten Geschichte Gottfrieds von Berlichingen als Motto voran. Den gezähmten Untertanen, die seine Zeitgenossen waren, stellte er in 5 der Gestalt des Ritters mit der eisernen Hand einen Deutschen gegenüber, der ganz anders geartet war: furchtlos, hilfsbereit, der eigenen Kraft und dem eigenen gesunden Urteil vertrauend, dessen Fehler glänzend aus dem sich überstürzenden Überfluß seines leidenschaftlichen Herzens hervor-strahlten. Wie zu dem wilden Roß der Steppe die geduldig zwischen 10 Stall und Schlachtbank trottende Hammelherde, so verhält sich der freie Mann aus dem Fehdezeitalter zu den verkümmerten, verschüchterten Sklaven der Despoten. Sie erwarten die Regel ihres Handelns von der Regierung, nicht von ihrem Gewissen. Unterwürfig, liebedienerisch, bis

[1] **Koth = Kot** (archaic spelling)
[2] **Hallers Staatsroman *Usong*—**Albrecht von Haller, a Swiss author (1708–1777). His political novels, among them *Usong* (1771), discuss the problems of the constitutional monarchy in the light of Rousseau's philosophy.

zur Niederträchtigkeit gefügig nach oben,[3] anmaßend und brutal gegen Wehrlose, so erschien der deutsche Mensch dem Unverdorbenen. Damals bildete sich in ihm das Bedientenhafte aus, das ihm von anderen Nationen vorgeworfen wurde. „Wie soll ich nun aber die Leute benennen", schrieb
5 Karl Friedrich von Moser,"[4] welche in ihren vier Wänden ein Löwenherz haben und in freier Luft mit hasengleichem Mut entfliehen. Seynd[5] das edle Seelen, die sich heimlich das Herz über der Not ihrer Mitbrüder abgrämen, aber in dem Augenblick, wo es auf freimütiges Bekenntnis des Rechts und der Wahrheit ankommt, zaghaft verstummen? Seynd das
10 edle Verehrer der Gesetze, welche gegen besseres Wissen und Gewissen schweigen, wo sie reden dürften und solltcn, damit ihnen, ihren Kindern und Verwandten nichts zum Schaden geredet würde? Man erkennt diese patriotischen Menschen an zwei Redensarten: Was soll ich mir ohne Not[6] Feinde machen? Was wird's am Ende auch helfen, wenn ich alles
15 geredet und gesagt habe?" Damit wollte Moser nicht einige Ausnahmen, sondern den Durchschnitt der Deutschen charakterisieren. „Der Bürger", sagte Schubart in bezug auf seine Geislinger[7] Landsleute, „ist dumm, hochmütig, arm, ein Sklav, trägt silberne Schnallen und frißt Haberschleim." Ähnlich urteilt der englische Gesandte am preußischen Hofe: er
20 findet die Untertanen des Königs im allgemeinen arm, eitel, unwissend und ohne Grundsätze. „Ihre Unwissenheit", schreibt er, „erstickt in ihnen jeden Begriff von Freiheit und Widerstand, und der Mangel an Grundsätzen macht sie zu bereitwilligen Werkzeugen bei der Ausführung aller Befehle, die sie erhalten, ohne zu überlegen, ob sie auf Gerechtigkeit
25 gegründet sind oder nicht . . . Obschon sie die eiserne Rute fühlen, mit der sie beherrscht werden, klagen doch nur wenige, und keiner wagt zu murren."

Einen großen Teil der Schuld an dem, was er den Verfall der deutschen Freiheit nennt, schreibt Moser den akademischen Lehrern[8] zu.
30 „Die vom Landesherrn besoldeten Lehrer des Staatsrechts sind nicht

---

3 **bis zur . . . oben**—*accommodating to those in power to the point of infamy*
4 **Karl Friedrich von Moser**—statesman and author (1723–1798). His most important work is *Der Herr und der Diener, geschildert mit patriotischer Freiheit* (1759).
5 **Seynd = sind** (archaic)

6 **ohne Not**—*needlessly*
7 **Schubart . . . Geislinger**—Christian Friedrich Daniel Schubart was a musician, theologian, and satirist (1739–1791). Geislingen is a town in the eastern part of Württemberg, the region of Schubart's birth.
8 **akademischen Lehrern**—*professors*

Lehrer der Deutschen Freiheit." Die Theologen vollends nennt er Ge-
hilfen der Unterdrückung in Schrift und Predigt; die wenigen Zeugen
der Wahrheit verketzern sie als Verführer und Aufwiegler.[9]

Der Vergleich mit anderen Nationen, von Deutschen selbst angestellt,
fiel für die Deutschen beschämend aus.[10] Neben dem aufrechten Eng-  5
länder oder Eidgenossen[11] erschien der Deutsche, der im 16. Jahrhundert
so trotzig, so unbändig gewesen war, als sei ihm das Rückgrat gebrochen.
„Ist Deutschland darum", ruft Moser aus, „dreißig Jahre lang[12] der
Schauplatz aller möglichen Verwüstungen gewesen, um aus deutschen
Untertanen das schlechteste Volk Europas zu machen?"  10

Noch am Ende des 18. Jahrhunderts war Deutschland ein armes,
überwiegend agrarisches Land. In den achtziger Jahren bereiste ein Herr
von Archenholtz,[13] ehemals preußischer Offizier, Italien und England.
London hatte damals 900 000 Einwohner, Wien 245 000, Berlin 140 000.
Mit Abscheu spricht Archenholtz von dem Unglück, das England habe,  15
eine so große Hauptstadt zu besitzen, ein ungeheures Ganze ohne Maß
und Ziel.

Trotz seiner Verurteilung der Millionenstadt ist Archenholtz voll Bewunderung für ihre Reize. Es ist anregend, abends durch die erleuchteten
Straßen zu spazieren. Staunend steht er vor dem, was man jetzt Schaufen-  20
ster nennt, ungemein große, eingefaßte Glasscheiben, durch die man
allerhand ausgestellte Waren betrachten kann. Da gibt es fertige Schuhe,
bereits gebundene Bücher,[14] Kasten, die zum Gebrauch für Reisende
eingerichtet und ausgerüstet sind, kurz, das Raffinement, wie Archenholtz sich ausdrückt, geht über alle Gewerbe. Alles dient der Bequem-  25
lichkeit des Publikums, auch der sonderbare Gebrauch der Engländer,
ihr Geld einem Bankier in Verwahrung zu geben. Wie anders war es
in Deutschland! Die kleinen Städte waren Dörfern ähnlich, und auch in
den wenigen großen gab es keine Straßen mit hell beleuchteten Läden,
wo die neuesten Schöpfungen der Industrie die Käufer anlockten, viel  30

---

9   **die wenigen . . . Aufwiegler**—sie is
the subject.
10  **fiel für . . . aus**—*proved mortifying
for the Germans*
11  **Eidgenossen = Schweizer**—*Swiss*
(literally: *confederates*)
12  **dreißig Jahre . . . lang**—referred to
is the Thirty Years War (1618–1648)

13  **Archenholtz**—Johannes Wilhelm von
Archenholtz (1741–1812)
14  **bereits gebundene Bücher**—In the
eighteenth century it was not uncom-
mon that books were sold in wrappers,
and the purchaser had to have them
custom bound.

weniger das, was man öffentliches Leben nennt. „Sage mir, was du willst",
schrieb Johann von Müller[15] im Jahre 1773 einem Freunde, „die Kleinstädte vegetieren doch nur, und ihr Leben ist Mühe und Elend." In
Deutschland waren außer Wien, Hamburg, Leipzig, Frankfurt fast alle
5 Städte ihrem Charakter nach Kleinstädte.

Als hauptsächlichen Charakterzug der Engländer bezeichnet Archenholtz den *public spirit*. Er bemüht sich, dem deutschen Leser begreiflich
zu machen, was das bedeute, da das Wort unübersetzbar sei. Nenne man
es[16] das eifrige Bestreben, das allgemeine Beste zu bewirken, so gebe das
10 doch nur einen allgemeinen Begriff. Auch der niedrigste Pöbel in England habe *public spirit*. Er führt Beispiele an, die in den Sinn des Aus-
drucks einführen sollen: ein Minister verzichtet auf die mit seinem Amt
verbundenen Einkünfte; ein anderer legt im Parlament einen Gesetzentwurf vor, nach welchem die Besoldungen herabgesetzt werden, und be-
15 ginnt damit, seine eigene zu vermindern; als im Jahre 1742 die Preußen
Schlesien[17] eroberten, sammelte eine Dame 100 000 Pfund Sterling und bot
sie Maria Theresia[18] an. Jeder ist davon durchdrungen, daß die öffentlichen Vorfälle auch ihn angehen. Der Romandichter Fielding bekleidete
vier Jahre lang das unentgeltliche Amt eines Ober-Friedensrichters[19] und
20 hat das Londoner Polizeisystem ausgearbeitet. Der Sinn für Gerechtigkeit
ist den Engländern aller Klassen eigen. Raub und Einbruch sind verhältnismäßig selten, die 2 000 Nachtwächter, die nachts in London umher-
gehen und untersuchen, ob die Haustüren verschlossen sind, sind nicht
bewaffnet außer mit Schnarren. Man nimmt keinen Anstand, die be-
25 rühmte *Betteloper,*[20] in der das Räuberhandwerk verherrlicht wird, in
London alljährlich einige Dutzend Male aufzuführen. Es ist die Lieb-
lingsoper des Publikums wegen ihres Witzes und der schönen Musik, die
dazu gehört. Der Friedensrichter der Grafschaft Middlesex hat im Jahre
1772 den großen Schauspieler Garrick ersucht, sie nicht mehr zu spielen,

---

[15] **Johann von Müller**—professor and historian (1752–1809)
[16] **Nenne man es**—*If one were to call it*
[17] **Schlesien**—*Silesia* (a region in east central Germany, originally an Austrian province, then conquered by Prussia, at present under Polish administration)
[18] **Maria Theresia**—Empress of Austria (1717–1780), who fought two wars with Frederick II (the Great) of Prussia (1712–1786) for the possession of Silesia
[19] **Ober-Friedensrichter**—*chief justice of the peace*
[20] ***Betteloper***—*The Beggars' Opera,* a musical play by John Gay, first produced in 1728

aber er ist nicht darauf eingegangen. „Der menschliche Geist", sagt Archenholtz, „zeigt sich dem Philosophen nirgends erhabener, als wenn er eine Million Menschen auf einen Haufen zusammengedrängt sieht, die nicht durch das despotische Zepter des Soldaten, sondern durch das unsichtbare Band der Gesetze zusammengehalten werden." 5

Wie hätte sich in Deutschland, wo die Untertanen von allen Regierungsgeschäften ferngehalten wurden, *public spirit* entwickeln können! In der Stuttgarter Privilegierten Zeitung vom Jahre 1758 findet sich folgende Stelle: „Alle Particuliers[21] seynd von dem Thron und Stuhl, worauf die göttliche Vorsehung die Regenten als Götter dieser Erde 10 gesetzt hat, viel zu weit entfernt und viel zu viel Staub gegen ihnen,[22] als daß sie sich jemals erfrechen sollten, Derselben Thun und Lassen zu censiren.[23] Jeder bleibe in dem schuldigen Respect dieser Ebenbilder Gottes auf Erden und diene mit Gehorsam, Vernunft und Treue, so wird er die Pflichten eines ehrlichen Weltbürgers erfüllen." Die dem Deutschen 15 eigene Frömmigkeit, die Neigung, den eigenen Willen einem höheren Willen unterzuordnen, band sie, sobald der Glaube an Gott erschüttert war, an die Fürsten als an die höchsten Herren. Für viele trat der Fürst an die Stelle Gottes, und ihr Gefühl für ihn bekam eine Färbung von Schwärmerei, sie schwelgten in Hingebung und Selbsterniedrigung. 20 Waren sie aber auch nicht so ganz von der Gottähnlichkeit ihrer Fürsten durchdrungen, so waren sie doch überzeugt, daß sie von den öffentlichen Angelegenheiten nichts verstanden und daß es Sache des Fürsten und seiner Beamten sei, für das öffentliche Wohl im weitesten Umfang zu sorgen. Je mehr der Staat jede Lebensäußerung zu regeln sich anmaßte, 25 desto mehr verengerte sich das Betätigungsfeld der Untertanen, und desto mehr verringerte sich auch ihr Interesse. Wie gefühlsschmächtig die Gebildeten noch gegen Ende des 18. Jahrhunderts waren, geht daraus hervor, daß die Shakespeareschen Tragödien, die die Schrödersche Truppe[24] in Hamburg aufführte, mit einem glücklichen Ausgang versehen werden 30 mußten, damit das Publikum sie ertrug.

---

21 **Particuliers**—*private individuals*
22 **gegen ihnen = gegen sie** (archaic construction)
23 **als daß . . . censiren**—*that they should ever dare to censure their* (the Rulers') *conduct.* (**Derselben Thun = dersel-**

ben **Tun** [archaic spelling], **Tun und Lassen**—dealings, actions, conduct)
24 **Schrödersche Truppe**—Friedrich Ludwig Schröder (1744–1816), director of an acting troupe in Hamburg

Von der Untertanenbelanglosigkeit war bis zu einem gewissen Grade
der Adel ausgenommen. Mußte er auch, wenigstens in Preußen, blind
gehorchen, so war er doch den übrigen Ständen gegenüber durch Rechte
und Ansehen hoch emporgehoben. Ungefähr anderthalb Jahrhunderte
5   lang war der Adel die herrschende Schicht in Deutschland. Verdiente
er diesen Vorzug? Bediente er sich der Vorteile seiner Stellung zum
Besten des Ganzen? Gingen aus seiner Mitte Persönlichkeiten hervor,
die sich nicht nur durch die Geburt, sondern durch bedeutende Taten,
durch den Adel des Geistes und der Seele auszeichneten?

10   Der deutsche Adel war nicht wie der englische ein Zwischenglied
zwischen dem Fürsten und dem Volk, ihm war die Aufgabe zugewiesen,
den Despotismus zu stützen. Um den Preis der Unterordnung unter das
absolute Fürstentum durfte er an der Herrschaft über die anderen Stände
teilnehmen. Die Ansprüche, die er an den Fürsten infolgedessen stellen
15   konnte, nützte er ohne Scham aus, indem er keinen Eingriff in die
bäuerlichen Verhältnisse duldete und indem er sich seinen Besitz sichern
und vermehren ließ. „Der müßige Hof-Adel ist in allen Reichen und seit
mehr als einem Jahrhundert der eigentliche Blut-Igel[25] des Landes gewesen", schrieb Karl Friedrich von Moser; „es ist des unverschämten
20   Bettelns, Forderns und Nehmens kein Ende."[26] Friedrich der Große[27]
verzichtete, um den Adel in Blüte zu erhalten, auf das Aufkaufen adliger
Güter durch den Staat, während das Bauernlegen[28] durch den Adel bis
in seine Zeit hinein gestattet worden war. Dafür diente der Adel dem
Fürsten im Kriege. Gewohnt, als Gutsherren unbedingten Gehorsam von
25   den Bauern zu fordern, waren die Adligen gut geeignet, Befehlshaber
der Soldaten zu sein, die ja hauptsächlich aus dem Bauernstande her-
vorgingen. Auf diesem Gebiete entsprachen sie im allgemeinen den Erwartungen der Fürsten: Sie waren schneidige Führer, sie kämpften und
fielen tapfer. Waren die Deutschen im allgemeinen gute Soldaten, wie
30   hätten es die Adligen nicht sein sollen? Der Adel stellte ferner die
hohen Beamten und tat auch hier, was von ihm verlangt wurde. Eine
Anzahl höherer Beamter, und zwar gerade ausgezeichnete, war allerdings
bürgerlichen Ursprungs, in Preußen zum Beispiel Danckelmann und

---

25   **Blut-Igel**—*leech*                     27   **Friedrich der Große**—See footnote 18.
26   **es ist des . . . Ende**—*there is no end*   28   **das Bauernlegen**—*the buying up of*
      *to their impudent begging, demanding,*          *smaller peasant properties by big farmers*
      *and taking*

Cocceji.[29] Die Art, wie die Könige von Preußen ihren hohen Beamten auf die Finger sahen,[30] die peinlichste Aufsicht für nötig hielten, wie Friedrich der Große sie abkanzelte, wie er auch die Offiziere Schufte, Schlingel, Windbeutel nannte, spricht nicht für ihren Charakter. Wenn irgendeine Gefahr drohte, sei es durch eine Seuche oder durch feind- 5 lichen Einfall, pflegten sich der Hof und der Hofadel samt ihren Kostbarkeiten in Sicherheit zu bringen. Ausnahmen fielen auf.

Der österreichische Adel, der sehr reich war und freiere Bewegung genoß als der preußische, hat sich um die Kultur verdient gemacht[31] durch die Pflege der Baukunst und Malerei und namentlich durch die 10 Pflege der Musik. Wie der Name der Starhemberg mit dem militärischen Ruhme, sind die Namen der Esterhazy, Kinsky, Liechtenstein[32] und vieler anderer mit der Kunstblüte Österreichs verbunden.

Unter dem Adel, der, abseits vom Hofe, seine Güter bewirtschaftete, gab es sicherlich viel Tüchtigkeit, Wohlwollen und echte Religiosität. 15 Das Standesbewußtsein führte hier nicht nur zu leerer Überheblichkeit, sondern wohl auch zu dem Gefühl, daß der Adel verpflichte, und zwar zu menschlich würdiger Haltung ebenso wie zum Kriegsdienst.

Es läßt sich erwarten, daß der ländliche Charakter wohl mit mehr Roheit, aber auch mit mehr Sittenreinheit und mehr Frömmigkeit ver- 20 bunden gewesen sei, als im Ausland herrschte. Sicherlich gibt es einen Zusammenhang zwischen dem Grade der Zivilisation und dem Grade der Religiosität eines Volkes. In der Natur spüren wir den Hauch Gottes, der sich in ihr offenbart, in den Städten sind wir von Menschenwerk umgeben. Je mehr das Menschenwerk sich aufhäuft und die Natur und 25 das Natürliche verdrängt, desto mehr entwöhnen wir uns der Fähigkeit, die Stimme Gottes zu vernehmen.

Der unglückliche Umstand, daß fast alle Bauern Deutschlands in irgendeinem Hörigkeitsverhältnis standen, hatte zur Folge, daß die

29 **Danckelmann und Cocceji**—Eberhard Freiherr von Danckelmann, a leading Prussian government official (1643–1722), gave the country good government and played a material role in founding the university at Halle (1692) and the Akademie der Künste (1696). Samuel Freiherr von Cocceji (1679–1755) reformed the Prus-

sian judicial system.

30 **ihren hohen Beamten . . . sahen**— *kept a strict eye on their high government officials*

31 **hat sich . . . gemacht**—*has served culture well*

32 **Starhemberg . . . Liechtenstein**— names of several leading noble families in Austria

bäuerliche Schicht nicht so fruchtbar für das Volk, dessen Grundlage
sie doch bildeten, werden konnte, wie das sonst wohl der Fall gewesen
wäre. Johann Justus Möser[33] hat gesagt, der deutsche Hörige sei nur
das Zerrbild eines Bauern. In manchen Gegenden des Reichs war seine
5 Lage zu elend, als daß ein kräftiges Gefühlsleben sich in ihm hätte entfalten und als daß er ein wirksames Glied des Ganzen hätte werden
können. Immerhin kann man die Deutschen des 18. Jahrhunderts, soweit
man überhaupt über das innere Leben eines ganzen Volkes urteilen
kann, als ein gläubiges Volk bezeichnen. Aus allen damals verfaßten
10 Büchern und aus allen berichteten Vorgängen geht hervor, daß der Religion das hauptsächliche Interesse der Menschen aller Klassen galt. Wo
sie nicht die Herzen erfüllte, beschäftigte sie doch die Gedanken, sie
war da als eine lebendige Macht, mit der jeder, auch der Zweifler, sich
auseinandersetzte.

15 Wenn man nun versucht, an der Hand von Lebensbeschreibungen
Einblick in das Dasein von Privatpersonen zu gewinnen, von Bürgern,
Bauern, Gebildeten, so stößt man auf viele Züge von Roheit, ja Grausamkeit, aber daneben begegnet man einer Anzahl von tüchtigen, sogar vor-
bildlichen Menschen, die zu groß ist, als daß man sie für Ausnahmen
20 halten könnte.[34] Wie treffend auch die absprechenden Urteile im allgemeinen sein mögen, ein unverwüstlich guter Kern muß sich im Volke, unscheinbar, abseits vom breiten Wege, erhalten haben.

Man hat den wohltuenden Eindruck einer über alle Stände verbreiteten
Kultur, die sich auf dem Fundament des Christentums ausgebildet hatte.
25 Die Erziehung war streng, oft hart; aber Eltern, Lehrer, Geistliche, Vorgesetzte aller Art waren sich ihrer Pflicht bewußt, ihre Pfleglinge zu
gottesfürchtigen, tätigen, tapferen Menschen zu erziehen, und weitherzig
genug, der Jugend ein gewisses Recht auf Freude und mutwillige Streiche
zuzugestehen. Im Volke herrschte noch überwiegend der gesammelte
30 Ernst, der das Leben als eine Aufgabe nimmt, die von der göttlichen
Weisheit zu unerforschlichen, aber guten Zwecken gestellt ist. In vielen
Pfarrhäusern, Bürger- und Bauernhäusern gab es Männer und Frauen,
von denen man sagen konnte, sie hatten, wenn sie sich zum Sterben ausstreckten, einen guten Kampf gekämpft.

---

[33] **Johann Justus Möser**—statesman and       [34] **als daß . . . könnte**—*for one to be*
author (1720–1794)                                *able to consider them exceptions*

Wohl gab es in Brandenburg[35] und Preußen zur Zeit Friedrichs des Großen viele Dörfer ohne Schulen, und wo Dorfschulen waren, bestand die Vorschrift, daß den Kindern nur das Notwendigste an Lesen, Schreiben und Rechnen beizubringen sei; aber es gab auch deutsche Länder, wo der Volksunterricht besser und wo der Bauer weniger ge- 5 drückt war, wo Kinder, wenn sie nur einigermaßen aufgeweckt waren, sich praktische Lebenstüchtigkeiten erwerben konnten. Trotz der Trennung der Stände, die in Preußen strenger Grundsatz war, lebte das deutsche Volk, arm und in der Zivilisation zurückgeblieben, wie es war, im allgemeinen in ähnlichen Verhältnissen. Durch Geld und zahlreiche 10 Bedienung konnten sich die Hochgestellten Bequemlichkeiten verschaffen und sich Unbequemlichkeiten entziehen; aber der Durchschnitt lebte in schlecht geheizten, schlecht erleuchteten Stuben, war an Schmerzen gewöhnt und hatte Krankheit und Tod vor Augen.

Vielleicht ist es die Eigenart eines jeden Despotismus, jedenfalls war 15 es die des deutschen Absolutismus im 18. Jahrhundert, daß seine Wurzeln nicht bis in die Tiefen des Volkes reichen. Die Maschine des Beamtenstaates erfaßte hauptsächlich die oberen Kreise, die untersten Stufen des Volkslebens berührte sie weniger. So kam es, daß im Vordergrunde ein mechanisiertes, unselbständiges Wesen sich abspielte, während es unten 20 aus ewiger Fülle grünte und keimte. Aber auch im Beamtenstande hatten sich allmählich nicht nur Fleiß und Rechtschaffenheit ausgebreitet, sondern auch die Ideen der Aufklärung.[36]

35 **Brandenburg**—the region surrounding Berlin; before 1945 the central province of Prussia

36 **Aufklärung**—*Enlightenment* (the eighteenth-century European philosophical movement characterized by an emphasis on the idea of universal human progress and the free use of reason)

# Fragen

1. Charakterisieren Sie Gottfried von Berlichingen!
2. Beschreiben Sie die Eigenschaften des Durchschnittsdeutschen um das Jahr 1770!
3. Was kritisierte Karl Friedrich von Moser an seinen Mitbürgern? An welchen Redensarten will er sie erkennen?
4. Wie charakterisierte Schubart die Bürger seiner Zeit?
5. Wie charakterisierte der englische Gesandte am preußischen Hof die Bürger?
6. Welchen zwei Ständen schrieb Moser einen großen Teil der Schuld am Verfall der deutschen Freiheit zu? Warum?
7. Wie fiel der Vergleich der Deutschen mit anderen Nationen aus?
8. Was konnte man in London gegen Ende des 18. Jahrhunderts alles sehen und kaufen?
9. Wie waren gegen Ende des 18. Jahrhunderts die Städte in Deutschland?
10. Welche Beispiele gibt Archenholtz für den *public spirit* der Engländer?
11. Wie zeigt sich der Gerechtigkeitssinn der Engländer?
12. Warum konnte sich in Deutschland der *public spirit* nicht entwickeln?
13. Wer trat für viele Deutsche an die Stelle Gottes?
14. Wie verhielten sich viele Deutsche ihren Fürsten gegenüber?
15. Warum kümmerten sich die meisten Deutschen nicht um die öffentlichen Angelegenheiten? Wessen Sache, meinten sie, sollte es sein, für das öffentliche Wohl zu sorgen?
16. Welche Änderungen mußten in den Shakespeareschen Tragödien noch gegen Ende des 18. Jahrhunderts gemacht werden? Warum?
17. Wer war von der Untertanenbelanglosigkeit bis zu einem gewissen Grade ausgenommen?
18. Wie unterschied sich die Aufgabe des deutschen Adels von der des englischen?
19. Welches war der Preis, um den der deutsche Adel an der Herrschaft über die anderen Stände teilnehmen durfte?
20. Welche Konzessionen machte Friedrich der Große dem Adel? Für welche Dienste war der Adel besonders gut geeignet? Warum?
21. Aus welchen Ständen kamen die meisten hohen und höheren Beamten?
22. Wie verhielten sich der Hof und der Hofadel, wenn irgendeine Gefahr drohte?
23. Welches waren die Verdienste des österreichischen Adels?
24. Warum meint Ricarda Huch, daß der Mensch auf dem Lande religiöser sei als der in den Städten?

25. Warum war die bäuerliche Schicht für das deutsche Volk nicht so fruchtbar, wie sie es unter besseren Umständen vielleicht hätte sein können?

26. Welcher Sache galt das hauptsächliche Interesse aller Klassen der Deutschen im 18. Jahrhundert?

27. Was muß sich im Volke trotz aller absprechenden Urteile doch erhalten
haben? Welchen wohltuenden Eindruck empfängt man?

28. Zu welcher Art Menschen wollten Eltern, Lehrer, Geistliche ihre
Pfleglinge erziehen?

29. Als was wurde das Leben betrachtet?

30. Was konnte man von vielen Männern und Frauen sagen, wenn sie sich
zum Sterben ausstreckten?

31. Wie war das materielle Leben des Durchschnittsdeutschen?

32. Welche Eigenschaften und Ideen breiteten sich im Beamtenstand allmählich aus?

33. Geben Sie ein kurzes Charakterbild des amerikanischen Menschen von
heute!

GOTTHOLD EPHRAIM LESSING *wurde 1729 in Kamenz in Sachsen als Sohn eines Pfarrers geboren und ist 1781 in Braunschweig gestorben. Er war Meister der klaren, witzigen Prosa, ein bahnbrechender Kritiker, Ästhetiker, und Literaturtheoretiker, und der Schöpfer des neuen deutschen Dramas. Mit Goethe und Schiller war er einer der drei Großen der deutschen Klassik. Bedeutendere Werke sind:* Fabeln (*1759*), Laokoon (*ästhetische Theorie, 1766*), Minna von Barnhelm (*Lustspiel, 1767*), Hamburgische Dramaturgie (*dramatische Theorie und Praxis, 1767–1769*), Emilia Galotti (*Trauerspiel, 1772*), Nathan der Weise (*dramatisches Gedicht, 1779*).
*Als „Exempel der praktischen Sittenlehre" (Lessing) war die Gattung der Fabel in der deutschen Aufklärung sehr beliebt. Lessing gilt als der bedeutendste deutsche Fabeldichter. Seine Fabeln zeichnen sich durch höchsten Verstand, geistreiche Erfindung und prägnanten Ausdruck aus.*

# AUS DEN FABELN
# von Gotthold Ephraim Lessing

### DER LÖWE UND DER HASE

EIN LÖWE würdigte einen drollichten[1] Hasen seiner nähern Bekanntschaft. „Aber ist es denn wahr", fragte ihn einst der Hase, „daß
euch Löwen ein elender krähender Hahn so leicht verjagen kann?"

„Allerdings ist es wahr", antwortete der Löwe; „und es ist eine allgemeine Anmerkung, daß wir große Tiere durchgängig eine gewisse kleine   5
Schwachheit an uns haben. So wirst du zum Exempel von dem Elefanten
gehört haben, daß ihm das Grunzen eines Schweins Schauder und
Entsetzen erwecket." —

„Wahrhaftig?" unterbrach ihn der Hase. „Ja, nun begreif' ich auch,
warum wir Hasen uns so entsetzlich vor den Hunden fürchten."   10

### ZEUS UND DAS PFERD

„VATER DER TIERE UND MENSCHEN", so sprach das Pferd und nahte
sich dem Throne des Zeus, „man will,[2] ich sei eines der schönsten Ge-
schöpfe, womit du die Welt gezieret, und meine Eigenliebe heißt mich

_____
[1]  **drollicht** = drollig (archaic)          [2]  **man will**—(here:) _one claims_

es glauben. Aber sollte gleichwohl nicht noch Verschiedenes[3] an mir
zu bessern sein?" —

„Und was meinst du denn, daß an dir zu bessern sei? Rede! ich nehme
Lehre an", sprach der gute Gott, und lächelte.

5    „Vielleicht", sprach das Pferd weiter, würde ich flüchtiger sein, wenn
meine Beine höher und schmächtiger wären; ein langer Schwanenhals
würde mich nicht verstellen;[4] eine breitere Brust würde meine Stärke
vermehren; und da du mich doch einmal bestimmt hast, deinen Liebling,
den Menschen, zu tragen, so könnte mir ja wohl der Sattel anerschaffen
10  sein, den mir der wohltätige Reiter auflegt."

„Gut", versetzte Zeus; „gedulde dich einen Augenblick!" Zeus, mit
ernstem Gesichte, sprach das Wort der Schöpfung. Da quoll Leben in den
Staub, da verband sich organisierter Stoff; und plötzlich stand vor dem
Throne — das häßliche Kamel.

15  Das Pferd sah, schauderte und zitterte vor entsetzendem Abscheu.

„Hier sind höhere und schmächtigere Beine", sprach Zeus; „hier ist ein
langer Schwanenhals; hier ist eine breitere Brust; hier ist der anerschaf-
fene Sattel! Willst du, Pferd, daß ich dich so umbilden soll?"

Das Pferd zitterte noch.

20  „Geh", fuhr Zeus fort; „dieses Mal sei belehrt, ohne bestraft zu werden.
Dich deiner Vermessenheit aber dann und wann reuend zu erinnern, so
daure du fort, neues Geschöpf" — Zeus warf einen erhaltenden Blick auf
das Kamel — — „und das Pferd erblicke dich nie, ohne zu schaudern."

## DER RANGSTREIT DER TIERE
in vier Fabeln

### ( 1 )

ES ENTSTAND ein hitziger Rangstreit unter den Tieren. „Ihn zu
25  schlichten", sprach das Pferd, „lasset[5] uns den Menschen zu Rate ziehen;
er ist keiner von den streitenden Teilen und kann desto unparteiischer
sein."

„Aber hat er auch den Verstand dazu?" ließ sich ein Maulwurf hören.[6]

---

3  **Verschiedenes**—*various things*
4  **verstellen = entstellen**—*disfigure* (ar-
    chaic)

5  **lasset = laßt**; next page, line 5:
    **besitzet = besitzt**; etc. (archaic forms)
6  **ließ sich . . . hören**—*a mole spoke
    up*

„Er braucht wirklich den allerfeinsten, unsere oft tief versteckte Voll-
kommenheiten zu erkennen."

„Das war sehr weislich erinnert!" sprach der Hamster.

„Jawohl!" rief auch der Igel. „Ich glaube es nimmermehr, daß der
Mensch Scharfsichtigkeit genug besitzet."                              5

„Schweigt ihr!" befahl das Pferd. „Wir wissen es schon: Wer sich auf
die Güte seiner Sache am wenigsten zu verlassen hat, ist immer am
fertigsten, die Einsicht seines Richters in Zweifel zu ziehen."

### ( 2 )

DER MENSCH ward[7] Richter. — „Noch ein Wort", rief ihm der
majestätische Löwe zu, „bevor du den Ausspruch tust! Nach welcher   10
Regel, Mensch, willst du unsern Wert bestimmen?"

„Nach welcher Regel? Nach dem Grade, ohne Zweifel", antwortete der
Mensch, „in welchem ihr mir mehr oder weniger nützlich seid." —

„Vortrefflich!" versetzte der beleidigte Löwe. „Wie weit würde ich
alsdenn[8] unter dem Esel zu stehen kommen! Du kannst unser Richter   15
nicht sein, Mensch! Verlaß die Versammlung!"

### ( 3 )

DER MENSCH entfernte sich. — „Nun", sprach der höhnische Maulwurf — (und ihm stimmte der Hamster und der Igel wieder bei) —,
„siehst du, Pferd? der Löwe meint es auch, daß der Mensch unser Richter
nicht sein kann. Der Löwe denkt wie wir."                             20

„Aber aus bessern Gründen als ihr!" sagte der Löwe und warf ihnen
einen verächtlichen Blick zu.

### ( 4 )

DER LÖWE fuhr weiter fort: „Der Rangstreit, wenn ich es recht
überlege, ist ein nichtswürdiger Streit! Haltet mich für den Vornehmsten
oder für den Geringsten; es gilt mir gleichviel. Genug, ich kenne      25
mich!" — Und so ging er aus der Versammlung.

Ihm folgte der weise Elefant, der kühne Tiger, der ernsthafte Bär, der
kluge Fuchs, das edle Pferd; kurz alle, die ihren Wert fühlten oder zu
fühlen glaubten.

[7]  **ward** = **wurde** (poetic and archaic)        [8]  **alsdenn** = **alsdann** (archaic)

Die sich am letzten wegbegaben und über die zerrissene Versammlung am meisten murreten,[9] waren — der Affe und der Esel.

## DIE GESCHICHTE DES ALTEN WOLFS
in sieben Fabeln

### ( 1 )

DER BÖSE Wolf war zu Jahren gekommen[10] und faßte den gleißenden[11] Entschluß, mit den Schäfern auf einem gütlichen Fuß zu
5 leben.[12] Er machte sich also auf und kam zu dem Schäfer, dessen Horden seiner Höhle die nächsten waren.

„Schäfer", sprach er, „du nennest mich den blutgierigen Räuber, der ich doch wirklich nicht bin. Freilich muß ich mich an deine Schafe halten, wenn mich hungert; denn Hunger tut weh. Schütze mich nur vor dem
10 Hunger; mache mich nur satt, und du sollst mit mir recht wohl zufrieden sein. Denn ich bin wirklich das zahmste, sanftmütigste Tier, wenn ich satt bin."

„Wenn du satt bist? Das kann wohl sein", versetzte der Schäfer. „Aber wenn bist du denn satt? Du und der Geiz werden es nie. Geh deinen
15 Weg!"

### ( 2 )

DER ABGEWIESENE Wolf kam zu einem zweiten Schäfer.
„Du weißt, Schäfer", war seine Anrede, „daß ich dir das Jahr durch[13] manches Schaf würgen könnte. Willst du mir überhaupt jedes Jahr sechs Schafe geben, so bin ich zufrieden. Du kannst alsdenn sicher schlafen und
20 die Hunde ohne Bedenken abschaffen."

„Sechs Schafe?" sprach der Schäfer. „Das ist ja eine ganze Herde!" —
„Nun, weil du es bist, so will ich mich mit fünfen[14] begnügen", sagte der Wolf.

„Du scherzest; fünf Schafe! Mehr als fünf Schafe opfre ich kaum im
25 ganzen Jahre dem Pan."[15]

---

9  murreten = murrten—*grumbled*
10  war zu . . . gekommen—*had grown old*
11  gleißenden = heuchlerischen—*hypocritical* (archaic)

12  auf einem . . . zu leben—*to live on an amicable basis*
13  das Jahr durch—*throughout the year*
14  fünfen = fünf
15  dem Pan—*the demi-god Pan* (in Greek

„Auch nicht viere?" fragte der Wolf weiter; und der Schäfer schüttelte spöttisch den Kopf.

„Drei? — Zwei? — —"

„Nicht ein einziges", fiel endlich der Bescheid. „Denn es wäre ja wohl töricht, wenn ich mich einem Feinde zinsbar machte, vor welchem ich 5 mich durch meine Wachsamkeit sichern kann."

### (3)

„ALLER GUTEN Dinge sind drei",[16] dachte der Wolf und kam zu einem dritten Schäfer.

„Es geht mir recht nahe",[17] sprach er, „daß ich unter euch Schäfern als das grausamste, gewissenloseste Tier verschrien bin. Dir, Montan,[18] will ich itzt[19] beweisen, wie unrecht man mir tut. Gib mir jährlich ein Schaf, 10 so soll deine Herde in jenem Walde, den niemand unsicher macht als ich, frei und unbeschädigt weiden dürfen. Ein Schaf! Welche Kleinigkeit! Könnte ich großmütiger, könnte ich uneigennütziger handeln? — Du lachst, Schäfer? Worüber lachst du denn?"

„O über nichts! Aber wie alt bist du, guter Freund?" sprach der 15 Schäfer.

„Was geht dich mein Alter an?[20] Immer noch alt genug, dir deine liebsten Lämmer zu würgen."

„Erzürne dich nicht, alter Isegrim![21] Es tut mir leid, daß du mit deinem Vorschlage einige Jahre zu späte kömmst. Deine ausgebissenen Zähne verraten dich. Du spielst den Uneigennützigen, bloß um dich desto gemächlicher, mit desto weniger Gefahr nähren zu können." 20

### (4)

DER WOLF ward ärgerlich, faßte sich aber doch und ging auch zu dem vierten Schäfer. Diesem war eben sein treuer Hund gestorben, und der Wolf machte sich den Umstand zunutze. 25

„Schäfer", sprach er, „ich habe mich mit meinen Brüdern in dem

mythology patron of shepherds, god of flocks and pastures and of forests with their wildlife)

16 **Aller guten . . . drei**—*All good things come in threes*

17 **Es geht . . . nahe**—*it makes me most unhappy*

18 **Montan**—a name

19 **itzt = jetzt** (archaic)

20 **Was geht . . . an?**—*What business of yours is my age?*

21 **Isegrim**—the wolf's name. The name has come into common usage meaning "grumbler, grouch."

Walde veruneiniget, und so, daß ich mich in Ewigkeit nicht wieder mit ihnen aussöhnen werde. Du weißt, wieviel du von ihnen zu fürchten hast! Wenn du mich aber anstatt deines verstorbenen Hundes in Dienste nehmen willst, so stehe ich dir dafür, daß sie keines deiner Schafe auch
5 nur scheel ansehen sollen."

„Du willst sie also", versetzte der Schäfer, „gegen deine Brüder im Walde beschützen?" —

„Was meine ich denn sonst? Freilich."

„Das wäre nicht übel! Aber wenn ich dich nun in meine Horden ein-
10 nähme, sage mir doch, wer sollte alsdenn meine armen Schafe gegen dich beschützen? Einen Dieb ins Haus nehmen, um vor den Dieben außer dem Hause sicher zu sein, das halten wir Menschen — —"

„Ich höre schon", sagte der Wolf, „du fängst an zu moralisieren. Lebe wohl!"

## ( 5 )

15 „WÄRE ICH nicht so alt!" knirschte der Wolf. „Aber ich muß mich leider in die Zeit schicken."[22] Und so kam er zu dem fünften Schäfer.

„Kennst du mich, Schäfer?" fragte der Wolf.

„Deinesgleichen wenigstens kenne ich", versetzte der Schäfer.
20 „Meinesgleichen? Daran zweifle ich sehr. Ich bin ein so sonderbarer Wolf, daß ich deiner und aller Schäfer Freundschaft wohl wert bin."

„Und wie sonderbar bist du denn?"

„Ich könnte kein lebendiges Schaf würgen und fressen, und wenn es mir das Leben kosten sollte. Ich nähre mich bloß mit toten Schafen.
25 Ist das nicht löblich? Erlaube mir also immer, daß ich mich dann und wann bei deiner Herde einfinden und nachfragen darf, ob dir nicht —"

„Spare der Worte!"[23] sagte der Schäfer. „Du müßtest gar keine Schafe fressen, auch nicht einmal tote, wenn ich dein Feind nicht sein sollte. Ein Tier, das mir schon tote Schafe frißt, lernt leicht aus Hunger kranke
30 Schafe für tot und gesunde für krank ansehen. Mache auf meine Freundschaft also keine Rechnung und geh!"

[22] **in die . . . schicken**—*adjust to the times* [23] **Spare der Worte** = **Spare die Worte** (archaic construction)

( 6 )

„ICH MUSS nun schon mein Liebstes²⁴ daran wenden, um zu meinem Zwecke zu gelangen!" dachte der Wolf und kam zu dem sechsten Schäfer.

„Schäfer, wie gefällt dir mein Belz?"²⁵ fragte der Wolf.

„Dein Belz?" sagte der Schäfer. „Laß sehen! Er ist schön; die Hunde ₅ müssen dich nicht oft untergehabt haben."

„Nun so höre, Schäfer; ich bin alt und werde es so lange nicht mehr treiben. Füttere mich zu Tode,²⁶ und ich vermache dir meinen Belz."

„Ei sieh doch!"²⁷ sagte der Schäfer. „Kömmst du auch hinter die Schliche der alten Geizhälse?²⁸ Nein, nein; dein Belz würde mich am ₁₀ Ende siebenmal mehr kosten, als er wert wäre. Ist es dir aber ein Ernst, mir ein Geschenk zu machen, so gib mir ihn gleich itzt." — Hiermit griff der Schäfer nach der Keule, und der Wolf floh.

( 7 )

„O DIE UNBARMHERZIGEN!" schrie der Wolf und geriet in die äußerste Wut. „So will ich auch als ihr Feind sterben, ehe mich der Hunger ₁₅ tötet; denn sie wollen es nicht besser!"

Er lief, brach in die Wohnungen der Schäfer ein, riß ihre Kinder nieder und ward nicht ohne große Mühe von den Schäfern erschlagen.

Da sprach der Weiseste von ihnen: „Wir taten doch wohl unrecht, daß wir den alten Räuber auf das äußerste brachten und ihm alle Mittel zur ₂₀ Besserung, so spät und erzwungen sie auch war, benahmen!"

²⁴ **mein Liebstes**—*the thing dearest to me*
²⁵ **Belz = Pelz** (archaic)
²⁶ **zu Tode**—*until I die*
²⁷ **Ei sieh doch**—*why just look there*

²⁸ **Kömmst du . . . Geizhälse**—*Are you also learning the tricks of the old misers?* (**Kömmst = kommst** [archaic])

# *Fragen*

### *Der Löwe und der Hase*

1. Was fragte ein Hase einen Löwen?
2. Was ist eine allgemeine Eigenschaft großer Tiere?
3. Was erweckt dem Elefanten Schauder und Entsetzen?
4. Was in der Fabel zeigt uns, daß sich der Hase für ein großes Tier hält? Warum ist seine Logik nicht richtig?

### *Zeus und das Pferd*

5. Warum war das Pferd unzufrieden?
6. Was, meinte das Pferd, wäre an ihm zu bessern?
7. Wie sah das „verbesserte Pferd" aus? Wie nannte man das neue Tier?
8. Warum wollte Zeus, daß das neue Geschöpf fortdauere?

### *Der Rangstreit der Tiere*

9. Wen wollte das Pferd im Rangstreit der Tiere zu Rate ziehen?
10. Welche Einwände machten der Maulwurf, der Hamster, und der Igel?
11. Wer ist immer am fertigsten, die Einsicht seines Richters in Zweifel zu ziehen?
12. Nach welcher Regel wollte der Mensch den Wert der Tiere bestimmen?
13. Warum protestierte der Löwe gegen die Regel, nach der der Mensch den Wert der Tiere bestimmen wollte?
14. Worin stimmten der Maulwurf, der Hamster, der Igel, und der Löwe überein? Wodurch unterscheidet sich das Urteil des Löwen von dem des Maulwurfs, des Hamsters, und des Igels?
15. Warum hielt der Löwe den Rangstreit für einen nichtswürdigen Streit?
16. Welche Tiere gingen mit dem Löwen aus der Versammlung? Was haben alle diese Tiere gemeinsam?
17. Was taten der Affe und der Esel?

### *Die Geschichte des alten Wolfs*

18. Was für einen Entschluß faßte der Wolf, als er zu Jahren gekommen war?
19. Welchen Vorschlag machte der Wolf dem ersten Schäfer?
20. Was antwortete der erste Schäfer auf den Vorschlag des Wolfs?
21. Wieviele Schafe forderte der Wolf vom zweiten Schäfer? Zuerst? Zuletzt?
22. Warum hielt der zweite Schäfer den Vorschlag des Wolfs für töricht?
23. Was versprach der Wolf dem dritten Schäfer, wenn dieser ihm jährlich ein Schaf geben wolle?

24. Was verriet den Wolf? Warum meinte der dritte Schäfer, daß der Wolf den Uneigennützigen spielte?
25. Welches Angebot machte der Wolf dem vierten Schäfer?
26. Was erwiderte der Schäfer auf das Angebot? Warum verließ der Wolf den Schäfer, bevor dieser noch den Satz fertiggesprochen hatte?
27. Warum wollte der fünfte Schäfer dem Wolf nicht einmal ein totes Schaf zum Fressen geben?
28. Was wollte der Wolf dem sechsten Schäfer vermachen, wenn dieser ihn bis zu seinem Tode füttern wollte?
29. Warum lehnte der sechste Schäfer den vorgeschlagenen Handel ab?
30. Warum brach der Wolf in die Wohnungen der Schäfer ein? Was machte er dort? Was taten die Schäfer mit dem Wolf?
31. Was sprach endlich der Weiseste der Schäfer? Welche Bedeutung hat dies?
32. Kommentieren Sie den Stil von Lessings *Fabeln!*

JOHANN PETER HEBEL *wurde 1760 in Basel als Sohn eines Dienerehepaares geboren und starb 1826 in Schwetzingen. Er studierte Theologie in Erlangen, bestand das Predigtamtsexamen, wurde erst Lehrer, dann Direktor des Gymnasiums in Karlsruhe. Er schrieb Gedichte in alemannischer Mundart und Kalendergeschichten:* Alemannische Gedichte (*1803*), Schatzkästlein des Rheinischen Hausfreunds (*1811; Geschichtensammlung aus dem von Hebel seit 1808 herausgegebenen* Rheinländischen Hausfreund oder Neuen Kalender mit lehrreichen Nachrichten und lustigen Erzählungen.)
*Die zwei folgenden Erzählungen sind Kalendergeschichten aus dem* Rheinländischen Hausfreund. *Kalendergeschichten sind Legenden, Schwänke, Anekdoten und sonstige Erzählungen, die zur Belehrung, Erbauung und Unterhaltung des Volkes in Kalendern abgedruckt wurden. Bei Hebel gewinnt zuweilen die Freude am reinen Erzählen die Oberhand und das moralisch-belehrende Element tritt zurück. Der etwas drastische und makabre schwarze Humor gibt diesen Erzählungen einen fast modernen Anstrich.*

# MERKWÜRDIGE SCHICKSALE
# EINES JUNGEN ENGLÄNDERS
## von Johann Peter Hebel

EINES TAGES reiste ein junger Engländer auf dem Postwagen zum
ersten Mal in die große Stadt London, wo er von den Menschen, die
daselbst wohnen, keinen einzigen kannte als seinen Schwager, den er besuchen wollte, und seine Schwester, so[1] des Schwagers Frau war. Auch
auf dem Postwagen war neben ihm niemand als der Kondukteur, das ist       5
der Aufseher über den Postwagen, der auf alles achthaben und an Ort
und Stelle über die Briefe und Pakete Red und Antwort geben[2] muß; und
die zwei Reisekameraden dachten damals auch nicht daran, wo sie
einander das nächste Mal wiedersehen würden. Der Postwagen kam erst
in der tiefen Nacht in London an. In dem Posthause konnte der Fremde    10
nicht über Nacht bleiben, weil der Postmeister daselbst ein vornehmer
Herr ist und nicht wirtet, und des Schwagers Haus wußte der arme
Jüngling in der ungeheuer großen Stadt bei stockfinsterer Nacht so wenig
zu finden als in einem Wagen voll Heu eine Stecknadel. Da sagte zu ihm
der Kondukteur: „Junger Herr, kommt Ihr[3] mit mir! Ich bin zwar auch   15

---

[1] so—*who* (archaic)

[2] **Red und Antwort geben**—*be an-*
*swerable for*

[3] **Ihr**—archaic polite form of address

217

nicht hier daheim, aber ich habe, wenn ich nach London komme, bei einer Verwandten ein Stüblein, wo zwei Betten stehen. Meine Base wird Euch schon beherbergen, und morgen könnt Ihr Euch alsdann[4] nach Eures Schwagers Haus erkundigen, wo[5] Ihr es besser finden werdet." Das ließ
5 sich der junge Mensch nicht zweimal sagen. Sie tranken bei der Frau Base noch einen Krug englisches Bier, das noch besser sein soll als das Donaueschinger oder Säckinger,[6] so doch auch nicht schlecht ist, aßen eine Knackwurst dazu und legten sich dann schlafen. In der Nacht kam den Fremden eine Notdurft an,[7] und mußt[8] hinausgehen. Da war er übler
10 dran als noch nie. Denn er wußte in seiner Nachtherberge, so klein sie war, so wenig Bericht als ein paar Stunden vorher in der großen Stadt.[9] Zum Glück aber wurde der Kondukteur auch wach und sagte ihm, wie er gehen müsse, links und rechts und wieder links. „Die Türe",[10] fuhr er fort, „ist zwar verschlossen, wenn Ihr an Ort und Stelle kommt,
15 und wir haben den Schlüssel verloren. Aber nehmt in meinem Rockelorsack[11] mein großes Messer mit und schiebt es zwischen dem Türlein und dem Pfosten hinein, so springt inwendig die Falle auf. Geht nur dem Gehör nach, Ihr hört ja die Themse[12] rauschen! Und zieht etwas an, die Nacht ist kalt." Der Fremde erwischte in der Geschwindigkeit und in
20 der Finsternis das Kamisol[13] des Kondukteurs statt des seinen, zog es an und kam glücklich an den Platz. Denn er schlug es nicht hoch an, daß er unterwegs einmal den Rang zu kurz genommen hatte,[14] so daß er mit der Nase an ein Eck anstieß und wegen dem hitzigen Bier, so er getrunken hatte, entsetzlich blutete. Allein ob[15] dem starken Blutverlust
25 und der Verkältung[16] bekam er eine Schwäche und schlief ein. Der nachtfertige Kondukteur wartete und wartete, wußte nicht, wo sein Schlafka-

---

4 **alsdann**—*then*
5 **wo**—*when*
6 **das Donaueschinger oder Säckinger** —*the beer made in the towns of Donaueschingen or Säckingen* (The former is in the Black Forest, the latter on the upper Rhine.)
7 **kam den . . . an**—*the stranger felt a pressing need*
8 **mußt = mußte**
9 **Da war . . . Stadt**—*He was in a worse way than he ever had been before; for he knew his way as little around his lodging, though it was small, as he had known it a few hours before around the* *big city.*
10 **Die Türe**—singular
11 **Rockelorsack**—*pocket of a "Rockelor,"* a type of overcoat popular in the latter part of the eighteenth century
12 **die Themse**—*the Thames*
13 **das Kamisol**—*camisole, a type of jacket for men* (archaic)
14 **Denn er . . . hatte**—*For he didn't pay too much attention to it, that on the way* (there) *he had once taken a corner too sharply* (**Rang:** Middle High German **ranc,** "quick turn")
15 **ob = wegen**—*on account of*
16 **Verkältung = Erkältung** (dialect)

merad so lange bleibt, bis er auf der Gasse einen Lärm vernahm; da fiel
ihm im halben Schlaf der Gedanke ein: ‚Was gilts,[17] der arme Teufel ist
an die Haustüre gekommen, ist auf die Gasse hinausgegangen und gepreßt worden.' Denn wenn die Engländer viel Volk auf ihre Schiffe
brauchen, so gehen unversehens bestellte starke Männer nachts in den    5
gemeinen Wirtsstuben, in verdächtigen Häusern und auf der Gasse
herum, und wer ihnen alsdann in die Hände kommt und tauglich ist,
den fragen sie nicht lange: „Landsmann, wer bist du?" oder „Landsmann,
wer seid Ihr?", sondern machen kurzen Prozeß,[18] schleppen ihn — gern
oder ungern — fort auf die Schiffe, und Gott befohlen![19] Solch eine    10
nächtliche Menschenjagd nennt man Pressen; und deswegen sagte der
Kondukteur: „Was gilts, der arme Teufel ist gepreßt worden." — In
dieser Angst sprang er eilig auf, warf seinen Rockelor[20] um sich und eilte
auf die Gasse, um womöglich den armen Schelm zu retten. Als er aber
eine Gasse und zwei Gassen weit dem Lärmen nachgegangen war, fiel er   15
selber den Pressern in die Hände, wurde auf ein Schiff geschleppt —
ungern — und den andern Morgen weiter. Weg war er. Nachher kam der
junge Mensch im Hause wieder zu sich, eilte, wie er war, in sein Bett
zurück, ohne den Schlafkameraden zu mangeln,[21] und schlief bis in den
Tag. Unterdessen wurde der Kondukteur um acht Uhr auf der Post       20
erwartet, und als er immer und immer nicht kommen wollte, wurde ein
Postbedienter abgeschickt, ihn zu suchen. Der fand keinen Kondukteur,
aber einen Mann mit blutigem Gewand im Bett liegen, auf dem Gang
ein großes, offenes Messer, Blut bis auf den Abtritt, und unten rauschte
die Themse. Da fiel ein böser Verdacht auf den blutigen Fremdling, er   25
habe den Kondukteur ermordet und in das Wasser geworfen. Er wurde
in ein Verhör geführt, und als man ihn visitierte und in den Taschen des
Kamisols, das er noch immer anhatte, einen ledernen Geldbeutel fand,
mit dem wohlbekannten silbernen Petschaftring des Kondukteurs am
Riemen befestigt, da war es um den armen Jüngling geschehn.[22] Er      30
berief sich auf seinen Schwager, — man kannte ihn nicht; auf seine
Schwester, — man wußte von ihr nichts. Er erzählte den ganzen Hergang

---

17  **Was gilts = Was gilt's**—*what do you
    bet*
18  **machen kurzen Prozeß**—*make short
    work* (of it)
19  **Gott befohlen**—*God be with you* (i.e.,
    good-bye)

20  **Rockelor**—See footnote 11 above.
21  **ohne den . . . mangeln**—*without
    missing his roommate* (archaic construc-
    tion)
22  **da war . . . geschehen**—*the jig was
    up for the poor lad*

der Sache, wie er selber sie wußte. Aber die Blutrichter sagten: „Das sind blaue Nebel,[23] und Ihr werdet gehenkt." Und wie gesagt, so geschehn, noch am nämlichen Nachmittag nach engländischem Recht und Brauch. Mit dem engländischen Brauch aber ist es so: weil in London der Spitz-
5 buben viele sind,[24] so macht man mit denen, die gehenkt werden, kurzen Prozeß, und bekümmern sich nicht viele Leute darum, weil mans oft sehen kann. Die Missetäter, soviel man auf einmal hat, werden auf einen breiten Wagen gesetzt und bis unter den Galgen geführt. Dort hängt man den Strick in den bösen Nagel[25] ein, fährt alsdann mit dem Wagen unter
10 ihnen weg, läßt die schönen Gesellen zappeln und schaut nicht um. Allein in England ist das Hängen nicht so schimpflich wie bei uns, sondern nur tödlich. Deswegen kommen nachher die nächsten Verwandten des Missetäters und ziehn so lange unten an den Beinen, bis der Herr Vetter oben erstickt. Aber unserm Fremdling tat niemand diesen traurigen
15 Dienst der Liebe und Freundschaft an, bis abends ein junges Ehepaar Arm in Arm auf einem Spaziergang von ungefähr über den Richtplatz wandelte und im Vorbeigehen nach dem Galgen schaute. Da fiel die Frau mit einem lauten Schrei des Entsetzens in die Arme ihres Mannes: „Barmherziger Himmel, da hängt unser Bruder!" Aber noch größer wurde der
20 Schrecken, als der Gehenkte bei der bekannten Stimme seiner Schwester die Augenlider aufschlug und die Augen fürchterlich drehte. Denn er lebte noch (und das Ehepaar, das vorüberging, war die Schwester und der Schwager). Der Schwager aber, der ein entschlossener Mann war, verlor die Besinnung nicht, sondern dachte in der Stille auf Rettung.
25 Der Platz war entlegen, die Leute hatten sich verlaufen, und um Geld und gute Worte gewann er ein paar beherzte und vertraute Bursche, die nahmen den mir nichts, dir nichts[26] ab, als wenn sie das Recht dazu hätten, und brachten ihn glücklich und unbeschrien[27] in des Schwagers Haus. Dort ward[28] er in wenig Stunden wieder zu sich gebracht, bekam
30 ein kleines Fieber und wurde unter der lieben Pflege seiner getrösteten Schwester bald wieder völlig gesund. Eines Abends aber sagte der Schwager zu ihm: „Schwager! Ihr könnt nun in dem Land nicht bleiben.

23 **Das sind blaue Nebel**—*That's blue fog* (i.e., you are just trying to cover up the truth)

24 **der Spitzbuben . . . sind**—*there are so many rascals*

25 **den bösen Nagel**—*the evil nail* (i.e., the nail from which the hanging rope was suspended)

26 **mir nichts, dir nichts**—*without further ado*

27 **unbeschrien**—(here:) *without anyone interfering* (dialect)

28 **ward = wurde** (archaic and poetic)

Wenn Ihr entdeckt werdet, so könnt Ihr noch einmal gehenkt werden, und ich dazu. Und wenn auch nicht, so habt Ihr ein Halsband an Eurem Hals getragen, das für Euch und Eure Verwandten ein schlechter Staat war. Ihr müßt nach Amerika. Dort will ich für Euch sorgen." Das sah der gute Jüngling ein, ging bei der ersten Gelegenheit in ein vertrautes 5 Schiff und kam nach achtzig Tagen glücklich in dem Seehafen von Philadelphia an. Als er aber hier an einem landfremden Orte mit schwerem Herzen wieder an das Ufer stieg, und als er eben bei sich selber dachte: ‚Wenn mir doch Gott auch nur einen einzigen Menschen entgegenführte, der mich kennt', siehe, da kam in armseliger Schiffskleidung 10 der Kondukteur. Aber so groß sonst die Freude des unverhofften Wiedersehens an einem solchen fremden Orte ist, so war doch hier der erste Willkomm schlecht genug. Denn auf einer Abbildung kann man sehen: Zum ersten den Kondukteur, wie er mit geballter Faust auf den Ankömmling losgeht; er sagt zu ihm: „Wo führt Euch der Böse her,[29] Ihr 15 verdammter Nachtläufer?[30] Wißt Ihr, daß ich wegen Euch bin gepreßt worden?" Und zum zweiten sieht man den jungen Engländer, der die Hand auch nicht im Sack hat, [31] der antwortete: „Goddam, Ihr vermaledeiter Überall und Nirgends,[32] wißt Ihr, daß man wegen Euch mich gehenkt hat?" 20

Zum dritten aber sieht man das Wirtshaus zu den drei Kronen[33] in Philadelphia. Dort kamen sie des andern Tages wieder zusammen, erzählten sich ihre Schicksale und wurden wieder die besten Freunde; und der junge Engländer, der in einem Handlungshaus gute Geschäfte machte, ruhte nicht eher, als bis er seinen guten Freund loskaufen und 25 nach London zurückschicken konnte. Er selbst wurde in Amerika ein reicher Kaufmann und wohnt jetzt in der Stadt Washington, in der verlängerten neuen Herrengasse Nr. 46.[34]

---

[29] **Wo führt . . . her**—*How in the devil did you get here*
[30] **Nachtläufer**—*disreputable vagabond who roams the streets at night*
[31] **der die . . . hat**—*who also doesn't keep his hand in his pocket* (i.e., who is also ready to punch.) **Sack**—*pocket* (dialect)
[32] **Überall und Nirgends**—*Mr. Everywhere and Nowhere*
[33] **das Wirtshaus . . . Kronen**—*the inn "At the Sign of the Three Crowns"*

[34] **in der . . . Herrengasse Nr. 46**—*in the extended new Herrengasse number 46* (When a street was extended, i.e., when new sections were added to it, it was the practice to refer to the new segment as **verlängert** to distinguish it from the original street. That this practice, common in Hebel's homeland, and a typical German street name [**Herrengasse**], should also be found in Washington is part of the author's whimsey.)

# *Fragen*

1. Wohin reiste einmal ein junger Engländer? Wen wollte er dort besuchen?
2. Wann kam der Postwagen an? Warum konnte der Fremde nicht im Posthause übernachten? Was schlug ihm der Kondukteur vor?
3. Was tranken der Kondukteur und der Reisende noch, bevor sie zu Bett gingen?
4. Warum nahm der Fremde den Kamisol des Kondukteurs statt seines eigenen, als er während der Nacht hinausging? Warum schlug er sich beim Hinausgehen die Nase blutig?
5. Was vermutete der Kondukteur, als der junge Mann lange nicht zurückkam und er auf der Straße einen Lärm hörte? Was tat er, um dem jungen Mann zu helfen? Was geschah mit dem Kondukteur?
6. Erklären Sie, was „Pressen" bedeutet!
7. Was tat man am nächsten Morgen auf der Post, als der Kondukteur nicht kam?
8. Schildern Sie, in welchem Zustande man den jungen Mann entdeckte!
9. Warum wurde der junge Mann verhaftet? Warum schenkte man seiner Verteidigung keinen Glauben? Wie lautete das Urteil?
10. Was geschah mit dem jungen Mann noch am selben Nachmittag?
11. Wen und was sahen der Schwager und die Schwester, als sie am selben Abend einen Spaziergang machten?
12. Wie halfen der Schwager und die Schwester dem jungen Mann? Wo versteckten sie ihn?
13. Was sagte der Schwager eines Abends zu dem jungen Mann?
14. Wie lange dauerte die Schiffahrt in die Vereinigten Staaten?
15. Wer war der erste Mensch, den der junge Mann in Amerika sah?
16. Was für ein Dialog entspann sich zwischen den beiden?
17. Wo und wie wurden die beiden wieder die besten Freunde?
18. Wie half der junge Mann dem Kondukteur?
19. Wie erging es dem jungen Mann selbst in Amerika?
20. Erzählen Sie diese Geschichte mit eigenen Worten nach!

# MERKWÜRDIGE GESPENSTERGESCHICHTE
## von Johann Peter Hebel

Verwichenen Herbst[1] fuhr ein fremder Herr durch Schliengen,[2] so[3] ein schöner, braver Ort ist. Den Berg hinauf aber ging er zu Fuß wegen den Rossen, und erzählte einem Grenzacher[4] folgende Geschichte, die ihm selber begegnet ist.

Als der Herr ein halbes Jahr vorher nach Dänemark reiste, kommt er auf den 5 späten Abend in einen Flecken, wo nicht weit davon auf einer Anhöhe ein sauberes Schlößlein stand, und will übernacht bleiben. Der Wirt sagt, er habe keinen Platz mehr für ihn, es werde morgen einer gerichtet,[5] und seien schon drei Scharfrichter bei ihm übernacht. So erwidert der Herr: „Ich will denn dort in das Schlößlein gehen. Der Zwingherr,[6] oder wem es gehört, wird mich 10 schon hineinlassen und ein leeres Bett für mich haben.“ Der Wirt sagt: „Manch schönes Bett mit seidenen Umhängen steht aufgeschlagen in den hohen Gemächern, und die Schlüssel hab' ich in Verwahrung. Aber ich will es Euch[7] nicht raten. Der gnädige Herr ist schon vor einem Vierteljahr mit seiner Frau und mit dem

---

[1] **Verwichenen Herbst**—*Last* (archaic) *autumn*
[2] **Schliengen**—village in southwestern Germany
[3] **so**—*which* (archaic)
[4] **Grenzacher**—*man from Grenzach*, a village on the Rhine in the German southwest, near the Swiss border
[5] **es werde ... gerichtet**—*tomorrow someone is being executed* (archaic)
[6] **Zwingherr**—(feudal) *lord*
[7] **Euch**—archaic polite form of address

Junker[8] auf eine weite Reise gezogen, und seit der Zeit wüten im Schlößlein die Gespenster. Der Schloßvogt[9] und das Gesinde konnten nimmer bleiben, und wer seitdem in das Schlößlein gekommen ist, der geht zum zweitenmal nimmer hinein." Darüber lächelte der fremde Herr; denn er war ein herzhafter Mann,
5 der nichts auf die Gespenster hielt,[10] und sagt: Ich will's probieren. Trotz aller Widerrede mußte ihm der Wirt den Schlüssel geben; und nachdem er sich mit dem Nötigen zu einem Gespensterbesuch versehen hatte, ging er mit dem Bedienten, so[11] er bei sich hatte, in das Schloß. Im Schloß kleidete er sich nicht aus, wollte auch nicht schlafen, sondern abwarten, was geschieht. Zu dem
10 Ende stellte er zwei brennende Lichter auf den Tisch, legte ein Paar geladene Pistolen daneben, nahm zum Zeitvertreib den rheinländischen Hausfreund,[12] so in Goldpapier eingebunden an einem roten seidenen Bändelein unter der Spiegelrahme hing, und beschaute die schönen Bilder. Lange wollte sich nichts spüren lassen. Aber als die Mitternacht im Kirchturm sich rührte, und die Glocke
15 zwölf schlug, eine Gewitterwolke zog über das Schloß weg, und die großen Regentropfen schlugen an die Fenster, da klopfte es dreimal stark an die Türe,[13] und eine fürchterliche Gestalt mit schwarzen, schielenden Augen, mit einer halbellenlangen Nase, fletschenden Zähnen und einem Bocksbart, zottig am ganzen Leib, trat in das Gemach, und brummte mit fürchterlicher Stimme:
20 „Ich bin der Großherr Mephistopheles.[14] Willkomm in meinem Palast! und habt Ihr auch Abschied genommen von Frau und Kind?" Dem fremden Herrn fuhr ein kalter Schauer vom großen Zehen an über den Rücken hinauf, bis unter die Schlafkappe, und an den armen Bedienten darf man gar nicht denken. Als aber der Mephistopheles mit fürchterlichen Grimassen und hochgehobenen Knien
25 gegen ihn herkam, als wenn er über lauter Flammen schreiten müßte, dachte der arme Herr: In Gottesnamen, jetzt ist's einmal so,[15] und stand herzhaft auf, hielt dem Ungetüm eine Pistole entgegen, und sprach: „Halt, oder ich schieß!" Mit so etwas läßt sonst nicht jedes Gespenst sich schrecken, denn wenn man auch schießen will, so geht's nicht los, oder die Kugel fährt zurück und trifft nicht den
30 Geist, sondern den Schütz. Aber Mephistopheles hob drohend den Zeigefinger in die Höhe, kehrte langsam um, und ging mit eben solchen Schritten, als er gekommen war, wieder fort. Als aber der Fremde sah, daß dieser Satan Respekt vor dem Pulver hatte, dachte, er: Jetzt ist keine Gefahr mehr, nahm in die andere Hand ein Licht, und ging dem Gespenst, das langsam einen Gang hinab=
35 schritt, eben so langsam nach, und der Bediente sprang, so schnell er konnte,

---

[8]**Junker**—*young nobleman* (archaic)
[9]**Schloßvogt**—*castellan, warden of the castle*
[10]**der nichts . . . hielt**—*who didn't make much of ghosts*
[11]**so**—*whom* (archaic)
[12]**den rheinländischen Hausfreund**—*The Rhenish Friend of the House*, the name of an almanac edited by Hebel. See the headnote

of this story.
[13]**die Türe**—*singular*
[14]**der Großherr Mephistopheles**—*His Excellency Mephistopheles* (one of the seven chief devils in medieval demonology)
[15]**jetzt ist's** ( = **ist's**) **einmal so**—*well, that's that*

hinter ihm zum Tempel hinaus[16] und ins Ort,[17] dachte, er wolle lieber bei
den Scharfrichtern übernacht sein, als bei den Geistern.—Aber auf dem Gang
auf einmal verschwindet der Geist vor den Augen seines kühnen Verfolgers,
und war nicht anders, als wäre er in den Boden geschlupft.[18] Als aber der
Herr noch ein Paar Schritte weiter gehen wollte, um zu sehen, wo er hinge= 5
kommen, hörte auf einmal unter seinen Füßen der Boden auf, und er fiel
durch ein Loch hinab, aus welchem ihm Feuerglast entgegenkam, und er glaubte
selber, jetzt geh' es an einen andern Ort.[19] Als er aber ungefähr zehn Fuß tief
gefallen war, lag er zwar unbeschädigt auf einem Haufen Heu in einem unterir=
dischen Gewölb, aber sechs kuriose Gesellen standen um ein Feuer herum, und der 10
Mephistopheles war auch dabei. Allerlei wunderbares Gerät lag umher, und
zwei Tische lagen gehauft voll funkelnder Rößleintaler,[20] einer schöner als der
andere. Da merkte der Fremde, wie er daran war.[21] Denn das war eine
heimliche Gesellschaft von Falschmünzern, so alle Fleisch und Bein hatten. Diese
benutzten die Abwesenheit des Zwingherrn, legten in seinem Schloß ihre ver= 15
borgenen Münzstöcke an, und waren vermutlich von seinen eigenen Leuten dabei,[22]
die im Haus Bericht und Gelegenheit wußten,[23] und damit sie ihr heimlich Wesen
ungestört und unbeschrieen[24] treiben konnten, fingen sie den Gespensterlärmen an,
und wer in das Haus kam, wurde so vergelstert,[25] daß er zum zweitenmal nimmer
kam. Aber jetzt fand der verwegene Reisende erst Ursache, seine Unvorsichtigkeit 20
zu bereuen, und daß er den Vorstellungen des Wirts im Dorf kein Gehör gegeben
hatte. Denn er wurde durch ein enges Loch hinein in ein anderes finsteres Gehalt[26]
geschoben, und er hörte wohl, wie sie Kriegsrecht über ihn hielten und sagten:
„Es wird das Beste sein, wenn wir ihn umbringen und darnach verlochen."[27]
Aber einer sagte noch: „Wir müssen ihn zuerst verhören, wer er ist und wie er 25
heißt und wo er sich herschreibt." Als sie aber hörten, daß er ein vornehmer Herr
sei und nach Kopenhagen zum König reise, sahen sie einander mit großen Augen
an, und nachdem er wieder in dem finstern Gewölb war, sagten sie: „Jetzt steht
die Sache letz.[28] Denn wenn er gemangelt wird,[29] und es kommt durch
den Wirt heraus, daß er ins Schloß gegangen ist, und er ist nimmer heraus= 30
gekommen, so kommen über Nacht die Husaren, heben uns aus, und der Hanf
ist dies Jahr wohl geraten, daß ein Strick zum Henken nicht viel kostet." Also

---

[16]**zum Tempel hinaus**—*out of the temple* (i.e.,
  ran away)
[17]**ins Ort = in den Ort** (dialect)
[18]**war nicht . . . geschlupft**—*it was just as if
  he had slipped into the ground*
[19]**geh' es . . . Ort**—*the way was leading to
  another place* (i.e., hell)
[20]**Rößleintaler**—*a type of coin depicting a
  horse on its face*
[21]**wie er . . . war**—*what was really going on*
[22]**und waren . . . dabei = und es waren
  vermutlich einige von seinen (des Zwing-**

herrn) eigenen Leuten dabei
[23]**die im . . . wußten**—*who knew all the nooks
  and crannies of the house*
[24]**unbeschrieen = unangerufen**—*unnoticed*
  (dialect)
[25]**vergelstert**—*terrorized*
[26]**Gehalt = Zimmer** (dialect)
[27]**verlochen**—*bury* (dialect)
[28]**steht die . . . letz**—*the situation is changed*
  (**letz**: Middle High German **letze, „verkehrt"**)
[29]**wenn er gemangelt wird**—*if he is missed*
  (archaic construction)

kündigten sie dem Gefangenen Pardon an, wenn er ihnen einen Eid ablegte, daß er nichts verraten wolle und drohten, daß sie in Kopenhagen wollten auf ihn Achtung geben lassen; und er mußte ihnen auf den Eid hin sagen, wo er wohne. Er sagte: neben dem wilden Mann linker Hand[30] in dem großen Haus mit grünen
5 Läden. Darnach schenkten sie ihm Burgunder=Wein[31] ein zum Morgentrunk, und er schaute ihnen zu, wie sie Rößleintaler prägten bis an den Morgen. Als aber der Tag durch die Kellerlöcher hinab schien, und auf der Straße die Geißeln knallten und der Kuhhirt hürnte,[32] nahm der Fremde Abschied von den nächt= lichen Gesellen, bedankte sich für die gute Bewirtung und ging mit frohem Mute
10 wieder in das Wirtshaus, ohne daran zu denken, daß er seine Uhr und seine Tabakspfeife und die Pistolen habe liegen lassen. Der Wirt sagte: „Gottlob,[33] daß ich Euch wieder sehe, ich habe die ganze Nacht nicht schlafen können. Wie ist es Euch gegangen?" Aber der Reisende dachte: Ein Eid ist ein Eid, und um sein Leben zu retten, muß man den Namen Gottes nicht mißbrauchen, wenn man's
15 nicht halten will. Deswegen sagte er nichts, und weil jetzt das Glöcklein läutete und der arme Sünder[34] hinausgeführt wurde, so lief alles fort. Auch in Kopenhagen hielt er daher reinen Mund,[35] und dachte selber fast nicht mehr daran. Aber nach einigen Wochen kam ab der Post[36] ein Kistlein an ihn, und waren darin ein Paar neue, mit Silber eingelegte Pistolen von großem Wert, eine neue goldene
20 Uhr mit kostbaren Demantsteinen besetzt, eine türkische Tabakspfeife mit einer goldenen Kette daran, und eine seidene mit Gold gestickte Tabaksblase[37] und ein Brieflein darin. In dem Brieflein stand: „Dies schicken wir Euch für den Schrecken, so Ihr bei uns ausgestanden, und zum Dank für Eure Verschwiegen= heit. Jetzt ist alles vorbei, und Ihr dürft es erzählen, wem ihr wollt." Des=
25 wegen hat's der Herr dem Grenzacher erzählt, und das war die nämliche Uhr, die er oben auf dem Berg herauszog, als es in Hertingen[38] Mittag läutete, und schaute, ob die Hertinger Uhr recht geht, und sind ihm hernach im Storchen zu Basel[39] von einem französischen General 75 neue Dublonen[40] darauf geboten worden. Aber er hat sie nicht drum[41] geben.

---

[30]**Neben dem . . . Hand**—*Next to* (the inn called) *"The Wild Man," to the left*
[31]**Burgunderwein**—*Burgundy wine*
[32]**hürnte**—*blew his horn* (archaic)
[33]**Gottlob**—*Praise God*
[34]**der arme Sünder**—*the poor sinner* (i.e., the man to be executed)
[35]**hielt er . . . Mund**—*he kept his secret*
[36]**ab der Post**—*by mail*

[37]**Tabaksblase** = **Tabaksbeutel**—*tobacco pouch*
[38]**Hertingen**—*name of a town*
[39]**im ‚Storchen' zu Basel**—*at the Stork Inn in Basel*
[40]**Dublonen**—*doubloons* (old Spanish gold coins)
[41]**drum**—*for them* (the doubloons)

# *Fragen*

1. Wohin kam ein Herr am späten Abend auf der Reise nach Dänemark?
2. Warum hatte der Wirt des Ortes keinen Platz mehr für ihn?
3. Wo wollte der Herr übernachten?
4. Warum rät der Wirt dem Herrn davon ab, auf dem Schloß zu übernachten?
5. Warum lächelte der Herr über die Warnung des Wirts?
6. Was mußte der Wirt dem Herrn endlich geben? Wohin ging der Herr mit seinem Bedienten?
7. Was machte der Herr, als er aufs Schloß kam?
8. Beschreiben Sie die fürchterliche Gestalt, die ins Zimmer trat, als die Glocke zwölf schlug!
9. Was brummte die Gestalt mit fürchterlicher Stimme?
10. Was hielt der Herr dem Gespenst entgegen? Was tat das Gespenst darauf?
11. Warum verlor der Herr die Angst vor dem „Gespenst"?
12. Was tat der Herr, nachdem das Gespenst das Zimmer verlassen hatte?
13. Wo landete der Herr, nachdem er durch das Loch gefallen war? Was sah er dort?
14. In was für eine Gesellschaft war er wohl geraten? Warum hatten diese Leute wohl das Gespensterlärmen angefangen?
15. Was wollten die Leute vorerst mit dem Herrn tun? Warum überlegen sie es sich aber dann anders?
16. Unter welchen Umständen wollten die Leute dem Gefangenen Pardon geben?
17. Was gaben die Leute dem Herrn zu trinken? Was machte der Herr bis an den Morgen?
18. Was vergaß der Herr bei den Falschmünzern?
19. Was sagte der Wirt, als er den Herrn wieder sah?
20. Was erhielt der Herr nach einigen Wochen von der Post? Was war darin?
21. Was stand in dem beiliegenden Brief?
22. Was wurde dem Herrn für seine Uhr geboten? Von wem?
23. Warum nennt Hebel diese Erzählung eine *Merkwürdige Gespenstergeschichte*?

HEINRICH VON KLEIST *wurde 1777 in Frankfurt an der Oder als Sohn eines preußischen Stabsoffiziers geboren. Er starb (Selbstmord) 1811 in Wannsee bei Potsdam. Er war einer der bedeutendsten Dramatiker und Erzähler Deutschlands und ein Meister der Anekdote. Einige seiner bedeutenderen Werke sind:* Amphitryon (*Lustspiel, 1807*); Penthesilea (*Tragödie, 1808*); Erzählungen (*1810f., enthält* Michael Kohlhaas, Die Marquise von O., Das Bettelweib von Locarno, *u.a.*); Der zerbrochene Krug (*Komödie, 1811*); Der Prinz von Homburg (*Drama, postum*). *Im* Bettelweib von Locarno *macht Kleist aus einer banalen Gespenstergeschichte eine Meistererzählung, die dem Leser mittels ihres atemlos vorwärtspeitschenden Stils das sich steigernde Entsetzen des Marchese auf das wirkungsvollste vermittelt.*

# DAS BETTELWEIB
# VON LOCARNO
## von Heinrich von Kleist

AM FUSSE der Alpen, bei Locarno[1] im oberen Italien, befand sich
ein altes, einem Marchese gehöriges Schloß, das man jetzt, wenn man
vom St. Gotthard[2] kommt, in Schutt und Trümmern liegen sieht: ein
Schloß mit hohen und weitläufigen Zimmern, in deren einem einst, auf
Stroh, das man ihr unterschüttete, eine alte kranke Frau, die sich bet-  5
telnd vor der Tür eingefunden hatte, von der Hausfrau aus Mitleiden
gebettet worden war. Der Marchese, der, bei der Rückkehr von der
Jagd, zufällig in das Zimmer trat, wo er seine Büchse abzusetzen
pflegte, befahl der Frau unwillig, aus dem Winkel, in welchem sie lag,
aufzustehen, und sich hinter den Ofen zu verfügen. Die Frau, da sie 10
sich erhob, glitschte mit der Krücke auf dem glatten Boden aus, und
beschädigte sich, auf eine gefährliche Weise, das Kreuz; dergestalt, daß[3]
sie zwar noch mit unsäglicher Mühe aufstand und quer, wie es vorgeschrie-
ben war, über das Zimmer ging, hinter den Ofen aber, unter Stöhnen
und Ächzen, niedersank und verschied.                                      15

---

[1] **Locarno**—a town now in the southern
Italian-speaking part of Switzerland

[2] **St. Gotthard**—a high mountain pass
through the southern Alps

[3] **dergestalt, daß**—*so that*

Mehrere Jahre nachher, da der Marchese, durch Krieg und Mißwachs,[4] in bedenkliche Vermögensumstände geraten war, fand sich ein florentinischer Ritter[5] bei ihm ein, der das Schloß, seiner schönen Lage wegen, von ihm kaufen wollte. Der Marchese, dem viel an dem Handel gelegen

5 war,[6] gab seiner Frau auf, den Fremden in dem obenerwähnten, leerstehenden Zimmer, das sehr schön und prächtig eingerichtet war, unterzubringen. Aber wie betreten war das Ehepaar, als der Ritter mitten in der Nacht, verstört und bleich, zu ihnen herunter kam, hoch und teuer versichernd, daß es in dem Zimmer spuke, indem etwas, das dem

10 Blick unsichtbar gewesen, mit einem Geräusch, als ob es auf Stroh gelegen, im Zimmerwinkel aufgestanden, mit vernehmlichen Schritten, langsam und gebrechlich, quer über das Zimmer gegangen, und hinter dem Ofen, unter Stöhnen und Ächzen, niedergesunken sei.

Der Marchese erschrocken, er wußte selbst nicht recht warum, lachte

15 den Ritter mit erkünstelter Heiterkeit aus, und sagte, er wolle sogleich aufstehen, und die Nacht zu seiner Beruhigung, mit ihm in dem Zimmer zubringen. Doch der Ritter bat um die Gefälligkeit, ihm zu erlauben, daß er auf einem Lehnstuhl, in seinem Schlafzimmer übernachte, und als der Morgen kam, ließ er anspannen,[7] empfahl sich und reiste ab.

20 Dieser Vorfall, der außerordentliches Aufsehen machte, schreckte auf eine dem Marchese höchst unangenehme Weise, mehrere Käufer ab; dergestalt, daß, da sich unter seinem eigenen Hausgesinde, befremdend und unbegreiflich, das Gerücht erhob, daß es in dem Zimmer, zur Mitternachtsstunde, umgehe, er, um es mit einem entscheidenden Verfahren

25 niederzuschlagen, beschloß, die Sache in der nächsten Nacht selbst zu untersuchen. Demnach ließ er, beim Einbruch der Dämmerung, sein Bett in dem besagten Zimmer aufschlagen, und erharrte, ohne zu schlafen, die Mitternacht. Aber wie erschüttert war er, als er in der Tat, mit dem Schlage der Geisterstunde, das unbegreifliche Geräusch wahrnahm; es

30 war, als ob ein Mensch sich von Stroh, das unter ihm knisterte, erhob, quer über das Zimmer ging, und hinter dem Ofen, unter Geseufz und Geröchel niedersank. Die Marquise, am andern Morgen, da er herunter kam, fragte ihn, wie die Untersuchung abgelaufen; und da er sich, mit

---

4 **Mißwachs = Mißernte**—*bad harvests*
5 **florentinischer Ritter**—*a knight from Florence*
6 **dem viel . . . war**—*to whom the deal was of great interest*
7 **ließ er anspannen**—*had his carriage gotten ready*

scheuen und ungewissen Blicken, umsah, und, nachdem er die Tür ver-
riegelt, versicherte, daß es mit dem Spuk seine Richtigkeit habe:[8] so
erschrak sie, wie sie in ihrem Leben nicht getan, und bat ihn, bevor er
die Sache verlauten ließe, sie noch einmal, in ihrer Gesellschaft, einer
kaltblütigen Prüfung zu unterwerfen. Sie hörten aber, samt einem   5
treuen Bedienten, den sie mitgenommen hatten, in der Tat, in der
nächsten Nacht, dasselbe unbegreifliche, gespensterartige Geräusch; und
nur der dringende Wunsch, das Schloß, es koste was es wolle, los zu
werden,[9] vermochte sie, das Entsetzen, das sie ergriff, in Gegenwart ihres
Dieners zu unterdrücken, und dem Vorfall irgend eine gleichgültige und   10
zufällige Ursache, die sich entdecken lassen müsse, unterzuschieben. Am
Abend des dritten Tages, da beide, um der Sache auf den Grund zu
kommen,[10] mit Herzklopfen wieder die Treppe zu dem Fremdenzimmer
bestiegen, fand sich zufällig der Haushund, den man von der Kette losgelassen hatte, vor der Tür desselben ein; dergestalt, daß beide, ohne sich   15
bestimmt zu erklären, vielleicht in der unwillkürlichen Absicht, außer
sich selbst noch etwas Drittes, Lebendiges, bei sich zu haben, den Hund
mit sich in das Zimmer nahmen. Das Ehepaar, zwei Lichter auf dem
Tisch, die Marquise unausgezogen, der Marchese Degen und Pistolen,
die er aus dem Schrank genommen, neben sich, setzen sich, gegen eilf[11]   20
Uhr, jeder auf sein Bett; und während sie sich mit Gesprächen, so gut sie
vermögen, zu unterhalten suchen, legt sich der Hund, Kopf und Beine
zusammen gekauert, in der Mitte des Zimmers nieder und schläft ein.
Drauf,[12] in dem Augenblick der Mitternacht, läßt sich das entsetzliche
Geräusch wieder hören; jemand, den kein Mensch mit Augen sehen   25
kann, hebt sich, auf Krücken, im Zimmerwinkel empor; man hört das
Stroh, das unter ihm rauscht; und mit dem ersten Schritt: tapp! tapp!
erwacht der Hund, hebt sich plötzlich, die Ohren spitzend, vom Boden
empor, und knurrend und bellend, grad als ob ein Mensch auf ihn einge-
schritten käme,[13] rückwärts gegen den Ofen weicht er aus. Bei diesem   30
Anblick stürzt die Marquise, mit sträubenden Haaren, aus dem Zimmer;
und während der Marchese, der den Degen ergriffen: wer da? ruft, und

---

8  **daß es . . . habe**—*that it was right
   about the spook*
9  **das Schloß los zu werden**—*to get
   rid of the castle, no matter what the cost*
10 **um der . . . kommen**—*in order to in-*
*vestigate the matter thoroughly*
11 **eilf**—*archaic spelling of elf*
12 **drauf = darauf**
13 **grad als . . . käme**—*just as if a person were walking toward him*

da ihm niemand antwortet, gleich einem Rasenden, nach allen Richtungen die Luft durchhaut, läßt sie anspannen, entschlossen, augenblicklich, nach der Stadt abzufahren. Aber ehe sie noch einige Sachen zusammengepackt und aus dem Tore herausgerasselt, sieht sie schon das Schloß
5 ringsum in Flammen aufgehen. Der Marchese, von Entsetzen überreizt, hatte eine Kerze genommen, und dasselbe, überall mit Holz getäfelt wie es war, an allen vier Ecken, müde seines Lebens, angesteckt. Vergebens schickte sie Leute hinein, den Unglücklichen zu retten; er war auf die elendiglichste Weise bereits umgekommen, und noch jetzt liegen, von
10 den Landleuten zusammengetragen, seine weißen Gebeine in dem Winkel des Zimmers, von welchem er das Bettelweib von Locarno hatte aufstehen heißen.

# *Fragen*

1. Wo lag das Schloß des Marchese?
2. Wer fand sich einmal bettelnd vor der Tür des Schlosses ein?
3. Was tat die Hausfrau aus Mitleid für die Bettlerin?
4. Was befal der Marchese der Bettlerin, nachdem er ins Zimmer getreten war?
5. Welchen Unfall erlitt die Bettlerin, als sie dem Befehl des Marchese Folge leistete?
6. Was war das Resultat des Unfalles?
7. Weshalb kam der florentinische Ritter auf das Schloß des Marchese?
8. Wo übernachtete der florentinische Ritter?
9. Wie sah das Zimmer aus, in dem er übernachtete?
10. Was versicherte der Ritter dem Ehepaar, als er mitten in der Nacht aus dem Zimmer herunterkam?
11. Was will der Ritter in dem Zimmer gehört haben?
12. Um welche Gefälligkeit bat der florentinische Ritter?
13. Warum war der Vorfall mit dem florentinischen Ritter dem Marchese höchst unangenehm?
14. Was für ein Gerücht erhob sich unter des Marcheses Hausgesinde?

15. Wie beschloß der Marchese, diesem Gerücht ein Ende zu bereiten?

16. Was versicherte der Marchese der Marquise, nachdem er die Nacht in dem Zimmer verbracht hatte? Worum bat ihn die Marquise darauf?

17. Was hörten der Marchese und die Marquise in der folgenden Nacht im Zimmer? Warum unterdrückten sie das Entsetzen, das sie ergriff?

18. Wen nahmen der Marchese und die Marquise in der dritten Nacht mit sich in das Zimmer?

19. Wie erwarteten der Marchese und die Marquise die Mitternacht?

20. Was begannen der Marchese und die Marquise im Augenblick der Mitternacht zu hören? Was tat der Hund?

21. Was sah die Marquise, während sie mit dem Wagen aus dem Schloß fuhr? Wieso brannte das Schloß?

22. Was kann man noch heute in einem Winkel des Zimmers sehen?

23. Halten Sie *Das Bettelweib von Locarno* für eine interessante Erzählung? Geben Sie die Gründe für Ihr Urteil an! Vergleichen Sie diese Erzählung mit Hebels *Merkwürdiger Gespenstergeschichte!*

# VOCABULARY

THE VOCABULARY is not all-inclusive. Some, but by no means all, of the words in the following categories have been omitted:

1. common words of high frequency and the most elementary compounds and derivatives of these words
2. articles, pronouns, numerals, days of the week and months of the year
3. diminutives in ----**chen** and ----**lein,** compounds with **un---** and ---**los,** agent nouns in ---**er,** nouns formed from infinitives, past participles, and adjectives when the basic forms of these words are listed
4. obvious cognates

Many of the idiomatically used words and phrases which are translated idiomatically in the footnotes are listed in the vocabulary in their basic meanings. It should be made clear that all possible definitions of the German words listed are not given; thus the reader will usually find only those which are needed in the foregoing texts.

The nominative plural of regular masculine, feminine, and neuter nouns and the genitive singular of weak and irregular masculine and neuter nouns are indicated as follows: **der Vater, ⁻̈; die Stadt, ⁻̈e; das Haus,**

235

ˮer; der **Mensch, –en, –en;** das **Bett, –s, –en;** das **Büro, –s, –s.** The genitive singular of masculine and neuter nouns is given when orthographic change in the final consonant is required, e.g., der **Fluß, –sses,** ˮsse, das **Verhältnis, –sses, –sse.** Where no plural is given, it is nonexistent or rare. Adjectives are listed in their uninflected form, and their adverbial meanings are not usually given. The principal parts of basic irregular (strong) verbs such as **geben, dürfen, kennen** are given in a table at the end of the vocabulary. When these verbs or their compounds occur in the vocabulary proper they are designated with an asterisk (**vergeben***). Separable prefixes are set off by a dot (**ab·fassen**), and verbs which require **sein** as the auxiliary in the perfect tenses are followed by (**sein**).

**ab** off, down

**ab·biegen*** (sein) turn off (from the road)

**ab·bilden** portray; die **Abbildung, –en** illustration

**ab·brechen*** (sein, haben) break off, discontinue

**ab·danken** resign

**ab·drehen** twist off

der **Abdruck,** ˮe reprint; **ab·drucken** print

**ab·drücken** separate, squeeze off; **jemandem etwas ab·drücken** pressure someone into parting with something

der **Abend, –e** evening; das **Abendessen, –** dinner; der **Abendstern, –e** evening star; die **Abendwanderung, –en** evening stroll

das **Abenteuer, –** adventure; der **Abenteurer, –** adventurer

**aber** however, but; der **Aberglaube, –ns, –n** superstition; **abermals** again

**ab·fahren*** (sein) depart, start off

der **Abfall,** ˮe waste; **ab·fallen*** (sein) fall off

die **Abfütterung, –en** feeding; die **Abfütterungsstätte, –n** feeding place

**ab·geben*** deliver, give (an opinion)

**abgelegen** remote, out of the way

der **Abgeordnete, –n, –n** deputy, representative

**abgesehen von** apart from

sich **ab·grämen** pine away with grief

**ab·greifen*** wear out by constant handling; **abgegriffene Bücher** well-thumbed volumes

der **Abgrund,** ˮe abyss

**ab·halten*** prevent

**ab·handeln** bargain for; **einem etwas ab·handeln** haggle something off someone

**abhanden kommen*** (sein) get lost

**abhängig** dependent on

**ab·holen** call for

**ab·kanzeln** dress down

**ab·kaufen** buy (from)

**ab·kommen*** (sein) get away; das **Abkommen, –** agreement

**ab·laufen*** (sein) elapse, turn out

einen **Eid ab·legen** take an oath

**ab·lehnen** decline, reject

**ab·lösen** relieve (guard), redeem (pledge), settle; die **Ablösung, –en** relief, changing (of the guards)

**ab·nehmen*** take away, audit, decrease, diminish

**ab·raten*** advise against

die **Abreise, –n** departure; **ab·reisen** (sein) depart

ab·ringen* wrest (from)
ab·sagen refuse, decline, renounce
ab·schaffen do away with
der Abscheu aversion, disgust
ab·schicken dispatch
der Abschied, –e leave, farewell,
parting
der Abschluß, –sses, –sse conclusion
ab·schneiden* cut off
der Abschnitt, –e segment
ab·schrecken scare away
abschüssig steep
abseits aside, apart; abseits vom
Wege off the beaten track
ab·setzen set down, deposit, put
down
die Absicht, –en intention; absichtlich deliberate, intentional
absolvieren complete (one's
studies)
ab·spielen play (a tune); sich
ab·spielen take place
absprechend adverse, unfavorable
ab·springen* (sein) chip off
ab·steigen* (sein) get down, get
off, dismount
ab·stellen put away, leave
der Abstellraum, –e storage room
ab·stimmen tune, adjust
das Abteil, –e compartment; die
Abteilung, –en section, department
die Äbtissin, –nen abbess
der Abtransport, –e removal
ab·transportieren move
der Abtritt, –e lavatory, W.C.
ab·warten await
ab·weichen* (sein) deviate
ab·weisen* reject
sich ab·wenden* turn away from
abwesend absent
die Abwesenheit, –en absence
ab·winken wave away
ab·ziehen* strip, scrape
die Achsel, –n shoulder
achten pay attention; acht haben
auf pay attention to; die Achtung
attention, respect; Achtung geben*
auf pay attention to, watch
ächzen moan

der Adel, – nobility, aristocracy;
ad(e)lig noble
der Adler, – eagle; die Adlernase,
–n aquiline nose
die Adresse, –n address; das Adreßbuch, –er directory
der Advokat, –en, –en lawyer
der Affe, –n, –n monkey
der Ahn, –s, –en ancestor
ähneln resemble; ähnlich similar
ahnen anticipate, suspect, surmise;
die Ahnung, –en presentiment
der Ahorn, –e maple
der Akt, –s, –en document, dossier
der Akzent, –e accent
albern silly
alemannisch Allemanic (*pertaining
to a Germanic dialect spoken in
southwestern Germany and Switzerland*)
die Allee, –n avenue, broad tree-
lined garden path
allein alone, however, but, only
allenthalben everywhere
allerdings to be sure, indeed; allerhand, allerlei all sorts of; allerorten everywhere
allgemein universal, general; im
allgemeinen in general; allgewal-
tig all powerful; alljährlich an-
nual; allmächtig omnipotent; allmählich gradual; der Alltag, –e
daily life; alltäglich daily, everyday, commonplace; allzu too
much, far too; allzudeutlich far
too obvious
als as, than, when; nichts als
nothing but; alsbald forthwith;
alsdann, alsdenn then
alsobald immediately
alt old; der Alte, –n, –n the old
man; die Altmodischkeit, –en
old-fashionedness; die Altvordern
(*pl.*) ancestors
das Alter, – (old) age; altern age;
das Altersheim, –e old peoples'
home; die Altersschwäche senil-
ity; die Altersversicherung, –en
old-age pension; das Altertum, –er
antiquity

die **Ameise, –n** ant

das **Amt, ∺er** official position, office;
**amtlich** official; der **Amtsbruder,
∺er** colleague; die **Amtstätigkeit,
–en** official function, (official)
work; der **Amtsweg, –e** proper
channel

**amüsant** amusing

**an und ab** on and off, now and
then

der **Anbeginn, –e** earliest beginning, origin

**an·bieten\*** offer

der **Anblick, –e** view, sight;
**an·blicken** look at

**an·brechen\*** (sein) start

**andächtig** devout, attentive

**andauernd** lasting

das **Andenken, –** memory, remembrance, souvenir

**ander** other; **andernfalls** otherwise, else; **andererseits** on the
other hand; **anderwärts** else-
where; **ändern** change; **anders**
otherwise; **anders werden\***
change

**anderthalb** one and a half

**an·deuten** indicate

der **Andrang** rush

**an·drehen** turn on; **einem etwas
an·drehen** palm something off on
someone

**aneinander** together, against one another; **aneinander·reihen** string
together; **aneinander·schlagen\***
dash together

die **Anerkennung, –en** acknowl-
edgement; **Anerkennung finden\***
meet with approval

**anerschaffen** innate

**an·fahren\*** address angrily

**an·fangen\*** begin, set about; **an·
fangs** at first

**an·fassen** seize

**an·flehen** implore

**an·fügen** join, add

**an·führen** cite

**an·geben\*** state; **angeblich**
alleged

**angeboren** inborn, innate

das **Angebot, –e** offer

**an·gehen\*** concern; **das geht\* nicht
an** that won't do

**an·gehören** belong to

der **Angeklagte, –n, –n** accused, de-
fendant

die **Angelegenheit, –en** matter, affair

**angemessen** appropriate

**angenehm** agreeable

**angesehen** distinguished

das **Angesicht, –er** face; **im
Schweiße seines Angesichts** in
the sweat of his brow; **angesichts**
in the face of

der **Angestellte, –n, –n** employee

**an·gewöhnen** accustom

die **Angst, ∺e** fear; **Angst haben\***
be afraid; **mir wird\* Angst** I become afraid

**ängstlich** nervous, timid

**an·haben\*** wear

**an·halten\*** stop; **mit angehaltenem
Atem** with bated breath; **anhal-
tend** persistent

der **Anhang, ∺e** followers

der **Anhänger, –** trailer, appendage,
locket

**an·heben\*** commence

**an·heizen** light a fire (in a stove)

die **Anhöhe, –n** high ground

**an·hören** listen to

**an·klagen** accuse; die **Anklage, –n**
charge, accusation, indictment

der **Ankläger, –** accuser, prosecutor

der **Anklang, ∺e** reminiscence, echo

**an·klopfen** knock

**an·knipsen** turn on, switch on

**an·kommen\*** (sein) arrive, depend
on; **darauf kommt\* es an** that is
the main thing, that is what matters

der **Ankömmling, –e** newcomer

**an·künden, an·kündigen** announce,
proclaim

die **Anlage, –n** ability, predisposi-
tion, park

**an·langen** (sein) arrive at

der **Anlaß, –sses, ∺sse** cause, motive

der **Anlauf, ∺e** start, take-off, attack;
**an·laufen\*** (sein) rush, start

an·legen  put on, plan, aim, invest;
  eine Sammlung an·legen  start a
  collection
an·leuchten  shine a light at
an·liegen*  fit well
an·locken  attract
sich an·maßen  presume; anmaßend
  arrogant
die Anmerkung, –en  observation,
  note; anmerkungsweise  adding a
  footnote
die Anmut  charm; anmutig
  charming
an·nehmen*  accept, assume; ein
  Gesetz annehmen*  pass a law;
  angenommen  supposing
an·ordnen  order
an·packen  seize
an·passen  suit, adapt
an·pumpen  borrow money from
die Anrede, –n  speech, address
an·regen  stimulate; anregend  ex-
  citing, stimulating
der Ansatz, ⁻e  beginning
die Anschauung, –en  observation
anscheinend  apparent
der Anschlag, ⁻e  poster; an·schla-
  gen*  sound, raise, post
an·schließen*  fasten on, add; an-
  schließend  after that, subsequently
der Anschluß, –sses, ⁻sse  connection; im Anschluß daran  subsequently; den Anschluß erreichen
  to make one's connection
an·schuldigen  accuse of; die Anschuldigung, –en  accusation
an·schwellen (sein)  swell up, increase
an·sehen*  look at, behold, consider;
  angesehen  distinguished; das
  Ansehen  esteem, reputation; ansehnlich  imposing, fine-looking,
  handsome
die Ansicht, –en  opinion
an·spannen  harness up
an·sprechen*  speak to
der Anspruch, ⁻e  claim, demand;
  Ansprüche stellen an  make de-
  mands on

der Anstand  nice manners, charm;
  Anstand nehmen*  hesitate, have
  reservations
anständig  decent, respectable
an·starren  stare at
anstatt  instead of
an·staunen  gaze at in astonishment
an·stecken  light, set fire to, infect
an·stehen*  stand in line
an·stellen  undertake, do, arrange;
  anstellig  handy, able
an·stoßen*  push against, knock
  against, bump
anstrebenswert  worthy of striving
  for
an·streichen*  paint; der Anstreicher, –  (house) painter
die Anstrengung, –en  exertion
der Anstrich, –e  tinge
an·suchen  apply; ansuchen um
  apply for
der Anteil, –e  part, share; Anteil
  nehmen* an  take an interest in,
  take part in
antik  antique; der Antike, –n, –n
  person living in classical antiquity;
  antikisch  pertaining to classical
  antiquity
an·treffen*  meet
an·treten*  begin, take possession of
die Antwort, –en  answer; antworten  reply, answer
an·vertrauen  entrust to
der Anwalt, ⁻e  lawyer, attorney
an·wenden  use, employ; anwenden
  auf  apply to
anwesend  present
die Anzahl  number
die Anzeige, –n  notice, report, advertisement; eine Anzeige erstatten  file a charge (complaint);
  an·zeigen  indicate
an·ziehen*  put on (clothes), set in
  motion (car); sich an·ziehen*
  dress
der Anzug, ⁻e  suit
an·zünden  light
der Apparat, –e  contrivance
der Appell, –e  roll-call, parade
die Ära  era

die **Arbeit, –en** work; **arbeiten**
work; der **Arbeiter, –** worker; die
**Arbeiterfrau, –en** wife of a worker; der **Arbeitslohn, –̈e** wages;
**arbeitslos** unemployed; **arbeits-
reich** full of work; der **Arbeitstisch, –e** work table, desk; die
**Arbeitszeit** working hours
**arg** bad
**ärgerlich** angry, vexed; **ärgern** an-
noy; **sich ärgern** be annoyed; das
**Ärgernis, –ses, –se** vexation, an-
noyance
**arm** poor; die **Armenschule, –n**
charity school; **armselig** miserable, wretched
der **Ärmel, –** sleeve; der **Ärmelkanal** English Channel
**ärmlich** poor, miserable
die **Armut** poverty
die **Art, –en** kind, manner, way;
**gut geartet** good natured; **artig**
polite
das **Arzneifläschchen, –** (little)
medicine bottle; die **Arzneiformel,
–n** prescription
der **Arzt, –̈e** doctor; **ärztlich** medical
(das) **Asien** Asia
die **Askese, –n** asceticism; **asketisch**
ascetic
**assekurieren** insure
der **Ast, –̈e** branch
der **Ästhet, –en, –en** aesthete; der
**Ästhetiker, –** writer on aesthetics;
**ästhetisch** aesthetic
der **Atem** breath; **Atem holen**
draw breath; **außer Atem** out of
breath; **atemlos** breathless; **atmen** breathe; die **Atmung**
breathing, respiration
die **Au, –en** pasture
**auch** also, likewise
**auf** on, upon, open; **auf und ab**
up and down
**auf·atmen** take a deep breath
**auf·bauen** build up
**auf·bekommen\*** get open
**auf·bewahren** preserve, keep
**auf·bieten\*** call up

**auf·blasen\*** blow up, inflate
**auf·blättern** open a book
**auf·blicken** glance up
**auf·blitzen** flash
**auf·brechen\*** break open, force
open; (**sein**) depart
**auf·bringen\*** provoke
**auf·bürden** burden, impose
**auf·decken** reveal
**sich auf·drängen** force oneself on
**aufeinander** on top of one another,
one against another
**auf·essen\*** eat up
**auf·fallen\*** (**sein**) attract attention
**auf·fassen** comprehend
**auf·flammen** blaze up
**auf·fordern** ask, request; die **Aufforderung, –en** invitation
challenge
**auf·führen** perform
die **Aufgabe, –n** lesson, duty, task
**auf·geben\*** propose, ask, charge
**auf·gehen\*** (**sein**) rise, dawn, open;
**in Flammen auf·gehen\*** go up in
flames
**aufgeschlossen** open-minded
**aufgeweckt** intelligent, bright
**auf·halten\*** keep open, delay; **sich
auf·halten\*** stay
**auf·häufen** heap up, pile up, store
up, amass
**auf·heben\*** pick up, annul, solve
**auf·kaufen** buy up
**auf·klären** enlighten; die **Aufklärung, –en** enlightenment
**auf·lachen** burst out laughing
**auf·laden\*** burden
die **Auflage, –n** edition
**auf·legen** put on, lay on
**auf·lesen\*** pick up
**auf·lösen** dissolve
**auf·machen** open; **sich auf·machen**
set out
**aufmerksam** attentive; **aufmerksam
machen auf** call attention to
die **Aufmerksamkeit, –en** attention,
politeness, tactfulness
**auf·nehmen\*** take up, take in, receive, take a photograph
**auf·passen** pay attention, watch

aufrecht  erect, straight, honest, up-
held
einem etwas auf·reden  talk someone into buying (accepting) something
auf·regen  excite; sich auf·regen  get
excited; die Aufregung, –en  ex-
citement
aufrichtig  sincere
auf·rollen  unroll
auf·rütteln  arouse
auf·sacken  saddle with
der Aufsatz, ⸚e  essay
auf·scheuchen  startle, scare
auf·schlagen*  crack, erect, set up
auf·schließen*  open
auf·schrecken  startle
auf·schreien*  cry out
auf·schreiben*  write down
auf·schütten  heap up
sich auf·schwingen*  rise
der Aufschwung, ⸚e  rise, progress
das Aufsehen  sensation
der Aufseher, –  supervisor
auf·setzen  draw up
die Aufsicht  supervision
auf·sperren  unlock, open wide
sich auf·spielen  put on airs
auf·springen* (sein)  jump up,
burst open
auf·stampfen  stamp one's foot
der Aufstand, ⸚e  revolt
auf·stehen* (sein)  get up
auf·steigen* (sein)  ascend
auf·stellen  set up; die Aufstellung,
–en  tabulation, list
der Aufstieg, –e  ascent, rise
auf·tanken  refuel, gas up
auf·tauchen (sein)  emerge
auf·tragen*  serve (food)
auf·treiben*  procure (with difficulty), hunt up
auf·treten* (sein)  appear, come
forward
auf·trumpfen  exult
auf·tun*  open
auf·wachen (sein)  wake up
auf·wachsen* (sein)  grow up
aufwärts  upward
auf·wecken  waken, animate

auf·werfen*  cast up, raise; aufgeworfen  distended
der Aufwiegler, –  agitator
auf·wühlen  root up
auf·zeichnen  note down, record
der Aufzug, ⸚e  elevator
das Auge, –s, –n  eye, spot (on dice);
ins Auge fassen  fix one's eye
upon, consider; der Augenarzt, ⸚e
ophthalmologist; der Augenblick,
–e  moment; augenblicklich  im-
mediate; die Augenentzündung,
–en  inflammation of the eye; das
Augenlid, –er  eyelid
aus·arbeiten  work out
sich aus·bauchen  bulge
aus·bilden  develop
aus·breiten  spread, stretch, extend
der Ausbruch, ⸚e  outbreak, erup-
tion
die Ausdauer  perseverance, endur-
ance
aus·dehnen  extend; ausgedehnt  ex-
panded; die Ausdehnung, –en  ex-
pansion
aus·denken*  think out, conceive
der Ausdruck, ⸚e  expression;
aus·drücken  express; ausdrücklich  explicit
auseinander  apart; auseinander·tun*
separate suddenly; auseinander·-
rollen  unroll; auseinander·setzen
discuss; sich auseinander·setzen
come to terms
aus·ersehen*  select, single out, destine
aus·fallen* (sein)  turn out
ausfindig machen  seek out, discover
der Ausflug, ⸚e  outing
aus·forschen  sound out
aus·führen  carry out; die Ausführung, –en  execution
aus·füllen  fill up (time), fill out
der Ausgang, ⸚e  exit, dénouement,
ending
aus·geben*  spend; aus·geben* für
pass off as
ausgebissen  grown blunt through
biting

**ausgefahrene Schienen** bumpy roadbed

**ausgeprägt** distinct

**ausgerechnet** of all things, of all persons, that would happen

**ausgezeichnet** excellent, distinguished

der **Ausgleich** settlement, adjustment, compensation, equalization

**aus·gleiten\*** (**sein**) slip

**aus·glitschen** (**sein**) slip

**aus·halten\*** endure, bear

**aus·heben\*** capture, take up, dig up

**aus·helfen\*** help out

**aus·kleiden** undress

das **Auskommen** livelihood

das **Auskunftsbureau, –s, –s** (private) investigative agency

**aus·lachen** laugh at

das **Ausland** foreign country; **im Ausland** abroad; **ausländisch** foreign

**aus·lassen\*** let out, release, omit; **aus·lassen\* an** vent on; die **Auslassung, –en** omission

**aus·laufen\*** (**sein**) run out

**aus·legen** lay out

**aus·liefern** deliver

**aus·machen** constitute

die **Ausnahme, –n** exception; **aus·nehmen\*** exclude

**aus·nutzen** utilize fully, exploit

**aus·reden** finish speaking, talk out of, dissuade

**aus·ruhen** rest

**aus·rüsten** equip

**aus·schalten** cut out, eliminate

**aus·schelten\*** scold

**aus·schenken** pour out

**aus·schlagen\*** knock out

**aus·sehen\*** look

**außen** outside; die **Außenhaut, ⸚e** skin, outer fabric

**außer** outside, besides, except; **außerdem** besides; **außergewöhnlich** unusual, extraordinary; **außerordentlich** extraordinary

**äußer–** outer, external; **äußerst** utmost, uttermost, extreme; **äußern** express

die **Aussicht, –en** prospect

sich **aus·söhnen** make one's peace (with)

**aus·spähen** spy out, scout

**aus·spielen** play out, play to the end; sich **aus·spielen** exhaust oneself by playing

die **Aussprache, –n** discussion

**aus·sprechen\*** express; der **Ausspruch, ⸚e** verdict, remark

**aus·stehen\*** endure

**aus·stellen** exhibit, display; die **Ausstellung, –en** exhibition

**aus·strecken** stretch out

**aus·trinken\*** drink up

**aus·üben** exercise, exert

der **Ausweg, –e** way out, outlet

**aus·weichen\*** (**sein**) turn aside, shunt, withdraw, evade

der **Ausweis, –e** identity card; sich **aus·weisen\*** identify oneself

**auswendig** by heart, by memory; **auswendig lernen** learn by heart

**aus·wiegen\*** weigh out

**aus·zahlen** pay out

**aus·zeichnen** distinguish; **ausgezeichnet** excellent

**aus·ziehen\*** (**sein**) move; sich **aus·ziehen\*** undress

der **Auszug, ⸚e** extract, excerpt

der **Autobus, –ses, –se** bus

der **Autor, –s, –en** author

**avancieren** be promoted

der **Bach, ⸚e** brook, stream

die **Backe, –n** cheek; **backig** full-cheeked; die **Backpfeife, –n** slap (on the cheek)

das **Bad, ⸚er** bath; das **Badezimmer, –** bathroom

die **Bahn, –en** railway; **bahnbrechend** pioneering; der **Bahndamm, ⸚e** railway embankment; die **Bahnpolizei** railroad police

**bald** soon

der **Balken, –** beam, rafter

der **Balkon, –e** balcony

**ballen** to form into a ball, to clench (a fist)

**banal** trite, banal

das **Band, ⁼er** ribbon, bond, hinge

**bändigen** tame

die **Bank, ⁼e** bench

die **Bank, –en** bank; der **Bankbeamte, –n, –n** bank clerk; der **Bankier, –s, –s** banker

der **Bann** power, spell

**bar** bare, cash; **für bare Münze nehmen\*** take at face value

der **Bär, –en, –en** bear; die **Bärenmütze, –n** bearskin cap

die **Barbarei** barbarism

**barmherzig** merciful; die **Barmherzigkeit, –en** mercy

der **Baron, –e** baron

der **Bart, ⁼e** beard

die **Base, –n** female cousin

der **Bau, –s, –ten** building; **bauen** build; **baufällig** ready to come down; der **Baugrund, ⁼e** lot, (building) site; die **Baugrube, –n** excavation for a building foundation; der **Baukostenzuschuß, –sses, ⁼sse** building cost subsidy; die **Baukunst, ⁼e** architecture; der **Baumeister, –** building contractor, architect; der **Bauplan, ⁼e** building plan; der **Bauplatz, ⁼e** building site; der **Baurat, ⁼e** member of the department of building codes and zoning; die **Bautätigkeit, –en** building activity; der **Bauzaun, ⁼e** fence around a construction site

der **Bauchschuß, –sses, ⁼sse** bullet wound in the abdomen

der **Bauer, –n,** or **–s, –n** peasant, farmer; **bäuerlich** rural, rustic; der **Bauernhof, ⁼e** farm; der **Bauernstand** peasant class

der **Baum, ⁼e** tree; das **Baumblatt, ⁼er** tree leaf; die **Baumkrone, –n** tree top

**bäumen** rear

der **Beamte, –n, –n** official, civil servant; der **Beamtenstand** civil servant class; der **Beamtenstaat, –(e)s, –en** state run by professional civil servants; der **Beamtentisch, –e** table reserved for civil servants

**beängstigen** alarm; **beängstigend** terrifying

**beanspruchen** demand

**bearbeiten** work on

**beauftragen** authorize

**beben** shake

sich **bedanken** thank

**bedauern** regret, sympathize, be sorry for

**bedecken** cover, shelter

**bedenken\*** consider, ponder; das **Bedenken, –** hesitation, scruple; **bedenklich** critical serious

**bedeuten** mean, signify, indicate, point out; **bedeutend** important, significant, considerable; die **Bedeutung, –en** meaning, importance, significance

**bedienen** attend; sich **bedienen** avail oneself of; der **Bediente, –n, –n** servant; **bedientenhaft** servile; die **Bedienung** service, servants

**bedingt von** conditional on, for the sake of

**bedrängen** press hard

**bedrohen** threaten

**bedürfen\*** need; das **Bedürfnis, –ses, –se** need

**beeiden** swear; **beeidigte Zeugenschaft** sworn testimony

**beeindrucken** impress

**beeinflussen** influence

**beendigen** terminate

das **Beet, –e** flower bed

**befallen\*** befall, seize

der **Befehl, –e** command; **befehlen\*** command; der **Befehlshaber, –** commanding officer

**befestigen** attach

**befinden\*** find; sich **befinden\*** be

das **Beförderungsmittel, –** means of transportation

**befreien** set free, liberate

**befremdend, befremdlich** strange

**befreundet** friendly, on friendly terms

sich **begeben\*** go; die **Begebenheit,
–en** event, occurence

**begegnen** (**sein**) meet, encounter,
happen

**begehen\*** commit

**begehren** desire, demand; **begehrt**
popular

**begeistern** fill with enthusiasm; die
**Begeisterung** enthusiasm

die **Begierde, –n** eager desire, longing

**beginnen\*** begin

**beglaubigen** attest, verify

**begleiten** accompany, escort

**beglücken** make happy

sich **begnügen** be satisfied

**begraben\*** bury

das **Begräbnis, –ses, –se** funeral;
die **Begräbnisstimmung** mood as
at a funeral, depressed mood

**begreifen\*** understand, comprehend; **begreiflich** comprehen-
sible; **begreiflicherweise** natu-
rally

**begrenzen** border

der **Begriff, –e** concept

**begründen** found, give reasons for;
der **Begründer, –** founder, originator

**begrüßen** greet

die **Behaglichkeit, –en** comfort, co-
siness

**behalten\*** keep

**behandeln** treat

**beharren** continue, insist; **beharrlich** stubborn

**behaupten** maintain, assert

**beherbergen** lodge

**beherrschen** rule over, govern

**beherzigt** stout-hearted

**behilflich** helpful

**behindern** impede

die **Behörde, –n** the authorities;
**behördlich** official

**bei·bringen\*** teach

**beide** both, two

der **Beiklang, ⸚e** overtone

**beileibe** by no means

**beiliegender Brief** the enclosed
letter

**bei·mengen** (ad)mix

das **Bein, –e** leg, bone; **ein Bein
stellen** trip up

**beinah(e)** almost, nearly

**bei·pflichten** agree with

**beisammen** together

das **Beispiel, –e** example; **zum Beispiel** for example; **beispiellos**
unparalleled

**beißen\*** bite

**bei·stehen\*** help

**bei·stimmen** agree with

**bei·tragen\*** contribute

**bei·treten\*** (**sein**) join

**bekannt** known; der **Bekannte, –n,
–n** acquaintance; **bekanntlich**
as is well-known; die **Bekanntschaft, –en** acquaintance, knowledge

**bekennen\*** confess; sich **zu einer
Schuld bekennen\*** to acknowl-
edge one's guilt; das **Bekenntnis,
–ses, –se** avowal, acknowledg-
ment

**bekleiden** dress, put on, hold (an
office)

die **Beklemmung, –en** anxiety, an-
guish

**bekommen\*** get; **bekömmlich**
wholesome, beneficial

**beköstigen** feed

**bekräftigen** confirm

**bekümmern** trouble

**belächeln** smile at

**beladen\*** burden

**belagern** besiege

**belanglos** insignificant

**belasten** load down

**belästigen** bother

die **Belaubung** foliage

sich **belaufen\* auf** amount to

**belehren** instruct, enlighten; die
**Belehrung, –en** instruction, (mor-
alizing) advice

**beleidigen** insult

**beleuchten** light, illuminate

(das) **Belgien** Belgium

**nach Belieben** at will; **beliebt**
popular; die **Beliebtheit** popu-
larity

bellen  bark
die **Belohnung, –en**  reward
**belustigen**  amuse
**bemalen**  paint (over)
**bemerken**  remark, notice; die **Bemerkung, –en**  observation
**bemühen**  trouble; sich **bemühen** trouble oneself, strive; **bemüht sein**\* try hard; die **Bemühung, –en** effort
**benehmen**\*  take away; sich **benehmen**\* behave
**beneiden**  envy
**benennen**\*  call
der **Bengel, –**  brat
**benutzen, benützen**  use
**beobachten**  watch
**bepinseln**  bedaub
**bequem**  comfortable, easy, convenient; die **Bequemlichkeit, –en** comfort
sich **beraten**\*  deliberate
**berauben**  deprive of, rob
**berauschen**  intoxicate
**berechtigen**  entitle
**bereisen**  travel through, tour
**bereit**  ready; **bereiten**  prepare, procure, cause; **bereits**  already; die **Bereitschaft**  readiness; **bereitstellen**  make available; **bereitwillig**  ready, eager
**bereuen**  regret
der **Berg, –e**  mountain; die **Bergbahn, –en**  mountain railway; das **Bergbauamt, –̈er**  Department of Mining; der **Berghang, –̈e**  hillside; der **Bergknappe, –n, –n** miner
der **Bericht, –e**  report, information; **berichten**  report
**bersten**\* (**sein**)  explode, rupture
**berücksichtigen**  consider, take into account
der **Beruf, –e**  occupation; **berufen**\* call, appoint; sich **berufen**\* **auf** refer to; **berufen** (*past participle*) qualified; **beruflich**  professional; die **Berufssphäre, –n**  professional sphere
**beruhen**  be based on

**beruhigen**  quiet, pacify; sich **beruhigen**  calm down; die **Beruhigung, –en**  reassurance
**berühmt**  famous
**berühren**  touch
**besagen**  signify; **besagt**  aforesaid
die **Besatzungsmacht, –̈e**  army of occupation
**beschädigen**  injure
**beschäftigen**  occupy, engage; die **Beschäftigung, –en**  occupation, pursuit
**beschämen**  make ashamed; **beschämend**  embarassing, humiliating
**beschauen**  look at; der **Beschauer, –**  spectator
der **Bescheid, –e**  answer, decision; der **Bescheid fällt**\* the decision is; **Bescheid wissen**\* **um** (**über, von**) have knowledge of, know what's what; **bescheiden**  modest; die **Bescheidenheit**  modesty
**bescheinen**\*  illuminate
**beschenken**  present
**bescheren**  bestow upon; die **Bescherung, –en**  gift, mess
**beschimpfen**  insult, abuse
**beschlagen**\*  shoe (a horse); **gut beschlagen sein**\*  be well versed
**beschlagnahmen**  seize, confiscate, expropriate
die **Beschleunigung, –en**  acceleration
**beschließen**\*  conclude, resolve
**beschränken**  limit
**beschreiben**\*  describe; die **Beschreibung, –en**  description
**beschuldigen**  accuse
**beschützen**  protect
**beschweren**  burden, trouble
**beschwingt**  winged
**beschwören**\*  implore; die **Beschwörung, –en**  confirmation by oath, exorcism, entreaty
**beseelen**  animate, inspire
**besehen**\*  look at
**besessen**  possessed; der **Besessene, –n, –n**  fanatic
**besetzen**  set (with jewels), occupy; die **Besetzung, –en**  occupation

besichtigen  inspect
die Besinnung  consciousness, sense
der Besitz, –e  possession, estate; besitzen*  possess, have; der Besitzer, –  owner
besoffen  drunk
besolden  pay; die Besoldung, –en
salary
besonder-  special, distinct, distinguished; besonders  especially
besorgen  take care of, care for,
fetch, attend to
besprechen*  discuss
die Besserung  improvement
beständig  constant; die Beständigkeit, –en  stability
bestätigen  confirm
bestaubt  dusty
bestehen*  pass (an examination),
exist
besteigen*  climb, board (a ship)
bestellen  order, hire, arrange, prepare
bestenfalls  at best
bestimmen  designate, determine;
bestimmen zu  destine for; be-
stimmend  determining; bestimmt
definite, certain, destined
bestrafen  punish
sich bestreben  endeavor
die Bestürmung, –en  storming
bestürzt  dismayed
der Besuch, –e  visit; besuchen  visit
die Betätigung, –en  activity; das
Betätigungsfeld, –er  field of activity
der Beteiligte, –n, –n  participant
beten  pray
der Beton  concrete
betören  infatuate
betrachten  look at, examine, reflect
upon; die Betrachtung, –en  con-
templation, observation; beträcht-
lich  considerable
der Betrag, ⁻e  sum; betragen*
come to, amount to; sich betragen*  behave
betreffen*  concern; was mich betrifft  as far as I am concerned, as
for me

betreiben*  manage
betreten*  enter, surprise; betreten
(*past participle*)  startled, dis-
concerted
der Betrieb, –e  business, plant
betrübt  sad
der Betrug, (*pl.*) Betrügereien  de-
ception; betrügen*  cheat, deceive
betrunken  drunk
das Bett, –s, –en  bed; betten  make
up a bed
betteln  beg; bettelstolz  humbly-
proud; das Bettelweib, –er  beg-
gar woman; der Bettler, –  beg-
gar, pauper
beugen  bend; sich beugen  submit
beunruhigen  disturb
die Beute  booty
bevölkern  populate; die Bevölke-
rung, –en  population, inhabitants
die Bevorzugung, –en  preference
bewaffnen  arm
bewahren  preserve; bewahren vor
guard against; Gott bewahre!
God forbid!
bewähren  prove; sich bewähren
prove true
bewältigen  master
bewegen  move; bewogen werden
zu  be induced to; beweglich
movable, nimble; die Beweglichkeit  mobility; bewegt  moved,
troubled; die Bewegung, –en
movement, motion; die Bewegungsgeschwindigkeit  speed of
movement
der Beweis, –e  evidence; beweisen*
prove; die Beweisführung, –en
reasoning
bewilligen  grant, permit; die Bewilligung  permit
bewirken  cause, being about, produce
die Bewirtung  hospitality; bewirt-
schaften  manage
bewohnen  inhabit
der Bewunderer, –  admirer; bewundern  admire; die Bewunderung  admiration

bewußt conscious of, aware; das Bewußtsein consciousness, conviction

bezahlen pay; die Bezahlung, –en settlement, pay

bezaubern bewitch, enchant

bezeichnen designate

bezeugen attest

beziehbar ready for occupancy; sich beziehen* auf relate to; eine Wohnung beziehen* move into an apartment; die Beziehung, –en connection

der Bezirk, –e district, region

der Bezug, –̈e cover, reference; in Bezug auf with regard to; bezüglich with reference, respecting, as to

bezweifeln doubt

bezwingen* subdue; sich bezwingen* restrain oneself, control oneself

die Bibliothek, –en library

der Bicepsumfang, –̈e biceps measurement

biegen* turn, bend; die Biegung, –en curve

die Biene, –n bee

bieten* offer, proffer

das Bild, –er picture, figure; bilden educate; bildschön most handsome; die Bildung, –en education; bildungshungrig craving for an education

billig cheap, reasonable, fair, easy; recht und billig fair

binden* bind, unite, combine; die Bindung, –en bond, tie

binnen within

bis until; bisher hitherto, up to now; bisweilen sometimes, now and then

bißchen a little bit

die Bitte, –n request, entreaty; bitten* ask

blähen inflate

blank shining, polished, smart

blasen* blow, sound

blasiert blasé

blaß pale

das Blatt, –̈er leaf, newspaper, sheet (of paper)

blau blue; blauwollen made of blue wool

das Blech, –e sheet metal, tinplate; blechblitzend shiny (with metal); der Blechwagen, – vehicle (built with a good deal of metal)

bleiben* (sein) remain

bleich pale

die Blenderin, –nen (deluding) dazzler

der Blick, –e glance, sight; blicken look; sich blicken lassen* appear

blinken sparkle

der Blitz, –e lightning, flash; blitzartig like lightning, in a flash; blitzen lighten, emit lightning, sparkle; blitzschnell quick as lightning

das Blockhaus, –̈er log cabin

bloß bare, mere, only

blühen bloom; blühend flourishing

die Blume, –n flower; das Blumenbeet, –e flower bed; der Blumengarten, –̈ flower garden; blumengeschmückt adorned with flowers; der Blumenständer, – flower rack

das Blut blood; blutarm anemic; die Blutbahn, –en circulatory system; blutdurchjagt flushed (with blood); der Blutegel, – leech; bluten bleed; blutgierig bloodthirsty; der Blutrichter, – judge (in capital cases); der Blutverlust, –e loss of blood; die Blutvermischung, –en racial blend

die Blüte, –n blossom, flower; das Blütenblatt, –̈er petal; die Blütezeit, –en period of efflorescence, golden age

der Bock, –̈e he-goat; der Bocksbart, –̈e goatee

der Boden, –̈ ground, soil, floor; die Bodenfläche, –n floor space; der Bodengrund soil; die Bodenvase, –n floor vase

der Bogen, – or –̈ curve

(das) **Böhmen** Bohemia; **böhmisch** Bohemian
**bohren** pierce
der **Bootsteg, –e** gangway (for boarding a boat)
**borgen** borrow
die **Börse, –n** stock exchange
**borstig** bristly
**böse** evil; **boshaft** malicious
der **Bote, –n, –n** messenger; die **Botschaft, –en** message
der **Boxkampf, ⸚e** prize fight
(das) **Brasilien** Brazil
**braten\*** fry, roast
der **Brauch, ⸚e** custom; **brauchbar** useful; **brauchen** need
**bräunen** tan, brown
**brausen** storm, rage
das **Brautkleid, –er** wedding-dress
**brav** fine, good, well-behaved; **brav gemacht!** well done!
**brechen\*** (haben, sein) break, break through
**breit** broad; **breiten** spread; **breitschenklig** with broad hips
**brennen\*** burn; **brennend** burning, urgent, vital
das **Brett, –er** board, plank
der **Brief, –e** letter; die **Brieftasche, –n** wallet; der **Briefträger, –** mailman; der **Briefumschlag, ⸚e** envelope
die **Brille, –n** eyeglasses
**bringen\*** bring; **er kann es nicht über sich bringen** he cannot bring himself to, he cannot bear it; **bringen\* um** deprive of
die **Broschüre, –n** pamphlet
das **Brot, –e** bread
der **Bruchteil, –e** fraction; **brüchig** brittle
die **Brücke, –n** bridge; das **Brückengeländer, –** bridge railing
**brüllen** roar
**brummen** growl
der **Brunnen, –** spring, well
die **Brust, ⸚e** chest, bosom; der **Brustumfang** chest measurement
die **Brüstung, –en** breastwork, rampart

**brutzeln** splutter
der **Buchdrucker, –** printer; die **Buchhandlung, –en** bookstore
die **Buche, –n** beech tree
der **Bücherstapel, –** pile of books
die **Büchse, –n** rifle
der **Buchstabe, –ns, –n** letter; **buchstabieren** spell
der **Buchweizen, –** buckwheat
**buckelig** hunchbacked
sich **bücken** stoop
die **Bühne, –n** stage; **über die Bühne gehen\*** be staged; das **Bühnenbild, –er** stage set
**bummeln** stroll
**bunt** colored, colorful, lively; **buntgemustert** patterned in a colorful way, colorful
die **Burg, –en** castle; das **Burgtor, –e,** castle gate; der **Burgvogt, ⸚e** steward of a castle, castellan
der **Bürger, –** citizen, burgher, one of the middle class; **bürgerlich** middle-class, bourgeois, plain; der **Bürgermeister, –** mayor; die **Bürgersleute** (*pl.*) citizens, burghers
das **Büro, –s, –s** office, bureau; der **Büroangestellte, –n, –n** office worker; die **Bürokratie, –n** bureaucracy
der **Bursch, –en, –en** fellow
die **Bürste, –n** brush
der **Busen, –** bosom; **busenwarm** bosomwarm
die **Buße, –n** repentance, atonement

**charakteristisch** characteristic; der **Charakterzug, ⸚e** characteristic, trait
der **Chef, –s, –s** chief, boss
**chemisch** chemical
der **Chirurg, –en, –en** surgeon
das **Christentum** Christianity; **christlich** Christian; das **Christuskind** Christchild
**chromgepanzert** armored with chromium, chrome-plated
der **Chronist, –en, –en** chronicler

**da** there, here, when

**dabei** thereby, in doing so, but, yet; **dabei sein\*** be present

das **Dach, ⁝er** roof; der **Dachziegel, –** tile

**dadurch** thereby

**dagegen** on the contrary, on the other hand

**daheim** at home

**daher·reiten** (sein) come riding along

**dahin** thither, along, departed

**dahin·dämmern** (sein) fade away

**dahin·leben** live, vegetate

**dahin·toben** race along

**dahin·treiben\*** (sein) float away, be carried away, drift along

**damalig** then, of that time; **damals** in those days, at that time

die **Dame, –n** lady

**damit** thereby, so that

das **Dämmerlicht, –er** twilight

**dämmern** get dark

der **Dämon, –s, –en** demon; **dämonisch** demoniac

der **Dampf, ⁝e** steam

**dämpfen** dampen, soften

**daneben** close by

der **Dank** thanks; **dank** thanks to, owing to; **dankbar** grateful, thankful

**dann** then; **dann und wann** now and then, occasionally

**daran, dran** thereat; **daran liegen\*** matter; **daran·gehen\*** set about; **daran·setzen** place against, risk

**darauf, drauf** thereon, afterwards; **d(a)rauf·kommen\*** (sein) hit upon

**dar·bieten\*** present

**dar·bringen\*** offer

**darein, drein** therein, thereto; **d(a)rein·blicken** look, glance

**dar·legen** lay down, set forth

**dar·stellen** represent

**dar·tun\*** set forth

**darüber, drüber** over

**darum, drum** on that account

das **Dasein** existence, life

**daselbst** there, in that very place

die **Dauer** duration, durability; **dauern** last; **dauernd** continuous, constant; der **Dauerzustand, ⁝e** permanent condition, permanent state

**dauern** be sorry for

**davon** of it, away; **davon·stürzen** (sein) rush away; **davon·tollen** (sein) romp away

**davor** before it, of it

**dazu** thereto, in addition, with it; **dazumal** at that time

**dazwischen** in between; **etwas kommt\*** (sein) **dazwischen** something intervenes (to prevent it)

die **Decke, –n** cover, ceiling; der **Deckel, –** cover, lid; **decken** cover

der **Degen, –** sword

**dehnen** extend; sich **dehnen** stretch

**deinesgleichen** the like of you

**dekadent** decadent

**demgemäß** accordingly

**demnach** consequently

der **Demantstein, –e** diamond (*poetic and archaic*)

die **Demut** humility

**denken\*** think; das **Denkmal, ⁝er** monument

**denn** for, because, then

**dennoch** nevertheless

**der und der** such-and-such a one; **derartig** of that kind, such; **dereinst** some day; **dergestalt** in such a manner; **dergleichen** of such kind; **derlei** such things; **derweile(n)** meanwhile

**derb** solid, robust, coarse

**deshalb, deswegen** on this account, therefore

**desto** the, so much; **desto mehr** so much the more

**deuten** point; **deuten auf** point to; **deutlich** distinct, clear; die **Deutung, –en** interpretation

**deutschbesetzt** German occupied

die **Devise, –n** foreign bill (of exchange); der **Devisenschmuggel** smuggling of foreign bills of ex-

change; die **Devisenverordnung,**
**–en** regulations concerning foreign bills of exchange

der **Diamant, –en, –en** diamond

die **Diät, –en** diet

**dicht** close; **dichtgedrängt**
crowded

**dichten** compose, write poetry; der
**Dichter, –** poet, writer

**dick** thick, fat; der **Dickhals, ¨er**
thick neck

der **Dieb, –e** thief

die **Diele, –n** hall

**dienen** serve; das **Dienerehepaar,**
**–e** servant couple; die **Diener-**
**schaft** servants; der **Dienst, –e**
service, duty; der **Dienstbote, –n,**
**–n** domestic servant; das **Dienst-**
**mädchen, –** maid; der **Dienst-**
**mann, ¨er** vassal

**diesmal** this time

die **Diesseitigkeit, –en** this-world-
liness

das **Ding, –e** object, thing, matter

der **Diskurs, –e** discourse

der **Disziplinarverstoß, ¨e** disci-
plinary offense

der **Diwan, –e** sofa

**doch** however, nevertheless, at
least, surely

die **Dogge, –n** Great Dane

der **Dolch, –e** dagger

**donnern** thunder, roar

das **Dorf, ¨er** village

der **Dorn, –s, –en** thorn; die **Dorn-**
**enhecke, –n** thorn hedge; **dornig**
thorny; das **Dornröschen** Briar
Rose, Sleeping Beauty

**dort** there

**dozieren** lecture

**dran** *see* **daran**

**drängeln** press

**drängen** be in a hurry, push; **es**
**drängt sie** they feel compelled
to, they cannot refrain from

**drastisch** drastic

**drauf** *see* **darauf**

**drauf·gehen\* (sein)** be wasted

**draußen** outside

der **Drechsler, –** turner

der **Dreck** mud, filth

**drehen** turn, twist; sich **drehen um**
be a question of; der **Dreher, –**
turner, lathe operator; der **Dreh-**
**stuhl, ¨e** revolving chair

**drein** *see* **darein**

**drein·reden** interrupt, interfere

**dringen\* (sein)** rush, penetrate,
force a way; **dringend** urgent

**drohen** threaten

**dröhnen** roar, resound

**drüben** over there, on the other side

der **Druck, –e** print; **drucken** print

**drücken** press, push, afflict, depress,
weigh down

**drunten** down there

der **Duft, ¨e** aroma, fragrance; **duf-**
**ten** smell

**dulden** tolerate

**dumpf** dull

**dunkel** dark; das **Dunkel** obscur-
ity

**dünn** thin, slim

der **Dunst, ¨e** vapor, haze

**durch** through; **durchaus** thoroughly, quite, absolutely; **durch-**
**einander** pell-mell

**durchbeißen\*** bite through, strike
home

**durchbiegen\*** (make a) bend

**durchdenken\*** think through, think
over

**durchdringen\*** permeate

**durchflattern** flutter through

**durchforschen** investigate

**durch·führen** carry out

**durchgängig** without exception

sich **durch·gaunern** cheat one's way
through

**durch·hauen** cut through

**durchrauschen** rustle through

**durchschauern** fill with horror

der **Durchschnitt, –e** cross-section,
average; **durchschnittlich** average

**durch·setzen** carry through, put
through

**durchsichtig** transparent

durchsuchen   search
durchziehen   traverse, march
through
dürfen*   may, be allowed to, must
(*neg.*)
das Dutzend, –e   dozen

eben   just, exactly; das Ebenbild,
–er   image; ebenda(selbst)   in
the same place; ebenfalls   likewise; ebenso   just so, just as;
ebensolch   similar; ebensoviel
just as much, as many
das Ebenholz   ebony
die Ebene, –n   plain, plane
echt   genuine
die Ecke, –n   edge, corner; das Eckhaus, ⁼er   corner house; der Eckzahn, ⁼e   eye-tooth
edel   noble, precious; edelgemessen
of noble restraint, of noble proportion; der Edelsinn   high-minded-
ness
egal   all the same
ehe   before; ehemalig, ehemals
former, formerly; eher   sooner,
rather; am ehesten   most nearly
die Ehefrau, –en   wife; das Ehepaar, –e   married couple
die Ehre   honor; der Ehrabschneider, –   slanderer; ehrenvoll
honorable; ehrerbietig   respectful;
die Ehrerbietung, –en   deference,
respect; ehrlich   honest; die Ehrlichkeit   honesty
das Ei, –er   egg; das Eierschlagen
egg-beating
die Eiche, –n   oak; das Eichenlaub
oak leaves; der Eichenwald, ⁼er
oak forest
der Eid, –e   oath; einen Eid
ab·legen   take an oath
der Eifer   eagerness; eifrig   eager
eigen   inherent, own; die Eigenart,
–en   peculiarity; die Eigenliebe
egotism; eigens   expressly; die
Eigenschaft, –en   attribute; eigentlich   real, in reality, really;
sich eignen   be suited

die Eile   haste; eilen   hurry; eilfertig   hasty; eilig   quick, speedy;
der Eilmarsch, ⁼e   forced march;
der Eilverkehr   express traffic;
der Eilzug, ⁼e   express train
ein   a, an, one; nicht ein und aus
wissen*   be at one's wit's end
einander   one another
ein·bauen   build in; der Einbau-
schrank, ⁼e   built-in closet
ein·beziehen*   include
ein·biegen* (sein)   turn into
ein·binden*   bind (a book)
der Einblick, –e   insight
ein·brechen* (sein)   break in, commit burglary
ein·bringen*   bring in, yield
(profit)
der Einbruch, ⁼e   burglary, invasion;
der Einbruch der Dämmerung
coming of twilight
eindeutig   unequivocal
ein·dringen* (sein)   penetrate;
eindringlich   penetrating; die
Eindringlichkeit   impressiveness
der Eindruck, ⁼e   impression; einen
Eindruck erwecken   produce an
impression
ein·engen   confine
einerseits   on the one hand
einfach   simple; die Einfachheit
simplicity
der Einfall, ⁼e   invasion; ein·fallen*
(sein)   lapse, occur (to one's
mind)
ein·fassen   enclose
sich ein·finden*   arrive, turn up
ein·flattern und aus·flattern (sein)
fly in and out
ein·fügen   insert
ein·führen   introduce
der Eingang, ⁼e   entry
eingefallen   sunken, hollow-cheeked
ein·gehen* (sein)   go in; ein·gehen*
auf   agree to
ein·gestehen*   confess, admit
ein·gießen*   pour in
ein·greifen*   interrupt
der Eingriff, –e   interference

**einig** agreed; **einiges** some; **einige** (*pl.*) a few; **einigemal** several times; **einigermaßen** to some extent; die **Einigung, –en** unification

**ein·kassieren** collect, cash

**ein·kehren** (**sein**) stop at, call on

die **Einkünfte** (*pl.*) income

**ein·laden**\* invite; die **Einladung, –en** invitation

**ein·legen** inlay

**ein·leuchten** be clear

**ein·lösen** honor (a promise)

**einmal** formerly, once, one time; **auf einmal** all at once, together; **einmalig** happening but once

der **Einmarsch, ⁓e** marching in, invasion; **ein·marschieren** (**sein**) march in, enter

sich **ein·mieten** take rooms

die **Einnahme, –n** income; **ein·nehmen**\* take in, take up; **ein·nehmen**\* **für** influence in favor of; der **Einnehmer, –** collector

**ein·prägen** impress

die **Einquartierung, –en** billeting of soldiers

**ein·räumen** give up, vacate

**ein·reichen** submit

**ein·reißen**\* tear down, demolish

**ein·richten** arrange, furnish; die **Einrichtung, –en** furnishings, appointments

**einsam** lonely, alone; die **Einsamkeit, –en** loneliness, solitude

**ein·schenken** pour in, pour out

**ein·schlafen**\* (**sein**) fall asleep

sich **ein-schleichen**\* steal in

**einschließlich** including, included

**ein·schnüren** constrict

**ein·schreiten**\* (**sein**) take steps; **ein·schreiten**\* **auf** come walking toward

**ein·sehen**\* comprehend, understand

**ein·setzen** appoint, stake, risk; sich **ein·setzen für** use one's good offices for

die **Einsicht, –en** judgment

**ein·sperren** lock up, imprison

**einst** one day; **einstig** former

**ein·stehen**\* (**sein**) **für** be responsible for

**ein·steigen**\* (**sein**) enter, get in

**ein·stimmen** chime in, agree

**ein·tragen**\* record, register, bring in, produce; die **Eintragung, –en** entry

**ein·treffen**\* (**sein**) arrive

**ein·treten**\* (**sein**) enter; der **Eintritt, –e** entrance, admission, entering on

das **Einverständnis, –ses, –se** agreement

der **Einwand, ⁓e** objection; **einwandfrei** faultless, unobjectionable

**ein·weisen**\* assign to housing

**ein·wohnen** be settled; der **Einwohner, –** inhabitant

die **Einzelheit, –en** detail

**ein·ziehen**\* (**sein**) move into

**einzig** only, single, sole

der **Einzug, ⁓e** entry; **Einzug halten**\* make an entry, enter

das **Eis** ice, ice cream; die **Eisbahn, –en** ice, skating rink

das **Eisen, –** iron; die **Eisenbahn, –en** railroad; der **Eisenbahnbeamte, –n, –n** railroad official; das **Eisengeländer, –** iron railing; **eisengepanzert** in an armor of iron; der **Eisenofen, ⁓** cast iron stove; der **Eisenpanzer, –** iron coat of mail; der **Eisenträger, –** iron (steel) beam; **eisern** iron

**eitel** vain

**ekelhaft** disgusting

der **Elan** dash, guts

der **Elefant, –en, –en** elephant; die **Elefantenhaut, ⁓e** elephant's skin

**elterlich** parental; die **Eltern** parents

**emigrieren** emigrate

**empfangen**\* receive

sich **empfehlen**\* take one's leave; die **Empfehlung, –en** recommendation empfinden* feel, experience

empor up, upward

empor·halten* hold up

empor·heben* raise, exalt, elevate

empor·hüpfen (sein) leap up

sich empor·schwingen* soar up

empor·steigen* (sein) rise

empor·tauchen* (sein) surface (out of the water), rise up

empor·wachsen* (sein) grow up-(ward)

empor·weisen* direct upward

der Empörer, – rebel

emsig busy

das Ende, –s, –n end, aim; am Ende in the end, perhaps; ein Ende nehmen* come to an end; zu dem Ende for the purpose; endgültig final; endlich finally; endlos endless

eng narrow, tight; engstirnig narrow-minded; die Engstirnigkeit narrow-mindedness

der Engel, – angel; engelgut kind like an angel

der Enkel, – grandson, grandchild

entbinden* release

entdecken discover; die Entdeckung, –en discovery

entfalten unfold

entfernen remove; sich entfernen go away; entfernt distant, removed

entfliehen* (sein) run away

entführen carry off

entgangen missed

entgegen towards, against

entgegengesetzt opposite

entgegen·kommen* (sein) come toward, come to meet

entgegen·schlafen* sleep in anticipation of

entgegen·reichen offer

die Entgegnung, –en reply, retort

entgehen* (sein) elude, avoid, escape; entgehen lassen* let slip

entgleiten* (sein) slip away

enthalten* contain

entkommen* (sein) escape

entlang along

entlang·trotten (sein) jog along

entlarven unmask

entlassen* set free, discharge; die Entlassung, –en discharge, release

entlaufen* (sein) run away, escape

entlegen remote

entnehmen* take from, understand from, learn

sich entpuppen reveal oneself

entrinnen* (sein) escape from

entsagen renounce, relinquish

entscheiden* decide; entscheidend decisive, final; die Entscheidung, –en decision

sich entschließen* decide; entschlossen resolute, determined; die Entschlossenheit determination; der Entschluß, –sses, –̈sse decision; einen Entschluß fassen resolve

entschuldigen excuse

entschwinden* vanish

sich entsetzen be horrified, shocked; das Entsetzen terror, horror; entsetzlich horrible, dreadful

sich entsinnen* recollect, remember

sich entspinnen* arise, begin

entsprechen* conform to

entspringen* (sein) spring up, originate in

entstehen* (sein) arise, be produced

entstellen disfigure

enttäuschen disappoint; die Enttäuschung, –en disappointment

entwerfen* sketch, draft, design

entwerten depreciate, debase

entwickeln develop

entwischen (sein) escape

entwöhnen disaccustom

entwürdigen degrade

entziehen* deprive of; sich entziehen* evade, shun

entzückend delightful, charming

entzünden ignite, light

die Erbärmlichkeit, –en wretchedness

die Erbauung edification

der Erbe, –n –n heir; erben inherit; die **Erbschaft, –en** inheritance

**erbeuten** capture

**erbittert** embittered, bitter

**erblassen (sein)** turn pale

**erbleichen (sein)** turn pale

**erblicken** catch sight of, see

**erbost** angry

die **Erbötigkeit** willingness (to be of service)

die **Erde, –n** earth, ground, soil; das **Erdbeben, –** earthquake

sich **ereignen** happen; das **Ereignis, –ses, –se** event

**ererben** inherit

**erfahren\*** learn, discover, experience; die **Erfahrung, –en** experience

**erfassen** seize, comprehend

**erfinden\*** invent; die **Erfindung, –en** invention

**erflehen** beg for

der **Erfolg, –e** success; **erfolgen (sein)** result, ensue; **erfolglos** unsuccessful; **erfolgreich** successful; das **Erfolgshonorar, –e** contingency fee

sich **erfrechen** dare, have the impudence to

**erfreuen** delight; sich **erfreuen** enjoy; **erfreulich** satisfactory, gratifying; **erfreut** pleased

**erfüllen** fill up, fulfill; die **Erfüllung, –en** fulfillment; **in Erfüllung gehen\*** come true

**ergattern** get hold of

**ergeben\*** result; sich **ergeben\*** surrender, yield; das **Ergebnis, –ses, –se** result

**ergehen\* (sein)** happen

**ergiebig** productive, abundant

**ergrauen (sein)** turn gray (of hair)

**ergreifen\*** seize, touch; **ergriffen** moved, deeply stirred

**erhaben** prominent, lofty, sublime

**erhalten\*** receive, preserve, maintain; die **Erhaltung** conservation

**erharren** await

**erheben\*** raise up, elevate, exalt; sich **erheben\*** rise, spring up; **erheblich** considerable

**erhitzen** heat up, excite

**erhoffen** hope for, expect

**erhöhen** raise, elevate

sich **erholen** recover; die **Erholung** recovery

**erinnern** remind, call to mind; sich **erinnern** remember; die **Erinnerung, –en** remembrance, memory

die **Erkältung, –en** cold, chill

**erkennen\*** recognize; sich **zu erkennen geben\*** make oneself known; die **Erkenntnis, –se** knowledge, recognition, realization

**erklären** explain, pronounce; sich **erklären** explain oneself, declare oneself

**erklingen\* (sein)** resound, ring out

sich **erkundigen** inquire

**erkünstelt** affected

**erlauben** permit, allow

**erläutern** explain

**erleben** experience, witness, live to see; das **Erlebnis, –ses, –se** experience

**erleichtern** make easy, relieve

**erleiden\*** suffer, bear

**erleuchten** illuminate

**erlogen** false, untrue, fabricated; **das ist erstunken und erlogen** that's a rotten lie

**erlösen** redeem, save

**ermorden** murder

**ermüden** fatigue

**ernähren** nourish; die **Ernährung** food, nutrition

die **Erniedrigung, –en** humiliation

der **Ernst** earnestness, seriousness; **es ist mein Ernst** I am serious; **ernst, ernsthaft** earnest, serious, grave

**ernüchtern** sober (down)

**erobern** conquer, win

**erörtern** discuss

**erpressen** extort; **erpresserisch** extortionate; die **Erpressung, –en** blackmail

errechnen  calculate
erregen  excite; die **Erregung, –en** agitation
erreichen  reach, attain
errichten  erect, set up
erringen*  achieve
erscheinen* (sein)  appear; die **Erscheinung, –en** appearance, figure
erschießen*  shoot dead
erschlagen*  kill; **erschlagen** (*past participle*) dumbfounded
erschöpfen  exhaust
erschrecken* (sein)  be startled; **erschrecken** scare, startle
erschüttern  shake violently, move; die **Erschütterung, –en** emotion
ersehen*  perceive
ersehnen  long for
ersetzen  replace
ersparen  save
erst  first, prime, only; **erst recht nicht** less than ever, much less still
die **Erstarrung** stiffness, solidification, petrification
erstatten  refund, return; **eine Anzeige erstatten** file a charge
erstaunen  be astonished; das **Erstaunen** surprise; **erstaunlich** astonishing
ersticken (sein, haben)  stifle, choke
ersuchen  request
erteilen  grant
ertragen*  suffer
erwachen (sein)  wake up
erwachsen (*past participle*) grown up, adult
erwägen*  weigh, ponder; die **Erwägung, –en** consideration
erwählen  choose
erwähnen  mention
erwärmen  warm
erwarten  await, expect; die **Erwartung, –en** expectation, anticipation; **erwartungsvoll** expectant, full of hope
erwecken  animate, stir up; den **Eindruck erwecken** give the impression
der **Erweis, –e** evidence; **erweisen*** prove, render
erwerben*  acquire
erwidern  retort, return; die **Erwiderung, –en** reply
erwischen  catch
erzählen  tell, relate; der **Erzähler, –** storyteller, writer, narrator; die **Erzählung, –en** story, narration
erziehen*  bring up, train; **erziehbar** educable; die **Erziehbarkeit** capability of being educated; die **Erziehung** upbringing, education
erzürnen  get angry
erzwungen  forced
der **Esel, –** jackass
das **Esmeraldgrün** emerald green
essen*  eat; das **Essen** food; die **Eßecke, –n** dining area
die **Etage, –n** floor, story; die **Etagere, –n** rack
etwa  perhaps, by chance
etwas  something, somewhat
das **Evangelium,** die **Evangelien** gospel
ewig  eternal; die **Ewigkeit, –en** eternity
der **Exerzierplatz, ∴e** drill field, parade ground
der **Expreßzug, ∴e** express train
exzentrisch  eccentric

fabelhaft  fabulous
die **Fabrik, –en** factory, works
das **Fach, ∴er** compartment, subject, specialty; der **Fachmann, –leute** expert
der **Faden, ∴** thread, string, fiber
fähig  capable (of); die **Fähigkeit, –en** talent, capacity
fahl  pale
die **Fahne, –n** flag
fahren* (sein)  travel, drive, ride; **fahrlässig** negligent; das **Fahrrad, ∴er** bicycle; die **Fahrt, –en** ride, journey

die **Fährte, –n** track
die **Fakultät, –en** faculty, academic field of study
der **Fall, ⸚e** case; **fallen*** (**sein**) fall, tumble, drop, be deposited, die (in battle); **es fällt mir leicht** it is easy for me; die **Falle, –n** trap, latch (of a door); **falls** in case, supposing that; **fällig** due
**falsch** wrong, artificial; der **Falschmünzer, –** counterfeiter
**falten** fold
der **Falter, –** moth, butterfly; der **Falterschwarm, ⸚e** swarm of butterflies (moths)
die **Familie, –n** family; das **Familienmitglied, –er** member of the family; das **Familienschiff, –e** family cruiser (i.e. big automobile)
**fangen*** capture
die **Farbe, –n** color, tint, paint, complexion; **farbenfroh** colorful; **farbig** colored; die **Farbschicht, –en** layer of color; **färben** color; die **Färbung, –en** shade, hue
das **Faß, –sses, ⸚sser** barrel
die **Fassade, –n** facade
**fassen** grasp, hold, set, mount; **ins Auge fassen** fix one's eye upon; **sich fassen** compose oneself; die **Fassung** composure; **fassungslos** dismayed
**fast** almost
die **Faust, ⸚e** fist
die **Feder, –n** feather, pen, spring; **federn** be springy; **federnd** resilient, springy
die **Fee, –n** fairy
das **Fehdezeitalter** age of the blood feud
der **Fehl** blemish; **fehlen** lack ail; der **Fehler, –** fault; **fehl·schlagen*** (**haben, sein**) come to nothing
die **Feier, –n** celebration; **feierlich** solemn; **feiern** celebrate; honor
**feige** cowardly, fainthearted
**fein** fine
der **Feind, –e** enemy; **feindlich** hostile

das **Feld, –er** field; der **Feldherr, –n, –en** commander-in-chief; das **Feldherrntalent** general's skill, commander's skill
**felsenfest** firm as a rock, unshakable
das **Fenster, –** window; die **Fensterhöhle, –n** window-opening; der **Fensterrahmen, –** window-frame
die **Ferien** (*plural*) vacation
**fernab** distant, out of the way; die **Ferne, –n** distance; **in der Ferne** far off; **ferner** furthermore; **fern·halten*** keep away; **fern·liegen*** be far from one's thoughts; der **Fernschreiber, –** teletype apparatus; der **Fernsehapparat, –e** television set; der **Fernsehredakteur, –e** television editor
die **Ferse, –n** heel
**fertig** ready, ready-made; **fertig bringen*** manage; **fertig werden* mit** cope with; der **Fertigteil, –e** finished part
**fesch** stylish
der **Fesselballon, –e** captive balloon; **fesseln** chain, captivate, absorb
**fest** firm; **fest·fahren*** run aground, get bogged down; **fest·halten*** hold fast; die **Festigung, –en** strengthening; **fest·nehmen*** arrest; **fest·stehen*** be fixed, be certain; **fest·stellen** ascertain
das **Fest, –e** festival; die **Festgesellschaft, –en** company of celebrants; **festlich** festive; der **Festtag, –e** holiday, festivity
das **Fett, –e** fat; **fettig** greasy
der **Fetzen, –** rag, scrap, shred
**feucht** moist
das **Feuer, –** fire; der **Feuergeist** fiery spirit; der **Feuerglast** fiery radiance; **feu(e)rig** fiery; der **Feuerschein** glare of fire, gunflash
**feuilletonistisch** feuilletonistic, characteristic of light literary prose

die **Fichtenholzplatte, –n**  slab of spruce wood

das **Fieber, –**  fever

**filtern**  filter

**finden**\*  find; der **Finderlohn, ̈e** finder's reward; **findig**  clever, resourceful

der **Finger, –**  finger, digit; **auf die Finger sehen**\*  keep a strict eye on

**finster**  dark, gloomy; die **Finsternis, –se**  darkness

die **Firma,** (*pl.*) **Firmen**  business, commercial establishment

der **First, –e**  ridge

**flach**  flat, smooth

die **Fläche, –n**  expanse, plain, area

der **Flachs**  flax

**flackern**  flicker

**flammen**  flame, scathe

die **Flanke, –n**  flank, side

die **Flasche, –n**  bottle

**flattern** ( **haben, sein** )  flutter, float in the wind

der **Flaum**  down, fluff; die **Flaumfeder, –n**  down feather

die **Flechte, –n**  plait, braid; **flechten**  braid

der **Fleck, –e**  spot; der **Flecken, –** country-town; **fleckig**  spotted

die **Fledermaus, ̈e**  bat; der **Fledermausflügel, –**  bat wing

**flegeln**  beat with a flail, thresh; **sich flegeln**  slouch around

**flehen**  implore; **flehentlich**  supplicant, fervent; **flehentliche Bitte** earnest prayer

das **Fleisch**  flesh, meat; die **Fleischfarbe, –n**  flesh color; **fleischfarben**  flesh-colored

der **Fleiß**  diligence

die **Zähne fletschen**  show one's teeth, snarl

die **Fliege, –n**  fly

**fliegen**\* ( **sein** )  fly

**fliehen**\* ( **sein** )  flee

**fließen**\* ( **sein** )  flow; **fließend** flowing

**flimmern**  flicker

**flitzen** ( **sein** )  dash

die **Flocke, –n**  flake

die **Flöte, –n**  flute

**flott**  smooth, chic, smart

**fluchen**  curse

die **Flucht, –en**  flight; **flüchtig** fugitive, fleeting, slight, casual; der **Flüchtling, –e**  refugee; die **Fluchtlinie, –n**  perspective line leading toward the vanishing point

der **Flug, ̈e**  flying, flight; das **Flugblatt, ̈er**  handbill; der **Flügel, –** wing, grand piano; **flugs**  instantly; das **Flugzeug, –e**  airplane

**flunkern**  tell fibs

der **Fluß, –sses, ̈sse**  river; das **Flußbett, –s, –en**  river bed

**flüstern**  whisper

die **Flut, –en**  flood, stream, hightide; **fluten**  stream

die **Folge, –n**  succession, result; **Folge leisten**  obey; **zur Folge haben**\*  result in; **folgen** ( **sein** ) follow; ( **haben** )  obey; **folgend** subsequent; **folgendermaßen**  in the following manner; **folgerichtig** logical, consistent; **folglich**  consequently

die **Fontäne, –n**  fountain

**forcieren**  force

**fordern**  demand, ask; die **Forderung, –en**  demand

die **Form, –en**  shape; die **Formel, –n**  formula; **formell**  formal; **formschön**  beautifully shaped; die **Formulierung, –en**  formulation, definition

**fort**  away, on

**fort·dauern**  continue

**fort·fahren**\* ( **sein** )  drive off, continue

der **Fortgang**  progress; **die Sache nimmt**\* **ihren Fortgang**  the matter takes its course

**fort·jagen**  chase away, kick out

**fort·laufen**\* ( **sein** )  run away, continue

**fort·leiten**  guide on

**fort·schicken**  send away

der **Fortschritt**  progress

**fort·tragen**\*  carry off

fortwährend   continuous
fort·ziehen* (sein)   move
die Frage, –n   question; in Frage
   kommen* apply, be pertinent;
   fragen ask, inquire; fragwürdig
   questionable
(das) Frankreich   France; der
   Franzose, –n, –n   Frenchman;
   französisch   French
das Frauenzimmer, –   (*archaic*)
   woman
frech   insolent; die Frechheit, –en
   insolence, nerve
die Freiheit, –en   freedom, liberty;
   freilich of course; freimütig
   frank; der Freischurf, ⁼e   (place
   for) open prospecting; die Frei-
   stunde, –n   leisure hour; freiweg
   freely
fremd   strange, foreign; die Fremde
   foreign country, place away from
   home; der Fremde, –n, –n   for-
   eigner, stranger; das Fremdenzimmer, –   guest room; der Fremdling, –e   stranger
fressen*   eat (of beasts), feed, feed
   on, consume
die Freude, –n   joy; freudig   joy-
   ful, cheerful; sich freuen be glad
der Freund, –e   friend; der Freundeskreis, –e   circle of friends;
   freundlich   friendly, kind; die
   Freundlichkeit, –en   friendliness;
   die Freundschaft, –en   friendship;
   freundschaftlich amicable, cor-
   dial
der Friede(n), –ns, –n   peace; der
   Friedensrichter, –   justice of the
   peace; der Friedhof, ⁼e   ceme-
   tery; friedlich   peaceful
frieren*   freeze
frisch   fresh, cool
der Friseur, –e   hairdresser, barber;
   frisieren do the hair
die Frist, –en   space of time, interval, deadline
froh   glad; fröhlich   happy, merry
fromm   pious, innocent, good; die
   Frömmigkeit   piety
der Frontkämpfer, –   combat veteran

der Frosch, ⁼e   frog
die Frucht, ⁼e   fruit; fruchtbar
   fruitful, productive
früh(e)   early; früher   former; das
   Frühstück, –e   breakfast; frühzeitig   early
der Fuchs, ⁼e   fox
führen   conduct, lead, handle, bear
   (a name, title); der Führer, –
   leader
die Fülle   abundance; füllen   fill
der Fund, –e   find; die Fundstelle,
   –n   place of discovery
das Fundament, –e   foundation
der Fünfziger, –   man in his fifties
funkeln   sparkle
die Furcht   fear; furchtbar   terrible; furchtlos   fearless; furchtsam   timid
fürchten   be afraid of; fürchterlich
   frightful, dreadful
der Fürst, –en, –en   prince, sovereign; das Fürstentum, ⁼er   princi-
   pality, princely rule
der Fuß, ⁼e   foot; die Fußbank, ⁼e
   footstool; der Fußboden, ⁼   floor;
   die Fußbodenritze, –n   crack in
   the floor; der Fußtritt, –e   kick
füttern   feed

die Gabe, –n   gift
die Gabel, –n   fork
gackern   cackle
gaffen   gape, stare; der Gaffer, –
   gaper
gähnen   yawn
der Galgen, –   gallows
der Gang, ⁼e   movement, gait, cor-
   ridor; seinen Gang gehen* (sein)
   take one's course
die Gans, ⁼e   goose; der Gänsebraten, –   roast goose
ganz   whole, entire, very; ganz und
   gar   totally, wholly, absolutely;
   das Ganze   totality; gänzlich
   complete
gar   entirely; gar nicht   not at all
der Garant, –en, –en   guarantor;
   garantieren   guarantee

die **Garderobe, –n** wardrobe; der **Garderobenständer, –** hall-stand
der **Gärtner, –** gardener
der **Gaskampf, ⁻e** gas warfare
die **Gasse, –n** lane, alley, street
der **Gast, ⁻e** guest; der **Gastgeber, –** host; der **Gasthof, ⁻e** hotel, inn
der **Gatte, –n, –n** husband; die **Gattung, –en** genre, type
**gaukeln** juggle, flutter about
der **Gaul, ⁻e** horse
der **Gaumen, –** palate; die **Gaumenlust, ⁻e** pleasure of the palate
**geartet** disposed; **geartet sein*** (sein) be of a nature, be disposed
sich **gebärden** behave
**gebären*** give birth to
das **Gebäude, –** building
das **Gebein, –e** bones
das **Gebet, –e** prayer; das **Gebetbuch, ⁻er** prayer-book; der **Gebetsteppich, –e** prayer rug
das **Gebiet, –e** area, zone, field
**gebildet** educated, cultured; die **Gebildeten** (*pl.*) the educated classes
die **Gebirgsgegend, –en** mountainous region
**geboren** born
der **Gebrauch, ⁻e** use, custom; **gebrauchen** use
**gebrechlich** frail; **gebrochen** broken
die **Geburt, –en** birth; der **Geburtstag, –e** birthday
das **Gedächtnis, –ses, –se** memory
der **Gedanke, –ns, –n** thought, idea; der **Gedankenkreis, –e** range of ideas, circle of thoughts; der **Gedankenstrich, –e** dash
**gedeihen*** (sein) flourish
**gedenken*** commemorate, think of; der **Gedenkstein, –e** monument
das **Gedicht, –e** poem
**gediegen** solid, compact, genuine
die **Geduld** patience; sich **gedulden** have patience; **geduldig** patient
die **Gefahr, –en** danger

**gefährden** endanger; **gefährlich** dangerous, perilous
**gefallen*** please, like; **es gefällt ihm** he is pleased with it, he likes it; die **Gefälligkeit, –en** kindness, favor
**gefangen** captured; der **Gefangene, –n, –n** prisoner; das **Gefangenenlazarett, –e** military hospital for prisoners of war; das **Gefängnis, –ses, –se** prison; die **Gefangenschaft** captivity
das **Gefilde, –** fields, open country
**gefleckt** spotted
das **Gefolge** attendants, suite, entourage
das **Gefühl, –e** feeling, taste; das **Gefühlsleben** sensitivity, inner life, emotional life; **gefühlsschmächtig** lacking feeling, lacking sensitivity
**gegen** towards, in return for, for; die **Gegenleistung, –en** return (favor); die **Gegenminne** returned love; die **Gegenrede, –n** response, replication; der **Gegensatz, ⁻e** contrast; **gegenseitig** reciprocal, mutual; das **Gegenteil** opposite, contrary; **gegenüber** opposite, vis-à-vis; **gegenüber·stellen** contrast; die **Gegenwart** presence, present time; **gegenwärtig** present, actual
die **Gegend, –en** region, neighborhood
der **Gegner, –** opponent
das **Gehämmer** (noise of) hammering
das **Gehänge, –** pendant
**geharnischt** armored
**geheim** secret, hidden; **geheim·halten*** keep secret; das **Geheimnis, –ses, –se** secret; **geheimnisvoll** mysterious
**gehen*** (sein) go, walk
**ihr ist nicht geheuer** she does not feel at ease
der **Gehilfe, –n, –n** assistant, helper
das **Gehirn, –e** brain
das **Gehölz, –e** wood(land)

das **Gehör** hearing; **Gehör geben**\* listen to; **gehörig** belonging to

**gehorchen** obey; **gehorsam** obedient; der **Gehorsam** obedience

die **Geige, –n** violin

die **Geißel, –n** whip

der **Geist, –er** spirit; die **Geisterhand, ⸚e** hand of a spirit; die **Geisterstunde, –n** witching hour; die **Geistesbildung, –en** cultivation of the mind; die **Geistesstörung, –en** mental derangement; **geistig** mental; **geistlich** clerical, ecclesiastic; **geistlicher Herr** cleric; der **Geistliche, –n, –n** clergyman, cleric; **geistreich** ingenious, witty; **geisttötend** soul destroying

der **Geiz** greediness

das **Gekicher** tittering

das **Gekrach(e)** crash, thunderous noise

**gekräuselt** curled

das **Gekreisch(e)** shrieking

das **Gelächter** laughter

**geladen** loaded

das **Geländer, –** railing

**gelangen (sein)** reach, arrive (at),

**gelangweilt** bored

**gelassen** composed

**gelb** yellow; **gelbgekleidet** dressed in yellow

das **Geld, –er** money; der **Geldbeutel, –** purse, money-bag

die **Gelegenheit, –en** occasion, opportunity; **gelegentlich** occasional, incidentally

**gelehrt** learned; der **Gelehrte, –n, –n** scholar

das **Geleise, –** rut, track

**geleiten** escort

**gelenkig** nimble

der **Geliebte, –n, –n** lover, beloved, sweetheart

**gelind(e)** gentle

**gelingen\* (sein)** succeed, manage

**gell, gellend** shrill

**gelten\*** mean, matter, be worth, be valued, be valid; **was gilt's** what do you bet; sich **geltend machen** assert oneself

**gelungen** well done

das **Gemach, ⸚er** chamber

**gemach, gemächlich** comfortable

der **Gemahl, –e** husband; die **Gemahlin, –nen** wife, spouse

das **Gemälde, –** picture; die **Gemäldegalerie, –n** art-gallery

das **Gemäuer, –** masonry; **altes Gemäuer** ruins

**gemein** general, ordinary; die **Gemeinheit, –en** baseness, mean trick, meanness; **gemeinsam** (held in) common, mutual, together; die **Gemeinschaft, –en** community; das **Gemeinschaftsgefühl, –e** communal spirit, public spirit

die **Gemeinde, –n** community, congregation

das **Gemüse, –** vegetable

das **Gemüt, –er** mind, soul, disposition, feeling; **gemütlich** good-natured, genial, pleasant

**genau** exact, precise

der **Generaldirektor, –s, –en** director general

das **Genie, –s, –s** genius; **keimendes Genie** budding genius

**genug** enough; **genügen** be enough

die **Gepflogenheit, –en** custom

**gerade** direct, exactly, just

das **Gerät, –e** tool

**geraten\* (sein)** come into, hit (upon), turn out well

**geräumig** roomy

das **Geräusch, –e** noise

**gerecht** just; die **Gerechtigkeit** justice, righteousness

**gereizt** irritated

das **Gericht, –e** court of justice

**gering** small, unimportant, inferior

das **Gerippe, –** skeleton

die **Germanistik** German philology

das **Geröchel** repeated or prolonged rattle

der **Geruch, ⸚e** smell, scent

das **Gerücht**, –e rumor
die **Gesamtheit** totality
der **Gesandte**, –n, –n envoy
das **Gesangbuch**, ⁻er hymn-book
das **Geschäft**,–e business, store; der **Geschäftsfreund**, –e person with whom one does business
**geschehen**\* (sein) happen
das **Geschenk**, –e present, gift
die **Geschichte**, –n history, story; **geschichtlich** historical
**geschickt** capable, dexterous
das **Geschlecht**, –er generation; **geschlechtslos** asexual
der **Geschmack**, ⁻e taste; **geschmacklos** tasteless; **geschmackvoll** tasteful, elegant
das **Geschnörkel**, – embellishment, arabesque
das **Geschöpf**, –e creature
das **Geschrei**, –e shouting
**geschwind** fast; die **Geschwindigkeit**, –en haste, speed, velocity
der **Geschworene**, –n, –n member of the jury
der **Geselle**, –n, –n fellow; die **Geselligkeit**, –en sociability, social life; die **Gesellschaft**, –en society, company; die **Gesellschaftsform**, –en social form; die **Gesellschaftsgruppe**, –n social grouping; die **Gesellschaftsschicht**, –en social level; der **Gesellschaftstyp**, –s, –en social type
das **Gesetz**, –e law; der **Gesetzentwurf**, ⁻e draft of a law; die **Gesetzeskraft**, ⁻e force of the law; **Gesetzeskraft erhalten**\* be enacted
das **Geseufz** moaning
das **Gesicht**, –er face
das **Gesims**, –e ledge
das **Gesinde** domestic servants
das **Gesindel** rabble, mob
**gespannt** eager (to see), curious
das **Gespenst**, –er ghost; **gespensterartig** ghost-like; der **Gespensterlärm** ghost business, playing ghosts

das **Gespräch**, –e conversation
das **Gesproß** descendant
die **Gestalt**, –en form, figure, stature, character; **gestalten** form, shape; sich **gestalten** take shape
**gestatten** permit
**gestehen**\* confess
das **Gestein**, –e rocks, mineral
das **Gestell**, –e stand, rack
**gesund** healthy, sound
das **Getränk**, –e beverage
das **Getriebe** bustle, busy life, gear
das **Getrommel** drumming
**getrost** confident, let's cheer up, let's not worry
das **Gevögel** fowl, birds
**gewagt** daring, bold
**gewahren** notice, become aware
**gewähren** grant
die **Gewalt**, –en force; **gewaltig** powerful, mighty; **gewaltsam**, **gewalttätig** violent
das **Gewand**, ⁻er garment, dress
das **Gewebe**, – (textile) fabric
das **Gewerbe**, – trade, occupation; **gewerblich** technological; die **Gewerbsleute** tradespeople
das **Gewicht**, –e weight
**gewinnen**\* win; der **Gewinner** winner; der **Gewinst**, –e winnings
das **Gewirr(e)** confusion
**gewiß** certain, certainly; die **Gewißheit**, –en certainty, assurance
das **Gewissen**, – conscience; **gewissenhaft** conscientious; **gewissenlos** unscrupulous
das **Gewitter**, – thunderstorm; **gewittern** thunder, storm; die **Gewitterwolke**, –n thundercloud
**gewogen** well-disposed
**gewöhnen** accustom; sich **gewöhnen an** get accustomed to; die **Gewohnheit**, –en habit; **gewöhnlich** usual, common, vulgar; **gewöhnt**, **gewohnt** accustomed, used to
das **Gewölbe**, – vault

das **Gewölk** clouds
**gewunden** twisted
das **Gezweig** branches
der **Gigant, –en, –en** giant
die **Gilde, –n** guild
der **Glanz** brightness, splendor; **glänzen** shine, glisten; **glänzend** glossy, brilliant
der **Glasfluß** a fused glass-like molten mass from which custom jewelry is produced; die **Glasscheibe, –n** pane of glass; der **Glasschusser, –** glass marble
**glatt** slippery, smooth; **glätten** smooth, flatten
der **Glaube(n), –ns** faith, confidence; **glauben** believe; die **Glaubensspaltung** Reformation; **gläubig** believing, devout; der **Gläubiger, –** creditor
**gleich** same, equal, right away, immediately; **gleichen*** equal, be equal, resemble; **gleichfalls** likewise; **gleichgültig** indifferent; die **Gleichheit** equality; **gleichmäßig** equal, uniform; **gleichsam** as it were; **gleichviel** all the same; **gleichwohl** nevertheless; **gleichzeitig** simultaneous
das **Gleis** *see* das **Geleise**
**gleiten*** (sein) glide, slide
der **Gletscher, –** glacier
das **Glied, –er** limb, member
**glitschen** (sein) slip
**glitzern** glisten, sparkle
die **Glocke, –n** bell
das **Glück** luck, happiness, success; **zum Glück** fortunately; **glücklich** lucky, happy; der **Glückwunsch, –̈e** congratulation
**glühen** glow; **glühend heiß** red hot; die **Glut, –en** glow, passion
die **Gnade, –n** grace, clemency, mercy
die **Goldader, –n** vein of gold; **goldbetreßt** gold-braided; **goldhaltig** gold-bearing; **goldig** golden; das **Goldstück, –e** gold coin
die **Golfmeisterschaft, –en** champion golfing

**gönnen** not to envy, not to begrudge
die **Gosse, –n** gutter
der **Gott, –̈er** God; **Gott ja** well, yes; **gottähnlich** godlike; **gottesfürchtig** God-fearing, pious; das **Gotteshaus, –̈er** place of worship; **göttlich** divine
die **Gouvernante, –n** governess, chaperon
das **Grab, –̈er** grave; die **Grabplatte, –n**, der **Grabstein, –e** tombstone
**graben*** dig
**grad** *see* **gerade**
der **Grad, –e** degree
der **Graf, –en, –en** count; die **Grafschaft, –en** county
der **Graphit, –e** graphite
**gräßlich** terrible
**grau** gray; der **Graubart, –̈e** graybeard
**grauen** dawn
das **Grauen** horror; **grausam** cruel; die **Grausamkeit, –en** cruelty
**greifen*** seize, grasp
**greis** hoary, venerable, aged; der **Greis, –e** old man
**grell** glaring, piercing, loud; **grellbunt** loudly colored
der **Grenadier, –e** grenadier; das **Grenadiergesicht, –er** grenadier's face
die **Grenze, –n** frontier, boundary, limit; der **Grenzbeamte, –n, –n** border official; der **Grenzstein, –e** landmark, boundary-stone; der **Grenzwächter, –** frontier-guard
der **Grieche, –n, –n** Greek; **griechisch** Greek
der **Griff, –e** handle, knob
die **Grimasse, –n** grimace
**grinsen** grin, sneer
der **Groschen, –** penny
**großartig** splendid, grandiose; **großbürgerlich** upper middle class; die **Größe, –n** size, greatness; die **Großeltern** grandparents; die **Großfinanz** high finance; **großherzig** magnanimous; **großjährig** of age; **großjährig werden*** (sein) come of age; **großmütig** gener-

ous; die **Großstadt, ⁻e** metropolis, large town; **großzügig** on a generous scale, noble, grand

die **Grube, ⁻n** ditch

**grübeln** brood, muse, rack one's brain

die **Grüne** greenness; **grünen** sprout, become green; die **Grünfläche, ⁻n** span of green, lawn; **grüngeschwänzt** with a green tail; der **Grünspan** patina; **grünverschleiert** with a green veil

der **Grund, ⁻e** ground, reason, bottom, basis, background; **im Grunde** fundamentally; **Grund und Folge** cause and effect; das **Grundbuch, ⁻er** land register; **gründen** establish; sich **gründen** be based; die **Grundfläche, ⁻n** area; die **Grundlage, ⁻n** foundation; **gründlich** thorough; **grundlos** groundless; der **Grundsatz, ⁻e** principle; die **Gründung, ⁻en** foundation

**grunzen** grunt

die **Gruppe, ⁻n** group; **gruppieren** group

der **Gruß, ⁻e** greeting; **grüßen** greet, salute

**gucken** look

der **Gummi elasticum** elastic rubber; der **Gummilappen, ⁻** piece of rubber; der **Gummistempel, ⁻** rubber stamp

die **Gunst, ⁻e** favor; **günstig** favorable

die **Gurgel, ⁻n** throat

das **Gut, ⁻er** blessing, possession, estate; das **Gutachten, ⁻** expert opinion; das **Gutdünken** discretion; **nach Gutdünken** at discretion; **gutmütig** good-natured; der **Gutsherr, ⁻n, ⁻en** squire, lord of the manor; **gutwillig** good-natured, obliging

die **Güte** excellence, quality; der **Güterzug, ⁻e** freight train; **gütig** kind; **gütlich** amicable, friendly

das **Gymnasium,** (*pl.*) **Gymnasien** secondary school where Greek and Latin are taught

das **Haar, ⁻e** hair; **haarklein** to a hair; **haarklein erzählen** tell without missing a detail; die **Haartönung, ⁻en** hair tint

die **Habgier** greediness

der **Haber** *see* **Hafer**

**hacken** chop

der **Hader** quarrel

der **Hafer** oats; der **Haferschleim** oatmeal gruel

der **Hagel** hail

**hager** haggard, thin

der **Hahn, ⁻e** rooster

der **Haken, ⁻** hook; das **Hakenkreuz, ⁻e** swastika

**halb** half; das **Halbdunkel** dusk, semi-darkness; **halbverwelkt** half-wilted; **halbwegs** halfway; die **Hälfte, ⁻n** half

der **Hals, ⁻e** neck, throat; das **Halsband, ⁻er** collar, necklace

**halten⁰** hold, keep, stop, consider; **halten⁰ auf** insist upon; **halten⁰ für** consider; **eine Rede halten⁰** make a speech; **halten⁰ von** think of; sich **halten⁰ an** stick to, rely on; die **Haltung, ⁻en** conduct

**hämisch** spiteful

die **Hammelherde, ⁻n** herd of sheep

die **Handbewegung, ⁻en** gesture; **handhaben** handle; die **Handlesekunst, ⁻e** palmistry; **handlich** handy; der **Handschuh, ⁻e** glove; die **Handtasche, ⁻n** handbag; das **Handwerk** (handi)craft, trade; der **Handwerker, ⁻** craftsman

der **Handel** transaction; **handeln** behave, act, treat; **es handelt sich um** it is a question of; das **Handelshaus, ⁻er** business house, trading firm; die **Handlung, ⁻en** action, plot

der **Hanf** hemp

**hängen** hang (up); **hängen bleiben⁰** (sein) be caught on, be stuck

**hantieren** manipulate

**harmlos** harmless

das **Harmonium,** (*pl.*) **Harmonien** harmonium, parlor organ

der **Harnisch, ⁻e** (suit of) armor

harren   wait for, await

der Hase, –n, –n   hare; hasengleich timid

die Haselnuß, ⸚sse   hazel-nut

der Haß   hate; häßlich   ugly

die Hast   haste; hasten   hurry

hauen   cut, strike

die Haube, –n   bonnet

der Hauch, –e   breath

der Haufe, –ns, –n   heap, pile, great number; häufen   heap up; häufig frequently

das Haupt, ⸚er   head; der Hauptausdruck, ⸚e   main expression; die Hauptgeschäftsstraße, –n main business street; der Hauptmieter, –   principal tenant; die Hauptprobe, –n   dress rehearsal; die Hauptregel, –n   principal rule; die Hauptsache, –n   main point; hauptsächlich   principal, main; die Hauptstadt, ⸚e   capital; die Hauptstraße, –n   main street

der Hausbesitzer, –   landlord; der Hausbewohner, –   tenant; hausen dwell, wreak havoc; das Häusermeer, –e   sea of houses; der Hausfreund, –e   family friend; das Hausgesinde   domestic servants; der Hausherr, –n, –en   master of the house; der Haushund, –e watchdog; die Hausleute (*pl.*) people in the house; die Hausnummer, –n   house number; street number; die Haustür, –en   front door; der Hauswirt, –e   host

die Haut, ⸚e   skin

heben*   lift, raise

hebräisch   Hebrew

die Hecke, –n   hedge

das Heer, –e   army, troops

heften   fasten

heftig   vigorous

heil   unhurt, unscathed; mit heiler Haut davon·kommen* (sein)   get off unscathed, get off scot-free; das Heil   prosperity, happiness

heilig   holy, hallowed; die Heiligenlegende, –   legend about a saint

heim   home; die Heimat, –en homeland; heim·kehren   return home; heimlich   secret; die Heimstätte, –n   home(stead); heimwärts   homeward; der Heimweg way home

heiser   hoarse

heiß   hot

heißen*   order, name, call, be called

heiter   serene; die Heiterkeit, –en cheerfulness

heizen   heat

der Held, –en, –en   hero; das Heldentum, ⸚er   heroism

helfen*   help

hell   clear, light, bright; hellgrau light gray; am hellichten Tage in broad daylight

die Hellebarde, –n   halberd

das Hemd, –s, –en   shirt, night shirt, chemise

hemmen   check, stop, inhibit

henken   hang (on the gallows)

herab   down, downward; herab·hängen   hang down; herabhängend pendulous, flowing; herablassend condescending; herab·setzen decrease

heran   near, along(side), to; sich heran·drängen   force one's way; heran·rücken (sein)   advance; heran·treten* (sein) an   approach; heran·wachsen* (sein) grow up

herauf   upwards, from below

heraus   out, from within; heraus·bekommen*   find out; heraus·bilden develop; die Herausbildung   evolution; heraus·geben*   edit, publish; der Herausgeber, –   editor, publisher; heraus·schlagen*   beat out, chisel (out); heraus·suchen pick out

herbei   hither

der Herbst, –e   autumn

der Herd, –e   cooking stove

die Herde, –n   flock, herd

herein   in, in here, inward; herein·treten* (sein)   enter

der Hergang   course of events

her·geben* give away
hernieder down
der Herr, –n, –en master, gentle-
man, God; das Herrenbad, ·̈er
men's swimming pool; der Herrenstuhl, ·̈e lord's pew; die Herrin,
–nen mistress; herrlich magnifi-
cent; die Herrschaft, –en domin-
ion, rule
her·richten put in order, prepare
herrschen rule, reign, prevail
her·schnarren, her·schnattern rattle
off
sich her·schreiben* come from
her·stellen produce
herüber over, across
herum round, round about, around;
herum·drehen turn around;
herum·kriegen win round; herum·
laufen* (sein) run about, rove,
tramp; herum·nehmen* take
around; herum·springen* (sein)
bob up and down; sich herum·wäl-
zen roll around
herunter down, downward; herun-
ter·schlagen* knock down
hervor forward, forth; hervor·ge-
hen* (sein) go forth, come forth;
hervor·gehen* (sein) aus be evident from; hervor·treten* (sein)
step forward, stand out; hervor·
ziehen* pull forth, pull forward
das Herz, –ens, –en heart; die Herzensbildung education of the
heart; herzhaft courageous; das
Herzklopfen palpitation of the
heart; mit Herzklopfen with a
palpitating heart; herzlich hearty;
die Herzlichkeit, –en cordiality
her·zeigen show (off)
das Heu hay
heulen cry, howl
heute today; heutig of today;
heutzutage in this day and age
die Hexe, –n witch; die Hexerei,
–en witchcraft, magic
hiemit herewith, thereby
hierauf hereupon, after that; hierher to this place; hierhin hither,
here

die Hilfeleistung, –en help; hilfsbereit helpful, cooperative
himbeerrosa raspberry-pink
der Himmel, – heaven, sky; him-
melblau sky-blue; die Himmelskönigin Virgin Mary; himmel-
stürmend titanic
hin und her to and fro, back and
forth; hin sein* to be lost
hinab down, downward
hinauf up, upward
hinaus out; hinaus·führen lead
out, remove; hinaus·schaffen
bring out; hinaus·wachsen* (sein)
grow beyond
hindern prevent
hindurch through
hinein in, into, inside; sich hinein·
trauen dare go in; hinein·weben
weave into; hinein·zweigen
branch into
hin·fallen* (sein) fall down; hinfällig declining, perishable
hinfort henceforth
hin·geben* surrender; sich hin·ge-
ben* submit; die Hingebung devotion
hingegen on the other hand
hin·gleiten* (sein) slide down
hin·lenken direct
hin·murmeln mumble
hin·reichen be sufficient; hinreichend sufficient
hinreißend ravishing
hin·schaffen transport
hin·schmeißen* fling down
hin·schreiten* (sein) stride
hin·schütteln pour out
sich hin·setzen sit down
hinsichtlich with regard to
hin·sinken* (sein) sink down
hin·streichen* (sein) move
smoothly, sweep over
hin·stürzen (sein) rush forward
hinten behind, at the back
hinter back, behind; hinterdrein
behind; der Hintergrund, ·̈e
background; die Hintertür, –en
back-door escape (hatch)
hinüber over, across

**hinunter** down; **hinunter·sprengen** cause to rush down

**hinweg** away; **hinweg·räumen** remove

**hin·werfen*** throw, fling down

**hin·ziehen*** extend, protract

**hin·zielen*** aim at

**hinzu** to, toward, in addition, moreover; **hinzu·fügen** add; **hinzu·kommen*** (sein) be added; **hinzu·setzen** add (a remark)

das **Hirn**, –e brain; das **Hirngespinst**, –e fancy

der **Hirsch**, –e stag

der **Hirt**, –en, –en shepherd

**hitzig** fiery, heated; die **Hitzigkeit** vehemence

**hobeln** plane, smooth; die **Hobelbank**, ⸚e carpenter's bench

**hoch** high; **hoch und teuer** solemnly; der **Hochadel** high aristocracy; das **Hochamt**, ⸚er high mass; **hochbegnadigt** highly favored; **hochgeschlossen** with a high neckline; **hochgestellt** prominent; **hoch·halten*** cherish; sich **hoch·hangeln** pull oneself up; das **Hochhaus**, ⸚er skyscraper; **hoch·heben*** raise, lift; **hochmütig** arrogant, haughty; **hoch·ragen** tower up; **hoch·schießen*** (sein) shoot up; **höchst** highest, most; das **Hochwasser**, – flood; **hoch·ziehen*** pull up

die **Hochzeit**, –en wedding; die **Hochzeitsreise**, –n honeymoon

**hocken** crouch, sit

der **Hof**, ⸚e yard, house, court; der **Hofgarten**, ⸚ court gardens; der **Hofstaat** household of a king

die **Hoffart** arrogance

**hoffen** hope; **hoffentlich** it is to be hoped; die **Hoffnung**, –en hope; die **Hoffnungsandacht** devotion to hope, wishful thinking

**höflich** polite; die **Höflichkeit**, –en politeness, courtesy

die **Höhe**, –n height, altitude, amount, (level of) volume; **in die**

**Höhe** upward, up; die **Höhenschau** view (vision) from high above

**hohl** hollow, dull; die **hohle Hand** hollow of the hand, palm; **hohläugig** hollow-eyed; die **Höhle**, –n cave

**höhnen** scoff; **höhnisch** scornful, sarcastic

**hold** lovely, friendly

**holen** fetch, get

das **Holz**, ⸚er wood; der **Holzbestand**, ⸚e supply of wood; **hölzern** wooden

die **Horde**, –n fold, pen, enclosure

**hören** hear; der **Hörer**, – receiver; der **Hörige**, –n, –n bondsman; die **Hörigkeit** bondage, serfdom; das **Hörigkeitsverhältnis**, –ses, –se condition of bondage; das **Hörspiel**, –e radio play

der **Horizont**, –e horizon

das **Horn**, ⸚er horn, bugle; die **Hornhaut**, ⸚e cornea

der **Hosenboden**, ⸚ seat of the trousers

**hospitieren** sit in at lectures, supervise

der **Hotelangestellte**, –n, –n hotel employee

**hü** whoa!

**hübsch** pretty

das **Huhn**, ⸚er hen

**huldigen** do homage, swear allegiance, subscribe to; die **Huldigung**, –en homage

**human** humane, humanitarian; die **Humanität** humanitarianism

**hundertjährig** hundred years'

die **Hungersnot**, ⸚e famine; **hungrig** hungry

**hupen** sound the horn, toot

**hüpfen** (sein) hop, jump

der **Husar**, –en, –en hussar

**husten** cough

der **Hut**, ⸚e hat, cap

die **Hütte**, –n hut

**hygienisch** hygienic, sanitary, health

der **Hymnus**, (*pl.*) **Hymnen** hymn

die **Idee, –n** idea; **ideenbesessen** possessed by ideas

der **Igel, –** hedgehog

**ihrerseits** for her (its, their) part; **ihresgleichen** the like of her; **sie sucht ihresgleichen** she cannot easily be rivalled

**illuminieren** illuminate, color

**immer** always; **immerhin** still, nevertheless, after all; **immerwährend** perpetual

**imponieren** impress

**inbegriffen** included; das **Inbegriffensein** inclusion

**inbrünstig** ardent

**indem** whilst, while

**indes, indessen** meanwhile, however, while

**Indien** India; **indisch** (East) Indian

die **Industriegesellschaft** industrial society; der **Industrielle, –n, –n** industrialist, manufacturer, factory owner

**ineinander** into one another

die **Inflationszeit, –en** inflationary period

**infolgedessen** hence, consequently

der **Ingenieur, –e** engineer

der **Inhalt, –e** contents

**inmitten** in the midst of

**inne·halten\*** pause; **inne·werden\*** (sein) become aware of; **inne·wohnen** be inherent in

**innen** within, inside

das **Innere, –n** (*gen.*) interior; **innerhalb** within

**innig** heartfelt, sincere, warm

die **Insel, –n** island

das **Inserat, –e** advertisement

**insgeheim** secretly; **insgesamt** all together

die **Instanz, –en** (bureaucratic) echelon, court of justice

das **Intermezzo, –s, –s** interval, interlude

**intim** intimate, familiar

das **Inventar, –e** inventory

**inwendig** inside

**inzwischen** meanwhile

**irgendein** any, some; **irgendeiner** someone; **irgendetwas, irgendwas** something; **irgendwie** somehow; **irgendwo** somewhere; **irgendwohin** to some place or other

**irr(e)** confused; **irren** (haben, sein) err, be mistaken, wander about aimlessly; der **Irrsinn** insanity; **irrsinnig** insane; der **Irrtum, ⁼er** error, mistake; **irrtümlich** erroneous

**itzt** now (*archaic*)

die **Jagd, –en** hunt; das **Jagdhorn, ⁼er** hunting horn; der **Jagdhund, –e** hunting dog; das **Jagdwams, ⁼er** hunting jacket; **jagen** chase, drive, hunt; der **Jäger, –** hunter, rifleman, fusilier; der **Jägermeister, –** chief ranger, master of the hounds, chief gamekeeper

das **Jahr, –e** year; die **Jahreszahl, –en** date; der **Jahrgang, ⁼e** year of publication; das **Jahrhundert, –e** century; der **Jahrmarkt, ⁼e** country fair; das **Jahrzehnt, –e** decade

**jämmerlich** miserable; **jammern** lament

**jauchzen** rejoice

**je** ever; **je . . . desto** the . . . the; **jedoch** however; **von jeher** from time immemorial; **jemand** somebody; **jeweils, jeweilig** at the moment, momentary, respective

**jedenfalls** in any case; **jederzeit** always

**jenseitig** otherworldly; **jenseits** on the other side, beyond

**jetzt** now

**jeweilen, jeweils, jeweilig** *see* **je**

das **Joch, –e** yoke, pile

der **Jubel** rejoicing

der **Jude, –n, –n** Jew; **jüdisch** Jewish

die **Jugend** youth; die **Jugendjahre** (*pl.*) early years; **jugendlich** youthful

**jung** young; der **Junge, –n, –n** boy; die **Jungfrau, –en** virgin, Virgin

Mary, maid; **jungfräulich** virginal; der **Jüngling, –e** youth

der **Jurist, –en, –en** lawyer; **juristisch** legal

die **Justiz** administration of the law

der **Kachelofen, ÷** tiled stove

der **Kaffee** coffee; das **Kaffee** coffee house

**kahl** bare; **kahlgeschoren** close-cropped

der **Kaiser, –** emperor

der **Kalender, –** calendar, almanac

**kaltblütig** cold-blooded, calm, deliberate

die **Kameradschaft, –en** comradeship; **kameradschaftlich** companionable, friendly

der **Kamin** fireplace; der **Kaminanschluß, –sses, ÷sse** chimney connection; die **Kaminflamme** flame in the fireplace

die **Kammer, –n** chamber, small room; die **Kammerfrau, –en** chambermaid

der **Kampf, ÷e** fight; **kämpfen** fight, strive

der **Kanal, ÷e** canal, channel, tunnel

das **Kanapee, –s, –s** sofa

die **Kanne, –n** can, mug

**kanonieren** fire a cannon

**kantig** angular

die **Kapelle, –n** band

das **Kapitel, –** chapter

**kapitulieren** capitulate, surrender

der **Kaplan, –e** chaplain, assistant priest

**kaputt** broken in pieces; **kaputt sein\* (sein)** be broken; **es macht ihn kaputt** it'll break him

die **Karriere** career

die **Karte, –n** card, postcard, ration card, chart, map

der **Karton, –s** cardboard box

das **Karussell, –e** merry-go-round

der **Käse, –** cheese

die **Kaserne, –n** barracks

das **Kasino, –s, –s** officers' club

**kassieren** cash in, collect money

der **Kasten, ÷** box, cupboard

der **Katheder** lecture platform

**kauen** chew; der **Kaugummi** chewing gum

**kauern (sein)** crouch

**kaufen** buy; der **Käufer, –** buyer; **käuflich** by purchase, for sale; **käuflich erwerben\*** buy; der **Kaufmann, (pl.) –leute** merchant

**kaum** hardly, scarcely

**keck** pert

**kegeln** play at ninepins

die **Kehle, –n** throat

**kehren** sweep

**keimen** germinate, sprout

**keinerlei** of no sort, not any; **keines** none; **keineswegs** by no means

der **Keller, –** cellar

die **Kelter, –n** wine-press

der **Kenner, –** expert; die **Kenntnis, –se** knowledge; **zur Kenntnis nehmen\*** take cognizance of; das **Kennzeichen, –** distinguishing mark

der **Kerl, –e** fellow

der **Kern, –e** core, nucleus; **kerngesund** thoroughly healthy, fit as a fiddle

die **Kerze, –n** candle

die **Kette, –n** chain

**keuchen** pant

die **Keule, –n** club

**keusch** chaste

das **Kind, –er** child; der **Kindergärtner, –** (male) kindergarten teacher; **kinderleicht** very easy, child's play; das **Kinderspiel, –e** children's game; die **Kindesaffaire** paternity matter; **kindlich** childlike

**kippen** tilt; **kippen (sein)** lose one's balance, tip over

die **Kirche, –n** church; das **Kirchenbanner, –** church banner; der **Kirchenvorstand, ÷e** church warden; der **Kirchturm, ÷e** church steeple

die **Kirsche, –n** cherry; der **Kirschkern, –e** cherry-stone

die **Kiste, –n** box

der **Kitsch** claptrap, trash

kitzeln   tickle

die **Klage, –n**   complaint; **klagen**
wail, complain; **kläglich**   deplorable

**klammern**   cling to

die **Klamotten** (*pl.*)   belongings,
rags

der **Klang, ⁼e**   sound

**klappen**   clatter, work out, come off

**klar**   clear, transparent, obvious; die
**Klarstellung**   clarification

die **Klassik**   classical period; **klassisch**   classical; **klassizistisch**
classicist

das **Klavier, –e**   piano

**kleben**   stick, adhere, be posted

das **Kleid, –er**   dress; **kleiden**
clothe

**klein**   little, small; **kleinbürgerlich**
petty bourgeois; die **Kleinigkeit,
–en**   trifle; **kleinlich**   petty, trivial; das **Kleinod, –s, –ien**   jewel;
die **Kleinstadt, ⁼e**   small town

**klemmen**   squeeze, press

die **Klerisei**   clerical set, clergy

die **Klette, –n**   bur

**klettern** (**sein**)   climb

das **Klima**   climate

**klingen*** sound; **klingend**   resonant;
**singend und klingend**   with music
and song

**klinisch**   clinical

**klopfen**   beat, pat, pound, knock

das **Kloster, ⁼**   convent; die **Klosterpforte, –n**   entrance to the convent

**klug**   intelligent, clever

der **Knabe, –n, –n**   boy

die **Knackwurst, ⁼e**   knockwurst

**knallen**   pop, crack

**knapp**   scanty, shortly

der **Knappe, –n, –n**   page

**knarren**   creak

**knattern**   rattle

die **Kneipe, –n**   tavern; **kneipen**
pinch

**knicken**   bend, break

das **Knie, –**   knee; **kniehoch**   up to
the knees; **knie(e)n**   kneel

der **Kniff, –e**   trick

**knipsen**   punch; die **Knipskarte, –n**
punch ticket; die **Knipszange, –n**
ticket puncher

**knirschen**   gnash

**knistern**   rustle

der **Knöchel, –**   knuckle

der **Knochen, –**   bone; das **Knochengerippe, –**   skeleton; **knochig**
bony

der **Knopf, ⁼e**   button, knob

**knoten**   knot

**knuffen**   pommel, push

**knüpfen**   knit, knot

**knurren**   growl

der **Koch, ⁼e**   cook

die **Kohlengewerkschaft, –en**   coal
trust

der **Kollege, –n, –n**   colleague

**kolossal**   colossal

**komisch**   comical, funny

**kommen*** (**sein**)   come, arrive

der **Kommissar, –e**   commissar, supervisor

die **Kommode, –n**   chest of drawers

die **Kompetenz, –en**   jurisdiction

**kompliziert**   complicated, intricate

**komponieren**   compose

**kompromißlos**   uncompromising

der **Kondukteur, –e**   conductor

der **König, –e**   king; die **Königin,
–nen**   queen; **königlich**   royal;
der **Königssohn, ⁼e**   prince; die
**Königstochter, ⁼**   princess

**können*** be able to, can, have skill
in

**konservativ**   conservative

**konstatieren**   state, ascertain, establish

das **Kontor, –e**   office

die **Kontrolliste, –n**   official registry

die **Kontur, –en**   contour, outline

das **Konzentrationslager, –**   concentration camp

der **Kopf, ⁼e**   head; **sich in den Kopf
setzen**   take into one's head; put
one's mind to; **köpfen**   behead; das
**Kopfrechnen**   mental arithmetic;
das **Kopfschütteln**   shaking of
one's head; die **Kopfsteuer, –n**
head tax

die **Korallenkette, –n**   coral necklace

der **Körper,** – body; **körperlich**
bodily, physical
**kostbar** precious; die **Kostbarkeit,**
**–en** object of value, valuable;
**köstlich** precious
das **Kostüm, –e** costume, outfit
**kotzen** vomit
**krachen** crash
**krächzen** croak, caw
die **Kraft, ⁻e** strength, power, force;
**kräftig** strong; **kräften**
strengthen
**krähen** crow, squawk
die **Kralle, –n** claw
der **Kram** stuff, junk; der **Krämer,** –
shopkeeper; das **Krämerleben**
petty mercenary life
der **Krampf, ⁻e** cramp
der **Kran, –e** crane, hoist
**krank** sick; **kranken** be sick;
**kranken an** suffer from; die
**Krankenkasse, –n** health insurance; die **Krankheit, –en** sickness;
**kränklich** sickly
**kränken** offend
der **Kranz, ⁻e** wreath
der **Krapfen,** – doughnut
**kratzen** scratch, scrape
**kräuseln** curl
die **Kravatte, Krawatte, –n** necktie
die **Kreide, –n** chalk
der **Kreis, –e** circle; **kreisen** circle, revolve
der **Krempel** trash, stuff
das **Kreuz, –e** cross, small of the
back; der **Kreuzfahrer,** – cru-
sader; der **Kreuzweg, –e** cross-
road
**kriechen\*** (sein) crawl
der **Krieg, –e** war; der **Krieger,** –
warrior; der **Kriegsdienst, –e** military service; die **Kriegslist, –en**
stratagem; der **Kriegsmann** warrior; das **Kriegsrecht** martial law;
**Kriegsrecht halten\* über** try by
court-martial; die **Kriegstaten**
(*pl.*) military exploits; die
**Kriegsverletzung, –en** war injury;
**kriegsverwundet** wounded in the
war

**kriegen** get
der **Krimskrams** junk, hodge-podge
die **Krise, –n** crisis
die **Krone, –n** crown
**kropfig** goitrous
die **Krücke, –n** crutch
der **Krug, ⁻e** jug
**krumm** crippled; **krümmen** warp;
sich **krümmen** writhe
die **Küche, –n** kitchen; der **Küchen-
junge, –n, –n** scullery boy,
kitchen helper; der **Küchenmeister,**
– head-cook; der **Küchentisch, –e**
kitchen table
die **Kugel, –n** ball, bullet, bead (in
a rosary)
der **Kuhhirt, –en, –en** cowherd
**kühl** cool
**kühn** bold; die **Kühnheit, –en** daring
die **Kulisse, –n** wing, scene; die
**Kulissenverschiebung, –en**
change of (the theatrical) scenery
die **Kultur, –en** culture, civilization;
die **Kulturgeschichte, –n** history
of civilization; **kulturgeschichtlich**
relating to the history of civilization
der **Kummer** grief; **kümmern** concern
der **Kumpel, –s, –n** buddy, fellow
worker, accomplice
die **Kunde** news; der **Kunde, –n, –n**
customer; die **Kundenkarte, –n**
registration blank; die **Kundma-
chung, –en** proclamation
**kündigen** give notice; die **Kündigung, –en** notice (of dismissal)
**künftig** future
die **Kunst, ⁻e** art, artifice; die
**Kunstblüte, –n** flowering of the
arts; die **Kunstfigur, –en** artificial
figure, doll; **kunstliebend** art lov-
ing; das **Kunststück, –e** artifact;
**Kunststück!** nothing to it! big
deal! **kunstvoll, kunstreich** artistic
der **Künstler,** – artist; **künstlerisch**
artistic; **künstlich** artificial
der **Kupferstich, –e** engraving

der **Kurfürst, –en, –en**   elector; das
**Kurfürstenhaupt, ⁼er**   elector's
head; das **Kurfürstenpferd, ⁼e**
elector's horse; **kurfürstlich**   elec-
toral

**kurios**   strange

der **Kurs, –e**   (rate of) exchange,
quotation; das **Kurstafelklappen**
clanging of the quotation board

**kurz**   short; **vor kurzem**   recently;
**kürzen**   shorten; **kurzfristig**   for a
limited time

die **Kusine, –n**   (female) cousin

der **Kuß, –sses, ⁼sse**   kiss

die **Küste, –n**   coast

die **Küsterin, –nen**   (female) sacris-
tan


**lächeln**   smile; **lachen**   laugh;
**lächerlich**   ridiculous; die **Lächer-
lichkeit**   absurdity

**lachsfarbig, lachsrot**   salmon-pink

**lackieren**   lacquer, varnish, paint;
der **Lackstiefel, –**   patent leather
boot

**laden***   load

der **Laden, ⁼**   shutter, store; der
**Ladenbesitzer, –**   shopkeeper

die **Lage, –n**   situation, location

das **Lager, –**   camp, couch, bed, deposit (of ore, *etc.*)

der **Laie, –n, –n**   layman

das **Lamm, ⁼er**   lamb

die **Lampe, –n**   lamp; der **Lampenschirm, –e**   lampshade

das **Land, ⁼er**   country; die **Landeerlaubnis, –se**   landing permit;
der **Landesherr, –n, –en**   ruler;
die **Landfrau, –en** country woman;
**landfremd**   foreign; **landläufig**
customary; der **Landmann,** (*pl.*)
**Landleute**   farmer; die **Landschaft, –en**   landscape; die **Land-
schaftsskizze, –n**   sketch of the
landscape; der **Landsmann,** (*pl.*)
**Landsleute**   compatriot, fellow
countryman

**ländlich**   rural

**lang**   long; die **Länge, –n**   length;

**in die Länge ziehen***   draw out;
**längst**   long ago, long since; **lang-
weilen**   bore; **langweilig**   boring

der **Lärm**   noise; **lärmen**   make a
noise

**lassen***   let, cause to, cease, refrain
from; **es läßt sich machen**   it can
be done

die **Last, –en**   burden; das **Lastauto,
–s, –s**   truck; der **Lastzug, ⁼e**
freight train

**lateinisch**   Latin

die **Laterne, –n**   lantern

der **Lattenrost**   lathing

**lau**   tepid

das **Laub**   foliage, leaves; **laubig**
leafy

der **Lauf, ⁼e**   course; **den Dingen
ihren Lauf lassen***   let things take
their course; die **Laufbahn, –en**
career; **laufend**   continuous; das
**Lauffeuer, –**   wildfire

die **Laune, –n**   mood

**lauschen**   listen, eavesdrop, spy

der **Laut, –e**   sound; **lauten**   sound,
run, read; **läuten**   ring, toll; **lautlos**   silent

**lauter**   pure, nothing but; **läutern**
ennoble

der **Lavendel**   lavender

**leben**   live; **leb wohl!**   farewell!;
das **Leben, –**   life, vivacity; **lebendig**   living, lively; die **Lebensauffassung, –en**   view of life; die
**Lebensäußerung, –en**   manifesta-
tion of life; **jede Lebensäußerung**
everything; die **Lebensbahn**
course, career; die **Lebensbeschrei-
bung, –en,** das **Lebensbild, –er**
biography; die **Lebenshaltung**
standard of living; die **Lebensmittel** (*pl.*) food; die **Lebensmittelkarte, –n**   ration card; der **Le-
bensstil, –e**   mode of life; die
**Lebenstüchtigkeit**   fitness for life;
der **Lebensweg**   path through life;
das **Lebenswerk**   life-work; **lebenswert**   worth living; das **Lebewesen**   creature; das **Lebewohl**
farewell; **lebhaft**   lively

der **Lederfauteuil, –s, –s** leather arm chair; die **Lederhandtasche, –n** leather purse; **ledern** leather; der **Lederstiefel, –** leather boot

**lediglich** solely

**leer** empty, vacant, bare; die **Leere** void; **leerstehend** unoccupied

**legen** lay, put, place; **sich legen** lie down, cease, subside

die **Legende, –n** legend

die **Legitimation, –en** proof of identity, identity card

**lehnen** lean; der **Lehnstuhl, –e** arm-chair

die **Lehre, –n** instruction, theory, philosophy; **lehren** teach; der **Lehrer, –** teacher; **lehrreich** instructive; das **Lehrwort, –er** teaching, saying

der **Leib, –er** body; **zu Leib gehen*** (**sein**), **zu Leib rücken** (**sein**) harass; der **Leibeigene, –n, –n** serf; **aus Leibeskräften schreien*** scream at the top of one's voice

die **Leiche, –n** cadaver; der **Leichentisch, –e** table on which a cadaver is placed

**leicht** easy, slight; **leichtfertig** frivolous; **leichtfüßig** nimble, light-footed; die **Leichtigkeit** facility, ease; der **Leichtsinn**, die **Leichtsinnigkeit** carelessness, thoughtlessness, rashness

**leid** painful; **leid tun*** be sorry; **leiden*** suffer, endure; die **Leidenschaft, –en** passion; **leidenschaftlich** passionate, vehement; **leider** unfortunately; **leidlich** tolerable

**leihen*** lend, borrow

der **Leim, –e** glue

die **Leine, –n** leash; die **Leinwand** canvas, screen

**leise** soft

**leisten** do, fulfill, accomplish, afford, give; **sich leisten können*** be able to afford; die **Leistung** performance, achievement, work

**leiten** lead, guide, manage

die **Leiter, –n** ladder

**lenken** turn, guide

**lesen*** read; der **Leser, –** reader

**letzt** last, latest, ultimate

die **Leuchte, –n** light fixture; **leuchten** shine, glare

die **Leute** (*pl.*) people

das **Licht, –er** light; **lichten** lighten; **sich lichten** become thinner; der **Lichtpunkt, –e** luminous point; das **Lichtspielhaus, –er** cinema; **lichtübergossen** bathed in light

**lieb** dear; **liebedienern** cringe, fawn; **liebedienerisch** fawning, servile; **lieben** love, like; die **Liebenswürdigkeit, –en** amiability, kindness, charm; die **Liebesaffaire, –n** love affair; die **Liebesinstitution, –en** institution of love; die **Liebhaberei, –en** hobby; die **Liebkosung, –en** caress; **lieblich** lovely, charming; der **Liebling** favorite; **Lieblings–** favorite; der **Liebste**, die **Liebste** beloved

das **Lied, –er** song

**liefern** deliver, furnish

**liegen*** lie, repose; **liegen lassen*** leave behind

**lila** lilac

die **Lilie, –n** lily; der **Lilienkranz, –e** wreath of lilies

die **Limonadenbude, –n** soft-drink stand

**lind** gentle

die **Lindenallee, –n** avenue of linden trees

**links** left

die **Lippe, –n** lip

**Lissabon** Lisbon

der **Literaturtheoretiker, –** theoretician of literature

das **Lob** praise; **loben** praise; **löblich** praiseworthy

das **Loch, –er** hole, opening; **lochen** perforate, punch a hole in

die **Locke, –n** curl

**locken** attract, entice

der **Löffel, –** spoon

der **Lohn, –e** wages; der **Lohnbeutel, –** pay envelope; **sich lohnen** be worth it; **lohnenswert** worthwhile

der **Lokomotivführer,** – locomotive engineer

der **Lorbeer, –s, –en** laurel

das **Los, –e** lottery ticket

**los** free; **es los sein\*** (sein) be rid of it; **was ist los?** what is the matter?; **los·gehen\*** (sein) begin, go off; **los·gehen\*** (sein) **auf** fly at, attack; **los·kaufen** ransom; **los·lassen\*** let go, release, utter; **los·lösen** detach; **los·machen** loosen; **sich los·machen** get away, extricate oneself; **los·springen\*** (sein) burst loose; **los·stolpern** shuffle away, drag (oneself) away

**lösen** untie, break off, redeem; die **Lösung, –en** solution

die **Lotterie, –n** lottery

der **Löwe, –n, –n** lion; das **Löwenhäuptchen,** – little lion's head; das **Löwenherz, –ens, –en** heart of a lion

die **Lücke, –n** gap, loophole

die **Luft, ¨e** air; der **Luftballonakrobat, –en, –en,** juggler with balloons; **luftig** airy; das **Luftschiff, –e** dirigible, balloon, airship

**lügen\*** lie

der **Lump, –en, –en** rascal

der **Lumpen,** – rag; das **Lumpentuch, ¨er** rag

die **Lunge, –n** lung(s)

die **Lunte, –n** slow-match, flare, fuse

die **Lust, ¨e** pleasure, joy, desire; **lüstern** desirous, lecherous; **lustig** merry; die **Lustigkeit, –en** gaiety; **lustvoll** jolly

die **Lyrik** lyric poetry; der **Lyriker** lyric poet

**machen** make do; **was macht das?** what does that matter?

die **Macht, ¨e** might, power; die **Machtergreifung** seizure of power; **mächtig** mighty; **machtvoll** effective

die **Magd, ¨e** maid, maidservant

der **Magen,** – or ¨ stomach

die **Magie** magic; **magisch** magical

die **Mahlzeit, –en** meal

**makaber** macabre

der **Makel,** – blemish; **makellos** without blemish

der **Makler,** – broker

die **Makulatur, –en** spoiled print

das **Mal, –e** time

**mal** ( = **einmal**) once, formerly, one time

**malen** paint; der **Maler,** – painter, artist; die **Malerei, –en** painting

**man** one

**manch** many a, some; **manchmal** sometimes

die **Manege, –n** circus ring

der **Mangel, ¨** lack; **mangeln** lack

**maniert** affected, mannered, pretentious; die **Manieriertheit, –en** affectation

**mannhaft** manly; **männlich** male

der **Mantel, ¨** coat, cloak

das **Märchen,** – fairy-tale

der **Marchese, –n, –n** *Italian title of nobility, approximately below a duke and above an earl;* marquess

das **Mark** marrow; **durch Mark und Bein** to the very marrow

die **Marke, –n** label, brand, make

der **Markt, ¨e** marketplace; das **Marktgewimmel** crowds in the marketplace; der **Marktplatz, ¨e** marketplace

der **Marmor, –e** marble

die **Marquise, –n** wife of a marchese, marchioness

der **Marsch, ¨e** march

der **Maschinenbau** machine building, mechanical engineering

das **Maß, –e** measure, proportion; **ohne Maß und Ziel** without reasonable limits; **maßvoll** moderate

die **Masse, –n** mass, multitude, the people; die **Massenverschickung, –en** mass deportation; die **Massenverhaftung, –en** mass arrest

die **Materie, –n** matter

die **Matratze, –n** mattress
der **Matrose, –n, –n** sailor
**matt** faint, dull, exhausted; die **Mattglasplatte, –n** frosted glass pane
die **Mauer, –n** wall; der **Mauerstaub** dust from the wall, dust stirred up by wrecking a building
das **Maul, ⁻er** mouth, jaws
der **Maulwurf, ⁻e** mole
der **Maurer, –** mason
(der) **mauvais sujet** (*French*) person of questionable character
der **Mechaniker, –** mechanic
das **Medikament, –e** medicine, drug
**medizinisch** medical
das **Meer, –e** sea, ocean
**meiden*** avoid
**meinesgleichen** people like me
**meineidig** perjured
**meinen** be of the opinion, believe, think, say; die **Meinung, –en** opinion
**meist** most
der **Meister, –** master, foreman; die **Meistererzählung, –en** masterpiece of story telling; das **Meisterstück, –e** masterpiece
**melancholisch** melancholy
sich **melden** announce oneself, come forward
die **Menge, –n** quantity, multitude
der **Mensch, –en, –en** human being, man; der **Menschenfreund, –e** philanthropist; die **Menschenjagd, –en** man hunt; der **Menschenkopf, ⁻e** human head; die **Menschenliebe** philanthropy, love of one's fellow man; der **Menschentag, –e** day of human life; das **Menschentum** humanity; **menschenunwürdig** not worthy of (for) a human being; die **Menschheit** humanity, mankind; **menschlich** human, humane; die **Menschlichkeit** humaneness
**merken** notice; **merkwürdig** remarkable, noteworthy, peculiar; **merkwürdigerweise** strange to say

das **Meßgewand, ⁻er** vestment, chasuble
**messen*** measure
das **Messer, –** knife; der **Messerstecher, –** cutthroat; die **Messerstecherei, –en** knife fight
die **Metallkonstatierungsmaschine, –n** apparatus for locating buried metal
die **Miene, –n** look, expression
die **Miete, –n** rent; der **Mieter, –** tenant
die **Milch** milk; die **Milchkanne, –n** milk pitcher
die **Milde** mildness, clemency; **mildern** soften, qualify
das **Militär** military; die **Militärpatrouille** military patrol; die **Militärpflicht, –en** compulsory military service
**mindest** least; **nicht das mindeste** nothing at all; **mindestens** at least
der **Minister, –** minister, cabinet member; der **Ministerialerlaß, –sses, ⁻sse** ministerial order
**minnen** love, woo
**mißachten** disregard; **mißbrauchen** misuse, abuse; der **Missetäter, –** criminal; **mißfallen*** displease; **mißmutig** discontented
der **Mist** manure, nonsense; das **Mistvieh** (filthy) beast, skunk (*fig.*)
**mit·arbeiten** collaborate; der **Mitbruder, ⁻** fellow citizen; die **Mitbuben** (*pl.*) classmates; **miteinander** with one another, together; **mit·erleben** experience at first hand; **mit·fahren*** (**sein**) ride along; die **Mitgift, –en** dowry; das **Mitleid** compassion; **mit·machen** take part in; **mit·nehmen*** take along; **mitnichten** by no means; **mit·spielen** play along; **mit·teilen** inform, pass on
der **Mittag, –e** midday, noon; das **Mittagsmahl, –e** noon meal
die **Mitte** middle, midst
das **Mittel, –** means; **mittels** by means of, through

**mitten** midway; **mitten auf** in the middle of; **mitten in . . . hinein** into the midst of

die **Mitternacht, ⁻e** midnight

**mittler** middle, average

das **Möbel, –** furniture; der **Möbeltrödler, –** second-hand furniture dealer

die **Mode, –n** fashion

**modernd** rotting

die **Modernität, –en** modernity

die **Modifikation, –en** modification; **modifizieren** modify

**modrig** moldy

**mögen*** like, be inclined, want, may; **möglich** possible; die **Möglichkeit, –en** possibility; **möglichst** as much as (is) possible

die **Monarchie, –n** monarchy

der **Mond, –e** moon; **mondhell** moonlit; das **Mondlicht** moonlight

der **Monteur, –e** mechanic

das **Moos, –e** moss

**moralisch** moral

der **Mord, –e** murder; der **Mörder, –** murderer; **mörderisch** murderous, bloody

der **Morgen, –** morning; das **Morgengrauen, –** dawn; das **Morgenrot** dawn; die **Morgenröte** dawn; **morgens** in the morning; der **Morgentrunk** early morning drink

die **Möve, Möwe, –n** sea gull

**müde** tired; die **Müdigkeit, –en** weariness, fatigue

**muffig** musty

die **Mühe, –n** trouble, difficulty; **mühelos** effortless; **mühsam** laborious, difficult

**München** Munich

der **Mund, ⁻er** mouth; **mündlich** oral

das **Münster, –** cathedral

**munter** gay

die **Münze, –n** coin; der **Münzstock, ⁻e** press (for minting coins)

**murmeln** murmur, mutter

**murren** grumble; **mürrisch** surly;

die **Mürrischkeit** surliness; **seine Mürrischkeit aus·lassen*** an to vent one's surliness on

das **Museum, (*pl.*) Museen** museum

der **Musikant, –en, –en** musician; **musizieren** play music

**müssen*** have to, be obliged to, must

**müßig** idle

das **Muster, –** pattern; **mustergültig** exemplary, model; **mustern** survey, check; die **Musterung, –en** inspection

der **Mut** courage; **mutmaßlich** presumable; **mutwillig** mischievous

die **Myrte, –n** myrtle

**nach** after, behind, according to, for; **nach und nach** little by little; **nach wie vor** the same as ever, as usual; **nach·ahmen** imitate, copy; der **Nachbar, –s, –n** neighbor; **nachdem** after; **nach·denken*** think, ponder, meditate; **nachdenklich** pensive; **nacheinander** one after another; **nach·erzählen** repeat what one has heard; die **Nacherzählung, –en** retelling; **nach·fließen*** (sein) flow after, flow out; **nach·folgen** (sein) succeed; der **Nachfolger, –** successor; **nach·fragen** inquire about; **nach·gehen*** (sein) follow, pursue; **nach·graben*** dig for; **nachher** afterwards, later; **nach·jagen** pursue; der **Nachkomme, –n, –n** descendant; der **Nachlaß, –sses, ⁻sse** literary estate; **nachlässig** careless; **nach·laufen*** (sein) run after; **nach·machen** copy, imitate; die **Nachricht, –en** news; sich **nach·schwingen*** leap up (following another person); **nach·sehen*** pardon, look; **nachsichtig** indulgent; der **Nachtisch, –e** dessert; **nach·weisen*** prove, establish

nächst next; der Nächste, –n, –n
fellow man; nächstens shortly
die Nacht, ⁻e night; der Nachtbe-
trieb, –e night work, night shift;
nächtelang for whole nights;
nachtfertig ready for the night;
die Nachtherberge, –n lodging
for the night; nächtlich noctur-
nal; nachts at night; die Nacht-
viole, –n night-stock, dame's vio-
let; der Nachtwächter, – night-
watchman
die Nachtigall, –en nightingale
nackt naked, bare, nude
die Nadel, –n needle, pin
der Nagel, ⁻ nail; der Nagelkopf,
⁻e, die Nagelkuppe, –n nail head;
nagelneu brand-new
nagen gnaw
nah(e) near, close; die Nähe
nearness, proximity; nahe·gehen*
(sein) grieve, affect; nahe·lie-
gen* suggest itself, be obvious;
nahen (sein) approach, draw
near; sich nähern approach
nähen sew; der Nähtisch, –e sew-
ing table
nähren feed; die Nahrung, –en
food
die Naivität, –en naivety
der Name, –ns, –n name; namenlos anonymous, nameless; namentlich particularly; nämlich
same, namely
der Narr, –en, –en fool; närrisch
crazy
naschen eat, nibble, pilfer
die Nase, –n nose; der Nasenflügel,
– wing of the nose, nostril; das
Nashorn, ⁻er rhinoceros
naß wet, damp, moist
das Nationalbewußtsein national
consciousness; der Nationalsozia-
list, –en, –en National Socialist,
Nazi; nationalsozialistisch National Socialistic, Nazi
die Natur, –en nature, temperament; der Naturgelehrte, –n, –n
natural scientist; die Naturgeschichte, –n natural history;

natürlich natural; die Naturwissenschaft, –en natural science(s);
der Naturwissenschaftler, – natural scientist; naturwissenschaft-
lich scientific
der Nebel, – mist, fog
neben beside, near, next to; nebenan next-door; der Nebenein-
druck, ⁻e secondary impression;
nebensächlich unimportant
nebst together with
der Neger, – negro
nehmen* take; auf sich nehmen*
take upon oneself; eine Sache in
die Hand nehmen* take something in hand
der Neid envy
neigen incline, bow, bend; die Neigung, –en inclination, tendency
nennen* name, call;
der Nerv, –s, –en nerve; nerven-
krank neurotic
nett pleasant, nice
das Netz, –e net
neu new, fresh; neuartig novel;
die Neugier(de) curiosity; neugierig curious, inquisitive; neulich recently, the other day; der
Neuweltadel aristocracy of the
New World
nichtig null, void; die Nichtigkeit,
–en invalidity
die Nichte, –n niece
nichts nothing; nichts als nothing
but; der Nichtsnutz, –e good-for-
nothing; der Nichtstuer, – loafer;
nichtswürdig worthless
nicken nod
nie never
nieder low, down; der Niederbruch,
⁻e collapse, breakdown; nieder·
lächeln smile down; sich nieder·
lassen* sit down; nieder·rau-
schen (sein) rush down, roar
down; nieder·reißen* pull down,
demolish; nieder·schlagen* strike
down, cast down (eyes), put
down, squash; nieder·schreiben*
write down; sich nieder·setzen
sit down; nieder·sinken* (sein)

sink down, drop; **niederträchtig**
vile; die **Niederträchtigkeit, –en**
infamy; **nieder·zwingen\*** conquer
**niedrig** low
**niemals** never
**niemand** nobody, no one
**nimmer** never, at no time; **nimmermehr** nevermore, not at all
**nirgend(s)** nowhere
**nisten** be located
die **Nixe, –n** mermaid
**nobel** noble, elegant
**noch** still, yet, even; **noch einmal**
once more; **noch nicht** not yet;
**nochmal(s)** once more
das **Nomen, (pl.) Nomina** noun
**nominell** nominal, on paper
die **Nonne, –n** nun
**nördlich** northerly
die **Norm, –en** standard, model
die **Not, ⁻e** misery, trouble; die **Notdurft** pressing need; **notdürftig**
scanty; das **Notjahr, –e** year of
scarcity; **not·tun\*** be necessary;
die **Notwehr** self-defense; **notwendig** necessary; die **Notwendigkeit, –en** necessity
**nötig** necessary; **nötig haben\***
need
der **Notizblock, ⁻e** scribbling pad;
das **Notizbuch, ⁻er** notebook
die **Novelle, –n** novella, novelette
der **Nu** moment; **in einem Nu** in
an instant
**nüchtern** sober, clear-headed
der **Nullpunkt, –e** zero point (on
the scale)
**nun** now; **nunmehr** henceforth
**nur** only
**nützen** be of use; **nützlich** useful;
**nutzlos** useless

**ob** whether; **obgleich, obschon, obwohl** although
das **Obdach, ⁻er** shelter
**oben** above, at the top; **obendrein**
over and above, in addition, what
is more; **obenerwähnt** aforesaid,
above-mentioned; das **Obengewesensein** having been on top

**ober** upper; die **Oberhand** upper
hand; das **Oberhaupt, ⁻er** head;
der **Oberkontrolleur, –e** head
controller; **oberst** highest, chief
**objektiv** objective
das **Obst** fruit; der **Obstmarkt, ⁻e**
fruit market
**öde** bleak; die **Öde, –n** solitude
der **Ofen, ⁻** stove
**offen** open; **offenbar** evident; **offen-
baren** reveal; **offenkundig** evident; **öffentlich** public
der **Offizier, –e** (military) officer
**öffnen** open, unlock
**ohne** without; **ohne weiteres** without further ado, forthwith; **ohnehin** anyhow, anyway
die **Ohnmacht, –en** fainting; **ohnmächtig** unconscious, helpless
das **Ohr, –en** ear; die **Ohrfeige, –n**
slap in the face; das **Ohrgehänge,
–** earring
das **Ölbild, –er** oil painting
der **Onkel, –** uncle
**opal** opalescent
das **Opfer, –** sacrifice, victim;
**opfern** sacrifice; die **Opfertüte**
envelope for an offertory contribution
die **Orchidee, –n** orchid
**ordentlich** proper, respectable,
downright; **ordnen** arrange; der
**Ordner, –** organizer, (letter) file;
die **Ordnung, –en** order, regulation
der **Ort, –e** site, place, spot, locality;
**an Ort und Stelle** on the spot;
**ortsgebunden** (of) local (interest)
der **Osten** east
(das) **Österreich** Austria; **österrei-
chisch** Austrian; **österreich-un-
garisch** Austro-Hungarian
der **Ozean, –e** ocean; der **Ozean-
dampfer, –** ocean liner

das **Paar, –e** couple; **ein paar** a
few; **ein paarmal** several times
**packen** grab, pack, lay hold of,
seize

der **Page,** –n, –n   page
das **Paket,** –e   package, parcel
der **Palast,** ∹e   palace
der **Pantoffel,** –s, –n   slipper
der **Panzer,** –   armor; der **Panzerwagen,** –   armored car
der **Papagei,** –s, –en   parrot
das **Papier,** –e   paper; **papieren**
  (made of) paper; das **Papiergeld,**
  –er   paper money
der **Pappenstiel**   trifle; **um einen
Pappenstiel**   for a mere song
das **Parfüm,** –e   perfume
die **Parkanlagen** (*pl.*)   public
  gardens
die **Parole,** –n   watchword
die **Partei,** –en   faction, party
der **Passant,** –en, –en   pedestrian,
  passer-by
**passen**   suit, be suitable
**passieren** (**haben, sein**)   pass,
  happen
der **Pate,** –n, –n   godfather
**patent**   great, splendid
der **Patrizier,** –   patrician
die **Pein**   pain, torment; **peinigen**
  torment; **peinlich**   painstaking,
  precise
**peitschen**   whip, lash
die **Perle,** –n   pearl
der **Personenzug,** ∹e   passenger-
  train; die **Persönlichkeit,** –en
  personality, personage
**perspektivisch**   perspective
der **Petschaftring,** –e   signet ring
der **Pfad,** –e   path
der **Pfahlzaun,** ∹e   picket fence
das **Pfand,** ∹er   pledge, guarantee
der **Pfarrer,** –   clergyman; das
  **Pfarrhaus,** ∹er   parsonage
das **Pfefferrohr,** –e   bamboo cane
die **Pfeife,** –n   pipe; **pfeifen**   whistle
das **Pferd,** –e   horse; **pferdelos**
  horseless; die **Pferdestärke,** –n
  horsepower
das **Pflaster,** –   pavement
die **Pflege,** –n   care, fostering, cultivation; **pflegen**   tend, be in the
  habit of, be accustomed to; der
  **Pflegling,** –e   charge, ward

die **Pflicht,** –en   duty, obligation
**pflügen**   plough
die **Pforte,** –n   gate; die **Pförtnerin,**
  –nen   doorkeeper
der **Pfosten,** –   post, jamb (of doors)
die **Pfote,** –n   paw
**pfui**   shame!
die **Phantasie,** –n   imagination; die
  **Phantasterei,** –en   fantasy, fig-
  ments of imagination
der **Photograph,** –en, –en   photog-
  rapher
**physisch**   physical
**pilgern** (**sein**)   go on a pilgrimage
der **Pistolenlauf,** ∹e   barrel of a pis-
  tol
die **Plage,** –n   drudgery; **plagen**
  plague, harass
das **Plakat,** –e   placard, poster
der **Plan,** ∹e   map, plan, project; die
  **Planpolitik,** –en   policy of plan-
  ning
die **Planke,** –n   board, fence of
  boards
das **Platinarmband,** ∹er   platinum
  bracelet
die **Platte,** –n   plate, phonograph
  record
der **Platz,** ∹e   place, square, spot,
  room; **Platz nehmen**\*   sit down
**platzen** (**sein**)   burst, explode
die **Plauderei,** –en   chat; **plaudern**
  chat
die **Plombe,** –n   seal
**plötzlich**   sudden
der **Pöbel,** –   mob, populace
**pochen**   knock
die **Pointe,** –n   point (of a joke)
die **Politur,** –en   polish, varnish
die **Polizei,** –en   police; der **Polizeidiener,** –   policeman; **polizeilich**
  police; die **Polizeiverordnung,** –en
  police regulation; der **Polizist,** –en,
  –en   policeman
die **Polizze,** –n   (insurance) policy
das **Portemonnaie,** –s, –s   purse, bill-
  fold
die **Portraitstudie,** –n   portrait study
die **Posaune,** –n   trombone, trumpet,
  trumpet of doom

das **Postamt, ⁻er** post office; das **Posthaus, ⁻er** post stage, posting house; der **Postmeister, –** postmaster; der **Poststempel, –** postmark, postal cancellation; der **Postwagen, –** mailcoach, stagecoach

**postum** posthumous

die **Pracht** splendor; **prächtig** splendid

**prägen** coin, form

**prägnant** precise, exact

**praktisch** practical

die **Prallheit** tightness, tension, fullness

**prangen** glitter, be displayed

die **Prärie, –n** prairie

die **Praxis** practice

die **Präzision, –en** precision

**predigen** preach; der **Prediger, –** preacher; die **Predigt, –en** sermon; das **Predigtamtsexamen, –** qualifying examination for the ministry

der **Preis, –e** price, cost; **preisgeben** give up, surrender

**pressen** squeeze, press (force into military or naval service)

(das) **Preußen** Prussia

**preußisch** Prussian

**prima** first rate

die **Privatperson, –en** private individual, private person

**privilegieren** privilege

**proben** probe, rehearse; **probieren** try

**promenieren** take a walk, take a stroll

**promovieren** graduate

der **Prosastil, –e** prose style; das **Prosastück, –e** piece of prose

**provinziell** provincial

der **Prozeß, –sses, –sse** trial; **kurzen Prozeß machen mit** make short work of

**prüde** prudish; die **Prüderie, –n** prudishness

**prüfen** examine, assay, inspect; die **Prüfung, –en** examination, trial

die **Prügel** (*pl.*) thrashing

**prunkvoll** splendid

das **Publikum** audience, general public

der **Puder, –** powder

**puffen** push, nudge

**pulsieren** pulsate

das **Pulver, –** powder, gunpowder

der **Pump** loan; der **Pumpversuch, –e** attempt to hit somebody for a loan

der **Punkt, –e** point, dot; **pünktlich** punctual

die **Puppe, –n** doll, dummy

der **Purpur** purple, deep red; **purpurn** crimson, scarlet, deep red

**putzen** polish, clean

die **Quantentheorie** quantum theory

das **Quart, –e** quarto

die **Quelle, –n** spring, source, fountain, origin; **quellen°** (sein) gush, issue, arise from

**quengeln** whine

das **Quentchen, –** teeny bit

**quietschen** squeak

die **Quittung, –en** receipt

die **Rache** vengeance, revenge; **rächen** avenge; sich **rächen** take revenge

das **Rad, ⁻er** wheel, bike

der **Radau, –s, –s** row, hullabaloo

der **Radiotisch, –e** radio stand

das **Raffinement** artfulness; **raffiniert** artful, cunning, crafty

**ragen** tower, project

der **Rahm** cream; **rahmfett** creamy

der **Rahmen, –** frame; **rahmen** frame

**raketengleich** like a rocket

der **Rand, ⁻er** edge, brink; **randlos** rimless

der **Rangstreit, –e** dispute for precedence

die **Ranke, –n** tendril, climber, shoot

**rasch** quick

**rasen** race, speed; **rasend** raving furious, mad

der **Rasen,** – lawn
die **Rasse, –n** race
**rasseln** rattle
**rastlos** restless, indefatigable
der **Rat,** (*pl.*) **Ratschläge** advice;
   **zu Rate ziehen\*** consult; **raten\***
   advise, guess; das **Rathaus, ⁻er**
   town hall; **ratlos** perplexed, helpless; der **Ratsherr, –n, –en** city
   councillor
**rationieren** ration
das **Rätsel,** – riddle, puzzle
**rattern** clatter, rattle
der **Raub** robbery; **rauben** steal,
   rob; der **Räuber,** – robber, bandit; das **Räuberhandwerk** ban-
   ditry
**rauchen** smoke; die **Rauchfahne, –n**
   trail of smoke; der **Rauchtisch, –e**
   smoking table, end table
(sich) **raufen** scuffle
**rauh** rough
der **Raum, ⁻e** room, area; das
   **Raumgefühl, –e** feeling for space
**raunen** whisper
der **Rausch, ⁻e** intoxication, frenzy;
   **rauschen** rush, rustle
die **Razzia, –s** police raid
**reagieren** react
**realisieren** realize, make real; die
   **Realisierung** putting into effect,
   making real
**rechnen** count, calculate; das **Rech-**
   **nen** arithmetic; die **Rechnung,**
   **–en** account, bill, invoice; **Rech-**
   **nung machen auf** count on
**recht** right, proper, correct, very;
   **recht und billig** just and reasonable; **erst recht** all the more; das
   **Recht, –e** right, privilege, justice,
   law; **mit Recht** rightly, with reason; **rechteckig** rectangular;
   **recht·haben\*** be right; **rechtlos**
   illegitimate, without rights; **recht-**
   **mäßig** lawful; **rechts** right; die
   **Rechtsaltertümer** (*pl.*) legal an-
   tiquities; der **Rechtsanspruch, ⁻e**
   legal claim; die **Rechtsberatung,**
   **–en** legal advising, legal advice;
   der **Rechtsbegriff, –e** legal con-

cept; die **Rechtschaffenheit** honesty; die **Rechtssache, –n** legal
   matter; **rechtzeitig** prompt
sich **recken** stretch
die **Rede, –n** conversation, speech,
   utterance; **reden** speak; die **Re-**
   **densart, –en** expression, phrase;
   der **Redner,** – speaker
**redlich** honest, sincere; der **Refe-**
   **rendar, –e** junior lawyer; die **Re-**
   **ferendarlaufbahn** career as a junior lawyer
das **Regal, –e** bookshelf
(sich) **regen** move, stir; **regungslos**
   motionless
die **Regel, –n** rule; **regelmäßig**
   regular; **regeln** regulate
der **Regen** rain; der **Regentropfen,**
   – raindrop
der **Regent, –en –en** regent, sovereign, prince
die **Regierung, –en** government,
   rule; der **Regierungsanspruch, ⁻e**
   claim to government; das **Regie-**
   **rungsgeschäft, –e** government
   business, participation in government
das **Regime** government
**reiben\*** rub; **reibungslos** free
   from friction, smooth
**reich** rich, opulent; der **Reichtum,**
   **⁻er** riches, wealth
das **Reich, –e** realm, empire, king-
   dom; das **Reichsheer, –e** imperial
   army, army of the Holy Roman
   Empire
**reichen** pass, hand, extend to
die **Reihe, –n** row, line, number,
   rank, sequence; **die Reihe ist an**
   **mir** it is my turn; sich **reihen**
   form a row
**rein** clean, pure, clear, innocent,
   sound, whole, intact
**reisig** knightly; der **Reisige, –n, –n**
   mounted soldier, knight on horseback
die **Reise, –n** trip; **reisen** (sein)
   travel, go, set out; der **Reisende,**
   **–n, –n** traveler, representative,
   traveling salesman

**reißen\*** tear, pull; das **Reißbrett** drawing board; der **Reißnagel,** ⸚ thumbtack

**reiten\*** (**sein**) ride, go on horseback; der **Reiter,** – rider, horseman; die **Reiterstatue, –n** equestrian statue

der **Reiz, –e** charm; **reizen** irritate; **reizend** charming

die **Relativitätstheorie, –n** theory of relativity

die **Resede, –n** reseda, mignonette

der **Rest, –e** rest, remainder; **restlich** remaining

**retten** save, rescue; die **Rettung, –en** deliverance, rescue

**reuen** repent

**rheinisch** Rhenish

**richten** prepare, direct, address, condemn; der **Richter,** – judge; der **Richtplatz,** ⸚**e** place of execution; die **Richtung, –en** direction

**richtig** right, correct, true; die **Richtigkeit, –en** correctness

**riechen\*** smell; **riechen\* nach** smell of

der **Riemen,** – strap

der **Riese, –n, –n** giant, ogre; die **Riesenapparatur** giant apparatus; **riesengroß** colossal; **riesig** gigantic, awfully

der **Rieselregen** drizzle

die **Rinder** (*pl.*) cattle; das **Rindfleisch** beef; das **Rindvieh** blockhead, jackass (*fig.*)

**ringsherum, ringsum, ringsumher** round about, all around

**rinnen\*** (**sein**) flow

**riskieren** risk

der **Riß, –sses, –sse** tear, laceration, crack; **rissig** cracked

der **Ritter,** – knight

der **Rock,** ⸚**e** coat, skirt

die **Rodel, –n** toboggan, sled

**roh** raw, in native state, unvarnished, unwrought; die **Roheit, –en** coarseness, crudity

das **Rohr, –e** cane; der **Rohrbrunnen,** – artesian well

die **Rolle, –n** roll, part; **rollen** roll, rotate

der **Roman, –e** novel; der **Romandichter,** – der **Romanschreiber,** – novelist

die **Romantik** romanticism

der **Römer,** – Roman; **römisch** Roman

der **Rosenkranz,** ⸚**e** rosary

**rosig** rosy

das **Roß, –sses, –sse** steed, horse

**rotbraun** reddish-brown; der **Rotdorn** pink hawthorn; **rotglühend** rapturous; **rötlich** reddish

**ruchlos** infamous

der **Ruck, –e** shock, jolt; **ruckartig** jerky; **rucken** move, jerk

**rückblickend** retrospective; der **Rückfall,** ⸚**e** relapse; die **Rückgabe, –n** return; das **Rückgrat, –e** backbone; **rückhaltlos** unreserved; die **Rückkehr** return; **rücksichtslos** inconsiderate; **rücksichtsvoll** considerate; **rückständig** outstanding, overdue; **rückwärts** backward, back

der **Rücken,** – back; **rücken** pull, move, bring nearer

der **Ruf, –e** call, shout, reputation; **rufen\*** call, shout, exclaim

die **Ruhe** peace, calm; **ruhen** rest; **ruhig** quiet, calm

der **Ruhm** fame

**rühren** stir, touch, strike; die **Trommel rühren** beat the drum; sich **rühren** stir, move

**rumpeln** rumble; die **Rumpelkammer, –n** junk room

**rund** round; die **Runde, –n** round; **rundlich** roundish, chubby; die **Rundschau** review; der **Rundturm,** ⸚**e** round tower

**rupfen** pluck

das **Rüschenrauschen** rustling of frills

der **Ruß, –e** soot

der **Russe, –n, –n** Russian; **russisch** Russian

**rüsten** prepare; der **Rüstungsboom** armament boom

die **Rute, –n** rod
**rutschen** (sein) glide
**rütteln** shake

der **Saal,** (*pl.*) **Säle** hall
die **Sache, –n** thing, cause, matter, business; der **Sachbereich, –e** field of competence; der **Sachkundige, –n, –n** expert; **sachlich** matter-of-fact, impartial; der **Sachverständige, –n, –n** expert
der **Sack, ⁼e** sack, bag, pocket
der **Saft, ⁼e** juice; **saftig** juicy, sound
die **Sage, –n** legend, mythology
die **Sahne, –n** cream
die **Sakristei, –en** vestry, sacristy
der **Salat, –e** salad
die **Salbe, –en** ointment
das **Salbenrezept, –e** prescription for ointment
**salopp** breezy, unaffected
**sammeln** collect; der **Sammelband, ⁼e** collection, anthology; die **Sammelstelle, –n** collecting center; die **Sammlung, –en** collection
die **Sammetdecke, –n** velvet quilt
der **Samt** velvet; **samtig** velvety; der **Samtrock, ⁼e** velvet coat; das **Samtwams, ⁼er** velvet doublet
**sämtlich** all, complete
**sandfarben** sand-colored
**sanft, sanftmütig** gentle
**satt** satisfied, satiated; **etwas satt haben*** be fed up with something
der **Sattel, ⁼** saddle
der **Satz, ⁼e** sentence, passage
die **Sau, ⁼e** sow
**sauber** clean, neat, fine
der **Säufer, –** drunkard
**saugen** suck, absorb; der **Säugling, –e** infant
die **Säule, –n** column; das **Säulenportal, –e** pillared entrance
**sausen** blow hard, whiz, rush
**schäbig** shabby
das **Schach** chess
der **Schacht, ⁼e** tunnel

**schaden** damage, hurt; der **Schaden, ⁼** damage, detriment; **schadenfroh** gloating over other people's misfortunes
der **Schädel, –** skull
das **Schaf, –e** sheep; der **Schäfer, –** shepherd; der **Schafspelz, –e** sheepskin; der **Wolf im Schafspelz** wolf in sheep's clothing
**schaffen*** create; **schaffen** do, make, accomplish
der **Schal, –s** scarf
die **Schale, –n** bowl, basin
die **Scham** shame, bashfulness; **sich schämen** be ashamed
die **Schar, –en** troop, band, crowd
**scharf** sharp, biting; der **Scharfblick, –e** penetrating glance, acuteness; der **Scharfrichter, –** executioner; die **Scharfsichtigkeit** keenness of vision
**schassen** expel
der **Schatten, –** shadow, shade; **in den Schatten stellen** push into the background; der **Schattenboxer, –** shadow boxer; **schattenhaft** shadowy, indistinct; **schattig** shady
der **Schatz, ⁼e** treasure, wealth; das **Schatzamt, ⁼er** treasury; das **Schatzkästlein** collection of gems, treasure chest, treasury (title of a book)
das **Schaubild, –er** diagram; **schauen** look, view; die **Schaumünze, –n** medallion; der **Schauplatz, ⁼e** scene; das **Schauspiel, –e** spectacle, scene, play; der **Schauspieler, –** actor
der **Schauder, –** fright, **schaudern** shudder, to be awed
die **Schaufel, –n** shovel
**schaukeln** swing, rock, oscillate
der **Schaum, ⁼e** foam; **schäumen** foam, sparkle
**scheckig** spotted
**scheel** envious, die **Scheelsucht, ⁼e** envy
die **Scheibe, –n** pane (of glass)
**scheiden*** (sein) depart, separate;

scheiden* (haben) divorce, analyze

der Schein, –e gleam, banknote; scheinen* shine, seem, appear; scheinlos inconspicuous, plain; die Scheinschönheit, –en apparent (false) beauty

scheitern (sein) fail

der Schelm, –e rogue, rascal

schelten* reproach, chide

schenken give, present

die Scherbe, –n fragment (of glass, pottery), potsherd

die Schere, –n scissors; scheren* clip

der Scherz, –e joke; scherzen joke

scheu shy, timid; scheuen shun, avoid; die Scheuklappe, –n blinder (on a horse)

scheuern scrub

die Scheune, –n barn

scheußlich horrible, abominable

die Schicht, –en layer, class

schicken send; das Schicksal, –e fate; schicksalhaft fateful; der Schicksalsgenosse, –n, –n fellow sufferer

schieben* shove, slide

schielen be cross-eyed, cast a sidelong glance; schielen nach leer at; schielend squint-eyed

die Schiene, –n rail

schießen* (haben, sein) shoot, burst forth

das Schiff, –e ship; die Schiffskleidung, –en sailor's outfit; die Schiffsschaukel giant swing

schildern describe; die Schilderung description

das Schilf, –e reed; schilfgrün reed green

der Schimmer, – shine, luster; schillern glitter, glisten

schimpfen revile, scold, curse; schimpflich disgraceful

die Schindel, –n shingle

die Schlacht, –en battle; schlachten slaughter; die Schlachtbank, ⁻e slaughter house

der Schlackenschaum, ⁻e scum

der Schlaf sleep; schlafen* sleep; der Schläfer, – sleeper; die Schlafgesellschaft, –en company of sleepers; der Schlafkamerad, –en bedfellow; die Schlafkappe, –n, die Schlafmütze, –n night cap, stocking cap, sleepyhead; die Schlafkrankheit, –en sleeping sickness; der Schlafrock, ⁻e dressing gown; das Schlafzimmer, – bedroom

die Schläfe, –n temple

der Schlag, ⁻e blow, knock, stroke; der Schlag trifft* ihn he has a stroke

die Schlange, –n snake, line; Schlange stehen* stand in line, line up

schlank slender

schlapp limp

schlau crafty, smart; schlauerweise cunningly

schlecht bad, wicked

der Schlegel, – drumstick

schleichen* (sein) creep, steal

der Schleier, – veil

der Schleim, –e slime

der Schlemmer, – glutton, gourmand

schleppen drag

der Schlich, –e secret way, (pl.) tricks

schlicht plain; schlichten smooth, settle, adjust

schließen* shut, conclude, infer; schließlich final(ly), after all

schlimm bad; schlimmstenfalls at the worst

der Schlingel, – rascal; schlingen* weave

das Schloß, –sses, ⁻sser castle, lock; der Schlosser, – locksmith, mechanic; das Schlosserwerkzeug, –e locksmith's (mechanic's) tools; der Schloßhof, ⁻e courtyard; der Schloßvogt, ⁻e castellan

schluchzen sob

der Schluck, –e sip; schlucken swallow, gulp

schlüpfen (sein) glide

der **Schluß,** –sses, ⁻sse end; **das Schlußlicht,** –er taillight

der **Schlüssel,** – key; **das Schlüsselbrett,** –er key rack; der **Schlüsselbund,** –e key chain

**schmächtig** slender

**schmackhaft** tasty

**schmähen** abuse, revile, insult

**schmal** narrow, thin; **schmalhüftig** narrow-hipped

**schmecken** taste; **schmecken nach** taste of

**schmeißen**\* throw, hurl

**schmelzen**\* (sein) melt

der **Schmerbauch,** ⁻e paunch, pot belly

der **Schmerz,** –es, –en pain, grief; **schmerzen** pain, hurt; **schmerzlich** sad; **schmerzlindernd** soothing; **schmerzvoll** painful, agonizing

der **Schmetterling,** –e butterfly

**schmettern** blare

der **Schmied,** –e (black)smith; die **Schmiede,** –n smithy, blacksmith shop

**schminken** paint; sich **schminken** make up, use makeup

der **Schmuck,** –e jewelry; **schmuck** handsome; **schmücken** decorate, adorn; das **Schmuckkästchen,** – jewel-case

der **Schmuggel** smuggling

der **Schmutz** filth

die **Schnalle,** –n buckle

der **Schnaps,** ⁻e spirits, liqueur

die **Schnarre,** –n rattle

**schnarren** rattle, rattle off

**schnauben** snort

**schnaufen** pant

die **Schnauze,** –n muzzle, nozzle; der **Schnauzbart,** ⁻e big mustache

die **Schnecke,** –n snail

der **Schnee** snow; die **Schneehalde,** –n snowy slope

**schneiden**\* cut; der **Schneider,** – tailor; **schneidig** dashing

**schneien** snow

**schnell** fast; die **Schnelligkeit,** –en velocity, speed; die **Schnellkraft,** ⁻e elasticity

**schnitzeln** carve, whittle

die **Schnur,** ⁻e cord; **schnüren** tie

der **Schnurrbart,** ⁻e mustache

**schockieren** shock

**schon** already

**schön** beautiful; die **schöne Literatur** belles lettres; die **Schönheit** beauty

**schonen** spare

**schöpfen** draw (water); der **Schöpfer,** – creator, originator; **schöpferisch** creative; die **Schöpfung,** –en creation

der **Schoß,** ⁻e lap

**schräg** diagonal

der **Schrank,** ⁻e cupboard, cabinet, wardrobe

die **Schraube,** –n screw

**schrecken** frighten; der **Schrecken,** – scare, horror; **schrecklich** frightful, terrible; das **Schreckenswort** word of terror

der **Schrei,** –e scream; **schreien**\* shout, scream

**schreiben**\* write; die **Schreibmaschine,** –n typewriter; das **Schreibmöbel,** – writing desk; der **Schreibtisch,** –e writing desk; das **Schreibverbot,** –e prohibition to write

der **Schreiner,** – carpenter, cabinetmaker

**schreiten**\* (sein) stride, step, walk

die **Schrift,** –en writing; **schriftlich** in writing; der **Schriftsetzer,** – typesetter; der **Schriftsteller,** – author, writer; das **Schriftstück,** –e document

der **Schritt,** –e step, pace

die **Schublade,** –n drawer

**schubsen** push

der **Schuft,** –e scoundrel; **schuften** toil

der **Schuh,** –e shoe; die **Schuhkommode,** –n shoe drawer

die **Schuld,** –en debt, guilt, fault; **schuld sein**\* **an** be at fault about, be to blame for; **schuldig** guilty, owed; der **Schuldige, –n, –n** guilty person; **schuldlos** innocent; die **Schuldlosigkeit, –en** innocence; die **Schuldverschreibung, –en** bond, promissory note

die **Schularbeit, –en** schoolwork, homework; **schulen** train; der **Schüler, –** pupil; die **Schulfreundin, –nen** classmate; **Schulgeschichten** (*pl.*) school gossip; der **Schulkollege, –n, –n** classmate; das **Schulkompendium,** (*pl.*) **–kompendien** school textbook

die **Schulter, –n** shoulder

der **Schund** trash; **schundig** trashy, junky

der **Schürhaken, –** poker

das **Schurfrecht, –e** right to prospect

die **Schürze, –n** apron

der **Schuß, –sses, ⸚sse** shot; **ein Schuß fällt⁎ (sein)** a shot is fired

die **Schüssel, –n** dish, bowl

der **Schutt** ruins, debris, rubbish; der **Schuttwagen, –** truck to transport rubble; die **Schuttwüstenei, –en** wilderness created by rubble

**schütteln** shake

**schütten** pour, throw

der **Schutz** refuge; der **Schütze, –n, –n** marksman; **schützen** protect

**schwach** weak, poor; die **Schwäche, –n** weakness, faintness; die **Schwachheit, –en** weakness; die **Schwächung, –en** weakening

der **Schwager, ⸚** brother-in-law

der **Schwanenhals, ⸚e** swan's neck

**schwanken** fluctuate, vary, waver

der **Schwank, ⸚e** funny tale, anecdote

**schwären** ulcerate

der **Schwarm, ⸚e** swarm

**schwärmen** be enthusiastic, gush (over); die **Schwärmerei, –en** enthusiasm, fanaticism

der **Schwarzhändler, –** black marketeer

**schwatzen** gossip

**schweben** hover, float

**schweifen** wander, roam about

**schweigen⁎** be silent; das **Schweigen** silence; **schweigsam** taciturn

das **Schwein, –e** hog

der **Schweiß, –e** sweat

die **Schweiz** Switzerland; der **Schweizerfranken** Swiss franc

**schwelgen** revel

die **Schwelle, –n** threshold, railroad tie

**schwenken** wave

**schwer** heavy; **schwer fallen⁎ (sein)** find hard, be difficult; **schwerhölzern** of heavy wood; **schwerkrank** very sick; die **Schwermut** melancholy, sadness

das **Schwert, –er** sword

die **Schwester, –n** sister, nun

der **Schwiegervater, ⸚** father-in-law

**schwierig** difficult; die **Schwierigkeit, –en** difficulty, obstacle

**schwimmen⁎ (sein)** swim, float; das **Schwimmbad, ⸚er** swimming pool

**schwindeln** swindle, cheat, be giddy; **mir schwindelt der Kopf** my head swims; **schwindlig** dizzy

**schwingen⁎** swing; **sich schwingen⁎** fling oneself, ascend; **schwingend** oscillating, vibrating; die **Schwingung, –en** oscillation, vibration

**schwitzen** sweat

**schwören⁎** swear

**schwül** sultry, close

der **Schwung, ⸚e** swing, bound, soaring

der **See, –s, –n** lake; der **Seehafen, ⸚** seaport

die **Seele, –n** soul, spirit

der **Segen, –** blessing; der **Segenswunsch, ⸚e** good wish; **segnen** bless

**sehen⁎** see

**sehnen** long; die **Sehnsucht** longing

die **Seide, –n** silk; **seiden** silken; das **Seidenzelt, –e** silken tent
der **Seiltänzer, –** tightrope walker
**seitdem** since
die **Seite, –n** side; **seitlich** lateral, at the side; **seitwärts** sideways
die **Sekunde, –n** second
die **Selbstachtung, –en** self-respect; die **Selbstbesinnung, –en** (moral) reflection; die **Selbsterniedrigung, –en** self-humiliation; **selbstgefällig** self-satisfied, complacent; **selbstherrlich** tyrannical; der **Selbstmord, –e** suicide; **selbstsicher** self-assured; **selbstverständlich** self-evident, obvious, normal; **das ist\* selbstverständlich** that goes without saying; die **Selbstverteidigung, –en** self-defense; das **Selbstvertrauen** self-confidence
**selten** rare; **seltsam** strange; **seltsamerweise** strange as it seems
**senken** lower
das **Service, –** set (of dishes); die **Serviette, –n** table napkin
der **Sessel, –** armchair, chair; der **Sesselbezug, ⁀e** chair cover
**setzen** place, put, fix; **aufs Spiel setzen** risk; **Kinder in die Welt setzen** bring children into the world; **sich setzen** sit down
die **Seuche, –n** pestilence
**seufzen** sigh, heave a sigh; der **Seufzer, –** sigh
das **Seziermesser, –** dissecting knife
**sicher** safe, sure, trustworthy, reliable; die **Sicherheit, –en** certainty, security, safety, sureness, reliability, self-assurance; **sicherlich** certainly, undoubtedly; **sichern** ensure, guarantee, safeguard
**sichtbar** visible; **sichtlich** visible
die **Siedlung, –en** settlement
der **Sieger, –** victor
das **Silber** silver; **silbergestickt** silver-laced; **silbern** (of) silver
die **Sinfonie, –n** symphony
**singen\*** sing

**sinken\* (sein)** sink
der **Sinn, –e** sense, mind; **es hat keinen Sinn** there is no point; das **Sinngedicht, –e** epigram; **sinnlich** sensuous, sensual; **sinnlos** senseless, mad; die **Sinnlosigkeit, –en** senselessness, absurdity
die **Sinologie** Chinese studies
die **Sitte, –n** custom, (*pl.*) manners, mores; die **Sittenlehre, –n** moral philosophy, ethics; die **Sittenreinheit** purity; **sittlich** moral; **sittsam** virtuous
der **Sitz, –e** seat; **sitzen\*** sit; die **Sitzecke, –n** section of a large room where one sits
**skeptisch** sceptical
der **Sklave, –n, –n** slave
**sobald** as soon as; **soeben** just now; **sofern** so far as, if, as long as; **sofort** immediately; **sogar** even; **sogleich** immediately; **solange** as long as; **soviele** as many as; **soweit** so far; **sowie** as well as; **sowieso** anyhow; **sowohl** as well as; **sowohl . . . als auch** not only . . . but also; **sozusagen** so to speak, as it were
das **Sofa, –s, –s** sofa; das **Sofakissen, –** pillow (for the sofa)
der **Sohn, ⁀e** son
**solch** such
der **Soldat, –en, –en** soldier; **unter die Soldaten gehen\*** join the army; das **Soldatengesicht, –er** soldier's face, soldier's physiognomy
die **Solidität** respectability
**sollen\*** be supposed to, should, ought, be said to
der **Sommer, –** summer; die **Sommerreise, –n** vacation trip (in the summer)
**sonderbar** peculiar; die **Sondermarke** commemorative stamp; **sondern** but; der **Sonderstempel, –** special cancellation
die **Sonne, –n** sun; **sich sonnen** bask (in the sun), take delight; die **Sonnenfinsternis, –sse** solar

eclipse; der **Sonnenschirm, –e**
sun-umbrella, parasol; der **Sonnenstrahl, –s, –en** sunbeam; **sonnig**
sunny, bright; **sonnverbrannt** sun-
burnt, tanned
der **Sonntagskuchen, –** cake baked
for Sunday
der **Sonntagsrock, ̈e** Sunday best
**sonst** else, otherwise, formerly; **son-
stig** other
die **Sorge, –n** apprehension, worry,
care; **sorgen für** look after; **sorgen dafür, daß** see to it that;
**sorgfältig** careful; **sorglos** carefree; **sorgsam** careful
die **Sorte, -n** kind, brand; **sortieren**
arrange
**sozusagen** so to speak, as it were
**spähen** scout, look, be on the look-
out
die **Spanne, –n** span, stretch; **span-
nen** stretch; **spannend** suspense-
ful; die **Spannung, –en** tension,
voltage
**sparen** save; das **Sparbuch, ̈er**
savings book; die **Sparbüchse, –n**
(piggy) bank; die **Sparkasse, –n**
savings bank; **sparsam** frugal
**spärlich** scanty
der **Spaß, ̈e** fun; **es macht ihm
Spaß** he enjoys it; **sich einen
Spaß machen** have some fun; der
**Spaßmacher, –,** der **Spaßvogel, ̈**
joker, humorist
**spät** late; **später** subsequent, afterwards, later; **späterhin** later
on; **spätestens** at the latest
der **Spaten, –** spade
**spazieren (sein)** stroll; der **Spaziergang, ̈e** walk; der **Spazierstock,
̈e** walking stick
**spenden** contribute
**speziell** special, specific
die **Sphäre, –n** sphere
**spicken** garnish
der **Spiegel, –** mirror; **spiegelblank**
highly polished; das **Spiegelei, –er**
egg sunny side up; die **Spiegelfechterei, –en** shadow boxing;
**spiegelfechterisch** shadow-boxing;

**spiegeln** sparkle; **sich spiegeln**
be reflected; der **Spiegelrahmen, –**
mirror frame
das **Spiel, –e** play, game; **aufs Spiel
setzen** stake; **spielen** play, take
place; **mit dem Wort spielen**
pun; **spielhaft** with ease, play-
ful; die **Spielregeln** (*pl.*) rules
of the game; das **Spielzeug, –e** toy
der **Spießbürger, –,** der **Spießer, –**
philistine, narrow-minded towns-
man
die **Spindel, –n** spindle
die **Spinne, –n** spider; **spinnen**
spin; das **Spinngewebe, –** spider's web; das **Spinnrad, ̈er**
spinning wheel
**spiritisieren** sparkle
der **Spitzbogen, ̈** pointed arch;
**spitzbogig** possessing pointed
arches; der **Spitzbube, –n, –n**
rascal, rogue; die **Spitze, –n** point,
tip, peak, (*pl.*) lace; **spitzen** point;
**die Ohren spitzen** prick up one's
ears; das **Spitzenhäubchen, –**
little lace cap, bonnet; die **Spitzhaue, –n** pickaxe
die **Sportart, –en** kind of sport,
type of sport; der **Sportberichterstatter, –** sportscaster, sports-
writer; die **Sportjacke, –n** sports-
jacket; der **Sportpalast, ̈e** sports
palace, gymnasium
**sprengen** cause to spring, blow up
**springen\* (sein)** leap; der **Springlebendige, –n, –n** live wire; der
**Springquell** fountain, spring,
(*fig.*) atmosphere
der **Spruch, ̈e** saying, spell, blessing
der **Sprudel, –** soda water
der **Sprung, ̈e** crack, leap
der **Spuk, –e** ghost; **spuken** be
haunted
das **Spültuch, ̈er** dish towel
die **Spur, –en** trace
**spüren** feel, experience
der **Staat, –en** state, show, finery;
der **Staatsgründer, –** founder of
the state, founder of states; das

Staatsrecht, –e constitutional law; der **Staatsroman**, –e political novel; die **Staatswerdung**, –en becoming a state, becoming a nation

der **Stabsarzt**, ⸚e medical officer; der **Stabsoffizier**, –e staff officer

**stacheln** prick, spur on

die **Stadt**, ⸚e town, city; **städtisch** municipal; das **Stadtviertel**, – part of town

der **Stahl**, –e steel; **stählen** steel, harden; der **Stahlhelm**, –e steel helmet

**staken** (*alternate strong past of* stekken)

der **Stall**, ⸚e stable

der **Stamm**, ⸚e stem, trunk; **stammen** (sein) be derived, spring, originate

**stampfen** stamp, paw (the ground) (of horses)

der **Stand**, ⸚e state, class, profession; das **Standesbewußtsein** class consciousness; der **Standesgenosse**, –n, –n peer; das **Standesinteresse**, –s, –n professional interest; **stand·halten*** resist; der **Standpunkt**, –e location, point of view

**ständig** fixed, established, constant

die **Stange**, –n pole

der **Stapel**, – stack

**stark** strong, intense

die **Stärke** strength, intensity; **stärken** strengthen, starch

**starren** stare; die **Starrheit** numbness

**statt** instead of; **statt dessen** in place of that; **stattlich** splendid

**sich stauen** congest (a street)

der **Staub** dust; der **Staubsauger**, – vacuum cleaner

**staunen** be amazed

**stechen*** prick

**stecken** set, stick, be; der **Steckbrief**, –e warrant (for arrest); die **Stecknadel**, –n pin

**stehen*** stand, be, be written; **stehen* für** guarantee; **stehenbleiben*** (sein) stop

**steif** rigid

**steigen*** (sein) climb, mount, rise

**steigern** increase, augment

der **Stein**, –e stone, rock, flint; **steinalt** very old; **steinern** stone, stony, petrified; der **Steingarten**, ⸚ rock garden; die **Steinzeit** Stone Age

die **Stelle**, –n place, position, job, situation, passage; **stellen** put, place, set, supply; **ein Bein stellen** trip; **sich stellen** present oneself, give oneself up; die **Stellung**, –en position; **stellungslos** unemployed

**stemmen** stem, prop

der **Stempel**, – stamp, mark; **stempeln** stamp, mark

die **Stenotypistin**, –nen shorthand-typist

die **Steppe**, –n steppe, prairie

**sterben*** (sein) die; die **Sterbe-kasse**, –n burial fund

der **Stern**, –e star; das **Sternbild**, –er constellation; das **Sternenbanner** Stars and Stripes

**stets** always

**steuern** steer, drive

**steuerfrei** tax-exempt

der **Stich**, –e sting; **im Stich(e) lassen*** leave in the lurch; **stichfest** unassailable; das **Stichwort**, –e cue (in the theater)

**sticken** embroider

der **Stiefel**, – boot

der **Stift**, –e crayon, pencil

**stiften** found, establish

der **Stil**, –e style; das **Stilgefühl** feeling for style, taste; **stilisieren** stylize

**still** silent; **im Stillen, in der Stille** in silence, secretly; die **Stille** silence; **stillen** satisfy (desires); **stillschweigend** silent, tacit

die **Stimme**, –n voice; **stimmen** be correct, harmonize; die **Stimmung**, –en mood; **stimmungsvoll** appealing to the emotions, impressive

die **Stirn**, –en forehead, brow; **stirn-runzelnd** frowning

**stöbern** rummage

der **Stock**, ⸚e baton, cane, floor (of

a house); **stocken** falter, stand still; **stockfinster** pitch-dark; das **Stockwerk, –e** story, floor

der **Stoff, –e** matter, material; der **Stoffrest, –e** scrap of material; der **Stoffwechsel, –** metabolism

**stöhnen** groan

**stolpern (sein)** stumble

**stolz** proud; der **Stolz** pride

**stören** disturb

der **Stoß, ⁼e** blow, heap, bundle, pile; **stoßen\*** push, stab, **(sein)** come across, chance upon; **ins Jagdhorn stoßen\*** sound the hunting horn

die **Strafe, –n** punishment, fine

**straff** tight; **straffen** tighten, tauten

der **Strahl, –en** ray; **strahlen** radiate

die **Strähne, –n** strand of hair

**stramm** robust, snappy

die **Straße, –n** street; die **Straßenbahn, –en** streetcar; der **Straßenbahnschaffner, –** street car conductor; die **Straßenkreuzung, –en** intersection; die **Straßenprügelei, –en** street brawl

sich **sträuben** stand on end, resist

**streben** strive

die **Strecke, –n** (railroad) stretch; **strecken** stretch, extend

der **Streich, –e** trick, prank; **streichen\*** sweep over, stroke, touch gently, strike out, erase

**streifen (sein)** stroll

der **Streik, –s, –s** strike; das **Streikverbot, –e** prohibition to strike

**streiten\*** quarrel, dispute; die **Streitkräfte** (*pl.*) military forces

**streng** strict

der **Strick, –e** rope; **stricken** knit

**striegeln** comb

das **Stroh** straw; **strohig** strawlike

der **Strom, ⁼e** stream; **strömen (sein)** stream, flow, pour, gush

der **Strudel, –** whirlpool

der **Strumpf, ⁼e** stocking

**struppig** shaggy

die **Stube, –n** room

das **Stück, –e** piece; **stückweise** piece by piece, piecemeal

die **Studie, –n** study; das **Studienjahr, –e** year of study; die **Studienrichtung, –en** (direction of) training; **studieren** study; das **Studium,** (*pl.*) **Studien** study at a university, university education

die **Stufe, –n** step, rank

der **Stuhl, ⁼e** chair; die **Stuhllehne, –n** back of a chair

**stumm** dumb, mute, speechless

**stumpf** dull

die **Stunde, –n** hour; die **Stundenkilometer** (*pl.*) kilometers per hour; **stündlich** hourly

die **Sturheit, –en** stubbornness

der **Sturm, ⁼e** storm; **stürmen** storm; **stürmisch** stormy

**stürzen** hurl, plunge; sich **stürzen** dash

**stutzerhaft** dandified; die **Stutzuhr, –en** mantelpiece clock

**stützen** support

**subtil** subtle

**subtrahieren** subtract

**suchen** seek, search, look for; **sie sucht ihresgleichen** she cannot easily be rivalled

die **Sühne** atonement, expiation

**summen** buzz, hum

die **Summe, –n** sum

**sündhaft** sinful; **sündhaft teuer** outrageously expensive

**surren** hum

**süß** sweet; die **Süßigkeit, –en** sweets

der **Sylvester, –** New Year's Eve; die **Sylvesterbetrachtung, –en** New Year's Eve meditation

**sympathisch** congenial

die **Szene, –n** scene

die **Tabakspfeife, –n** tobacco pipe

die **Tafel, –n** slab, (banquet) table; **täfeln** panel

der **Tag, –e** day; das **Tag(es)blatt, ⁼er** daily paper; **tagelang** for days; die **Tagereise, –n** day's

journey; das **Tageslicht** daylight;
**täglich** daily

der **Taler,** – thaler (coin)

die **Tante, –n** aunt

der **Tanz, ⸚e** dance, ball; **tanzen**
dance; der **Tänzer,** – dancer

die **Tapete, –n** wallpaper

**tapfer** gallant; die **Tapferkeit, –en**
gallantry

die **Tasche, –n** pocket; die **Taschenlampe, –n** flashlight; das **Taschentuch, ⸚er** handkerchief

die **Tasse, –n** cup

die **Tat, –en** deed, feat; der **Tatbestand** facts (of a case); **tätig**
active; die **Tatsache, –n** fact; **tatsächlich** real

der **Tatar, –en** Tatar (*member of a
Turkic tribe found mainly in the
USSR*)

der **Tau** dew; der **Tautropfen,** –
dewdrop

die **Taube, –n** pigeon, dove; **tau-
benblau** pigeon-blue

**tauglich** fit

**täuschen** deceive

**tausenderlei** of thousand kinds;
**tausendstimmig** with a thousand
voices

die **Taxe, –n** taxi

die **Technik, –en** technology; der
**Techniker,** – technician; **tech-
nisch** technological

der **Tee, –s, –s** tea; der **Teetisch, –e**
tea or cocktail table

der **Teig, –e** dough

der **Teil, –e** part, share; **teilen**
share; die **Teilnahme, –n** sym-
pathy, interest; **teil·nehmen\* an**
take part in

**telegraphisch** by telegram

der **Teller,** – plate

**temperamentvoll** temperamental,
ardent

das **Tempo** pace, speed

der **Teppich, –e** carpet, rug

die **Terrorherrschaft, –en** rule of
terror

der **Testamentsvollstrecker,** – exec-
utor (of a will)

**teuer** dear, expensive

der **Teufel,** – devil, demon; der
**Teufelsspuk** foul sorcery; devilry

die **Theke, –n** counter

das **Thema, –s,** (*pl.*) **Themen** topic

die **These, –n** thesis

der **Tick, –s, –s** whim

**ticken** tick

**tief** deep, profound, low, far; die
**Tiefe, –n** depth; **tiefsinnig**
thoughtful

das **Tier, –e** animal

die **Tinte, –n** ink

der **Tisch, –e** table; die **Tischfläche,
–n** table top

der **Titel,** – title, heading

**toben** rage, roar

die **Tochter, ⸚** daughter

der **Tod, –e** death; **tödlich** deadly,
lethal

**toll** mad, crazy; **tollen** romp,
charge

der **Tölpel,** – blockhead

der **Ton, ⸚e** sound

das **Tor, –e** gate; der **Torbogen, ⸚**
arched gateway

**töricht** foolish, silly

**tosen** roar

**tot** dead; die **Totenstille** dead silence; **tot·schießen\*** shoot dead;
**tot·schlagen\*** kill; die **Tötung,
–en** homicide

die **Tourenzahl, –en** revolutions per
minute

**traben** (**sein**) trot

die **Tracht, –en** garb, regional costume

die **Trägheit** laziness, inertia

**tragen\*** carry, wear

die **Tragödie, –n** tragedy

die **Träne, –n** tear

die **Trapezkunst, ⸚e** trapeze art

die **Traube, –n** grape, cluster

die **Trauer** mourning, grief; **trauern**
mourn

**träufeln** drip

der **Traum, ⸚e** dream; **träumen**
dream; der **Träumer** dreamer;
**traumhaft** dreamlike; die **Traumschnur, ⸚e** string of dreams

traurig   sad, wretched
treffen*   hit, encounter, hit upon;
   treffend   pertinent, suitable
treiben*   drive, propel, carry on,
   practice, drift; das Treibhaus, ¨-er
   greenhouse; der Treibsand quick-
   sand
trennen   separate; die Trennung
   separation
die Treppe, –n   staircase, (flight of)
   stairs
treten* (sein)   walk, step; an jemandes Stelle treten* (sein)   take
   someone's place
treu   faithful, loyal; die Treue
   faithfulness
der Trieb, –e   instinct, drive
triefen*   drip, trickle
trinken*   drink; das Trinkgeld, –er
   tip; der Trinkspruch, ¨-e   toast
das Triptychon, –cha   triptych
trocken   dry; trocknen   dry up
trödeln   dawdle
die Trommel, –n   drum; das Trommelfell, –e   drumskin, drumhead,
   eardrum; trommeln   drum; der
   Trommler, –   drummer
die Trompete, –n   trumpet
der Tropfen, –   drop, (*fig.*) wine
trösten   console; tröstlich   consol-
   ing, pleasant; trostspendend   con-
   solatory
trotten (sein)   jog along
trotz   in spite of; trotzdem   in spite
   of it, nevertheless; trotzig   defiant
trüb(e)   dreary, overcast, dull, dim;
   die Trübung, –en   cloudiness,
   confusion
trügerisch   deceptive
die Truhe, –n   trunk, chest
die Trümmer (*pl.*)   wreckage, ruins
trumpfen   trump
der Trunk, ¨-e   drink, potion, drink-
   ing; trunken   drunk; trunkenrot
   wine-flushed
der Trupp   troop
tschechisch   Czech; die Tschecho-
   slovakei   Czechoslovakia
das Tuch, ¨-er   fabric, sheet; die
   Tuchfarbe, –n   color of the fabric

tüchtig   capable; die Tüchtigkeit
   ability, excellence
die Tücke, –n   malice; tückisch
   malicious
die Tugend, –en   virtue
die Tulpe, –n   tulip
tun*   do
die Tür(e), –en   door; der Türknopf, ¨-e   doorknob
die Turbinenanlage, –n   (turbine)
   power station
türkisch   Turkish
der Turm, ¨-e   tower; türmen   pile
   up
turnerisch   gymnastic
der Tusch, –e   fanfare, flourish of
   trumpets
typisch   typical


übel   evil, bad; das Übel, –   evil
üben   practice
über   over, above
überall   everywhere
überaus   extremely
überbringen*   deliver
überdenken*   think over
übereinander   one on top of the
   other
überein·kommen* (sein)   reach an
   agreement
überein·stimmen   agree
überfahren*   run over
überfliegen*   fly over
überflügeln   surpass
der Überfluß   superabundance, super-
   fluity; überflüssig   unnecessary
überfluten   innundate
der Übergang, ¨-e   transition
übergeben*   hand over, surrender
über·gehen* (sein)   turn (into),
   change sides
über·hängen   cover over
überhaupt   in general, on the whole,
   after all, altogether, at all
die Überheblichkeit   arrogance
überheizen   overheat
überholen   surpass
überhören   not pay attention to, ig-
   nore

sich **überjagend** following one another in rapid succession
**überklug** too clever
**überlassen\*** leave, abandon
**überleben** outlive
**überlegen** (*adj.*) superior, self-assured
sich **überlegen** reflect on, ponder,
think over; die **Überlegung, –en**
consideration, deliberation
**übermütig** high-spirited
**übernachten** pass the night, stay
overnight
**übernehmen\*** take over, assume
die **Überprüfung** scrutiny
**überragen** tower above
**überraschen** surprise; die **Überraschung, –en** surprise
**überreichen** hand over
**überreizen** overexcite
**überschätzen** overrate, overesti-
mate
**überschwingen\*** wing over, fly
over
**überseeisch** oversea
**überspannen** exaggerate
**überstürzen** precipitate, topple
over; sich **überstürzen** act rashly;
**überstürzend** rash, headlong
**übertreiben\*** exaggerate; die **Übertreibung, –en** exaggeration
**überwach** wide awake, over-alert
**überwachen** control
**überwältigend** overwhelming
**überwiegend** overwhelming, pre-
dominant
**überwinden\*** overcome
**überzeugen** convince; **überzeugt**
convinced; die **Überzeugung, –en**
conviction, belief
**übrig** (left) over, other, remaining;
die **Übrigen** the others; im **Übrigen** for the rest; **übrigens**
moreover; **übrig·bleiben\*** (sein)
remain over
das **Ufer, –** bank (of the river),
shore; **uferlos** boundless
die **Uhr, –en** watch
**um** about, around
die **Umänderung, –en** change

**umarmen** embrace
**um·bilden** remold
**um·binden\*** tie round
**um·bringen\*** kill
**um·drehen** turn around
der **Umfang, ⁻e** girth, size, extent
**umfassen** put one's hand round
die **Umfrage, –n** inquiry, inquest
der **Umgang, ⁻e** procession, rota-
tion; **umgangssprachlich** colloquial
**umgeben\*** surround; die **Umgebung, –en** environment
**um·gehen\*** (sein) haunt (of
ghosts)
der **Umhang, ⁻e** wrap, curtains
**umher** about, around; **umher·ge-
hen\*** (sein) stroll about; **umher·-
irren** (sein) wander about trying
to find the way; **umher·ziehen\***
(sein) wander about, patrol
sich **um·kehren** turn (around)
**um·kippen** tip over
**um·kommen\*** (sein) perish, die
**umkreisen** encircle
**umlaufen\*** circle, circulate
**um·modeln** remodel
**umschatten** shade
sich **um·schauen** glance back
**umschwingen** wing around
**umschweben** hover around
sich **um·sehen\*** look around
**um·setzen** transpose, convert
**umsichtig** circumspect, cautious
**umsonst** without pay, free of charge
der **Umstand, ⁻e** circumstance
das **Umsteigebillett, –e** transfer
ticket; **um·steigen\*** (sein) change
(trains, etc.)
**um·stoßen\*** knock down, upset
der **Umsturz, ⁻e** revolution
**umsummen** buzz around
**um·wandeln** convert
der **Umweg, –e** roundabout way,
detour
**um·wenden** turn around
**um·werfen\*** throw over, put on
**umziehen\*** surround; **um·ziehen\***
(sein) move
**umzingeln** surround

der **Umzug,** ⁀e change of dwelling, moving
**unangenehm** unpleasant
**unaufhaltsam** incessant, irresistible
**unausscheidbar** inseparable
**unbändig** unruly, headstrong
**unbarmherzig** unmerciful
**unbeabsichtigt** unintentional
**unbedacht** careless
**unbedeutend** insignificant
**unbedingt** unconditional, absolute; **unbedingterweise** unconditionally
**unbefangen** unprejudiced; die **Unbefangenheit, –en** ease, openness
**unbegreiflich** inconceivable, incomprehensible
**unbeherrscht** uncontrolled, involuntary
**unbekannt** unknown
**unbekümmert** untroubled
die **Unbequemlichkeit, –en** inconvenience
**unbeschädigt** uninjured, unhurt
**unbeschreiblich** indescribable
**unbesichtigt** unvisited, unviewed
**unbesiegbar** invincible
**unbesonnen** thoughtless, rash
die **Unbesorgtheit** being carefree
**unbestimmt** vague
**unbeweglich** motionless
**unbewußt** unaware
**undurchsichtig** nontransparent
**unecht** not genuine, false
**unehelich** illegitimate
**unehrenhaft** dishonorable
**uneigennützig** unselfish
**unendlich** infinite; die **Unendlichkeit** infinity
**unentgeltlich** free, unpaid
**unentwegt** steadfast, constant
**unerbittlich** inexorable, relentless
**unerforschlich** inexplicable, inscrutable
**unermüdlich** indefatigable
**unerwartet** unexpected
**unfähig** incapable
der **Unfall,** ⁀e accident, mishap, misfortune
**unfaßbar** incomprehensible

**unfehlbar** infallible
**unfreiwillig** involuntary
**ungeahndet** unpunished
**ungeduldig** impatient
**ungefähr** approximate; **von Ungefähr** by chance
**ungeheuer** enormous, monstrous; das **Ungeheuer, –** monster; **ungeheuerlich** monstrous, shocking
**ungelegen** inconvenient
**ungelocht** unpunched
**ungemein** extraordinary, exceedingly
**ungern** unwillingly; **gern oder ungern** whether you like it or not
**ungeschrieben** unwritten
**ungestört** untroubled, undisturbed
das **Ungetüm, –e** monster
**ungewöhnlich** unusual
**ungewohnt** unaccustomed
die **Ungezwungenheit** naturalness
**unglaubwürdig** untrustworthy, incredible
**ungläubig** incredulous
das **Unglück** misfortune, bad luck; **unglücklich** unfortunate; der **Unglücksfall** accident, mishap
**ungültig** invalidated, void
**unheimlich** uncanny
**unlängst** recently
**unmittelbar** direct
**unmöglich** impossible
**unmündig** under age, not of age
**unparteiisch** impartial
**unpathetisch** matter-of-fact
**unrecht** wrong; das **Unrecht** wrong, injustice
**unreif** immature
**unsäglich** unspeakable
**unscheinbar** inconspicuous
**unschlüssig** undecided
**unschuldig** innocent
**unselbständig** helpless
**unselig** wretched
**unsicher** unsafe, dubious; die **Unsicherheit** insecurity
**unsichtbar** invisible
der **Unsinn** nonsense
**unsortiert** unsorted
**untadelig** irreproachable, perfect

die **Untat, –en** crime
**unten** below, at the bottom
**unter** under
**unterbrechen**\* interrupt
**unter·bringen**\* lodge, provide lodging
**unterdes, unterdessen** meanwhile
**unterdrücken** suppress; die **Unterdrückung, –en** oppression
der **Untergang** downfall, destruction; **unter·gehen**\* (sein) go to ruin
die **Untergrundbahn, –en** subway
**unter·haben**\* get the better of someone (in a fight)
sich **unterhalten**\* converse, pass the time; die **Unterhaltung, –en** conversation, entertainment
**unterirdisch** underground
der **Untermieter, –** subtenant
das **Unternehmen, –** enterprise, venture
**unter·ordnen** subordinate; die **Unterordnung, –en** subordination
der **Unterricht** instruction; **unterrichten** teach, inform
**unterscheiden**\* distinguish
**unter·schieben**\* substitute, impute
der **Unterschied, –e** distinction, difference
**unterschreiben**\* sign
**unter·schütten** pour under, place under
**unterstützen** support
**untersuchen** investigate; die **Untersuchung, –en** investigation, inspection, examination
der **Untertan, –en, –en** subject, vassal; die **Untertanenbelanglosigkeit** insignificance of the subjects
**unterwegs** on the way
die **Unterwelt** underworld
sich **unterwerfen**\* submit; **unterwürfig** submissive, subservient
**untrüglich** infallible, unmistakable
**unübersetzbar** untranslatable
**unübertrefflich** unequalled
**unüberwindlich** unconquerable, invincible
**unumstößlich** indisputable

**ununterbrochen** uninterrupted
**unverbindlich** lacking the quality of engagement, aloof
**unverdorben** unspoiled, uncorrupted
**unverdrossen** unwearied, persistent
**unverhofft** unexpected
**unverkennbar** unmistakable
**unvermeidlich** inevitable
**unvermittelt** sudden, unexpected
**unvermutet** unexpected
**unverrückbar** immovable, fixed
**unverschämt** shameless
**unversehens** unexpectedly
**unverwandt** steadfast
**unverwüstlich** indestructible
**unvorhergesehen** unexpected
die **Unvorsichtigkeit** imprudence
**unwahrscheinlich** unlikely
**unwandelbar** immutable; die **Unwandelbarkeit** immutability
**unweigerlich** unquestioning
das **Unwetter, –** stormy weather
**unwichtig** unimportant
**unwiderleglich** irrefutable
**unwillig** resentful
**unwillkürlich** involuntary
**unwirklich** unreal
**unwissend** ignorant; die **Unwissenheit** ignorance
**unzählig** innumerable
**unzufrieden** dissatisfied
**unzulässig** forbidden
**üppig** abundant, voluptuous, well-developed
der **Urahn, –en, –en** ancestor
**uralt** very old
die **Uraufführung, –en** first performance, premiere
der **Urenkel, –** great-grandchild
der **Urgroßvater, ∸** great-grandfather
der **Urlaub, –e** leave (of absence), vacation
die **Ursache, –n** cause, reason
der **Ursprung, ∸e** origin; **ursprünglich** original
das **Urteil, –e** judgment, sentence, opinion; **urteilen** judge; **urteilslos** injudicious

der **Urwald, ⸚er** jungle, virgin forest

der **Vater, ⸚** father, (*pl.*) ancestors; das **Vaterland, ⸚er** fatherland; **vaterlandslos** without a fatherland, unpatriotic; **väterlich** fatherly
**vegetieren** vegetate
der **Ventilator, –s, –en** fan, blower
sich **verabschieden** say good-bye
**verächtlich** contemptuous; die **Verachtung** contempt
**verändern** change; die **Veränderung, –en** change
**verantworten** answer for; **verantwortlich** responsible; die **Verantwortung, –en** responsibility
**verargen** reproach; **ich verarge es Ihnen nicht** I do not hold it against you
**verärgern** irritate
**verbergen*** hide, conceal; sich **verbergen*** hide
**verbieten*** forbid
**verbinden*** unite, join, link; die **Verbindungstür, –en** connecting door
**verblenden** blind, delude; die **Verblendung** delusion
**verblichen** faded
**verblüffen** bewilder; **verblüffend** amazing; **verblüfft** amazed, dumbfounded
**verborgen** hidden, concealed
**verboten** prohibited
**verbrauchen** use (up), consume, spend
das **Verbrechen, –** crime; **ein Verbrechen begehen*** commit a crime; der **Verbrecher, –** criminal
**verbreiten** spread
**verbrennen*** burn
**verbriefen** confirm in writing
**verbringen*** spend, pass (time)
**verbunden** combined
**verbürgen** guarantee
der **Verdacht** suspicion; **verdächtig** questionable
**verdammt** damned

**verdanken** owe
**verdattert** flabbergasted
**verdenken*** blame
**verdienen** earn, merit; das **Verdienst, –e** merit
**verdrängen** push aside, displace, suppress, inhibit
**verdreifachen** treble
**verdrießlich** annoyed
**verdunkeln** darken
die **Verdüsterung** darkening, turning gloomy
**verdutzen** bewilder
**veredeln** ennoble
**verehren** worship, venerate; der **Verehrer, –** admirer
die **Vereinigten Staaten** United States; die **Vereinigung, –en** union
**verengen** constrict
**vererben** bequeath, hand down; sich **vererben** be hereditary
**verfahren** deal; das **Verfahren, –** (legal) procedure, act
der **Verfall** decay; **verfallen*** (sein) decline; **jemandem verfallen*** (sein) come into the power of someone
**verfassen** write; der **Verfasser, –** author
**verfertigen** make, manufacture; der **Verfertiger, –** maker
**verfließen*** (sein) elapse
**verfluchen** curse
der **Verfolger, –** pursuer
sich **verfügen** proceed
die **Verführerin, –nen** temptress, seductress; **verführerisch** seductive
**vergangen** past, bygone; die **Vergangenheit, –en** past; **vergänglich** passing, transitory
**vergebens, vergeblich** in vain, fruitless, futile
**vergehen*** (sein) pass, slip by
**vergessen*** forget
**vergiften** poison, contaminate
**verglasen** glaze, glass in
der **Vergleich, –e** comparison
das **Vergnügen, –** pleasure; **um sein**

**Vergnügen bringen\*** deprive of one's pleasure; **vergnügt** glad, delighted, cheerful, gay
**vergolden** gild
sich **vergreifen\* an** seize wrongly, violate
**vergriffen** sold out, out of print
**verhaften** arrest; die **Verhaftung** arrest
sich **verhalten\*** be, be the case, behave, be in proportion to; **der freie Mann verhält sich zum Sklaven wie das wilde Roß zur Hammelherde** the free man is to the slave as the wild horse is to a herd of sheep; das **Verhalten** attitude; das **Verhältnis, –ses, –se** relation, ratio, (economic) situation, condition; **verhältnismäßig** relative
die **Verhandlung, –en** negotiation, discussion
**verhängen** cover, impose
**verharren** remain
**verhaßt** detested
**verheiraten** marry, give in marriage
**verheißen\*** promise
**verherrlichen** glorify
**verhindern** prevent
**verhöhnen** scoff, deride
das **Verhör, –e** hearing, trial; **verhören** try, question
**verhüllen** cover
**verhungern** starve to death
**verhutzelt** shrivelled (up)
**verjagen** drive away, expel
**verjährt** superannuated, old
der **Verkauf, –̈e** sale; **verkaufen** sell; der **Verkäufer, –** seller, salesman
der **Verkehr, –e** traffic, communication; **verkehren** associate
**verkennen\*** misjudge
**verketzern** accuse of heresy, disparage
**verklären** transfigure, glorify
**verkrüppeln (sein)** become deformed
**verkümmern (sein)** become stunted; **verkümmert** stunted

**verkünden, verkündigen** announce, make known
**verkürzen** shorten, abridge
**verlangen** demand, desire; das **Verlangen** desire
**verlängern** lengthen; **verlängert** extended
**verlassen\*** leave, quit, vacate, abandon; sich **verlassen\* auf** rely on, depend on; **verläßlich** reliable
sich **verlaufen\*** lose one's way, scatter
**verlautbaren** make known; **verlautbaren lassen\*** give to understand
**verlegen** embarrassed
**verleihen\*** give, bestow
**verleugnen** deny, renounce
**verleumden** slander; die **Verleumdung, –en** slander
**verlieren\*** lose, vanish, disappear
**verlogen** mendacious, untruthful
**verloren** lost
**vermachen** bequeath
**vermählen** unite (in marriage); sich **vermählen** get married
**vermaledeien** curse
**vermehren** increase
die **Vermessenheit, –en** presumptuousness, arrogance
**vermindern** diminish, reduce
**vermitteln** mediate, communicate, negotiate; der **Vermittler, –** mediator, agent
**vermögen\*** be able, induce; das **Vermögen, –** fortune; die **Vermögensumstände** (*pl.*) financial position
**vermuten** suppose, surmise; **vermutlich** presumable; die **Vermutung, –en** supposition, conjecture
**vernageln** nail up
**vernarben (sein)** scar over, heal
sich **vernarren** become infatuated
**vernehmen\*** become aware of, understand, hear; **vernehmlich** audible
sich **verneigen** bow, curtsy
**vernichten** annihilate, destroy

die **Vernunft** reason; **vernünftig** reasonable, sensible

die **Veröffentlichung, –en** publication

die **Verordnung, –en** ordinance

**verpalisadieren** barricade

**verpfänden** pledge, pawn

**verpflichten** bind, pledge, oblige; sich **verpflichten** commit

der **Verputz** plaster

der **Verrat, –e** betrayal; **verraten**\* betray, divulge

**verrichten** do, perform

**verriegeln** bolt

**verringern** lessen; sich **verringern** diminish

**verrostet** rusty

**verrucht** infamous, vile

**verrückt** crazy

das **Versbuch, ¨-er** book of verse; das **Versepos, –epen** verse epic

die **Versammlung , –en** meeting

**versäumen** miss

**verschaffen** obtain

**verscheiden**\* (**sein**) pass away

**verscherzen** forfeit

**verschieben**\* shift

**verschieden** different; **verschiedenfarbig** variegated, motley

**verschießen**\* (**sein**) fade

**verschlagen**\* drive off course

**verschlemmen** squander on food and drink

**verschließen**\* close, lock; **verschlossen** locked up

**verschmähen** scorn

**verschossen** faded

**verschrien** in ill repute

**verschüchtern** intimidate

**verschulden** incur, (be the) cause (of)

**verschweigen**\* conceal; **verschwiegen** discreet; die **Verschwiegenheit** silence, discretion

**verschwenden** waste

**verschwinden**\* (**sein**) vanish, disappear

**verschwörerisch** conspiratorial

**versehen**\* provide, equip, perform, do wrong, make a mistake; **ehe er sich dessen versah** before he was aware of it

**versenken** submerge

**versessen auf** bent on

**versetzen** put, answer

**versichern** assure, assert; sich jemandes **versichern** take someone into one's custody; das **Versicherungswesen** insurance business

**versilbern** silver-plate, turn into cash

**versinken**\* (**sein**) sink, be swallowed, be absorbed

sich **verspekulieren** make a bad speculation

**versprechen**\* promise; das **Versprechen, –** promise

**verspüren** feel

der **Verstand** intelligence; **verständig** intelligent; **verständigen** inform; **verständlich** intelligible; **verständnislos** devoid of understanding

**verstauben** (**sein**) become covered with dust

**verstecken** hide

**verstehen**\* understand, comprehend; sich **verstehen**\* **auf** understand

**verstorben** dead, deceased

**verstört** troubled, agitated

**verstümmeln** maim

**verstummen** (**sein**) become silent

der **Versuch, –e** attempt; **versuchen** attempt; die **Versuchung, –en** temptation

**vertauschen** exchange

**verteidigen** defend; der **Verteidiger, –** defense lawyer; die **Verteidigung, –en** defense

**verteilen** distribute

**verteufelt** devilish

**vertiefen** sink deeper; sich **vertiefen in** busy oneself with

**vertilgen** destroy, devour

**vertragen**\* tolerate

**vertrauen** trust, have confidence in, rely upon; **vertrauen auf** trust in;

das **Vertrauen** confidence; **vertraulich** confidential; **vertraut** trustworthy, discreet, friendly

**vertreten*** represent; der **Vertreter,** – representative; die **Vertretung,** –en representation

**vertrocknen (sein)** dry up, dessicate

**vertun*** waste

**veruneinigen** quarrel

**verursachen** cause

**verurteilen** condemn; die **Verurteilung,** –en condemnation, conviction

die **Vervollkommnung** perfection, improvement

**verwahren** give into custody; die **Verwahrung** custody

die **Verwaltung,** –en administration; der **Verwaltungsapparat,** –e administrative apparatus

**verwandeln** change; die **Verwandlung,** –en change

**verwandt** related; der **Verwandte,** –n, –n relative; die **Verwandtschaft,** –en family, relatives

**verwegen** bold, daring

**verweigern** refuse

**verwenden** use

**verwerfen*** discard

**verwickeln** involve; **verwickelt** complicated

**verwildern (sein)** degenerate, grow wild

**verwirrt** confused; die **Verwirrung,** –en confusion

**verwischen** efface, soften

**verwittert** weather-beaten

die **Verwüstung,** –en destruction

**verzehren** consume

**verzeihen*** forgive

der **Verzicht** renunciation

**verzichten** renounce, relinquish; **verzichten auf** give up all claims to

**verzweifeln** despair; **verzweifelt** desperate; die **Verzweiflung,** –en despair; der **Verzweiflungskampf,** –e struggle of life and death

**verzwicken** confuse; **verzwickt** confused, complicated

der **Vetter,** – (male) cousin

**viel** much; **vielfach** often, frequently; **vielfältig** frequent, manifold; **vielköpfig** manyheaded; **vielmal(s)** often; **vielmehr** rather; **vielschichtig** manylayered, stratified

**vielleicht** perhaps

alle **viere von sich strecken** lie sprawling

das **Viertel,** – quarter

**vis-à-vis** across

die **Visitenkarte,** –n calling card; **visitieren** inspect, search

der **Vogel,** ⏚ bird; das **Vogelfutter** bird-seed; der **Vogelfuttertick** obsession about bird food; die **Vogelperspektive,** –n bird's-eye view

das **Volk,** ⏚er people, nation, crew; **volkreich** populous; die **Volkszählung,** –en folktale, popular story; der **Volksmund** vernacular, popular designation

der **Völkerzweikampf,** ⏚e feud between two nations

**voll** full

**vollauf** abundantly

**vollbringen*** achieve, carry out

**vollenden** perfect; **vollends** altogether, finally; die **Vollendung** perfection

**völlig** entire, utterly

**vollkommen** perfect, complete, entire; die **Vollkommenheit,** –en perfection

sich **voll·saugen** suck one's fill

**vollziehen*** execute; sich **vollziehen*** take place

**von** of, from

**vor** before, in front of; **vor sich hin** to oneself

**voran** forward, at the head; **voran·gehen*** (sein) precede, make progress; **voran·stellen** place at the head; **voran·schreiten*** (sein) go on ahead

**voraus** in advance; **vorausgesetzt, daß** provided that; die **Voraussicht,** –en forethought

**vor·bauen** prepare the ground, ob-
viate

**vor·behalten\*** reserve

**vorbei** past; **vorbei·gehen\*** (sein)
pass; **vorbei·kommen\*** (sein)
come by; **vorbei·rollen** (sein) roll
past; **vorbei·sausen** (sein) race
past; **vorbei·wehen** blow past,
breeze past

**vor·bereiten** prepare; die **Vorbereitung, –en** preparation

**vorbildlich** exemplary

**vordem** formerly

**vorder** forward, anterior; der **Vor-
dergrund, ⸚e** foreground, fore-
front; **vorderhand** for the present; **vorderst** foremost; der **Vor-
derzahn, ⸚e** front tooth,
incisor

**voreilig** hasty, premature

**voreingenommen** prejudiced

**vor·exerzieren** demonstrate

der **Vorfall, ⸚e** occurence

der **Vorgang, ⸚e** proceeding, occurence, incident

**vor·geben\*** pretend

**vor·gehen\*** (sein) take place, advance

die **Vorgeschichte, –n** early history,
previous history

der **Vorgesetzte, –n, –n** superior

**vor·haben\*** have in mind, plan

**vor·halten\*** hold up to

**vorhanden** on hand, present; das
**Vorhandensein** presence

**vorher** beforehand, in front, in advance, previously; **vom Abend vorher** from the previous evening

**vorig** preceding, last

**vor·kommen\*** (sein) seem, appear;
das **Vorkommen, –** existence,
presence; das **Vorkommnis, –ses,
–se** occurence

**vor·lassen\*** admit

**vorläufig** for the present, for the
time being

**vor·legen** submit

**vor·liegen\*** be (present)

der **Vorname, –ns, –n** first name

**vorn** in front, forward; **vornüber**
forward; **vornübergebeugt** bent
forward

**vornehm** noble, elegant

sich **vor·nehmen\*** resolve

der **Vorschein** appearance; **zum
Vorschein kommen\*** (sein) appear

**vor·schieben\*** push forward

der **Vorschlag, ⸚e** proposition, sug-
gestion; **vor·schlagen\*** suggest

**vor·schmecken** foretaste, anticipate

**vor·schreiben\*** prescribe, order; die
**Vorschrift, –en** regulation

**vor·sehen\*** consider, provide for;
die **Vorsehung** providence

die **Vorsicht** precaution, care; **vorsichtig** cautious, careful

das **Vorspiel, –e** prelude; **vor·spie-
len** play to, play for

**vor·springen\*** (sein) jut out

die **Vorstadt, ⸚e** suburb

**vor·stellen** introduce, represent; sich
**vor·stellen** introduce oneself,
imagine; sich **vor·stellen unter**
imagine by; die **Vorstellung, –en**
representation, reproach

**vor·strecken** advance (money),
lend

die **Vorstufe, –n** preliminary (first)
stage

der **Vorteil, –e** advantage

der **Vortrag, ⸚e** lecture; **einen Vortrag halten\* über** give a lecture
on

**vortrefflich** excellent

**vor·treten\*** (sein) step forward

**vor·trommeln** drum for; **jemandem
einen Marsch vor·trommeln** drum
a march for someone

**vorüber** along, past; **vorüber·blitzen**
(sein) flash past; **vorüber·gehen\***
(sein) pass by; **vorübergehend**
temporary; **vorüber·rauschen**
(sein) rush by, roar past; **vor-
über·ziehen\*** (sein) pass (by)

das **Vorurteil, –e** prejudice; **vorur-
teilslos** unprejudiced

**vorwärts** forward, onward; **vorwärts-
peitschend** forward-lashing,
forward-sweeping

**vor·werfen\*** reproach; **jemandem etwas vor·werfen\*** reproach someone with something

der **Vorwurf, ⁻e** reproach; **einen Vorwurf machen** reproach

die **Vorzeit, –en** antiquity

**vor·ziehen\*** prefer

das **Vorzimmer, –** waiting room, anteroom

der **Vorzug, ⁻e** privilege; **vorzüglich** excellent

**wach** awake; **wach werden\* (sein)** awake; die **Wache, –n** guard room; die **Wachsamkeit** vigilance

**Wachs, –e** wax; das **Wachsfigurenkabinett, –e** wax museum

**wachsen\* (sein)** grow, wax

der **Wächter, –** guard

**wack(e)lig** shaky, wobbly; **wackeln** shake

**wacker** valiant, brave

die **Waffe, –n** weapon

**wagen** risk, dare

der **Wagen, –** car

die **Wahl, –en** choice; **wählen** elect; die **Wahlheimat, –en** adopted country

der **Wahn** folly; der **Wahnsinn** madness; **wahnsinnig** insane

**wahr** true; **wahren** take care of, preserve; **wahrhaftig** true, indeed; die **Wahrheit, –en** truth, fact; **wahrlich** truly; **wahrscheinlich** probable; der **Wahrspruch, ⁻e** verdict

**währen** last; die **Währung, –en** currency

**während** during, while

der **Wald, ⁻er** wood, forest; **waldduftend** forest-fragrant, possessing the fragrance of the forest

der **Wall, ⁻e** rampart

die **Wallung, –en** bubbling, agitation

**wallen (sein)** go on a pilgrimage, travel

die **Walnuß, ⁻sse** walnut

**walten** hold sway, manage

das **Wams, ⁻er** jacket

die **Wand, ⁻e** wall; das **Wandbrett, –er** wall shelf; die **Wandtafel, –n** blackboard

**wandeln** change; **wandeln (sein)** amble, wander

**wandern (sein)** travel (on foot), hike

die **Wange, –n** cheek

das **Wappen, –** coat of arms

die **Ware, –n** commodity

die **Wärme** warmth

**warnen** warn, caution

die **Warte, –n** observatory; **warten** wait

**warum** why

die **Warze, –n** wart

die **Wäsche** linen; das **Wäschegestell, –e** clothes rack, wash rack

**waschen** wash; das **Waschbecken, –** washbasin; der **Waschlappen, –** washrag

der **Wasserfall, ⁻e** waterfall

**weben** weave; das **Weben** (*poet.*) activity, life

**wechseln** change; **wechselvoll** changeable

**wecken** waken, awaken

**wedeln** wag (a tail)

**weder** neither; **weder . . . noch** neither . . . nor

der **Weg, –e** way, road, path, course; der **Wegweiser, –** signpost

**weg** away, gone

sich **weg·begeben\*** withdraw, go away

**weg·bleiben\* (sein)** stay away

**weg·diskutieren** argue away

**weg·drehen** turn away

**weg·ekeln** drive (someone) away by making things unpleasant

**weg·fahren\* (sein)** drive away

**weg·gehen\* (sein)** go away

**weg·leugnen** deny

**weg·nehmen\*** take away

**weg·reißen\*** pull away

**weg·schaffen** carry off

**weg·schieben\*** push away

**weg·stoßen\*** push away

**weg·werfen\*** throw away

**weg·ziehen\*** pull away, (sein) move

**weh** painful; **weh(e) mir!** woe is me! **es tut\* mir weh** it hurts me; **wehmütig** sad, melancholy

**wehen** flutter

sich **wehren** resist; **wehrlos** defenseless, weak

das **Weib, –er** woman

**weich** soft; die **Weichheit** softness

die **Weide, –n** pasture, meadow; **weiden** graze

die **Weidenhecke, –n** hedgerow made up of willows

sich **weigern** refuse

**weihen** consecrate; die **Weihegabe, –n** votive offering; (das) **Weihnachten** Christmas; die **Weihnachtszeit** Christmastime; der **Weihrauch** incense

**weil** because

die **Weile** while

der **Wein, –e** wine; die **Weinnase, –n** drinker's nose; der **Weinmost** (wine) must, cider

**weinen** weep, cry

**weise** wise; die **Weisheit, –en** wisdom; **weislich** prudent, well-considered

**weisen\*** show, direct; **von sich weisen\*** refuse

**weissagen** prophesy

**weiß** white; **weißen** whiten; **weißhaarig** white-haired

**weit** wide, vast, long, far, distant; **weit bringen\*** be successful; **weit und breit** far and wide; **weitausschauend** looking far and wide, with a wide view of the country; die **Weite, –n** width, wideness, distance; **weiter** farther, further, on, additional, more; **bis auf weiteres** until further notice; **weiter nichts** nothing else; **weiter·arbeiten** continue to work; **weiter·geben\*** pass on; **weiter·gehen\*** (sein) walk on; **weiter·kommen\*** (sein) progress; **weiter·wuchern** continue to grow rankly (in a confused and disorderly manner);

**weiter·ziehen\*** (sein) move on; **weitgehend** extensive; **weither** from afar; **weitherzig** generous; **weithin** far; **weitläufig** spacious

die **Welle, –n** wave; der **Wellensmaragd** emerald of the waves

die **Welt, –en** world; die **Weltausstellung, –en** World's Fair; der **Weltbrand, –̈e** world conflagration; die **Weltbrüderschaft** world brotherhood; der **Weltbürger, –** citizen of the world; die **Weltfreude, –n** enjoyment of worldly pleasures; die **Weltfrömmigkeit** reverence for the earth; die **Weltgeschichte** world history; **welthistorisch** significant, world-famous; der **Weltkrieg, –e** world war; **weltlich** worldly; die **Weltoffenheit** (universal) openmindedness; die **Weltstadt, –̈e** metropolis; **weltstädtisch** metropolitan; der **Weltuntergang** end of the world; das **Weltvertrauen** trust in the world

**wenden** turn; die **Wendeltreppe, –n** spiral staircase

**wenig** little; **wenigstens** at least

**wenn** when, if

**werben\*** woo; der **Werbebrief, –e** sales letter, promotional letter

**werfen\*** throw, cast, fling

das **Werk, –e** work, book; die **Werkstatt, –̈en** (work)shop; der **Werkstudent, –en, –en** student who works his way through college; das **Werkzeug, –e** tool

**wert** worth; der **Wert, –e** worth, value, price; **wertvoll** valuable, precious

**weshalb, weswegen** why

das **Wesen, –** essence, creature, conduct, demeanor, bearing, concern; der **Wesensunterschied, –e** essential difference

die **Weste, –n** vest

**wetteifern** vie (with); **wetten** bet; der **Wettkampf, –̈e** contest

das **Wetter, –** weather; **wetterhart** weather-beaten; die **Wetterlage,**

−n weather condition; der **Wetterschaden,** ⁓ storm damage

**wichtig** weighty, important

**wickeln** roll, wrap, dress

**wider** against; **widerlich** repugnant; die **Widerrede,** −n contradiction, objection; sich **widersetzen** oppose, resist; **widersprechend** contradictory; der **Widerstand,** ⁓e resistance; **widerstehen\*** resist

sich **widmen** devote oneself

**wie** how, as, like; **wieviel** how much

**wieder** again; **wieder·geben\*** give back, reproduce, render; der **Wiederhall** echo; **wiederholen** repeat; **wiederum** again

die **Wiege,** −n cradle; **wiegen\*** weigh

**wiehern** neigh

**Wien** Vienna

die **Wiese,** −n meadow

der **Wille,** −ns, −n will; **um Gottes willen** for Heaven's sake; die **Willensfreiheit** freedom of the will; **willig** willing

der **Willkomm(en)** welcome

**wimmeln** swarm, teem

der **Windbeutel,** − windbag; **windstill** calm

**winden\*** wind, twist; die **Windung,** −en winding, twist

die **Windel,** −n diaper

**winken** wave

der **Winkel,** − corner; die **Winkelzüge** dodges, tricks

das **Wintermärchen,** − winter's tale

**winzig** tiny

**wippen** rock, move up and down

der **Wirbel,** − whirl, turmoil; **wirbeln** whirl, roll (of drums)

**wirken** work, weave; **wirklich** real; die **Wirklichkeit** reality; **wirksam** effective, active; die **Wirksamkeit** efficacy; die **Wirkung** effect; **wirkungsvoll** effective

**wirr** confused, dishevelled

der **Wirt,** −e employer, landlord, innkeeper; die **Wirtin,** −nen hostess, innkeeper's wife, landlady; **wirten** run an inn; das **Wirtshaus,** ⁓er inn; die **Wirtsstube,** −n public room in an inn

die **Wirtschaft,** −en inn, tavern; **wirtschaftlich** economic

**wissen\*** know; das **Wissen** knowledge; die **Wissenschaft,** −en learning, science; **wissenschaftlich** scientific

die **Witwe,** −n widow

**wittern** scent, perceive, nose out

der **Witz,** −e wit, joke; **witzig** witty

**wo immer** wherever; **wobei** whereby, in the course of which, by doing which

die **Wochenkarte,** −n weekly (streetcar, train) ticket; das **Wochengebet,** −e weekly prayer

die **Woge,** −n wave

**wohl** well, probably; das **Wohl** welfare, well-being; **wohlberechnet** well-calculated; **wohlgekleidet** well-dressed; **wohlgemerkt** mark my words! **wohlgeraten** well-grown, abundant; **wohlgewachsen** well-shaped; **wohlhabend** well-to do; **wohlklingend** harmonious, melodious; der **Wohlstand** prosperity, well-being; **wohltätig** beneficent, charitable; **wohltuend** comforting; **wohlverstanden** mark my words! das **Wohlwollen** goodwill

**wohnen** live, reside; das **Wohnhaus,** ⁓er apartment house; **wohnlich** habitable, comfortable; die **Wohnstube,** −n living room; die **Wohnung,** −en apartment

die **Wolke,** −n cloud; der **Wolkenball,** ⁓e cluster of clouds; der **Wolkenkratzer,** − skyscraper

**wollen\*** want to, claim to, will, intend to, be about to

die **Wollust,** ⁓e delight

**womöglich** if possible

das **Wort,** −e or ⁓er word

das **Wörterbuch,** ⁓er dictionary

die **Wucht,** −en force, impetus

**wühlen** dig up

die **Wunde, –n** wound

das **Wunder, –** miracle; die **Wundergabe, –n** magic gift; das **Wunderhorn, ⸚er** magic horn; **wunderlich** strange, odd; (sich) **wundern** surprise, be surprised

der **Wunsch, ⸚e** wish; **wünschen** wish; die **Wünschelrute, –n** divining rod

**würdig** worthy; **würdigen** deem worthy, honor

der **Wurf, ⸚e** throw; der **Würfel, –** die (*pl.* dice); **würfeln** throw dice; das **Würfelspiel, –e** game of dice

**würgen** choke, slaughter, massacre

die **Wurst, ⸚e** sausage; **wurst sein\*** be all the same

die **Wurzel, –n** root

**wüst** desolate, neglected

die **Wut** rage, fury; **wütend** enraged, frenzied, mad

**zackig** jagged

**zaghaft** timid

**zäh(e)** tenacious, stubborn, viscous

die **Zahl, –en** number; **zahlen** pay; **zählen** count, come to, number; das **Zählkreuz, –e** turnstile; **zahlreich** numerous

**zahm** tame; **zähmen** tame, domesticate, subdue

die **Zange, –n** pliers, punch

**zappeln** wriggle

**zart** delicate; **zärtlich** tender

der **Zauber, –** spell, magic; der **Zauberer, –,** der **Zauberkünstler, –** magician; der **Zauberspruch, ⸚e** spell

der **Zaum, ⸚e** bridle

**zausen** pull (about)

**zechen** drink; der **Zecher, –** drinker, reveler

die **Zehe, –n** toe

das **Zeichen, –** sign

**zeichnen** draw, sketch; die **Zeichnung, –en** drawing, design, sketch

**zeigen** show; der **Zeigefinger, –** forefinger

die **Zeile, –n** line

die **Zeit, –en** time, period; **zeit seines Lebens** during his lifetime; das **Zeitalter, –** age, era; **zeitgebunden** transitory, dated; der **Zeitgenosse, –n** contemporary; **eine zeitlang** for a time; die **Zeitlupe, –n** slow-motion shot; die **Zeitschrift, –en** periodical; der **Zeitstil, –e** style of the period; der **Zeitvertreib** amusement, pastime

die **Zeitung, –en** newspaper

das **Zentimeter, –** centimeter

das **Zepter, –** scepter

**zerbrechen\*** break, shatter

**zerfließen\*** (sein) dissolve

**zerhacken** hack, cut in pieces

**zerkleinern** reduce

**zerknacken** crack

**zerlegen** reduce, split up

**zerlumpt** ragged

**zermahlen** grind

**zerquetschen** crush, mash

**zerreißen\*** tear up, tear to pieces, rend, break up

das **Zerrbild, –er** caricature

**zerschellen** smash

**zerscheppern** break with a clang

**zerschlagen\*** dash to pieces

**zerschneiden\*** cut to pieces

**zerschwätzen** chatter away, gossip away; **den Tag zerschwätzen** waste the day with idle chatter

**zersetzen** break up, undermine

**zerstören** destroy; das **Zerstörungswerk** work of destruction; die **Zerstörungswut** mania for destruction

**zerstreuen** distract; **zerstreut** dispersed, absent-minded, distracted

**zertrümmern** smash

der **Zettel, –** (scrap of) paper, note

das **Zeug, –e** stuff; das **Zeug haben\* zu** have it in one (to)

der **Zeuge, –n, –n** witness; die **Zeugenschaft, –en** affidavit, testimony

**ziegelgotisch** brick Gothic; das **Ziegelpulver** dust from bricks

**ziehen**\* draw, pull, move, (sein) wander, march

das **Ziel,** –e goal; **zielen** take aim; **ziellos** aimless

**ziemen** suit; **ziemlich** fairly, rather

**zieren** adorn

**ziffernmäßig** numerical

die **Zigarre,** –n cigar

das **Zimmer,** – room, apartment; der **Zimmerkellner,** – room-service waiter; die **Zimmernachbarin,** –nen roommate; der **Zimmerschmuck** room ornament(s); der **Zimmerwinkel,** – corner of the room

**zinsbar** subject to tax, tributary; die **Zinsen** (*pl.*) interest

**zittern** tremble, shiver

**zögern** hesitate; das **Zögern** hesitation

der **Zögling,** –e pupil

der **Zoll,** – inch

der **Zoll,** ⸚e tariff, customs duty; die **Zollhalle,** –n customs hall; die **Zollkarriere,** –n career in the customs service; die **Zollschranke,** –n customs-barrier

der **Zopf,** ⸚e pigtail

der **Zorn** anger

**zottig** hairy

**zu** to, towards

**zu·bringen**\* bring, spend

**zucken** jerk, twitch; die **Achseln zucken** shrug one's shoulders; der **Blitz zuckte** the lightning flashed

**zudem** moreover, in addition

**zuerst** first

**zufällig** accidental, by chance

**zu·frieren**\* (sein) freeze up, be covered with ice

**zu·führen** lead to

der **Zug,** ⸚e feature, air (*fig.*), procession, train, trait; die **Zugbrücke,** –n drawbridge

der **Zugang,** ⸚e admittance, access

**zu·geben**\* admit

**zu·gestehen**\* grant, concede

**zugleich** at the same time

**zugunsten** for the benefit of

das **Zuhause** home

**zu·hören** listen; der **Zuhörer,** – listener

**zu·kommen**\* (sein) be due to, befit

die **Zukunft** future; **zukünftig** future

**zuletzt** finally, to the end

einem etwas **zulieb(e) tun**\* do something to please (help) a person

**zumeist** mostly

mir wird\* (ist\*) **zumute** I feel

die **Zumutung,** –en (unreasonable) demand

**zunächst** first

die **Zunge,** –n tongue; der **Zungenschlag,** ⸚e lisp, twisted tongue

sich **zunutze machen** use

**zurecht** in the right place; sich **zurecht·finden**\* find one's way about; **zurecht·legen** arrange, get ready; **zurecht·rücken** put straight; sich **zurecht·setzen** make oneself comfortable

**zurück·bekommen**\* get back

**zurück·bleiben**\* (sein) stay behind, fall behind, be retarded

**zurück·blicken** look back

**zurück·fahren**\* (sein) drive back, ride back, fly back

**zurück·geben**\* give back, return

die **Zurückhaltung** reserve

**zurück·kehren** (sein) return

**zurück·kommen**\* (sein) come back, return; **auf einen Punkt zurück·kommen**\* (sein) return to a subject

**zurück·lassen**\* leave behind

**zurück·laufen**\* (sein) run back

eine Reise **zurück·legen** complete a journey

**zurück·lehnen** lean backward

**zurück·reichen** reach back, go back

**zurück·stecken** put further back; put back in; stick back in

**zurück·stoßen**\* push back

**zurück·treten**\* (sein) step back; become unimportant

**zurück·weichen**\* (sein) withdraw, give in

zurück·werfen* throw back
zu·rufen* call to
die Zusage, –n acceptance, promise; auf den Kopf zu·sagen tell to one's face
zusammen together
zusammen·brechen* (sein) collapse; der Zusammenbruch, ⁼e collapse
zusammen·drängen crowd together, concentrate
zusammen·fassen summarize
zusammen·halten* hold together
der Zusammenhang, ⁼e connection, context; zusammen·hängen hang together, cohere; zusammenhängend connected, continuous
zusammen·kneifen* compress
zusammen·kommen* (sein) come together
die Zusammenkunft, ⁼e meeting
zusammen·packen pack up
zusammen·rauben plunder (from all over)
zusammen·rollen roll up
zusammen·schrumpfen shrivel up
zusammen·stürzen (sein) collapse
zusammen·ziehen* (sein) move into the same apartment
zuschanden werden* (sein) be ruined
zu·schauen watch
zu·schlagen* hit out at, slam (a door)
zu·schreiben* attribute, blame
sich zuschulden kommen lassen* be guilty of
zusehends visibly
der Zustand, ⁼e condition, state; zustande·bringen* bring about
zu·stoßen* thrust forward, befall
zu·streben strive for, strive after
zutage to light; zutage treten* (sein) come to light, become evident

zu·teilen assign
sich zu·tragen* happen
zu·treffen* (sein) prove right
der Zutritt, –e access
die Zuversicht confidence
zuviel too much
zuvor before
zu·wandern (sein) wander toward
zuwege bringen* bring about
zuweilen sometimes, occasionally
zu·weisen* assign
zu·wenden turn towards
zu·werfen* throw toward; Blicke zu·werfen* cast glances
zuwider repugnant
sich eine Krankheit zu·ziehen* contract a disease
zwängen squeeze; zwanglos informal; der Zwangseinwanderer, – forced immigrant; der Zwangstransport, –e compulsory transport; zwangsweise by force
zwar indeed, to be sure; und zwar in fact
der Zweck, –e aim, end, purpose; zwecklos pointless
zweigleisig two-tracked, double-tracked (railroad)
der Zweifel, – doubt; außer Zweifel beyond doubt; in Zweifel ziehen* call into question; zweifelhaft doubtful; zweifellos undoubted; zweifeln doubt; der Zweifler doubter
der Zweig, –e branch, twig; zweigen branch
zwingen* force, compel; der Zwingherr, –n, –en owner of a castle, despot
zwinkern wink
zwischen between; das Zwischenglied, –er connecting link; der Zwischenraum, ⁼e space, gap

# TABLE OF MOST IMPORTANT GERMAN IRREGULAR VERBS

| INFINITIVE | PRESENT | PAST | PAST PART. |
|---|---|---|---|
| backen<br>bake | bäckt | buk, backte | gebacken |
| befehlen<br>order | befiehlt | befahl | befohlen |
| beginnen<br>begin | beginnt | begann | begonnen |
| beißen<br>bite | beißt | biß | gebissen |
| bergen<br>shelter | birgt | barg | geborgen |
| bersten<br>burst | birst | barst | geborsten |
| biegen<br>bend | biegt | bog | gebogen |
| bieten<br>offer | bietet | bot | geboten |
| binden<br>bind | bindet | band | gebunden |
| bitten<br>beg | bittet | bat | gebeten |
| blasen<br>blow | bläst | blies | geblasen |
| bleiben<br>remain | bleibt | blieb | geblieben |
| braten<br>roast | brät | briet | gebraten |
| brechen<br>break | bricht | brach | gebrochen |

| INFINITIVE | PRESENT | PAST | PAST PART. |
|---|---|---|---|
| brennen<br>burn | brennt | brannte | gebrannt |
| bringen<br>bring | bringt | brachte | gebracht |
| denken<br>think | denkt | dachte | gedacht |
| dreschen<br>thrash | drischt | drosch | gedroschen |
| dringen<br>penetrate | dringt | drang | gedrungen |
| dürfen<br>be permitted | darf | durfte | gedurft |
| empfangen<br>receive | empfängt | empfing | empfangen |
| empfehlen<br>recommend | empfiehlt | empfahl | empfohlen |
| erschrecken<br>be frightened | erschrickt | erschrak | erschrocken |
| essen<br>eat | ißt | aß | gegessen |
| fahren<br>drive | fährt | fuhr | gefahren |
| fallen<br>fall | fällt | fiel | gefallen |
| fangen<br>catch | fängt | fing | gefangen |
| fechten<br>fence | ficht | focht | gefochten |
| finden<br>find | findet | fand | gefunden |
| flechten<br>braid, weave | flicht | flocht | geflochten |
| fliegen<br>fly | fliegt | flog | geflogen |
| fliehen<br>flee | flieht | floh | geflohen |

| INFINITIVE | PRESENT | PAST | PAST PART. |
|---|---|---|---|
| **fließen**<br>flow | **fließt** | **floß** | **geflossen** |
| **fressen**<br>eat (of animals) | **frißt** | **fraß** | **gefressen** |
| **frieren**<br>freeze | **friert** | **fror** | **gefroren** |
| **gären**<br>ferment | **gärt** | **gor, gärte** | **gegoren, gegärt** |
| **gebären**<br>give birth | **gebiert** | **gebar** | **geboren** |
| **geben**<br>give | **gibt** | **gab** | **gegeben** |
| **gedeihen**<br>thrive | **gedeiht** | **gedieh** | **gediehen** |
| **geh(e)n**<br>go | **geht** | **ging** | **gegangen** |
| **gelingen**<br>succeed | **gelingt** | **gelang** | **gelungen** |
| **gelten**<br>be valid | **gilt** | **galt** | **gegolten** |
| **genesen**<br>get well | **genest** | **genas** | **genesen** |
| **genießen**<br>enjoy | **genießt** | **genoß** | **genossen** |
| **geschehen**<br>happen | **geschieht** | **geschah** | **geschehen** |
| **gewinnen**<br>win | **gewinnt** | **gewann** | **gewonnen** |
| **gießen**<br>pour | **gießt** | **goß** | **gegossen** |
| **gleichen**<br>equal, resemble | **gleicht** | **glich** | **geglichen** |
| **gleiten**<br>glide | **gleitet** | **glitt** | **geglitten** |
| **glimmen**<br>glimmer | **glimmt** | **glomm** | **geglommen** |

| INFINITIVE | PRESENT | PAST | PAST PART. |
|---|---|---|---|
| graben<br>dig | gräbt | grub | gegraben |
| greifen<br>grasp | greift | griff | gegriffen |
| haben<br>have | hat | hatte | gehabt |
| halten<br>hold | hält | hielt | gehalten |
| hängen, hangen<br>hang | hängt | hing | gehangen |
| hauen<br>strike | haut | hieb, haute | gehauen, gehaut |
| heben<br>lift | hebt | hob | gehoben |
| heißen<br>command, be<br>called | heißt | hieß | geheißen |
| helfen<br>help | hilft | half | geholfen |
| kennen<br>know | kennt | kannte | gekannt |
| klingen<br>sound | klingt | klang | geklungen |
| kneifen<br>pinch | kneift | kniff | gekniffen |
| kommen<br>come | kommt | kam | gekommen |
| können<br>be able to | kann | konnte | gekonnt |
| kriechen<br>crawl | kriecht | kroch | gekrochen |
| laden<br>load | lädt | lud | geladen |
| lassen<br>let | läßt | ließ | gelassen |

| INFINITIVE | PRESENT | PAST | PAST PART. |
|---|---|---|---|
| **laufen**<br>run | läuft | lief | gelaufen |
| **leiden**<br>suffer | leidet | litt | gelitten |
| **leihen**<br>lend | leiht | lieh | geliehen |
| **lesen**<br>read | liest | las | gelesen |
| **liegen**<br>lie | liegt | lag | gelegen |
| **lügen**<br>lie | lügt | log | gelogen |
| **meiden**<br>avoid | meidet | mied | gemieden |
| **melken**<br>milk | melkt | melkte, molk | gemolken |
| **messen**<br>measure | mißt | maß | gemessen |
| **mißlingen**<br>fail | mißlingt | mißlang | mißlungen |
| **mögen**<br>want, may | mag | mochte | gemocht |
| **müssen**<br>must, have to | muß | mußte | gemußt |
| **nehmen**<br>take | nimmt | nahm | genommen |
| **nennen**<br>name | nennt | nannte | genannt |
| **pfeifen**<br>whistle | pfeift | pfiff | gepfiffen |
| **preisen**<br>praise | preist | pries | gepriesen |
| **quellen**<br>issue, well | quillt | quoll | gequollen |
| **raten**<br>advise, guess | rät | riet | geraten |

| INFINITIVE | PRESENT | PAST | PAST PART. |
|---|---|---|---|
| **reiben**<br>rub | **reibt** | **rieb** | **gerieben** |
| **reißen**<br>tear | **reißt** | **riß** | **gerissen** |
| **reiten**<br>ride horseback | **reitet** | **ritt** | **geritten** |
| **rennen**<br>run | **rennt** | **rannte** | **gerannt** |
| **riechen**<br>smell | **riecht** | **roch** | **gerochen** |
| **ringen**<br>wrestle | **ringt** | **rang** | **gerungen** |
| **rinnen**<br>flow | **rinnt** | **rann** | **geronnen** |
| **rufen**<br>call | **ruft** | **rief** | **gerufen** |
| **saufen**<br>drink (of<br>beasts) | **säuft** | **soff** | **gesoffen** |
| **saugen**<br>suck | **saugt** | **sog, saugte** | **gesogen,<br>gesaugt** |
| **schaffen**<br>create | **schafft** | **schuf** | **geschaffen** |
| **schallen**<br>sound | **schallt** | **schallte, scholl** | **geschallt,<br>geschollen** |
| **scheiden**<br>separate, part | **scheidet** | **schied** | **geschieden** |
| **scheinen**<br>seem, shine | **scheint** | **schien** | **geschienen** |
| **schelten**<br>reproach | **schilt** | **schalt** | **gescholten** |
| **schieben**<br>shove | **schiebt** | **schob** | **geschoben** |
| **schießen**<br>shoot | **schießt** | **schoß** | **geschossen** |

| INFINITIVE | PRESENT | PAST | PAST PART. |
|---|---|---|---|
| schlafen<br>sleep | schläft | schlief | geschlafen |
| schlagen<br>beat | schlägt | schlug | geschlagen |
| schleichen<br>creep | schleicht | schlich | geschlichen |
| schließen<br>close | schließt | schloß | geschlossen |
| schlingen<br>wind | schlingt | schlang | geschlungen |
| schmeißen<br>throw | schmeißt | schmiß | geschmissen |
| schmelzen<br>melt | schmilzt | schmolz | geschmolzen |
| schneiden<br>cut | schneidet | schnitt | geschnitten |
| schrecken<br>frighten | schrickt | schrak | geschrocken |
| schreiben<br>write | schreibt | schrieb | geschrieben |
| schreien<br>scream | schreit | schrie | geschrie(e)n |
| schreiten<br>stride | schreitet | schritt | geschritten |
| schweigen<br>be silent | schweigt | schwieg | geschwiegen |
| schwellen<br>swell | schwillt | schwoll | geschwollen |
| schwimmen<br>swim | schwimmt | schwamm | geschwommen |
| schwinden<br>disappear | schwindet | schwand | geschwunden |
| schwingen<br>swing | schwingt | schwang | geschwungen |
| schwören<br>swear | schwört | schwur | geschworen |

| INFINITIVE | PRESENT | PAST | PAST PART. |
|---|---|---|---|
| **seh(e)n**<br>see | **sieht** | **sah** | **gesehen** |
| **sein**<br>be | **ist** | **war** | **gewesen** |
| **senden**<br>send | **sendet** | sandte, sendete | gesandt, gesendet |
| **singen**<br>sing | **singt** | **sang** | **gesungen** |
| **sinken**<br>sink | **sinkt** | **sank** | **gesunken** |
| **sinnen**<br>meditate | **sinnt** | **sann** | **gesonnen** |
| **sitzen**<br>sit | **sitzt** | **saß** | **gesessen** |
| **sollen**<br>be supposed to | **soll** | **sollte** | **gesollt** |
| **speien**<br>spit | **speit** | **spie** | **gespie(e)n** |
| **spinnen**<br>spin | **spinnt** | **spann** | **gesponnen** |
| **sprechen**<br>speak | **spricht** | **sprach** | **gesprochen** |
| **sprießen**<br>sprout | **sprießt** | **sproß** | **gesprossen** |
| **springen**<br>spring | **springt** | **sprang** | **gesprungen** |
| **stechen**<br>stab | **sticht** | **stach** | **gestochen** |
| **stecken**<br>stick | **steckt** | steckte, stak | **gesteckt** |
| **steh(e)n**<br>stand | **steht** | **stand** | **gestanden** |
| **stehlen**<br>steal | **stiehlt** | **stahl** | **gestohlen** |
| **steigen**<br>climb | **steigt** | **stieg** | **gestiegen** |

| INFINITIVE | PRESENT | PAST | PAST PART. |
|---|---|---|---|
| sterben<br>die | stirbt | starb | gestorben |
| stieben<br>fly about | stiebt | stob, stiebte | gestoben,<br>gestiebt |
| stinken<br>stink | stinkt | stank | gestunken |
| stoßen<br>push | stößt | stieß | gestoßen |
| streichen<br>stroke | streicht | strich | gestrichen |
| streiten<br>quarrel | streitet | stritt | gestritten |
| tragen<br>carry | trägt | trug | getragen |
| treffen<br>meet | trifft | traf | getroffen |
| treiben<br>drive | treibt | trieb | getrieben |
| treten<br>step | tritt | trat | getreten |
| triefen<br>drip | trieft | troff, triefte | getrieft, getroffen |
| trinken<br>drink | trinkt | trank | getrunken |
| trügen<br>deceive | trügt | trog | getrogen |
| tun<br>do | tut | tat | getan |
| verderben<br>spoil, damage | verdirbt | verdarb | verdorben |
| verdrießen<br>annoy | verdrießt | verdroß | verdrossen |
| vergessen<br>forget | vergißt | vergaß | vergessen |
| verlieren<br>lose | verliert | verlor | verloren |

| INFINITIVE | PRESENT | PAST | PAST PART. |
|---|---|---|---|
| **wachsen** grow | **wächst** | **wuchs** | **gewachsen** |
| **wägen** weigh | **wägt** | **wog, wägte** | **gewogen** |
| **waschen** wash | **wäscht** | **wusch** | **gewaschen** |
| **weben** weave | **webt** | **webte, wob** | **gewebt, gewoben** |
| **weichen** yield | **weicht** | **wich** | **gewichen** |
| **weisen** direct | **weist** | **wies** | **gewiesen** |
| **wenden** turn | **wendet** | **wandte, wendete** | **gewandt, gewendet** |
| **werben** recruit, solicit | **wirbt** | **warb** | **geworben** |
| **werden** become | **wird** | **wurde, ward** | **geworden** |
| **werfen** throw | **wirft** | **warf** | **geworfen** |
| **wiegen** weigh | **wiegt** | **wog** | **gewogen** |
| **winden** wind | **windet** | **wand** | **gewunden** |
| **wissen** know | **weiß** | **wußte** | **gewußt** |
| **wollen** want to | **will** | **wollte** | **gewollt** |
| **zeihen** accuse | **zeiht** | **zieh** | **geziehen** |
| **zieh(e)n** pull | **zieht** | **zog** | **gezogen** |
| **zwingen** force | **zwingt** | **zwang** | **gezwungen** |